晚清史

倪玉平 著

THE
HISTORY
OF
LATE
QING
DYNASTY

人民出版社

目录 CONTENTS

华嵒绘《天山积雪图》轴（局部） 现藏北京故宫博物院

总　论

第一节　晚清时期的中国与世界

一、清王朝的衰落

清朝是中国历史上最后一个专制王朝。在数千年的历史长河中，中华民族曾长期走在世界的前列，创造了灿烂的文明，对世界经济、文化和科技都做出了卓越的贡献。明朝末年，崛起于白山黑水之间的满洲入主中原，建立清朝，为中国社会的发展带来一股全新动力。清前期的康熙、雍正、乾隆三帝励精图治，使清代的社会、经济和文化的发展都达到了空前的高度，史称"康（雍）乾盛世"。

萧一山曾言："在有清二百六十余年中，固属绝无仅有之时代，即在我国历史上，亦可以媲美汉唐，光延史册。"①然而，中国王朝总是盛极而衰，高度的君主专制和中央集权，并不能有效地解决这一问题。乾隆帝曾言："乾纲独断，乃本朝家法，自皇考以来，一切用人听言大权，从无旁假。"②自乾隆晚期起，清朝就开始走下坡路。嘉庆时期爆发的川陕五省白莲教起义，沉重地打击了清朝的统治。至道光帝即位时，清王朝的统治危机进一步加深，社会面临转型。

这一时期的主要矛盾包括：政治上，官僚系统腐朽不堪，各级官吏贪赃枉法、营私舞弊的事情屡见不鲜。嘉庆初年清查和珅家产，据估算价值多达4万万两，相当于清政府8年的财政收入，时有"和珅跌倒，嘉庆吃饱"之语。官员的苟且偷安也加速了吏治的败坏。洪亮吉指出，当时的大小官员"以模棱为晓事，以软弱为良图，以钻营为取进之阶，以苟且为服官之计"，"在

---

① 萧一山：《清代通史》卷中，中华书局1986年版，第258页。
② 《清高宗实录》卷223，中华书局1985年版，第39页。

内部院诸臣，事本不多，而常若猝猝不暇，汲汲顾影，皆云多一事不如少一事。在外督抚诸臣，其贤者斤斤自守，不肖者亟亟营私。国计民生，非所计也，救目前而已；官方吏治，非所急也，保本任而已。"[①]

面对如此局面，道光帝也力图进行一些改革。道光四年（1824 年），京杭大运河发生决口，江南漕粮难以运至京师。道光帝命两江总督琦善等人办理漕粮海运事宜，并在道光六年试办成功。海运较河运虽然更为节约、便利，但因违反"祖制"，并触犯漕运、河工系统的既有利益，遭到相关人员强烈反对，海运办法未能延续，漕运重归河运。道光十年，道光帝命令两江总督陶澍推行两淮盐政改革。陶澍在淮北地区实行票盐制，规定只要按章纳税，任何人都可领票运盐，在盐场的适当地域和规定期限内自行贩卖，打破旧有的大盐商垄断局面，增加税收并降低了盐价。同样因反对力量强大，陶澍的票盐制改革只实行于淮北，盐业规模远大于淮北的淮南却不能照办。简言之，道光帝虽然有所改革，但因魄力不足，难以坚持下去。而他最为信任的官员

道光皇帝像

爱新觉罗·旻宁（1782—1850 年），原名绵宁，即位后改为旻宁。清朝入关后的第六位皇帝，也是清朝唯一以嫡长子身份继承皇位的皇帝。在位 30 年，终年 69 岁。庙号宣宗，谥号效天符运立中体正至文圣武智勇仁慈俭勤孝敏宽定成皇帝，葬于清西陵之慕陵。道光皇帝一生以节俭自居，引发官场竞相攀比穿破衣烂衫的风气。但道光皇帝两次修建陵寝，耗资巨大。又因第一次鸦片战争失败，割地赔款，死后无颜立神道碑。

———————

[①] 《清史稿》卷356，列传143，中华书局1976年版，第11309页。

戍守运河的绿营河兵图

是标榜"多磕头、少说话"的曹振镛等人，更加助长了官员的不作为，政治生态进一步败坏。

军事上，八旗和绿营已经基本丧失战斗力。军官忙于贪污军饷、克扣军粮，无心操持营务，士兵也"三五成群，手提鸟笼雀架，终日闲游，甚或相聚赌博"[①]，不思演练。骑兵无马可骑，水兵不习水性，若遇检阅操演，骑兵便临时雇用马匹，水勇亦临时雇用船只。在西方国家军队普遍装备火枪等热兵器的情况下，清军的军事装备仍然以冷兵器为主，仅有的少量火器也长期得不到更新，甚至有鸟枪使用了几十年的情况。据传教士在沿海了解的清军情况："火药的质量低劣，炮的保养和使用都极坏，点火口太宽，制造得不合比例，我确信有些炮对炮手们要比对他们所瞄准的敌方更加危及性命。由于中国长时期享有和平，所有他们的军事工作已经陷入腐烂。"[②] 早在白莲教起义期间，八旗和绿营的战斗力低下便已暴露，根本无法平定地方叛乱，清廷不得不倚重地方团练。此后，由于鸦片的传入，很多士兵染上吸食鸦片的恶习，战斗力愈加衰颓。

经济上，自给自足的自然经济仍在当时的清朝占据统治地位，小农占总人口的绝大部分。百姓生活水平基本处于温饱状态，难以通过技术积累去创造更多的价值和改变自己的社会地位。在农业总产量继续领先的情况下，中国与西欧的人均差距正在显著拉大。另外，这一时期土地的兼并也非常严重。嘉庆年间，仅皇庄就达1000余处，占地面积35000多顷。道光年间，直隶总督琦善占地25000余顷。大官僚、大地主占有土地的例子更不胜枚举，流民问题日益凸显，"其得以暖不号寒，丰不啼饥，而可以卒岁者，十室之中无

---

① 《黄爵滋奏疏许乃济奏议合刊》，中华书局1959年版，第47页。
② 顾长声：《传教士与近代中国》，上海人民出版社2004年版，第30页。

珠江上云集的商船

二三焉"①。不过，由于经济发展的惯性，以及巨大的人口总量，新的商品经济因素仍有所发展，国内商品贸易比较活跃，国内统一市场趋向成熟。与此同时，中国经济进一步融入世界经济体系，成为东亚贸易和全球贸易的重要一员。

　　以上这些社会问题在知识界也有所反映。龚自珍就曾描述当时社会的情况："自乾隆末年以来，官吏士民，狼艰狈蹶，不士不农不工不商之人，十将五六。……自京师始，概乎四方，大抵富户变贫户，贫户变饿者。四民之首，奔走下贱。各省大局，岌岌乎皆不可以支月日，奚暇问年岁？"②认为当时是"日之将夕"、"大乱"将起的"衰世"社会。他对官僚机构的腐败也进行严厉抨击："不论盐铁不筹河，独倚东南涕泪多。国赋三升民一斗，屠牛那不胜栽禾？"③他还揭露知识分子丧失风骨的谄媚丑态："士不知耻，为国之大耻。历览近代之士，自其敷奏之日，始进之年，而耻已存者寡矣。官益久则气愈媮，望愈崇则谄愈固，地益近则媚亦益工。"④然而，包括龚自珍在内的知

① 章谦:《备荒通论(上)》，载《皇朝经世文编》卷39，中华书局1992年版，第951页。

② 龚自珍:《西域置行省议》，载《龚自珍全集》上册，上海人民出版社1975年版，第106页。

③ 龚自珍:《己亥杂诗》，载《龚自珍全集》下册，上海人民出版社1975年版，第521页。

④ 龚自珍:《明良论二》，载《龚自珍全集》上册，上海人民出版社1975年版，第31页。

17世纪英国与荷兰争夺海上霸权

识精英未能提出超越传统社会旧有主张和办法的"良药"。

大致而言，嘉道时期清朝和世界的差距日益拉开，已经无法抵抗新兴西方资本主义列强的进攻，但清王朝却对世界大势一无所知，仍然陶醉于"天朝上国"的神话之中。嘉庆帝甚至在谕旨中吹嘘："天朝臣服中外，夷夏咸宾，蕞尔邦融夷，何得与中国并论！"[①]而第一次鸦片战争打了两年多，道光皇帝才向大臣打听作战对手的情况："究竟该国地方周围几许？所属国共有若干？……又英吉利至回疆各部有无旱路可通？平素有无往来？俄罗斯是否接壤？有无贸易相通？"[②]魏源曾就此做过辛辣讽刺："以通事二百年之国，竟莫知其方向，莫悉其离合，尚可谓留心边事者乎？"[③]

二、西方列强的兴起

正当中国传统社会缓慢发展的同时，西方列强却发生了翻天覆地的变化，资本主义制度和经济迅猛地发展起来。

英国是世界上第一个工业化国家。1640年，英国爆发资产阶级革命。1688年通过"光荣革命"，英国开启了君主立宪的政治体制，此后又不断地进行改良和完善。1832年、1867年、1884年三次议会改革，基本形成了平

---

① 《清代外交史料·嘉庆朝》第 2 册，北平故宫博物院 1932 年版，第 30 页。
② 《筹办夷务始末·道光朝》第 4 册，上海古籍出版社 2002 年版，第 1776—1777 页。
③ 魏源：《海国图志》卷 2，岳麓书社 1998 年版，第 26 页。

马戛尔尼使团向乾隆皇帝进献仪器图

等代表制。经过 1652—1654 年、1665—1668 年和 1672—1674 年三次英荷战争，英国取代荷兰成为海上强国；1756—1763 年，英国在"七年战争"中击败法国，彻底确立了世界海上霸权。几乎与此同时，英国开始了工业革命的步伐，瓦特改良蒸汽机，以机械动力代替人力、畜力，以机器工业代替工场手工业。

1814 年，斯蒂芬孙发明世界上第一台蒸汽机车。1825 年，英国建造世界上第一条铁路。1771—1775 年，英国加工的棉花为 500 万磅，1841 年达到 52800 万磅；1795 年煤的产量为 1000 万吨，1836 年增加到 3000 万吨；1796 年生铁的产量为 12.5 万吨，1840 年增加到 139 万吨。英国的海军也发展极快，到 1836 年已拥有大小舰艇 560 艘，并积累了丰富的海战和登陆作战经验，成为世界上最大的海军强国。工业革命的完成，使英国成为当时世界上的头号资本主义强国，拥有最广阔的海外殖民地、最大规模的工业生产和最大的市场需求。

早在鸦片战争之前，英国就想打开中国市场，为此先后于 1793 年派遣马戛尔尼团、1816 年派遣阿美士德使团到中国进行活动，并提出开放贸易口岸等要求。因礼仪之争等分歧，来华使团的目的没有达到。和平的方式未能打开中国大门，英国开始酝酿武力侵略。1802 年，英国兵船在广州外伶仃洋面试探清朝水师，图谋进犯。1808 年，英国兵船 13 艘闯入虎门，被清朝水师击退。1827 年，英国大鸦片贩子马地臣在澳门创办《广州纪事报》，鼓吹侵略中国。1832 年，英国人胡夏米等人到南澳、厦门、宁波、上海、威海卫等口岸测绘地图,搜集军事和政治情报。1836年,英国资本家在伦敦成立"印度和中国协会",向英国政府提供情报,敦促侵略中国。

法国是欧洲大陆的传统强国,也是当时仅次于英国的资本主义强国。1789年,法国爆发资产阶级革命,此后陷入持续动荡,政权几经更迭,直到1830年七月王朝建立后,社会经济才得以稳步发展,工业总产值平均增长率达到3%—3.5%,纺织业和冶铁业成为工业先导部门。1825年,英国取消机器输出的禁令,法国工业得以加速发展。1830年,法国在工业生产中应用的蒸汽机是650台,1839年增加到2450台。从1815年到1840年,法国的棉纺织品产量增加了3倍;同期的生铁产量也由10万吨增加到35万吨。由于法国在与英国的斗争中屡次失利,原有海外殖民地和市场大多丢失,于是便把越南和中国当作主要的侵略和蚕食对象。

美国是新兴资本主义国家。1776年7月4日,美国大陆会议颁布著名的《独立宣言》,宣布13个殖民地脱离英国。通过八年斗争,终于在1783年迫使英国承认美国的独立地位。19世纪初期,美国的工业仅局限于东北部地区,南部主要是奴隶制的种植园经济,西部则尚未开发,工业水平远远落后于英、法两国。19世纪20年代,美国的农业人口占全国人口的比重超过80%,工业基础非常落后。不过,美国拥有相对稳定的外部环境,通过大力吸引外国移民,引进、改良和发明机器,美国的工业革命很快就发展起来。1807年,富尔顿发明汽船,引发了交通运输业的革命。自19世纪30年代起,全国又掀起修筑铁路的高潮,至1850年铁路线总长高达1万多公里,居世界第一;它的农业生产机器数量也迅速超过欧洲各国,稳居世界第一。美国的崛起也需要海外原料和市场,因此紧随英国开展对外侵略活动。

俄国是落后的农奴制国家,具有浓厚的领土扩张情结。虽然沙俄的资本主义发展缓慢,但它利用与中国接壤的条件致力于对中国领土进行掠夺。16世纪80年代,沙俄越过乌拉尔山,迅速向东扩张。17世纪中叶,沙俄武装入侵我国黑龙江流域和贝加尔湖以东地区,只是因为清朝尚处于康熙强盛时期而未能得逞。自18世纪起,沙俄就不断侵占我国西部疆界巴尔喀什湖以东、以南地区。在鸦片战争前的很长时期,沙俄因地理位置优越,从而获得了对华贸易的有利条件。1861年,俄国进行农奴制改革,逐渐走上军事封建帝国主义的道路,更是不遗余力对中国进行侵略和压榨。晚清时期,随着清朝的衰落,俄国在第二次鸦片战争期间和随后的时间里,攫取了中国140多万平

铜版画《北京条约》

1860年，恭亲王奕訢在礼部会见英法联军代表，清廷被迫签下《北京条约》的情景。清廷固守传统的礼仪，对此次兵临城下的会见抱有极大羞辱感。咸丰皇帝特意朱批："此次夷务步步不得手，致令夷酋面见朕弟，已属不成事体。若复任其肆行无忌，我大清尚有人耶？"由于牵涉公使驻京和接见外国公使，咸丰皇帝一直拒绝回銮，直至病死承德。

方公里的土地，成为最大的受益方。

日本原本和清朝一样实行闭关锁国政策。1853年，美国海军叩关，日本开始陷入民族危机。为救亡图存，日本发动明治维新运动，推行殖产兴业、文明开化、富国强兵的政策，并迅速走上资本主义道路。日本在强大起来后，同样开始对外扩张，尤其是对朝鲜和中国的侵略，更是蓄谋已久。

简言之，在晚清所处的19世纪后半叶，西方列强已相继完成了资本主义改革。为争夺原料产地和商品销售市场，列强在全球范围内展开争夺，而全面衰落的清朝更是成为列强争夺的焦点。西方列强在中国联手合作，利益均沾，清政府虽然了解列强"彼族深险狡黠，遇事矫执。或系约中本系明晰，而彼必曲伸其说；或条约中未臻妥善，而彼必据以为词，极其坚韧性成，得步进步。不独于约内所已载者难稍更动，且思于约外未载者更为增添"[1]，但面对列强的步步紧逼，只能采取妥协退让方针。

第二节　晚清的历史地位

晚清的历史，既是一部中国走向半殖民地社会的屈辱历史，也是一部中

---

[1]　《筹办夷务始末·同治朝》卷49，上海古籍出版社2002年版，第6页。

华民族逐步探索现代化道路的抗争历史。

1840—1842年的第一次鸦片战争，极大地改变了中国历史发展的走向。中国战败，签订了近代历史上的第一个不平等条约《南京条约》。《南京条约》及其附约严重侵犯中国的领土主权、关税主权、司法主权，使中国开始沦为半殖民地社会。1856—1860年间的第二次鸦片战争，英法联军不仅蹂躏中国沿海地区，还攻入首都北京，焚毁圆明园，使中国遭受奇耻大辱。1858年英、法、美、俄四国分别强迫清政府签订《天津条约》及其附约，1860年英、法又分别强迫清政府签订《北京条约》。俄国则趁火打劫先后强迫清政府签订《瑷珲条约》《北京条约》，1864年又签订《勘分西北界约记》，使中国的各项主权和利益均遭到践踏。通过这一系列条约，中国损失领土140多万平方公里，天津等11个商埠被迫开放，鸦片贸易也变得合法化，极大地加深了中国社会的半殖民地化程度。

自19世纪七八十年代起，随着第二次工业革命的发展，各西方列强竞相奉行殖民扩张政策，掀起第二次海外扩张的高潮。在此背景下，中国边疆危机爆发。日本于1874年出兵台湾，1875年吞并琉球，1876年强迫朝鲜签订《江华条约》。英国在侵占印度、缅甸后，一直谋求进占我国的西藏和云南，于是在1874年以"马嘉理事件"为借口，强迫清政府签订《烟台条约》，1888年武装入侵西藏。俄国全力支持中亚浩罕汗国的阿古柏入侵中国新疆，在阿古柏叛乱失败之后乘机出兵新疆，占据伊犁。法国在占据越南南部之后也不断向北进犯，挑起中法战争，并通过1885年《中法新约》将势力范围深入到我国的云南和广西地区。边疆危机的加深，进一步动摇了清政府的统治根基。

1894年，日本悍然挑起中日甲午战争，在陆海两路击败清朝军队。1895年，强迫清政府签订《马关条约》，规定中国赔偿日本军费白银2亿两，割让辽东半岛、台湾、澎湖列岛及其附属岛屿，开放沙市、重庆、苏州、杭州为通商口岸，允许日本在通商口岸开设工厂。《马关条约》给中国社会带来了灾难性的打击：北洋海军全军覆没，标志着清朝具有自救性质的洋务运动最终破产；中国失去大片领土，列强掀起瓜分中国的狂潮；在华开设工厂有利于列强进行资本输出，沉重打击了中国民族工业；巨额赔款加剧清政府财政危机，并极大增强了日本的实力。

1900年，为镇压反帝的义和团运动，八国联军入侵北京，并在1901年强迫清政府签订《辛丑条约》，规定清廷赔款4.5亿两白银，在北京东交民巷设立使馆区，拆除大沽炮台及北京至大沽沿途的炮台，参与反对帝国主义的官员即行革职、永不叙用，把总理衙门改为外务部。西方列强通过《辛丑条约》，从政治、军事、外交、财政等方面对中国进行严酷勒索，标志着中国完全沦为半殖民地社会。

与此同时，中国社会各阶层都在努力探索救国道路。

1851—1864 年，以洪秀全为首的农民军发动太平天国运动，沉重打击了清王朝的腐朽统治，并给予外国侵略者一定的打击。1900 年前后，面对空前严重的民族危机，北方农民又发动了"扶清灭洋"的义和团运动，矛头直指帝国主义。虽然这两场运动都以失败告终，自身也都存在诸多问题和局限，但勇于反抗的精神值得肯定。

第二次鸦片战争的失败，极大地震撼了清朝统治者，其中一些开明之士希图自强。在中央，以恭亲王奕䜣为首；在地方，以曾国藩、李鸿章、左宗棠等实权派为首，掀起了中国近代史上著名的自救活动——洋务运动。洋务运动以学习西方先进器物为核心，早期以"自强"为口号，兴办江南制造总局等一批近代军事工业；后期以"求富"为口号，兴办轮船招商局等近代民用企业，并派遣留学生赴欧美留学，建立中国历史上第一支近代化海军。洋务运动极大地推动了中国的现代化发展，但甲午战争的失败，证明只学习西方器物而不学习其制度的道路走不通。

《辛丑条约》签订后，清朝统治者陷入极大恐慌，被迫开始大规模的政治改革，宣布实行新政。第一个阶段为 1901—1905 年，以张之洞、刘坤一的《江楚会奏变法三折》为蓝图，进行增设裁撤政治机构、编练新军、兴办警政、废除科举等改革。第二个阶段为 1905—1911 年，以预备立宪为核心，进行大刀阔斧的政体改革，中央设立资政院，地方设立咨议局，颁布中国近代史上第一个变法纲领性文件《钦定宪法大纲》。然而，"皇族内阁"的出台遭到全国人民的反对，预备立宪最终失败，也意味着自上而下的改良运动，在当时的历史条件下不可能取得成功。

另一方面，新兴民族资产阶级改良派康有为、梁启超等人发动戊戌变法，尽管最终遭到镇压，但这毕竟是中国第一次触及政治体制的改革。此后，革命派开始登上历史舞台，先后发动了多次反对清朝的起义，终于在 1911 年武昌起义中获得胜利，终结了延续两千余年之久的帝制。

晚清时期，中国的社会也在发生着深刻变化，新因素得到不断发展和

郭嵩焘照

郭嵩焘，字伯琛，号筠仙，湖南湘阴人，自幼随父诵读诗书，17岁考取秀才，18岁就读于岳麓书院，结识湘籍名流刘蓉、曾国藩等人。20岁家道中落，鸦片战争爆发后投浙江学政罗文俊门下担任幕僚。29岁中进士，31岁父母先后去世返乡丁忧。34岁逢太平天国叛乱，助曾国藩办团练，组湘军。后任广东巡抚、福建按察使等职。郭嵩焘性格刚直，不擅圆滑处事，多次因得罪人以及不得志愤而去官。1875年以56岁高龄被朝廷再次征召担任"出使英国钦差大臣""出使法国钦差大臣"，并成为中国历史上首个驻外公使，历经多次托病请辞被驳，朝廷数次下旨后远赴重洋担任驻英驻法大使。60岁时被撤职召回返乡，在一片谩骂中郁郁度完余生，终年73岁。郭嵩焘死后李鸿章曾奏请为其册封谥号，但因"出使外洋、所著书籍、颇滋物议"为由，不准其奏。

壮大。

　　经济上，洋务运动创办了中国最早的资本主义性质的军事企业和民用企业，这些企业的成就、利润和发展前景刺激了商人、官绅对资本的羡慕和追求。他们筹集资金，兴办工矿和交通等近代企业，逐渐产生了民族资本主义。甲午战争后，面对空前严重的民族危机，清政府放松了对民间开矿设厂限制，民族资本有了初步发展机会，商办厂矿总数在甲午战后的四年间比战前增加了一倍以上。民族资本主义的发展，不断冲击着旧有小农经济，逐渐形成了民族资产阶级这一新生力量，为改革和革命奠定了物质条件和阶级基础。

　　政治上，清政府被迫改变原来闭关锁国的政策，在中央成立总理各国事务衙门，负责办理外交事务，这也是中国第一个近代外事机构。此后，清政府先后派遣斌椿、蒲安臣等人出访欧美，使清政府对世界形势有了全新的认识。1875年，清廷正式派遣郭嵩焘为驻英公使，驻外使领馆制度逐渐确立。戊戌变法和清末新政两次改革，也开始触及专制主义皇权，意图建立君主立宪制的近代政体。

　　思想上，晚清时期一改乾嘉汉学占统治地位的陈腐局面，学者们更为关注国计民生。鸦片战争后，魏源完成《海国图志》一书，提出"师夷长技以中国驻英公使馆位于伦敦市中心波特兰大街 49-51 号，是中国近代第一个驻外外交机构。1876 年 12 月，郭嵩焘与副使刘锡鸿、参赞黎庶昌、翻译马格里等 30 余人启程赴英。次年 2 月 7 日，郭嵩焘觐见维多利亚女王，就"马嘉理事件"道歉，并递交了国书，成为中国第一任驻外使节。此前，时任中国海关驻伦敦办事处主任、苏格兰人金登干租下此楼。该楼建于 1785 年，是当时流行的建筑。此后，驻英使馆跨越晚清、民国和新中国，历经公使馆、大使馆、代办处和大使馆的变迁，浓缩了中国近现代外交的风云变幻，演绎出中英关系跌宕起伏的历史故事。

制夷"的目标。随着洋务运动的开展，一批早期改良主义者的作品得以问世，如冯桂芬《校邠庐抗议》、王韬《弢园文录外编》、郑观应《盛世危言》、薛福成《筹洋刍议》、马建忠《适可斋纪言纪行》等。他们认为，学习西方技艺固然重要，但只有学习西方政治制度、变革中国政体才能让国家更为富强。戊戌变法失败后，革命思潮渐起。章太炎发表《驳康有为论革命书》，指出革命是除旧布新的良药；邹容的《革命军》宣传西方自由、平等思想，号召革命；陈天华的《猛回头》《警世钟》，指出腐朽的清政府是民族败亡的根源，这为日后辛亥革命的爆发奠定了思想基础和理论基础。

晚清历史尽管只有几十年时间，在历史长河中不过沧海一粟，但它处在"三千余年一大变局"[①]中，极大改变了中华民族的发展轨迹。晚清以前，中华文明仍处于传统专制主义中央集权的社会之中，沿着自身的轨迹缓慢发展。晚清以后，中国则面临列强侵略，进入半殖民地半封建社会，原有政治、经济秩序受到极大冲击，被迫从前近代转入近代，其经验和教训都值得研究

---

① 李鸿章：《筹议制造轮船未可裁撤折》，载《李鸿章全集》第 5 册，安徽教育出版社 2007 年版，第 107 页。

上海旗昌洋行图，现藏于美国皮博迪埃塞克斯博物馆。旗昌洋行是19世纪美国远东贸易公司。1818年创办于广州，1846年迁往上海。此楼位于外滩9号，1891年，被轮船招商局买下。

和铭记。

晚清历史在清代历史、中国历史乃至整个世界历史上，都有着重要的地位。

晚清是清代历史的重要组成部分。晚清史承继清前中期而来，尽管国际、国内环境发生了巨大变化，但国家的制度、职官、政策仍具有相当大的延续性。不重视晚清史研究，对有清一代政治、经济、文化发展变化的脉络就不易有完整、清晰认识，难以把握清朝历史发展的整体面貌。

晚清历史是中国近现代历史的重要组成部分。一般认为，中国近现代史的分期上限为1840年鸦片战争，下限为1949年中华人民共和国成立。当然学界也有一些不同意见。但无论哪种观点，晚清都会是中国近现代史的前半部分，也是中国近代史的起点。

从世界历史范围来看，世界近代史上，西方列强为发展资本主义，需要不断开拓海外市场和掠夺殖民地。随着列强向帝国主义阶段的过渡，他们又从主要谋求商品输出转向了谋求资本输出。晚清史上列强对中国的侵略，一个非常重要的目的就是开拓中国市场，扩大其商品和资本的竞争力。也正是在这一时期，中国被动地卷入了资本主义的世界体系，在其中充当原料供应地和商品、资本销售市场的角色。

晚清时期发生的太平天国运动与爪哇人民反荷兰殖民者起义、阿富汗人民反英国殖民者起义、伊朗巴布教徒起义和印度民族起义，共同成为19世纪中期"亚洲革命风暴"的组成部分。清末的戊戌变法、辛亥革命也和伊朗革命、土耳其革命等，同属19世纪末20世纪初"亚洲觉醒"的组成部分。因而晚清史也在世界历史范围内占据重要地位。

第三节　史料

晚清史料浩如烟海，即使是最勤奋的学者，穷其一生也只能阅读其中的一小部分。研究晚清史，需要对材料加以甄别，优先选择最原始的、第一手的史料。晚清时期的档案史料非常系统，还有大量的官书、文集、笔记、报刊等等，都是取之不尽的宝库。下面，对这些史料稍做介绍。

一、档案

档案是研究晚清历史最为重要、最为系统的第一手材料。学习和研究晚清史，需要高度重视对档案材料的运用。晚清中央档案主要收藏在北京的中国第一历史档案馆（简称"一史馆"）。一史馆共有 74 个全宗，其中绝大部分涉及晚清史：

（1）各中央机关档案。内阁、军机处、宫中、内务府、宗人府等全宗，都有大量晚清时期的档案。除此以外，还有很多全宗为晚清时期所独有，如邮传部、宪政编查馆、修订法律馆、大清银行、弼德院、责任内阁等全宗，均是清末新政时期的政府机构档案。

（2）各地方军政机关档案。清朝灭亡后，晚清地方档案受到严重破坏，但仍然有一些保存至今，如顺天府、山东巡抚衙门、黑龙江将军衙门、长芦盐运使司等档案，多涉及晚清时期。

（3）个人专档。主要有溥仪、端方、赵尔巽等全宗。如赵尔巽先后担任湖广总督、四川总督兼成都将军、东三省总督等要职，其档案起自光绪十一年（1885 年），止于民国元年（1912 年），共两万余件，不仅是研究赵尔巽个人，也是研究晚清史的重要史料。

除一史馆外，全国各省市大型档案馆也收藏有丰富的晚清档案，如辽宁省档案馆、吉林省档案馆、四川省档案馆、西藏自治区档案馆等。台湾地区的台北"故宫博物院"、"中央研究院"等机构也藏有部分内阁大库档、部分总理衙门档案及晚清中外各条约原件。

随着档案整理、编辑速度的加快，目前已经出版了多种大型档案汇编和专题性档案史料，如《咸丰同治两朝上谕档》《光绪宣统两朝上谕档》《宫中档光绪朝奏折》《光绪朝朱批奏折》等。进入 21 世纪后，国内又陆续出版了大量的新档案：

《清代军机处电报档汇编》，中国第一历史档案馆编，全40册，中

清代军机处电报档原件

电报作为晚清时期特殊的文书形式，通常被应用于紧急的重大事件。一些重要事件，除电报外，也有奏折和廷寄对电报做进一步的解释。电报与奏折互为补充，是研究晚清政治史、军事史和外交史的重要手段。

国人民大学出版社 2005 年出版。本书是经过誊录以簿册形式保存下来的电报抄稿，起于光绪十年（1884 年），止于宣统三年（1911 年）。原档共计1459 册，约 4 万件，绝大部分为第一次公布。按文种来分，一为朝廷以电报形式发的谕旨，二为内外重臣向朝廷呈递的奏报。本书为一史馆藏晚清军机处电报秘档之总集，极具机密性和权威性。

《清宫恭王府档案总汇》，中国第一历史档案馆、文化部恭王府管理中心合编，按照恭王府的宅邸主人分为三个专题，即《和珅秘档》《永璘秘档》《奕䜣秘档》。其中涉及晚清史的《奕䜣秘档》，全 10 册，共辑恭亲王奕䜣档案 970 余件，始自道光三十年（1850 年），止于光绪二十五年（1899 年），由国家图书馆出版社于 2008 年出版。

《晚清国际会议档案》，中国第一历史档案馆编，全 10 册，广陵书社2008 年出版。本书为清宫珍藏有关晚清政府参加各类国际会议档案的全集，绝大部分取自《外务部档》，全面反映了晚清政府参加 145 项各类国际会议的有关过程及内中情由，起自光绪六年（1880 年），止于宣统三年（1911 年），

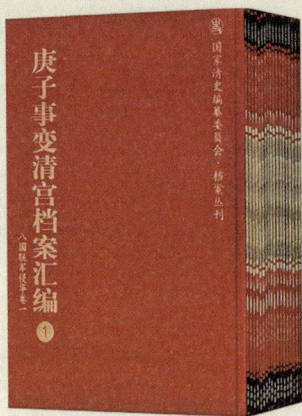

《庚子事变清宫档案汇编》

中国第一历史档案馆编，全18册，中国人民大学出版社2003年出版。共辑录6000余件档案，分为八国联军侵华卷、慈禧光绪西行卷、辛丑条约谈判卷和庚子赔款筹付卷。本书为一史馆藏庚子事变最原始、最直接的秘档总集，是清宫所藏八国联军侵华档案的首次全面系统公布。

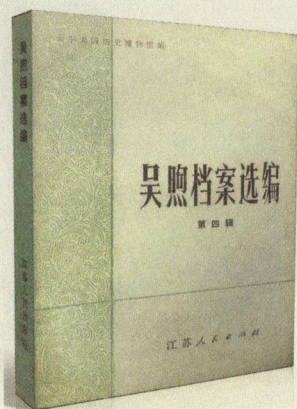

《吴煦档案选编》

共计7册，江苏人民出版社出版1983—1984年出版。吴煦（1809—1872年），曾署理苏松太道并监督江海关、苏松太道兼署江苏布政使等职，参与镇压上海小刀会，借师助剿太平军，办理上海厘捐，商订与英法等国通商税则等活动。该书共选编档案2231件，其中书信1796件，内容涉及清代五朝的政治、外交、经济、军事、司法等方面的情况。

共1500余件，涉及医学、史学、化学、农学、电学、商务、铁路、矿务、海关、机器、土产等方面，内容十分丰富。

《清宫辛亥革命档案汇编》，中国第一历史档案馆、海峡两岸出版交流中心合编，全80册，九州出版社2011年出版。档案选材始自1892年，止于1917年，共收入5487件，其中包括宫中朱批奏折1044件，军机处录副奏折1381件，军机处电报档1536件，上谕档374件，外务部档343件，端方档278件，兵部—陆军部档236件，军机处函札196件，宪政编查馆档135件。其余各种档案，数量自数件至数十件不等，且与台湾所藏档案具有互补性，是研究辛亥革命的重要史料。

二、奏议、文集

奏议类史料包括奏稿、政书、电稿、公牍等，为各级中央和地方官员上行、下行、平行的公文汇编，史料价值较高。晚清时期，奏议类史料卷帙浩繁。沈云龙主编的《近代中国史料丛刊》（正编、续编和三编）所收书目，包括唐文治《茹经堂奏疏》、骆秉章《骆文忠公奏议》、郭嵩焘《郭侍郎奏疏》、

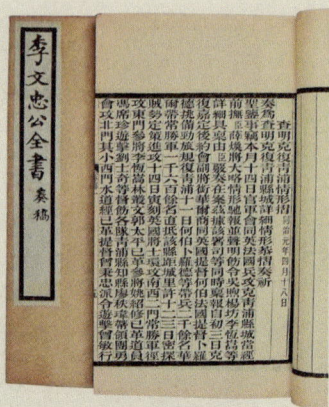

《李鸿章全集》

顾廷龙、戴逸主编，安徽教育出版社 2008 年出版。全集共 39 卷，2800 万字，篇幅是吴汝纶编纂的《李文忠公全集》的四倍，收录了包括李鸿章奏折、公牍、电报、信函、诗文等史料，其中近三分之二为首次公开披露，对研究中国近代史具有重要意义。

林则徐《林文忠公政书》、沈葆桢《沈文肃公政书》、吕海寰《吕海寰往来电函录稿》、王元稚《甲戌公牍钞存》、黄云鹄《兵部公牍》等。

晚清文集数量巨大，至今未得到确切统计。文集是人物研究的基本史料，同时还可反映当时的时代特点。重要人物在去世后，一般都有其家属、门生为其编纂文集。例如李瀚章曾编纂《曾文正公（国藩）全集》、吴汝纶曾编纂《李文忠公（鸿章）全集》、王树枏曾编纂《张文襄公（之洞）全集》等。这种由家属、门生编纂的文集因各种原因，一般都有"全而不全"的特点，有些甚至与事主生平文章总量差距相当大，往往需要后代学者不断增补，重新出版。

《张之洞全集》，赵德馨主编，武汉出版社 2008 年出版。全集共 12 册，1200 余万字，在辑佚、考订、标点方面用力尤勤，是目前有关张之洞史料最为全面、翔实的一部。

《袁世凯全集》，骆宝善、刘路生主编，河南大学出版社 2013 年出版。袁世凯是晚清时期继李鸿章之后北洋集团的领袖人物，在近代史上有重要影响。全集共 36 卷，3600 余万字，收入袁世凯自 1875—1916 年间的文字，包括国内国外已刊未刊档案、文告、公牍、函电、诗文、题词和著作等，尤以袁世凯驻韩时期、甲午战争时期、山东巡抚和直隶总督时期、入值军机处时

《越缦堂日记》书影

《越缦堂日记》是清末文史学家李慈铭所写，共包括《甲寅日记》《越缦堂日记乙集—壬集》《孟学斋日记》《受礼庐日记》《祥琴室日记》《息荼庵日记》《桃花圣解庵日记》《荀学斋日记》《荀学斋日记后集》九部分，数百万字，记载了咸丰到光绪40年间的朝野见闻、朋踪聚散、人物评述、古物考据、书画鉴赏、读书札记、游记见闻等。

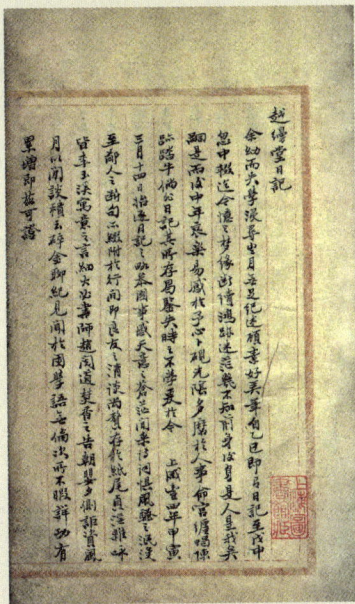

期及河南彰德养病时期的资料最为丰富。

《黄遵宪全集》，陈铮编，中华书局2005年出版。全集共2册，150万字，分为诗词、文录、函电、公牍、笔谈和专著六部分。黄遵宪是晚清著名爱国诗人，杰出外交家，他的文集对研究戊戌变法和中日关系等领域较有裨益。

三、书信、日记和报刊

书信又称书札、尺牍，属第一手材料，大多较为私密、可信，尤其是重要政治、商业、学术人物的书信价值较高。如李续宾《李忠武公书牍》、左宗棠《左文襄公手札》、胡林翼《胡文忠公抚鄂书牍》、王韬《弢园尺牍》、梁启超《梁任公书牍》等，足资借鉴。

日记对于研究晚清人物心态和社会变迁具有重要参考价值。晚清时期许多政治家、官员、文人都有记日记的习惯，数量十分可观。一般把李慈铭《越缦堂日记》、王闿运《湘绮楼日记》、叶昌炽《缘督庐日记》和翁同龢《翁同龢日记》并称为"晚清四大日记"。近年来，更多的晚清名人日记也得到出版，如《张荫桓日记》（任青、马忠文整理，上海书店出版社2004年版）、《薛福成日记》（蔡少卿、江世荣主编，吉林文史出版社2004年版）、《徐兆玮日记》（向燕编，黄山书社2013年版）。

报刊是随着中国近代社会发展出现的一种新史料，最早可追溯到1858年在香港创办的《中外新报》。报刊具有迅速、准确、广泛的要求，因此具有较高史料价值。晚清时期影响很大的报刊包括：

《申报》原名《申江新报》，1872年4月30日于上海创刊，1949年5月27日停刊。是中国近代发行时间最久、具有广泛社会影响的报纸，也是中国现代报纸开端的标志，在中国新闻史上占有重要地位，被人称为研究中国近现代史的"百科全书"。

《时务报》，1896年8月于上海创刊，1898年8月停刊，共60余册。由汪康年总理、梁启超撰述。该报刊对宣传维新变法思想起了重要作用。

《国闻报》，1897年10月于天津创刊，由严复、夏曾佑等创办，曾按期刊登严复译述的《天演论》，是戊戌变法时期在北方影响力最大的报纸。

《民报》，1905年于日本东京创刊，为中国同盟会机关刊物，大力宣传"排满革命"，共出版26期。

《中华民国公报》，1911年10月于武汉创刊，为湖北军政府机关报，刊载有大量清末起义军事进展情况的消息和军政府文告。

四、笔记与图像

笔记记事不求系统，但是比较生动，有的可以和正史、官书相互比勘，补其不足。笔记数量很多，中华书局曾出版《历代史料笔记丛刊·清代史料笔记》和《近代史料笔记丛刊》，收入数十种晚清笔记，其中比较著名的有梁廷枏《夷氛闻记》、胡思敬《国闻备乘》、恽毓鼎《崇陵传信录》等。

19世纪六七十年代以来，摄影技术开始在中国广泛应用和传播，留下了大量历史照片、影像资料。这些资料具有生动、活泼、纪实的特点，真实反映了历史事件发生的瞬间。随着研究的推进，这部分史料更加为学术界所重视。中国人民大学出版社曾自2006年起陆续出版"图录丛刊"十种：《帝国掠影——英国访华使团画笔下的清代中国》（刘潞、[英]吴芳思编译）、《券证遗珍——天津市档案馆藏清代商务文书图录》（天津市档案馆编）、《盛京风物——辽宁省图书馆藏清代历史图片集》（辽宁省图书馆编）、《水道寻往——天津图书馆藏清代舆图选》（天津市图书馆编）、《"满铁"旧影——旅顺博物馆藏"满铁"老照片》（旅顺博物馆编）、《耆献写真——苏州大学图书馆藏清代人物图像选》（苏州大学图书馆编）、《旧粤百态——广东省立中山图书馆藏晚清画报选辑》（广东省立中山图书馆编）、《烟雨

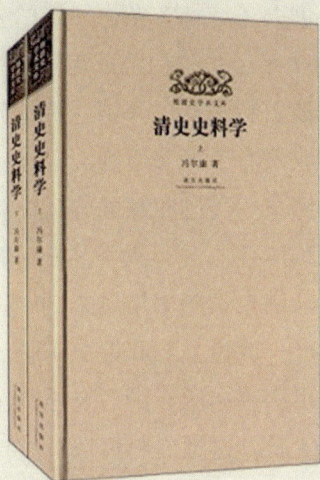

《清史史料学》书影

冯尔康著，分上下两册。该书将清史史料按体裁和性质，分为编年体和纪传体清代通史、政书类、档案、地方史志、文集、谱牒、传记、记事本末体、契据与语录、类书丛书和图书目录、外国人记载和收藏的清史料等十二类，分章介绍清史的基本史籍及其史料价值、收藏情况和利用方法，是清史史料学开创性的专著。

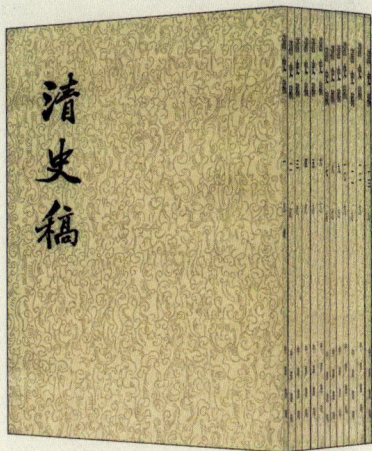

《清史稿》书影

赵尔巽等撰，现通行版本为中华书局1976年版。1914年，民国政府成立清史馆，开启《清史》修纂工作。1927年，在未经审订情况下出版。不久遭国民政府查禁。该书成书时间较为仓促，但仍有一定的学术参考价值。

楼台——北京大学图书馆藏西籍中的清代建筑图像》（北京大学图书馆编）、《皇舆遐览——北京大学图书馆藏清代彩绘地图》（北京大学图书馆编）和《巴蜀撷影——四川省档案馆藏清史图片集》（四川省档案馆编），是晚清历史场景的真实再现。

五、国外史料

国外收藏有大量晚清中国的史料，内容丰富，价值很高，但迄今为止利用程度仍然不足。英国公共档案馆所藏的英国外交档案，有70余个全宗和中国相关，包括1858年英国在第二次鸦片战争期间劫掠的中国广东省官方档案、中文秘书处形成或保存的用中文记述的档案及英文档案。法国外交部和海军部档案馆收藏有大批中法战争的档案。德国外交档案中有许多关于甲午战争后三国干涉还辽、德国夺取胶州湾的经过和义和团时期德国对中国侵略的记录，1960年经孙瑞芹翻译为《德国外交文件有关中国交涉史料选译》一书。俄国外交档案有大量关于割占中国领土、中俄密约等事件的记载。苏

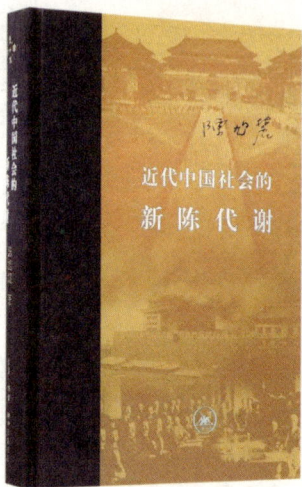

近代中国社会的
新陈代谢

陈旭麓（1918—1988 年），华东师范大学教授，著名历史学家。其著作《近代中国社会的新陈代谢》《浮想录》等，具有广泛的影响，被誉为新时期"中国本土史学的标志性文本"。

联建立后，创办《红档》杂志，专门公布历史档案，1957 年经张蓉初翻译为《红档杂志有关中国交涉史料选译》一书。日本外务省外交史料馆收藏有 5 万多册晚清时期中外关系史的原始档案。美国收藏的晚清史料数量也很丰富。2014 年，复旦大学吴松弟教授整理的《美国哈佛大学图书馆藏未刊中国旧海关史料（1860—1949）》首批 199 册，由广西师范大学出版社出版，随后又出版了第二批，合计 283 册。这批史料可以极大地推动清代海关史的研究。

晚清时期中外交往较以前更显频繁，在中外交往过程中所留存的大量外文文献，包括档案、报刊和传教士著作，也足资借鉴。

除了传统文献，晚清史研究还可以挖掘其他类型的史料。晚清时期离今天不远，丰富的历史遗迹被保留下来。这些遗迹所包含的历史信息，可以和文献史料相互印证，并能补充文献史料的不足。通过田野调查，可以搜集许多民间文献乃至口述史料，从而成为研究的重要佐证。

第一章　鸦片战争

第一节　禁烟运动

一、清前期中英贸易

17世纪40年代，英国发动资产阶级革命，经过40余年的时间，最终确立了资本主义制度。而同时期的清朝，出于维护政权稳定的需要，曾实行海禁政策。顺治十二年（1655年），清廷下令沿海各省"无许片帆入海，违者置重典"①，以对付占据着台湾岛、盘踞于东南沿海的郑成功集团。随着清政府相继平定三藩、统一台湾，康熙二十三年（1684年），清廷正式宣布取消海禁，设立江海关、浙海关、闽海关和粤海关，允许外国商船前来贸易。

乾隆二十二年（1757年），清政府以口岸分散恐生弊端为由，停止了江、浙、闽三个海关的对外贸易，仅留粤海关一口对外通商。与此同时，清廷还对广州口岸的贸易活动颁布了许多苛刻的限制措施。乾隆二十五年（1760年）颁布《防夷五事》，嘉庆十四年（1809年）宣布《民夷交易章程》，道光十一年（1831年）制定《防范夷人章程》，严禁中外商民自由贸易，规定对外贸易必须由广东十三行代为办理，实行公行制度，贸易往来只能经政府特许的行商进行，以限制商民出海。清政府还对海船的尺寸、载重及人数等进行烦琐规定，以期将中外贸易影响压缩在最小范围。

公行制度既是中外商人联系的纽带，又具有政治和外交职能。清廷还辅以若干限制外商的规定。外商到广州，需要住在特别建造的"夷馆"，不得任意外出，也不许中国百姓接触"夷馆"；禁止外商在广州过冬（1831年宣布撤销）；也不准外国妇女来广州"夷馆"居住等。这种状况一直维持到第一次鸦片战争。

---

① 蒋良骐：《东华录》卷7，顺治十二年六月。

粤海关

康熙二十三年（1684年）清政府开放海禁，设粤（广州）、闽（厦门）、江（连云港）、浙（宁波）四个海关。乾隆二十二年（1757年）关闭闽、江、浙三个海关，仅留广州一口对外贸易，粤海关遂居重要地位。皇帝派遣"监督"管理粤海关事务，以满族亲贵充任，具有与总督、巡抚平行而班次略后的官阶。鸦片战争前，粤海关并不直接管理来粤贸易的外国商人，而是通过特许商行——十三行进行管理。鸦片战争后，十三行垄断对外贸易的制度被废除，粤海关开始直接插手外贸管理。

　　18世纪60年代，英国开始进行工业革命，生产力得到极大发展，逐渐取得世界霸主地位，亟须拓展产品销售市场和原料产地。乾隆五十二年（1787年），英国政府派遣喀塞卡特出使中国，希望"占有一个小地方或者地势比广州更便利的附属岛屿"，但喀塞卡特在途中病死，未能到达中国。乾隆五十七年（1792年），英国任命马戛尔尼为正使，乔治·斯当东为副使，以贺乾隆帝八十大寿为名出使中国，这是西欧国家政府首次向中国派出正式使节。次年，马戛尔尼率领的七百余人使团到达北京，希望"取得以往各国未能用计谋或武力获致的商务利益与外交权利"。马戛尔尼代表英国政府向中方提出了六个要求：开放宁波、舟山、天津等口岸进行贸易；在北京建立货栈买卖货物；割让舟山群岛中一岛屿供商船存货及英商居住；择广州附近为英商居留地，扩大英人在广州的自由；减免英国商船往来于澳门、广州的转口税；公开税率，禁止在海关关税外额外需索。同时，英国使团还向中国政府赠送一批"国礼"，其中包括毛瑟枪、榴弹炮等武器，望远镜、地球仪等天文仪器，钟表、八音盒等饰品物件，以及一艘英国最先进的有110门大炮的军舰模型。乾隆帝拒绝了英方的要求，认为双方不存在平等贸易的基本条件，"天朝物产丰盈，无所不有，原不借外夷货物以通有无，特因天朝所产茶叶、瓷器、丝斤为西洋各国及尔国必需之物，是以加恩体恤，在澳门开设

广州外贸茶加工与外运
康熙三十八年（1699
年），英国东印度公司
在广州设立商馆，急切
希望扩大对华贸易。而
清廷坚守一口通商的政
策，使得英国长期处于
贸易逆差状态。为改变
这种状况，一部分英商
遂将鸦片作为特殊商品
输往中国。

洋行，俾得日用有资，并沾余润"[1]。马戛尔尼使团无功而还。嘉庆二十一
年（1816年）阿美士德访华，主要目的是谋求驻使北京，开放北方通商口
岸及争取广州英商有更大的自由等。因礼仪争端，阿美士德使团的任务也
告失败。

另一方面，英国不断扩大对华贸易，每年抵达广州的英国商船有数十
艘之多。18世纪中叶，英国对华贸易的总值已超过欧洲其他国家对华贸易
值的总和，占全部贸易的63%，此后这一比例持续上升，至18世纪末已经
攀升至约90%。茶叶在19世纪中国进出口贸易中占有最重要的地位。据东
印度公司档案记载，1817—1833年，广州口岸出口的茶叶占出口总货值的
60%。[2]与此同时，1821年，运至广州的英国印花布、剪绒及天鹅绒，亏损
却高达60%以上。1826年输入的棉布，亏损也在10%以上。英国商人多次
在广州试销棉纺织品，总是连遭亏损，他们不得不哀叹："销售英国棉制品
的时代还没有到来。"[3]由于中国的茶叶、瓷器、丝绸大量出口英国，而英
国的钢琴、刀叉餐具并非中国必需品，因此中国长期处于出超地位，英国处

---

[1] 梁廷枬：《粤海关志》卷23《贡舶》，文海出版社1975年版，第1679—1680页。
[2] 上海社会科学院经济研究所：《上海对外贸易》上册，上海社会科学院出版社
1989年版，第11页。
[3] 严中平：《英国资产阶级纺织利益集团与两次鸦片战争史料》，载《鸦片战争
史论文专集》，生活·读书·新知三联书店1958年版，第28页。

于入超地位，使得白银大量流入中国市场。

中英进出口贸易价值及其指数表[①]（1780—1784 年平均为 100）

年　度	进口（银两）	指数	出口（银两）	指　数
1760—1764	470286	36.1	979586	47
1770—1774	1466466	112.6	2119058	101.7
1780—1784	1301931	100	2083346	100
1790—1794	5007691	384.6	5843714	280.5
1800—1804	7715556	592.6	7556473	362.7
1820—1824	6525201	501.2	9816066	471.2
1830—1833	7335023	563.4	9950286	477.6

从上表可以看出，直到 19 世纪初，中国仍是大量白银净流入的国家。为平衡贸易逆差，英国开始了可耻的鸦片贸易。雍正七年（1729 年），清政府下令禁止吸食鸦片。嘉庆元年（1796 年），清廷禁止鸦片征税，严禁鸦片输入，鸦片贸易成为非法活动。

16 世纪中叶至 18 世纪中叶，鸦片的输入主要由葡萄牙人进行。从 18 世纪初开始，英国商人也开始了这项罪恶的交易。1757 年，英国东印度公司占领孟加拉，在当地进行鸦片种植。东印度公司还专门成立了鸦片事务局，获得在印度的鸦片专卖权和制造鸦片垄断权，在印度进行公开拍卖，再由散商运到中国倾销。美国从 1805 年开始，也对华进行鸦片输入。美国人丹涅特就曾说："鸦片贸易，就像奴隶和酿酒一样，成为许多美国大资产的基础。"[②]

在巨额利润吸引下，鸦片贸易迅速扩大。马克思曾说："如果有 10% 的利润，它就保证到处被使用；有 20% 的利润，它就活跃起来；有 50% 的利润，它就铤而走险；为了 100% 的利润，它就敢践踏一切人间法律；有 300% 的利润，它就敢犯任何罪行，甚至冒绞首的危险。"[③]鸦片贩子不顾清

---

① 数据来源：严中平等编：《中国近代经济史统计资料选辑》，科学出版社 1955 年版，第 2—3 页。

② 中国史学会主编：《中国近代史资料丛刊·鸦片战争》第 1 册，神州国光社 1954 年版，第 300 页。

③ 《马克思恩格斯全集》第 23 卷，人民出版社 1972 年版，第 829 页。

19世纪初广州十三行商馆区（油画）

朝禁令，贿赂清朝官员，用"快蟹""扒龙"等特制快艇，进行武装走私。英国商人信件这样记载："在中国方面，高级官吏与政府人员，对于鸦片走私公开的默许，过去和现存的巡抚，都从中取利。听说北京的军机处，也秘密地允许。"[①]内地烟贩也很猖獗，地处内陆的两湖、江西等地，"为烟土出入之门户，其大伙烟犯，动辄百十成群，犹如私枭之出没，器械森然，人视死而如归"[②]。

据不完全统计，在19世纪最初的二十年中，英国平均每年自印度输入中国的鸦片有4000余箱，占英国对华货物输出的一半以上；30年代，鸦片输入迅速增加，到鸦片战争之前甚至达到35500箱。[③]通过鸦片贸易，英国每年从中国掠走的白银达数百万元，鸦片税也成为英属印度殖民地的一项重要税源。英国鸦片商人曾自豪地说："我们应当承认鸦片贸易的本身，是经

---

① 《中国近代史资料丛刊·鸦片战争》第2册，神州国光社1954年版，第643页。
② 《筹办夷务始末·道光朝》卷3，上海古籍出版社2002年版，第45页。
③ 李伯祥等：《关于十九世纪三十年代鸦片进口和白银外流的数量》，《历史研究》1980年第5期。

（英国）最高当局准许的。"① 由于鸦片输入的激增，从19世纪20年代开始，中英贸易关系发生逆转，英国由入超变成出超；中方由出超变为入超，白银的流向也由长期流入变为大量流出。②

与此同时，英国主张对华动武的呼声也越来越高。1827年，鸦片贩子马地臣在《广州纪事报》上公开煽动武装侵华。30年代，英国多次派胡夏米、郭士立等到中国东南沿海各口岸测绘地形，搜集军事情报。1836年英国驻华商务代表义律再次主张发动对华侵略战争。同年，英国资本家在伦敦成立"印度和中国协会"，敦促英国政府加紧对华扩张。

二、清朝禁烟活动

清朝自雍正朝起便有了鸦片走私贸易，经乾隆、嘉庆至道光朝，鸦片贸

---

① 《英国蓝片书》，载《中国近代史资料丛刊·鸦片战争》第2册，神州国光社1954年版，第645页。

② 马士：《中华帝国对外关系史》第1卷，商务印书馆1963年版，第234页。

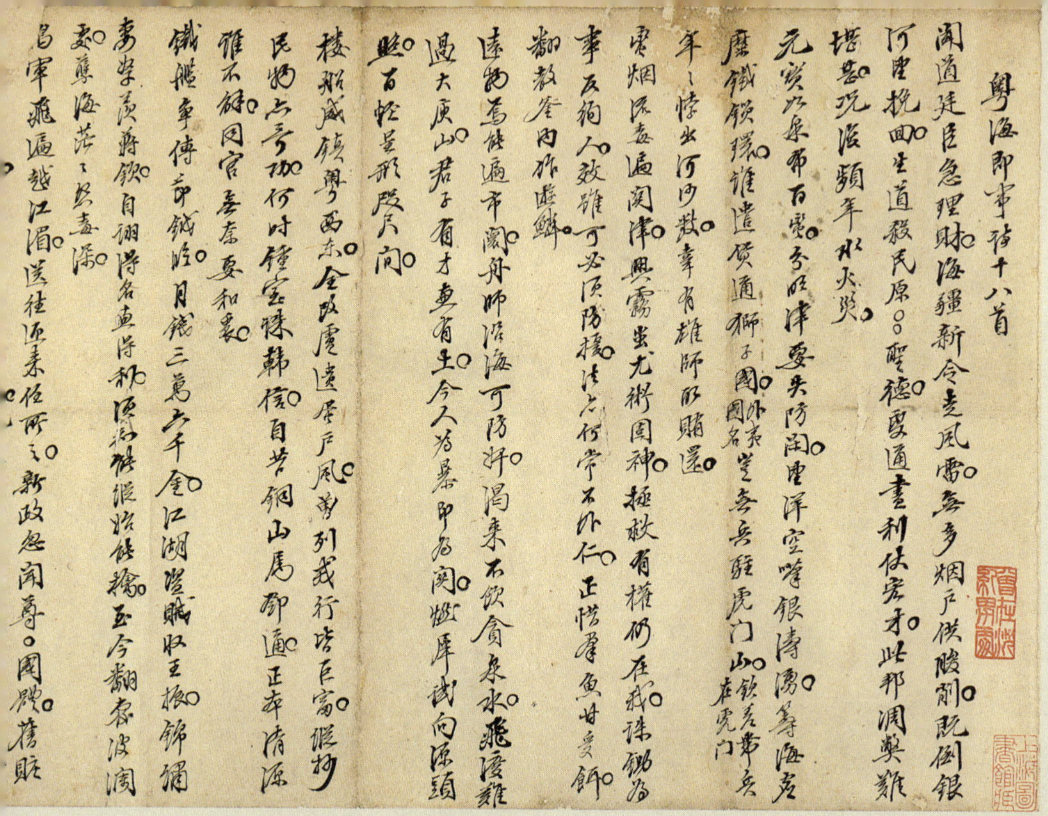

《粤海即事诗十八首》局部

此为林则徐于鸦片战争期间，琦善与英国和谈失败英军围困广州时所作。其将19世纪三四十年代清政府处于民族危亡、内忧外患的现实情况，以及尖锐的社会矛盾，描写得地历历在目。为研究鸦片战争前清政府的现实状况，提供了资料和文本，具有很重要的参考价值。

易泛滥，使得中国百姓的精神和身体都受到极大摧残。随着白银大量外流，银贵钱贱，百姓日常交易用钱，缴纳赋税用银，实际负担大为增加。

鸦片贸易直接威胁了清王朝的统治。1831年刑部奏称："现今直隶地方，俱有食鸦片烟之人，绝无食鸦片烟者，甚属寥寥。"[1] 鸦片吸食者中，有相当一部分人是各级官僚。鸦片战争前夕，京官中十之一二、地方官中十之二三都吸食鸦片。文武官员吸食鸦片，导致官场风气急剧败坏。林则徐表示："以衙门中吸食最多，如幕友、官亲、长随、书办、差役，嗜鸦片者十之八九。"[2] 作为统治基础的军队，许多官兵在吸食鸦片后，丧失了战斗力；

---

① 《查禁鸦片烟案》，载《中国近代史资料丛刊·鸦片战争》第1册，神州国光社1954年版，第414页。

② 林则徐：《林文忠公政书·奏稿》，台北文海出版社1966年版，第602页。

有些官员甚至武装贩卖鸦片，影响极坏。下层劳动者吸食鸦片，不仅丧失劳动力，还往往引发道德沦丧的举动。

清廷多次下令严禁鸦片，但禁烟效果始终不佳。道光皇帝曾先后数十次下诏禁令，惩处条例也越来越严厉，但进入中国的鸦片数量却成倍增加。据马士研究，1821—1827 年，鸦片年均输入 9708 箱；1828—1835 年，年均输入为 18712 箱；1836—1839 年，年均输入则为 35445 箱。[①]

道光十六年（1836 年），太常寺少卿许乃济上《鸦片例禁愈严流弊愈大亟请变通办理折》，恳请朝廷取消鸦片输入的禁令，准许公开买卖。在他看来，"虽绝粤海之互市，而不能止私货之不来"，且"法愈峻则胥役之贿赂愈丰，棍徒之计谋愈巧"，严刑重典不能奏效，唯一的办法就是"仍用旧例，准令夷商将鸦片照药材纳税"，同时还可以增加财政收入；入关后以货易货，不用银子购买，以防止白银外流。[②]但许乃济的开禁主张并未得到广泛认同。绝大多数官员从维护天朝体面、吸食使人腐败堕落等角度主张严禁。给事中许球认为："明知毒人之物而听其流行，复征其税课，堂堂天朝无此政体"，"与其纷更法制，尽撤藩篱，曷若谨守旧章，严行整顿！"[③]

道光十八年（1838 年），鸿胪寺卿黄爵滋上《请严塞漏卮以培国本疏》，指出鸦片走私的严重危害："臣窃见近来银价递增，每银一两易制钱一千六百有零，非耗银于内地，实漏银于外夷也。"他认为自道光三年以来，每年大量入超，"以中国有用之财，填海外无穷之壑，易此害人之物，渐成病国之忧，日复一日，年复一年，臣不知伊于胡底！"如果不能堵住漏洞，后果会极为严重。他分析过去禁烟失败的原因在于官员贪赃枉法，故而应该采取重惩吸烟者的禁烟新办法："自今年某月日起至明年某月日止，准给一年期限戒烟。虽至大之瘾，未有不能断绝。若一年之后仍然吸食，是不奉法之乱民，置之重刑，无不平允。"[④]同时他还提出了五家邻右互保，举发者给奖，包庇者治罪。道光帝命各地将军和各省督抚议奏，结果收到 8 份支持意见和

---

① 马士：《中华帝国对外关系史》第 1 卷，商务印书馆 1963 年版，第 102—103 页。

② 《筹办夷务始末·道光朝》卷 1，上海古籍出版社 2002 年版，第 10 页。

③ 李圭：《鸦片事略》卷上，神州国光社 1946 年版，第 9 页。

④ 《筹办夷务始末·道光朝》卷 1，上海古籍出版社 2002 年版，第 26—27 页。

21 份反对意见。

　　时任湖广总督的林则徐支持黄爵滋的建议，提交《钱票无甚关碍宜重禁吃烟以杜弊源片》，表示要严禁鸦片："黄爵滋原奏所云岁漏银数千万两，尚系举其极少之数而言耳。"[1] 吸食鸦片"论死之说，私相拟议者，未尝乏人，而毅然上陈者，独有此奏。然流毒至于已甚，断非常法之所能防，力挽颓波，非严蒇济。"他主张严惩吸食与贩运之人，"迨流毒于天下，则为害甚巨，法当从严。若尤泄泄视之，是使数十年之后，中原几无可以御敌之兵，且无可以充饷之银"[2]。林则徐在两湖地区采取严禁吸食鸦片的措施，他把缴来的烟枪刀劈火烧，将灰烬投入江心；还配制戒烟丸，广为散发，"湖广之人，有积瘾三十年，日吸一两，而居然断去者。断后则颜面发胖，筋力复强，屡试屡验"[3]。由于成效显著，林则徐深受鼓舞，坚信鸦片可禁，烟瘾可除，他也逐步成为禁烟派的代表人物。

　　道光十八年（1838 年）八月，京城查出庄亲王奕寶、辅国公溥喜在灵官尼僧庙内吸食鸦片事件，道光帝大为震怒，将两位王公革去爵位，下令严查鸦片。为体现禁烟决心，道光帝下令将主张弛禁鸦片的许乃济做降职处理。不久，直隶总督琦善奏报在天津一次缴获烟土 131500 两，据烟贩口供交代均来自于广州的夷船。道光帝受到触动，第二日便命湖广总督林则徐来京觐见。经过多次召对，道光十八年十一月十五日（1838 年 12 月 31 日），道光帝任命林则徐为钦差大臣，前往广东查办禁烟，节制广东水师。林则徐在前往广州途中，向广东布政使司、按察使司发秘札，开出汉奸名单并下令缉拿，

---

① 林则徐：《林文忠公政书·奏稿》，台北文海出版社 1966 年版，第 601 页。
② 林则徐：《林文忠公政书·奏稿》，台北文海出版社 1966 年版，第 606 页。
③ 林则徐：《晓谕粤省士商军民人等速戒鸦片告示》，载《林则徐集·公牍》，中华书局 1963 年版，第 53 页。

为下一步禁烟运动做准备。

　　道光十九年正月二十五日（1839年3月10日），林则徐到达广州，将行辕设在越秀书院。林则徐召集粤秀书院、月华书院、阳城书院三大书院数百名学子进行调查，得到了鸦片集散地及经营者姓名、零售商，以及以往禁烟弊端和应该如何禁绝的建议，对禁烟情况有了基本了解。他和两广总督邓廷桢、广东水师提督关天培等人共同努力，整顿水师，惩办不法官员，"察看内地民情，皆动公愤，倘该夷不知改悔，惟利是图，非但水陆官兵军威壮盛，即号召民间丁壮已足制其命而有余"。道光十九年二月初四日（1839年3月18日），林则徐召集十三行洋商，要求洋商转告洋人上缴鸦片，并具结日后永不夹带，"嗣后来船，永不敢夹带鸦片，如有带来，一经查出，货尽没官，人即正法"。林则徐态度强硬，声称："若鸦片一日未绝，本大臣一日不回，誓与此事相始终，断无中止之理。"[1] 广州各界群众自发组织起来，呈缴烟膏烟具，揭发鸦片贩子。鸦片走私的重要航道虎门也被百姓控制，他们一发现走私鸦片商船，便立即吹响螺号，集合渔船，前后拦截，并顺风放火烧毁。在这种高压下，部分外国鸦片商人表示愿意上缴鸦片。

　　但是，英国大鸦片商颠地非但拒绝缴出鸦片，还阻挠其他商人上缴鸦片，影响极其恶劣。林则徐下令拘捕颠地，时任英国商务总监查理·义律闻讯，打算连夜带颠地逃出广州。林则徐下令暂停贸易，并规定不准将房屋、船只等供洋人雇赁，同时撤出洋馆买办、华人雇佣人员，派兵封锁洋馆。义律被迫同意缴出鸦片，但又不让鸦片商直接将鸦片交给林则徐，而是先交给自己，再以"不列颠女王陛下政府的名义"缴出鸦片，使得事件由贸易冲突上升到国家层面。义律还劝告美国商人缴烟，声称烟价一律由英国政府付给。

　　在禁烟运动的高压之下，英国鸦片贩子被迫交出鸦片2万余箱，每箱重100斤或120斤。美国烟贩也交出1500余箱。林则徐上疏请求将所缴获的鸦片运往北京销毁，道光帝原本同意，后又考虑到运送鸦片的成本及风险等问题，指示林则徐就地销毁。林则徐在虎门海滩开掘销烟池，销烟池是两口横竖十五丈余尺的大池子，池底铺上石头，四壁钉上木板，前有涵洞通海，后有水沟引水。准备就绪后，林则徐发出告示，邀请中外人士前来现场观看销烟。

---

　　① 林则徐：《谕各国商人呈缴烟土稿》，载《林则徐集·公牍》，中华书局1963年版，第59页。

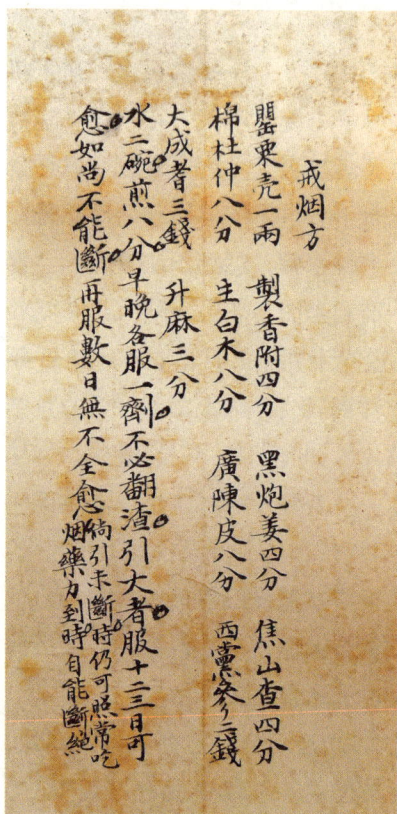

林则徐发布的戒鸦片烟药方

道光十九年四月二十二日（1839年6月3日），林则徐率官员来到虎门海滩，经过祭拜海神等一系列仪式，正式开始销毁鸦片。"就海滩高处，周围树栅，开池漫卤，投以石灰，顷刻汤沸，不爨自燃，夕启涵洞，随潮出海"①，鸦片被切碎后投入盛有盐水的池中，再倒入生石灰，发生化学反应。林则徐命人不断翻搅销烟池中的鸦片以加速溶解，销毁的鸦片渣滓随着涵洞闸门开启流入海中。禁烟历时二十余天，持续至五月十五日（6月25日），共计销毁鸦片 20283 箱，合计 2376200 斤。美国传教士裨治文观看了虎门销烟过程："我们反复考察烧烟的每一个过程，他们在整个工作进行时的细心和忠实的程度，远出于我们的臆想，我不能想象再有任何事情会比执行这个工作更加忠实的了。"②道光皇帝也在林则徐的奏折上朱批"可称大快人心一事"。

第二节　第一次鸦片战争

一、英国挑起侵略战争

在广州主持禁烟期间，林则徐与两广总督邓廷桢等人进行一系列加强海防的工作，特别是在横档山外海面较狭窄处设置木排铁链，在威远炮台以西

---

① 《夷船入寇记》，载《中国近代史资料丛刊·鸦片战争》第 6 册，神州国光社 1954 年版，第 107 页。

② 丁名楠等：《帝国主义侵华史》，人民出版社 1973 年版，第 23 页。

添设炮台，增强虎门海滩防御力量，并招募水手，交由关天培操习演练，以备不虞。

清政府禁烟运动如火如荼进行时，不时有英商满载鸦片的船只驶来。清廷要求英商缴出鸦片，均遭拒绝。此时发生的林维喜事件，进一步加剧了局势的紧张。道光十九年五月二十七日，英国水手在九龙尖沙咀行凶，殴打当地居民，其中林维喜因伤重身亡。林则徐令查理·义律交出凶手，义律不仅拒绝交出凶手，还私设法庭审判，只是形式上将五名滋事水手分别判以三至六个月的监禁，以及15—20英镑的罚金，并遣送回英国执行，以1500块银元抚恤死者家属。义律的行径侵犯了中国司法主权。此时，又有二十多只英国商船陆续驶至虎门。林则徐下令新到船只必须缴出鸦片，遭到义律拒绝。道光十九年七月七日（1839

查理·义律像

查理·义律，出身于英国贵族家庭。曾在印度和加勒比地区殖民地任职。义律于 1834 年抵达中国，担任贸易专员秘书，1836 年出任英国驻华商务总监一职。他长期在英国殖民地压迫和奴役当地人民，来中国后积极从事于侵略活动，以主张对中国采取强硬政策为巴麦尊所信任。后因鸦片贸易问题，使得英国对清廷宣战，引发第一次鸦片战争外，并率先在 1841 年 1 月 26 日派兵占领香港。

年 8 月 15 日），林则徐下令禁止向英国人提供柴米食物，并撤走买办工人。第二天，清兵进驻香山县，向澳门葡萄牙当局施压。

义律只得带领英国商人暂时躲避在香港附近海面的货船上，同时请求驻印度总督派兵保护。二十五日（9 月 2 日），英驻印度总督派遣兵舰"窝拉疑"号驶到广州。林则徐下令沿海居民组织团练，以武力相拒，不准英国人上岸。英舰被迫停泊在海面，无法得到给养。二十七日（9 月 4 日），义律递信要求中方提供食物，中方则要求英军交出凶手后方可得到食物。下午 2 点，英国发出最后通牒，半小时后不宣而战，突然向清水师开炮进攻，双方各有损伤。

林则徐等人接到道光皇帝的上谕，令其"不可稍示以弱"，"若再示以柔弱，则大不可。朕不虑卿等孟浪，但戒卿等畏葸，先威后德，控制之良法也"。八月二十八日（10 月 5 日），有前来具结的英国商船遭义律派军舰阻截，

1839 年林则徐治下的虎门炮台（油画　作者不详）
林则徐销烟后和水师提督关天培一道动员民众筹备防务，加固和新建 11 处炮台，设置大炮 300 多门。以沙角、大角炮台为第一重门户，威远、镇远、靖远、巩固、永安、横档前山月台为第二重门户，大虎炮台为第三重门户，组织三道防线。

遂与正在巡逻的中国兵船在穿鼻发生交战，中国兵船 3 只被击中漏水，官兵死 15 人，伤数十人，英舰亦被击伤。此后又有数次交战。十一月初八日（12 月 13 日），道光皇帝下令停止英国贸易，双方进入局部战争状态。由于英国船只被困在外洋，无法获得补给，英军不得不花重金让一些不法商户接济。得到消息后，林则徐命关天培伪装炮船，随渔户出海进行伏击，举火焚烧不法船只 23 艘，切断了英方的粮食供应。随后，林则徐下令：广州人民出海，限带一日口粮，以免接济洋人。

中方禁烟的消息传到英国后，引起英方的强烈反应。伦敦、利物浦、曼彻斯特、利兹、格拉斯哥等地商会纷纷主张采取武力行动，逼迫中国开放口岸、协定关税、赔偿烟款、割让岛屿。9 月 30 日，英国纺织中心曼彻斯特的 39 家公司和厂商，联合致函英国外交大臣巴麦尊，诬蔑中国禁烟运动是对英国的侵略，要求政府对华采取强硬措施，"希望政府能利用这个机会，将对华贸易，置于安全的、稳固的、永久的基础之上"[1]。

10 月 1 日，英国内阁召开会议，一致同意对华采取军事行动，建议"派遣一支舰队到中国海"[2]。1840 年 4 月，英国召开国会，最后以 271 票赞成，262 票反对的微弱优势决定发动对华战争。英国派乔治·懿律为总指挥，派

---

① 《英国蓝皮书》，载《中国近代史资料丛刊·鸦片战争》第 2 册，神州国光社 1954 年版，第 634 页。

② 严中平：《英国资产阶级纺织利益集团与两次鸦片战争史料》，载《鸦片战争史论文专集》，生活·读书·新知三联书店 1958 年版，第 49 页。

《邓廷桢画像》 现藏南京博物馆

邓廷桢（1776—1846年），嘉庆六年进士，官至两广总督、云贵总督、两江总督、闽浙总督。协助林则徐查禁鸦片，后坐在粤办理不善事戍伊犁。释还，迁至陕西巡抚。

出包括16艘兵船、4艘武装汽船、28艘运输船、4000余人（后增至15000人）、540门大炮组成的"东方远征军"，从印度驶往中国。6月，远征军抵达中国广东海面，封锁广东珠江口，第一次鸦片战争正式开始。

二、战争三阶段

从道光二十年五月二十九日（1840年6月28日）英军封锁珠江口开始，至二十二年七月二十四日（1842年8月29日）中英签定《南京条约》为止，第一次鸦片战争共历经三个阶段。

道光二十年五月二十九日英军封锁珠江口，至道光二十一年十二月二十八日（1841年1月20日）琦善与义律签定《穿鼻草约》，是战争的第一阶段，历时7个月。英军到达广州海面后，随即封锁珠江口，时任两广总督的林则徐已在广东地区严密部署。英军见广东无机可乘，便前往福建厦门。此时邓廷桢已经调任闽浙总督，坐镇厦门，英军亦没有得逞。英国军舰遂继续北驶，于六月初五日（7月3日）抵达浙江舟山海域。六月初六日（7月4日），英军通牒定海知县，限期一日交出定海，否则攻城，遭到中方的坚决拒绝。当时，在定海道头港一带，清军共集结了大小战船21艘，共计船炮170位，兵丁940名；岸上则有兵丁600名，炮20余位。英国派出"威厘士厘"号（74门炮）、"康威"号（28门炮）、"鳄鱼"号（28门炮）、"巡洋"号（18门炮）、"阿勒琴"号（18门炮）、十艘双桅炮船，以及大约3000名士兵作战。第二日下午2点，英军率先开炮，激战仅9分钟，英军即强行登陆，

英军入侵天津后，琦善到英舰进行谈判

定海陷落。此战，清军战死13人，伤14人，定海知县自杀，总兵阵亡，英军无伤亡。

占领定海后，英舰继续北上，驶入天津白河口。英军投递英国首相巴麦尊给道光皇帝的照会，提出赔款、割地、通商等要求。当时，北京一带并未做好军事准备，天津仅有弁兵800名，山海关一带连一尊可用的大炮也没有。直隶总督琦善承认："夷船不来则已，夷船若来，则天津海口断不能守。"[1] 兵临城下之际，道光帝无心作战，命琦善去和英军交涉。在谈判过程中，琦善认为林则徐的广东禁烟措施，乃是"受人欺蒙，措置失当"，答应"重治其罪"，向侵略者表示会惩办林则徐。同时，琦善希望英军能尽快返回广东，听候钦差大臣驰往广东，"受有冤抑，必当代为昭雪"[2]。懿律认为此时已经实现了以武力要挟清政府的目标，又因北方天气渐冷，海港即将封冻，不利于英舰行动，遂于9月中旬率军撤离天津南下。道光帝认为琦善退敌有功，命其为钦差大臣前往广东，继续主持和英军的交涉，同时下令将林则徐、邓廷桢革职查办。

道光二十年十月十六日（1840年11月9日），琦善到达广东。在与英军交涉过程中，为配合谈判，琦善下令拆除林则徐所设海防。十一月，琦善与义律的谈判主要集中在三个方面：赔偿烟价、割让岛屿或增设口岸、交还定海。琦善同意赔偿烟价600万元；通商口岸在广州之外再行增设一处，但不准外国人寄居；英军应先交还定海，再行签约。义律提出割让香港，琦善对此不敢擅作主张，但答应向朝廷请示。英军决定通过武力施压，于道光

---

① 张喜：《抚夷日记》，载《中国近代史资料丛刊·鸦片战争》第5册，神州国光社1954年版，第353页。

② 《筹办夷务始末·道光朝》卷12，上海古籍出版社2002年版，第217页。

二十年十二月十五日（1841年1月7日），派1500余人进攻沙角、大角炮台。沙角和大角两炮台原设火炮总计91位，却因射角等问题无法有力还击。守将陈连升父子率军坚决抵抗，打伤英军数十人，终因援兵不至英勇战死，炮台陷落。

虎门海战

随后，义律逼迫琦善接受英方的议和条件，私拟一份议和草约。主要内容是：香港本岛及其港口割让予英国；赔偿英国政府六百万银元；开放广州为通商口岸；英军撤出沙角、大角炮台，归还定海。道光二十年十二月二十九日（1840年1月21日），义律单方面公布草约。道光帝认为琦善擅自割让香港丧权辱国，将其收押问罪，声明"烟价一毫不许，土地一寸不给"，下诏对英宣战。英国政府也因草约中索取的权益过少而不满。这样一来，中英双方都不承认这项草约。

从道光二十一年正月初五日（1841年1月27日）道光帝诏告中外对英国宣战，至道光二十一年四月初七（1841年5月27日）奕山与义律签订《广州和约》为止，是战争的第二阶段，历时4个月。

道光帝任命侄儿奕山为靖逆将军，户部尚书隆文、湖南提督杨芳为参赞大臣，调集各省军队17000人前往广东，中英双方重新进入战争状态。英国得知清政府调兵消息后，决定先发制人，挑起虎门之战。道光二十一年正月，英国舰队向广东虎门进逼。二月初四日（2月24日），英国远征军向水师提督关天培发出通牒，要求把横档一线清军阵地转交英国控制，遭到关天培拒绝。第二天，英军对虎门发动进攻，虎门原设6个炮台，400余门大炮，守城将士8500余人，关天培率领所属部队固守横档、永安、靖远、镇远各炮台。经过一天交战，英军2000余名士兵登陆，虎门陷落。虎门一战，清军损失惨重，守将关天培多处负伤，最后提刀与英军肉搏，壮烈牺牲，时年60岁，

奕山像

爱新觉罗·奕山（1790—1878 年），字静轩，满洲镶蓝旗人。康熙帝十四子胤禵玄孙，道光帝族侄。侍卫出身，历任塔尔巴哈台领队大臣、伊犁参赞大臣、伊犁将军等职。

道光帝赐谥"忠节"。

二月初七日（2 月 27 日），英军战舰溯珠江水道而上，广州陷入危机。二月十三日（3 月 5 日），参赞大臣杨芳率先到达广州。杨芳认为英军所向披靡，实有"妖术"相助，于是征集民间使用的马桶，载于木筏之上，以马桶阵驱散英军"妖术"，结果遭到大败。当时有人赋诗讽刺杨芳："粪桶尚言施妙计，秽声传遍粤城中。"[①] 由于广州暴露在英军炮火范围之内，义律从商业利益出发，提出双方休战谈判，广州恢复贸易。此举引发道光帝不满，不久杨芳被革职留任。

三月二十三日（4 月 14 日），奕山一行抵达广州，命人监制火炮、招募水勇、赶制火箭、调集部队，为开战做准备。闰三月十一日（5 月 1 日），在军事布置尚不充分情况下，奕山下令午夜突袭，将几百只装满桐油的火船以铁链相连，从上游放下，后面跟随载满清军的小船，袭击珠江海面上的英军。第二天清晨，英军发动反击，进攻西炮台，攻入泥城港。四月初四日，战争升级，下午 3 点，英军大规模登陆。第二天，从广州城北进攻，直至攻陷越秀山下的四方炮台，并发炮轰击城内。此战，清军投入兵力约 25000 人，战船有百余只，炮二百余门，却抵抗不住英军 3200 人、15 艘战舰及 300 余门炮的进攻。

四月初六日（5 月 26 日），奕山在广州城上高悬白旗，并派广州知府余保纯出城向英军求和。次日，英军同意谈判，停止进攻广州。随后，奕山与英国代表签订《广州和约》，内容包括：清军撤出广州城 60 英里；限一周之内赔偿英国 600 万银元，以为"赎城费"；交清赔款后，英军撤退，但

---

① 《平夷录》，载《中国近代资料丛刊·鸦片战争》第 3 册，神州国光社 1954 年版，第 410 页。

在双方交涉未妥之前，广州各要隘不得设军守备；赔偿商馆被劫焚和商船被误伤的西班牙商人30万元。奕山不敢如实向朝廷奏报《广州和约》的内容，而是谎称英国人"向城作礼，乞还商欠"，并不了解前线战况的道光帝批示"准令通商"。随后，奕山依据合约规定撤兵，英军也撤离香港。

《三元里民众抗英图》 现藏广东博物馆

清政府撤军之时，三元里人民举行了抗英斗争。此前，清廷号召各地举行团练，广州有103乡，共有团练万余人。道光二十一年四月，英军处于战后松懈、寻找补给的休整阶段。驻扎在三元里附近的部分英国士兵对村民实施抢掠侮辱，引起民众愤怒。四月初六日（5月26日），各乡团练首领聚集牛栏冈地方开会，号召共同抗英。初九日（29日），盘踞广州的英军闯入三元里肆虐，当地百姓当场打死敌人数名，其余英军逃走。初十日（30日），料到英军会前来报复，5000余义勇从广州三元里向四方炮台挺进。民众以令旗为准，"旗进人进，旗退人退"，越聚越多的义勇向英军围攻袭击，大家手持大刀、长矛等传统兵器，趁着阴雨天气火枪无法射击的有利时机，诱导英军到潮湿的沼泽地牛栏冈，利用有利条件发动攻击，"刀斧犁锄，在手即成军器；儿童妇女，喊声亦助兵威。斯时也，重重叠叠，遍野漫山，已将夷兵困在核心矣"[1]。陷入重围的英军只得向广州政府求援，知府余保纯率人营救英军，最终劝退义勇。三元里抗英斗争打死打伤英军多人，是近代中

---

① 林福祥：《平海心筹》，载《中国近代史资料丛刊·鸦片战争》第4册，神州国光社1954年版，第600页。

国人民第一次大规模的反侵略斗争。

《广州和约》签订的消息传至英国，英国政府认为义律所获取的利益过少，决定改派璞鼎查作为全权代表前往中国。巴麦尊给璞鼎查的训令是："为了维持两国间持久的真诚谅解起见，中国政府把鸦片贸易置于一个正常合法的地位，是极关重要的。"① 六月二十四日（8月10日），璞鼎查到达澳门，通告英军人事变动和重新开战的决定。七月初九日（8月25日）傍晚，英国舰队抵达厦门，随后穿过外围岛链驶入厦门南水道。

自1841年8月英军再度进攻厦门，至1842年8月29日签订《南京条约》为止，是战争的第三个阶段，历时1年。七月初十日（8月26日），英军主动挑起厦门之战。英军从鼓浪屿最东处炮台的右翼沙滩登陆，随即占领鼓浪屿。英舰又航行至厦门岛南岸，在石壁东侧沙滩上登陆。石壁失守后，厦门岛南岸炮台阵地随之陷落。英军在占领厦门城东北的高地后，于七月十一日（8月27日）清晨开始攻城，守城官兵溃逃，厦门失陷。英军并未打算长期占领厦门，而是通过军事压力迫使清政府屈服。为此，他们暂时放弃厦门，留下军舰3艘、运输船3艘、陆军550人驻守鼓浪屿，主力继续北上。

八月，英军北犯浙江定海。八月十二日（9月26日），英军兵分三路发起进攻，守城官兵在定海总兵葛云飞、寿春总兵王锡朋、处州总兵郑国鸿率领下奋力抵抗，五天后最终失败，三总兵壮烈牺牲。八月十七日（10月1日），定海再次陷落。英国侵略军占领定海后，为达到长久盘踞、控制浙江海域的目的，又出兵镇海。两江总督裕谦率众起誓："毋以退守为词，离城一步，亦毋以保全民命为词，受洋人片纸。不用命者，明正典刑，幽遭神殛。"② 决心死守镇海。八月二十六日（10月10日），中英双方于镇海开战，英军登陆后攻占金鸡岭炮台，并直扑镇海县城。裕谦亲临前线指挥战斗，后见大势已去，遂投水殉节，成为鸦片战争中牺牲的最高将领。随后，英军攻陷宁波。

与此同时，英军派兵船侵犯台湾。台湾兵备道姚莹和总兵达洪阿率众坚决抵抗，将闯入鸡笼（今基隆）的英军兵船打得"桅折索断"，触礁沉没，俘虏敌人一百余名。后来，英国兵船多次进犯，亦未得逞。

---

① ［美］马士：《中华帝国对外关系史》第1卷，商务印书馆1963年版，第750页。
② 《清史稿》卷372，列传159，中华书局1977年版，第11525页。

定海、镇海、宁波相继失守，使浙海战局陷入被动境地。九月初四日（10月18日），道光帝任命另一个侄子、吏部尚书奕经为扬威将军，决心夺回定海、镇海、宁波三城。他明确对奕经表示："朕引领东南，日盼捷音之至也。"[①]道光二十二年正月，奕经等人抵达杭州，从各地抽调的援军也陆续赶赴浙东前线。奕经认为兵力已厚，决定实施水陆反攻，企图一举收复三城。通过占卜，他确定开战时间为正月二十九日（3月10日）。奕经的作战方针是"明攻暗袭，同时并举"，其中水路（东路）以乍浦为基地，陆续渡海，潜赴舟山各岛及定海城内外，预为埋伏，候期举动。陆路（南路）则分为两支，一支集结在慈溪西南十五公里的大隐山，准备进攻宁波；另一支集结在慈溪西门外的大宝山，准备进攻镇海。奕经在进行陆地反击的同时，还特备火攻船去烧夷船，"每船用桐油二百斤，硝磺四十斤，草柴三十担，联五船为一排，期于潮退时连樯并进，一船火起，五船并发，围绕夷船，付之一炬。并命城内伏勇、城外正兵，均以船上火起为号，奋力开仗。"[②]

当天夜晚，英军发起反击，反以缴获的火船将清军沿江营寨烧毁。清军在浙东的反击行动，一路因遭英军阻击而撤出战斗；一路攻城失败，未能入城；而夜袭定海的水上一路，因风潮不顺而延期。三路反攻均遭失败，英军趁势反攻，清军退往绍兴、杭州。当时浙江传出这样的对联："红鬼、白鬼、黑鬼，俱由内鬼；将军、制军、抚军，总是逃军。"[③]

浙东战败后，清廷无心再战，决意妥协求和。浙江巡抚刘韵珂在奏折中称："浙省自去秋以后，官绅士庶，无不企望捷音。乃延颈数月，复闻败衄，人心涣散，愈甚于前。窃恐此后之用兵，更为不易，而目前之大局，深属可危。"强调立即停战，以节军费，"一月之防费，为数甚巨，防无已时，即费难数计，糜饷劳师，伊于胡底？"[④]道光帝重新起用妥协派伊里布、耆英为钦差大臣，以求停战。

然而，此时英国的作战目的是侵入长江，扼住镇江要害，切断运河漕运

---

① 《清宣宗实录》卷367，中华书局1986年版，第605页。

② 贝青乔：《咄咄吟》卷上，载《续修四库全书·集部·别集类》，第1536册，上海古籍出版社2002年版，第676页。

③ 《鸦片战争新史料》，载《中国近代史资料丛刊·鸦片战争》第3册，神州国光社1954年版，第457页。

④ 《筹办夷务始末·道光朝》卷44，上海古籍出版社2002年版，第178—179页。

通道，同时封锁吴淞口，让清廷彻底臣服，因而并未理睬清廷的求和，反而继续进攻。道光二十二年四月初九日（5月18日），英军在乍浦击败清军，成功打开了从长江进入内地的突破口。五月初五日（6月13日）英国军舰三十余艘侵入长江口，迫近吴淞。两江总督牛鉴派人向英军求和，江南提督陈化成则坚持抗战。五月初八日（6月16日），英军发动进攻，陆军在吴淞口西岸登陆，陈化成开炮阻击，英军在东炮台登陆，集中火力攻击西炮台。陈化成及所部官兵八十余人在吴淞保卫战中以身殉国。西炮台失守，宝山不战而失。

英军溯流而上，于六月十五日（7月22日）进犯镇江。镇江驻防八旗军不到五千人，在副都统海龄带领下，与英军展开殊死搏斗，尤其是青州旗兵浴血奋战，重创英军。英军在进犯镇江途中每前进一步，均遭到殊死抵抗。六月十四日（7月21日），英军用炮火轰击北门、西门，城被攻破后，清军依然开炮打击英军，利用城垛为掩护，步步为营，与登上城楼的敌人肉搏，有的抱着英军一同跳下城去；清军还在城内多处与英军进行激烈的巷战，直至壮烈牺牲。道光帝听说镇江的战况后，深为感叹："朕之满洲官兵，深堪悯恻。"当时参与进攻的英军称"满兵作了一次最顽强的抵抗，他们寸土必争，因此每一个城角和炮眼，都是短兵接战而攻陷的"[1]。恩格斯也这样评价守卫镇江、反抗侵略者的将士："如果这些侵略者到处都遭到同样的抵抗，他们绝对到不了南京。"[2]

三、《南京条约》与其他条约

镇江失守后，英军截断漕粮北运通道，也扫除了进兵南京的障碍。此时，清廷妥协派开始抬头："内治废弛，外情隔膜，言和言战，皆昧机宜，其祸岂能幸免哉！"[3]道光帝也无心应战，支持求和。他发布上谕，指示耆英和伊里布设法羁縻，"便宜行事。如该夷所商在情理之中，该大臣等尽可允诺"[4]。

双方于七月开始谈判。谈判期间，为了震慑清廷代表，璞鼎查邀请耆英、

---

[1] 《中国近代史资料丛刊·鸦片战争》第5册，神州国光社1954年版，第305页。
[2] 恩格斯：《英国对华新远征》，载《马克思恩格斯全集》第12卷，人民出版社1961年版，第190页。
[3] 《清史稿》卷369，中华书局1977年版，第11498页。
[4] 《筹办夷务始末·道光朝》卷57，上海古籍出版社2002年版，第448页。

油画中所反映的中英《南京条约》签约场景

南京下关静海寺东配殿是 1842 年中英南京谈判的所在地。当时英军已经占领南京制高点紫金山，并在山上架起大炮。谈判共进行了 10 多天，后于英国军舰上签订《南京条约》。在此期间，耆英等官员还曾设宴招待英方全权代表璞鼎查，以示委曲求全之意。《南京条约》的签订成为中国近代史的开端。关于谈判过程，可参见张喜所著《抚夷日记》。

伊里布参观军舰，给耆英等人留下深刻的印象。耆英上奏道光皇帝称："该夷船坚炮猛，初尚得之传闻，今既亲上其船，目睹其炮，益知非兵力所能制伏。"道光皇帝则指示立即投降，"此朕万不得已之苦衷，谅该大臣等必能善体朕意，期于有成。著即遵照前旨，妥为筹办，不必他有顾虑也"[1]。七月二十四日（1842 年 8 月 19 日），清廷代表耆英、伊里布、牛鉴率议和人员，于江宁海面停泊的英舰"皋华丽"号上，和璞鼎查签订了《江宁条约》，即《南京条约》。

《南京条约》共十三款，主要内容为赔款、割地、开放口岸和协定关税。中国向英国赔偿 2100 万银元，其中鸦片费 600 万银元，商欠 300 万银元，军费 1200 万银元；割让香港岛给英国；开放广州、福州、厦门、宁波、上海五处为通商口岸，准许英国派驻领事馆，准许英商及其家属自由居住；协定关税，英国商人"应纳进口出口货税饷费，均宜秉公议定则例"，中国不得随意变更；废除公行制度，英国商人在通商口岸"无论与何商贸易，均听其便"；中英官员来往礼仪平等。中英《南京条约》是近代西方列强强加在中国人民身上的第一个不平等条约，一般将第一次鸦片战争视为中国近代史

---

① 《筹办夷务始末·道光朝》卷 58，上海古籍出版社 2002 年版，第 456 页。

第一次鸦片战争后英国占领下的香港维多利亚港

的开端。

《南京条约》签订后，英国又趁火打劫，强迫清政府签订了一系列不平等条约。道光二十三年六月二十五日（1843年7月22日），《中英五口通商章程》公布实施。九月十五日（10月8日），清朝钦差大臣耆英、英国驻华全权公使璞鼎查各自代表两国政府在广东虎门签订《五口通商附粘善后条款》，又称《虎门条约》。先前公布的《中英五口通商章程》作为该条约的附件正式成立。中英《虎门条约》共十六条，另附三条"小船定例"；其附件《中英五口通商章程：海关税则》共十五款，进口税则十二类，出口税则十四类。《虎门条约》规定中国海关对英国货物征收5%的税率；来华英国人享有领事裁判权；片面最惠国待遇；准许英国人在通商口岸租赁房屋、居住。《虎门条约》所确定的税则，"对（英国）进口商来说，竟比商人们本身所敢于提出的，还要更加有利一些"。从此，因关税协定中国失去关税自主权；因英国犯法交本国总管审判，中国失去司法审判权；英国享有最惠国待遇，英舰亦有进泊通商口岸权，中国的主权受到严重侵害。

中英《南京条约》和《虎门条约》都没有提及鸦片贸易。璞鼎查曾多次试探中方态度，要求将鸦片贸易公开化、合法化。但耆英在答复璞鼎查的书面照会中说："各国商船是否载运鸦片，中国无须过问，也无须在这方面采取任何措施。"①实质上是默许鸦片走私继续进行，但英方仍希望能将此条约化。《虎门条约》签订前，璞鼎查建议指定南澳和泉州作为鸦片贸易的集散地，并对耆英表示，中国对鸦片"名禁实不禁"，"名为禁烟，实则免税"，"为今之计，与其禁之，不如税之"。②璞鼎查表示，如果开放鸦片禁令，可以保证清廷每年获得500万两的鸦片税银。耆英则担心鸦片开禁后，"诚恐徒有弛禁之名，仍无纳税之实，谁任其咎？"他希望能由英方政府担保，结果遭到璞鼎查拒绝，此事不了了之。此后十余年间，鸦片走私更为猖獗。

中英《南京条约》签订的消息传到华盛顿，道光二十三年四月，美国政府派顾盛为特使来华，要求中方给予美国与英国同等的通商条件。顾盛采取恫吓政策，他到达澳门后即向清廷提交照会，声称"不日进京"，"约一月之间，兵船满载粮食，即驶往天津白河口而去"。两广方面奏称，顾盛"其意在仿照英夷，并欲驾出其上，已可概见"③。五月二十一日（6月18日），清朝钦差大臣、两广总督耆英与顾盛在澳门附近的望厦村进行会谈。在美方的软硬兼施和讹诈之下，耆英屈服于压力，抱着"一视同仁"的宗旨，接受了美方所拟定的条约草案。道光二十四年五月十八日（1844年7月3日），双方在望厦村签订不平等的《望厦条约》，又称《中美五口通商章程》。条约共三十四款，并附有"海关税则"，主要内容为美国在通商、外交等方面，享有与英国同等的权利。美国兵船可以到中国沿海各港口巡查贸易，美国可以在通商口岸建立教堂、医院。条约同时规定十二年后可以"修约"，从而为第二次鸦片战争埋下了伏笔。

道光二十四年七月初一日（8月14日），法国公使拉萼尼来到澳门，以8艘兵船显示武力。九月十三日（10月24日），钦差大臣耆英被迫和拉萼尼在广州黄埔的一艘法国兵船"阿吉默特"号上，签订《中法五口贸易章程：海关税则》，亦称《黄埔条约》。中法《黄埔条约》共三十六款，并附

---

① 姚贤镐编：《中国近代对外贸易史资料1840—1895》第1册，中华书局1962年版，第416页。

② 黄恩彤：《抚远纪略》，载《中国近代史资料丛刊·鸦片战争》第5册，神州国光社1954年版，第422页。

③ 《筹办夷务始末·道光朝》卷71，上海古籍出版社2002年版，第62页。

广州黄埔港

有"海关税则"，使得法国除享有美国在《望厦条约》中取得的一切特权外，还获准法国天主教在通商口岸自由传教，修建坟地，清朝地方政府负责保护教堂和坟地。《黄埔条约》同《望厦条约》一样，进一步破坏了中国的司法、关税、领海的自主权。

继英、美、法之后，比利时、西班牙、荷兰、瑞典、挪威、葡萄牙、丹麦等国也纷纷效尤，与清政府签订相应的通商条约。道光二十三年，清政府与葡萄牙签订《中葡五口通商章程》；道光二十五年，与比利时签订《中比五口通商章程》；道光二十七年，与瑞典签订《中瑞五口通商章程》、与挪威签订《中挪五口通商章程》。道光二十九年，葡萄牙殖民主义者强行赶走中国驻澳门的海关官员，强迫中国居民纳税，从而将澳门变成它的殖民地。

咸丰元年（1851年），清政府与沙俄签订《伊犁塔尔巴哈台通商章程》。《伊犁塔尔巴哈台通商章程》规定，中方开放伊犁和塔城对俄通商，允许俄国商人建房和免税贸易。俄国可以派驻领事，管理该国贸易事宜，如俄国商人违法犯罪，即交"俄罗斯管贸易官究办"。俄方代表对此条约极为满意，认为"不仅是在商业上，而且在政治关系上也具有重要的意义，它成为深入

葡萄牙殖民者在澳门修建的炮台

中亚细亚继续进攻活动的强有力的动力"[1]。另外，沙俄还利用地缘优势，通过茶叶贸易从中国获得丰厚的利润。

以上这些条约，都极大地损害了中国的利益。

代表英国政府签订《南京条约》的璞鼎查回国后，告诉英国资本家，为他们的生意打开了一个新的世界，这个世界是这样的广阔，"倾兰开厦全部工厂的出产也不够供给她一省的衣料的"[2]。受此鼓动，英国掀起一个向中国倾销商品的狂潮。据英国官方统计，英国输华商品，1837年为90多万英镑，1843年增加到1456180英镑，1845年达到2394827英镑。[3]其中，棉纺织品超过了一半的比例。由于双方社会经济水平及文化传统不同，西方列强的许多商品并不能在中国获得广泛销路。英国西菲尔特一家公司运来大批刀叉，准备供中国人做餐具之用，结果在商店里陈列多年而无人问津。伦敦一家公司运来大批钢琴，认为每200个中国妇女之中总有一个有愿意学习，结果无

①　[俄]伊·费·巴布科夫：《我在西西伯利亚服务的回忆（1859—1875）》上册，商务印书馆1973年版，第142页。

②　严中平：《英国资产阶级纺织利益集团与两次鸦片战争史料》，载《鸦片战争史论文专集》，生活·读书·新知三联书店1958年版，第71页。

③　严中平：《中国棉纺织史稿》，科学出版社2011年版，第78页。

开埠后的上海风貌

人购买，只能堆在仓库里受潮。1846年以后，英国对华商品输出开始大幅度下降，每年停留在150万英磅左右。直到50年代中期，才重新回升。

这一时期，鸦片走私仍然是英方对华贸易的重要方面，鸦片走私贸易实际处于双方的默许之下。英国公布的《1849年中国各口贸易报告》说："目前中国每年鸦片消费量约为5万箱……其中以上海为中心的北方消费量占2/5，以广州为主要市场的南方消费量占3/5。"[①]中国对外出口，则以茶、丝等农产品为主。茶叶在30年代每年出口约五千万磅，1844年增至7000万磅，1851年达9900万磅，几乎增加了一倍。丝的出口，在鸦片战争前一般每年只有几千包，最多也不过12000包。1847年增至22000包，1852年达32000包。

第一次鸦片战争后，开放五口通商，上海发展尤其迅速，自50年代中期起，就取代广州成为全国对外贸易的中心。1845年11月，英国驻上海领事巴富尔强迫清朝地方官议定土地章程，在上海划定一个区域作为英国人居留地，这就是租界的开端。1848年和1849年，美国和法国也分别在上海划定租界。上海"已经变成了无法无天的外国人们的一个真正黄金

---

① 姚贤镐编：《中国近代对外贸易史资料1840—1895》第1册，中华书局1962年版，第420页。

国。……其中许多人都是属于这样一种类型的：只要有利可图，那么走私犯禁，一切都不顾忌，就是行凶杀人，也在所不惜"。[1] 此后，租界被推广到其他通商口岸。

西方列强还在中国通商口岸进行掠卖华工的交易，英国人称之为"苦力贸易"。据英国官方公布的数字，在厦门被掠卖出国的华工，1845 年为 180 名，1849 年为 280 名，1851 年为 2066 名；在广州及其附近地区被掠卖的华工，1849 年为 900 名，1850 年为 3118 名，而 1852 年上半年竟达到 15000 名。这一数字显然被有意缩小了。香港总督包令在亲眼目睹了被掠华工的情况后，也不得不承认："几百个苦力聚集在巴拉坑（按：即猪仔馆）里，个个剥光衣服，胸前各自按照准备把他们送去的地方，分别打上'C'（加利福尼亚）、'P'（秘鲁）或者'S'（山德维治群岛）（按：即檀香山群岛）等印记。"[2] 华工以成年男子为主，也包括一部分未成年男性儿童。在运往国外的途中，他们被锁在狭小而拥挤的船舱里，死亡率很高。到达目的地后，又从事繁重的体力劳动，处境凄惨。

掠卖华工造成通商口岸的气氛恐怖，英国领事阿礼国透露，"现在广州没有一个中国人能在离开家门之后不冒被拐的危险。甚至在大白天，通衢广众之间，也会有人被拐匪捏造诬言，或借端绑架而去"。[3]

第三节　第二次鸦片战争

1853—1856 年，英法与沙俄为争夺奥斯曼土耳其帝国进行了克里米亚战争，战争以沙俄失败而告终。这场战争对中国也产生了重要影响：对战胜国英法而言，可以腾出手对远东地区进行侵略扩张；于战败国俄国而言，黑海出口通路被堵塞，不得不转移方向经营中东和远东，特别是不断侵吞中国北方大片领土。

---

①　[英]莱特：《中国关税沿革史》，姚曾廙译，生活·读书·新知三联书店 1958 年版，第 86 页。

②　陈翰笙主编：《华工出国史料汇编》第 2 辑，中华书局 1980 年版，第 6 页。

③　陈翰笙主编：《华工出国史料汇编》第 2 辑，中华书局 1980 年版，第 172 页。

咸丰皇帝像

爱新觉罗·奕詝（1831—1861年），清朝定都北京后的第七位皇帝。奕詝是清宣宗道光帝第四子。咸丰帝在位十一年，死于承德避暑山庄，享年31岁。庙号文宗，谥号协天翊运执中垂谟懋德振武圣孝渊恭端仁宽敏庄俭显皇帝，葬于定陵，死后由其子载淳继位。咸丰帝在位期间，清廷经历了太平天国起义和第二次鸦片战争的打击，国家财政濒临崩溃，统治遭受巨大危机。

　　此时，国内的太平天国起义及其他农民起义声势浩大，使得清廷陷入统治危机。咸丰六年（1856年），《望厦条约》届满十二年。西方列强以《望厦条约》和《黄埔条约》中有关于通商"各口情形不一，所有贸易及海面各款，恐不无稍有变动之处，应俟十二年后两国派员公平酌办"的规定，企图利用修约满足其更大的利益需求，包括要求中国全境开放通商，鸦片贸易合法化，进出口货物免交子口税，外国公使常驻北京等。美国提出全面修改条约的要求，得到英、法支持。咸丰帝则对修约持消极态度，指出："各夷议定条约，虽有十二年后公平酌办之说，原恐日后情形不一，不过稍有变通，其大段断无更改，固有万年合约之称。"他谕令两广总督叶名琛"惟当据理开导，绝其觊觎之心，如其坚执十二年查办之语，该督等亦只可择其事近情理无伤大体者，允其变通一二条，奏明候旨，以示羁縻"[①]。清政府虽派代表与英国公使进行谈判，但实质是按照中国传统对外关系体制——宗藩关系进行，而西方列强则按近代外交体制进行谈判。美国公使单独北上，到上海等地活动

---

①　《清文宗实录》卷202，中华书局1986年版，第188页。

几个月后，仍然无一所获。西方列强决心对中国发动一场新的侵略战争，以达到修约目的。

从咸丰六年九月（1856年10月）至咸丰十年（1860年），英法联军对中国发动大规模的战争。发动这次战争的根本原因和第一次鸦片战争类似，因而被称为"第二次鸦片战争"。在整个第二次鸦片战争期间，清军与英、法联军的军事冲突，可以分为广州地区、天津地区和北京地区三个区域。在此期间，英、法联军向清军发动的战斗有11次之多，包括第一次广州之战、虎门之战、佛山之战、第二次广州之战、第一次大沽之战、第二次大沽之战、新河之战、塘沽之战、石缝炮台之战、张家湾之战、八里桥之战等。第二次鸦片战争以清廷的惨败收场，相关条约的签定进一步加深了中国半殖民地化进程。

一、"亚罗号事件"与"马神甫事件"

第一次鸦片战争之后，广州百姓进行了坚决抵制洋人入城运动。1856年，巴夏礼任英国驻广东领事，向两广总督叶名琛力争英人"入城"权利，遭到叶名琛的激烈反对。巴夏礼决意挑衅，力求破此困局，"中英交涉，波澜起伏，事故虽繁，要以入城问题为之骨干，直演成第二次中英战争（英法联军）"[①]。与此同时，因英货在华大量滞销，英方认为原因在于中方的通商口岸开放太少，也希望借机修改条约。

咸丰六年九月初十日（1856年10月8日），广东水师在黄埔搜查窝藏海盗的中国商船"亚罗号"，并逮捕两名海盗和十名有嫌疑的水手。"亚罗号"曾在香港英国政府领过执照，但此时已过期。英国驻华公使包令也承认，对这艘船在"法律上不能予以保护"[②]。巴夏礼闻听此事，立即派船干涉中国水师执勤，企图截留被逮捕人员。未果后，巴夏礼照会两广总督叶名琛，诬指水师兵勇侮辱英国国旗，要求立即送回被捕人员，公开赔礼道歉。叶名琛据实复函驳斥："到艇拿人之际，其无旗号，已属明证，从何扯落？"[③]

---

① 谢兴尧等：《英法联军史料》，载沈云龙主编：《近代中国史料丛刊》第2编，台北文海出版社1973年版，第5页。

② 《包令爵士致巴夏礼领事》，载《中国近代史资料丛刊·第二次鸦片战争》第6册，上海人民出版社1978年版，第53页。

③ 华廷杰：《触藩始末》卷上，载《中国近代史资料丛刊·第二次鸦片战争》第1册，上海人民出版社1978年版，第172页。

叶名琛照

叶名琛（1807—1859年），字昆臣，湖北汉阳人，清朝中后期著名封疆大吏，官至两广总督擢授体仁阁大学士。第二次鸦片战争中被俘，自诩"海上苏武"。时人讥笑他是"不战不和不守，不死不降不走，相臣度量，疆臣抱负，古之所无，今亦罕有。"

巴夏礼像

哈里·斯密·巴夏礼，第一次鸦片战争时任璞鼎查的秘书兼翻译，曾参加攻占镇江的战役。1854年任英驻厦门领事，1856年代理广州领事，后随英法联军北上，率使团与清廷谈判，因态度粗鲁遭清政府扣押。有观点认为，巴夏礼事件是诱发火烧圆明园的直接原因。

但当时叶名琛正忙于镇压红兵起义，为免生事端，九月二十三日（10月21日），叶名琛仍令南海县丞带着照会与被捕人员，送交巴夏礼。巴夏礼则借机挑起事端，拒绝接受被捕人员。

九月二十五日（10月23日），英国军舰突然闯入珠江，对沿岸炮台发起进攻。随后，英军炮轰广州城，并于十月初一日（10月29日）攻入城内。由于英军兵力不足，当晚被迫撤出广州，退踞虎门，等待援军。叶名琛以"两获胜仗，夷匪伤亡四百余名"奏报，咸丰帝指示："不胜固属可忧，亦伤国体；胜则该夷必来报复……当此中原未靖，岂可沿海再起风波？"[1]要求叶名琛稳妥处理此事。

"亚罗号"的消息传到伦敦，英国首相巴麦尊宣称将对华开战。在遭到

---

① 《筹办夷务始末·咸丰朝》卷14，上海古籍出版社2002年版，第538页。

议员的强烈反对后，巴麦尊解散议会，重新改选议会，并最终获得下院多数议席，通过了扩大侵略战争的提案。咸丰七年二月（1857年3月），英国政府任命额尔金为全权代表，率领军队前往中国。英方还建议法国政府共同采取行动。

与此同时，在中国又发生了"马神甫事件"。法国天主教神甫马赖违反中法《黄埔条约》，私自闯入内地进行非法传教。马赖在广西西林建立宗教侵略据点，借教为非，引起民愤。咸丰六年（1856年），马赖被西林知县张鸣凤处死。当时法国在远东的力量单薄，仅有大小战舰4艘，士兵600名。为换取英国支持法国在越南的行动，咸丰七年（1857年），法国政府以此为借口，任命葛罗为全权代表，和英国联手侵略中国。英法还打算联合美国，但美国仅以外交支持。俄国外交代表则以东正教团监护的身份混入北京，后来又以"调停人"的面目出现，从中渔利。

咸丰七年九月，额尔金和葛罗先后率舰到达香港。十一月，英法联军5600余人（其中法军1000人）在珠江口集结。额尔金、葛罗向叶名琛发出最后通牒，要求叶名琛两天内让出广州城。叶名琛置若罔闻，但也没有做积极有效的应战准备，"以渊默镇静为主，毫无布置，惟日事扶鸾降乩，冀得神佑"①。十一月十三日（12月28日），英法联军炮击广州，并登陆攻城。都统来存、千总邓安邦等率兵顽强抵御，次日广州失守。叶名琛逃至都统衙门后花园八角亭，后被英军俘获，押往印度加尔各答，囚居在海边的"镇海楼"。咸丰九年（1859年），叶名琛病死于囚所。广州将军穆克德纳、广东巡抚柏贵投降英法联军。联军随后组成"联军委员会"。柏贵官复原职，以他为首的广东巡抚衙门成为英法侵略势力支持下的傀儡政权，存在时间长达4年之久。

广州百姓与傀儡政权进行了不屈不挠的斗争。据1858年7月5日的香港《中国邮报》报道："广州的局势一天比一天糟糕，每天晚上都有火箭投射到联军的阵地上。城郊充塞着乡勇，大家都认为他们中有很大一部分就在离我们哨兵最多只有几百码的地方转来转去。至于城内，即使是几条大街上，甚至在光天化日之下，只要不成群结队地武装外出，那么对外国人来说也很少有安全可言。"香港2万多名中国工人也纷纷罢工表

---

① 《筹办夷务始末·咸丰朝》卷18，上海古籍出版社2002年版，第612页。

示抗议。

二、英法联军两次北上

英法联军出兵的目的是逼迫清政府就范，与清廷直接交涉。攻占广州后，英法联军决定北上，进攻大沽。咸丰八年三月，英舰十余艘、法舰六艘陆续来到大沽口外，英、法、俄、美四国公使也各乘兵舰抵达白河口，分别照会清政府，要求指派全权大臣进行谈判。俄美照会还表示愿意充当"调停人"。事实上，俄使私下极力唆使英法联军尽快发动攻势："在直隶湾（渤海湾）沿岸作战的最好月份是四、五月，这两个月天气大多晴朗，热度尚能忍受"，六月份很热，七月初以后雨季要持续六至七周，"低平的地面几乎不能通行"，不利于作战。①

清政府派直隶总督谭廷襄为钦差大臣到大沽谈判，英法联军继续施压，要求清方在6天内满足其所有要求，否则诉诸武力。5月20日，联军率军舰闯入白河，炮轰大沽炮台，守台将士英勇还击，但谭廷襄等人毫无斗志，竞相西逃，致使大沽失陷。英法联军溯白河而上，于5月26日侵入天津城郊，并扬言进攻北京。清政府慌忙另派大学士桂良、吏部尚书花沙纳为钦差大臣前往天津议和。

6月，谈判开始，俄、美公使继续扮演调停人角色。俄国驻华公使普提雅廷施展手段，迫使清廷于6月13日先行签署中俄《天津条约》，获取了在中国沿海通商、内地传教、领事裁判权，以及片面最惠国待遇。条约还规定两国"从前未经订明边界"，"补入此次和约之内"，为日后进一步侵略中国领土埋下伏笔。6月18日，中美《天津条约》签定。6月26日，钦差大臣桂良、花沙纳与英国全权代表额尔金在天津签订条约，即中英《天津条约》。条约共五十六款，附约一款。第二日，清方又与法国代表签订中法《天津条约》，条约共四十二款，附约六款。主要内容包括赔偿英国白银四百万两，赔偿法国白银二百万两；外国公使进驻北京，在通商各口设领事馆；增开牛庄、登州、台南、淡水、潮州、琼州、汉口、九江、南京、镇江为通商口岸（后来开埠时，牛庄口岸设在营口，登州口岸设在烟台，潮州口岸设在汕头）；允许外国人入内地游历、通商、自由传教；允许外国商船驶入长江；

① 中国社会科学院近代史研究所编：《沙俄侵华史》第2卷，人民出版社1976年版，第154页。

桂良像　　　　　　　　　　　　　　　　　　　　　　　花沙纳像

《通商章程善后条约》谈判前，咸丰帝"内定"全免关税，其认为：反对免税者是那些属员胥吏，恐其以后"无可沾润"，即无法再中饱私囊。桂良、花沙纳和两江总督何桂清认为：免除关税是英国处心积虑，意在垄断专利，后患巨大。三人多次上书要求改变既定政策，咸丰帝大怒，朱批中词锋甚利。但三人力陈免税有十可虑，绝不可行，并称"第一要事关系过大，无论如何为难，总须设法处置"。最终说服咸丰帝改变初衷，为清朝保住关税，从而避免了近代中国一场大灾难。

修改税则等。

　　1858 年 11 月，钦差大臣桂良、花沙纳与英国、法国和美国分别在上海签订《通商章程善后条约》，这是《天津条约》的补充条款。该条约共十款，主要内容包括：海关聘用英人；海关对进出口货物照时价值百抽五征税；洋货运销内地，除缴纳 2.5% 子口税外，一切内地税全免；鸦片贸易合法化，每箱缴纳 30 两进口税。《天津条约》和《通商章程善后条约》的签订，进一步侵犯了中国主权。

　　咸丰帝认为与各国的签约中，"以派员驻京、内江通商及内地游行、赔缴兵费始退还广州省城四项最为中国之害"，他要求"桂良等能将此四项一概消弭，朕亦尚可屈从，若仅挽回一二件，其余不可行之事，仍然贻患无穷，断难允准"。[1] 然而，英、法侵略者坚持条约要求，不予妥协。另外，英

---

① 　《清文宗实录》卷 264，中华书局 1986 年版，第 1096 页。

法也并不满足在《天津条约》所攫取的利益，企图利用换约机会再次挑起战争。

咸丰九年五月（1859 年 6 月），英国公使普鲁斯、法国公使布尔布隆到达上海，拒绝清政府在上海谈判的要求，率军北上。普鲁斯对布尔布隆说："我们在白河口有一支威慑力量……因而，我本人的意见是，假使要有麻烦的话（我们应该对此有所准备），那么不如就直截了当地去找上这些麻烦，甚至可以说最好事前就去挑起这麻烦。"[①] 五月二十日（6 月 20 日），普鲁斯、布尔布隆与美国公使华若翰率 2000 余人及大小舰船 21 艘到达大沽口外。清政府以大沽设防为由，命令直隶总督恒福照会英、法公使，指定他们由北塘登陆，经天津前往北京换约，随员不得超过 20 人，并不得携带武器。英法公使拒绝清政府安排，坚持要舰队从大沽口、天津进入北京换约，并要求清军撤防。英军司令何伯声称："我们将稳操胜券，那么我们就应该不惜用武力来打开白河的大门，并继续向京城挺进。"[②]

此时，大沽口防务由僧格林沁负责，自上年起便加强了准备。僧格林沁"移军海口，修筑大沽、北塘营垒炮台，购巨炮分布要害，橄州县伐大木输之海壖，植丛桩水底以御轮船。又奏请调吉林、黑龙江、察哈尔及蒙古两盟马队，前后赴军者可五千骑"[③]。二十五日，英军司令何伯率舰队向大沽炮台发动突然袭击。联军炸断拦河大铁链两根，拔毁河上铁戗，僧格林沁指挥清军反击。据当时英国报纸报道："和我们交手的不是一般中国炮兵。他们的炮火无论就其炮弹的重量来讲，或就其射击的准确来讲，都达到了这样的水平，以致参加过中国战役的人，很少有人，我甚至可以断定没有一个人在以前曾经领教过。"[④] 经过一昼夜激战，清军毙敌数十人，伤敌 400 余人，击沉 4 艘敌舰。直隶提督史荣椿、大沽协副将龙汝元等 36 名将士阵亡。大沽口战役是第二

---

① 科尔迪埃：《一八六〇年中国之征》，载《中国近代史资料丛刊·第二次鸦片战争》第 6 册，上海人民出版社 1978 年版，第 191 页。

② 《布尔布隆致函外交大臣》，载《中国近代史资料丛刊·第二次鸦片战争》第 6 册，上海人民出版社 1978 年版，第 191 页。

③ 薛福成：《书科尔沁忠亲王大沽之败》，载《中国近代史资料丛刊·第二次鸦片战争》第 1 册，上海人民出版社 1978 年版，第 597—598 页。

④ 香港《中国邮报》1859 年 7 月 22 日，载《中国近代史资料丛刊·第二次鸦片战争》第 6 册，上海人民出版社 1978 年版，第 203 页。

次鸦片战争期间清军取得的唯一一次胜利，暂时打压了侵略者的嚣张气焰。但清政府沉浸在大沽胜利喜悦中，思想麻痹，幻想借此与英法侵略者罢兵言和。

英法联军在大沽口战败消息传到欧洲，引起轩然大波。伦敦宣称要对中国实行大规模的报复，"对中国海岸线全面进攻，打进京城，将皇帝逐出皇宫"，借此教训中国人，"英国人高中国人一等，应该做他们的主人"。①咸丰十年春，英法两国政府再度任命额尔金与葛罗为全权代表，率领英军18000余人，法军约7000人，战舰200余艘，扩大对华侵略战争。三月，英法联军占领舟山。随后英国侵略军占大连，法国侵略军占烟台，封锁渤海湾，以此作为进攻大沽口的基地。俄使伊格纳季耶夫和美使华若翰也于六月赶到渤海湾，再次借"调停人"的名义，配合英法行动。当英、法军舰逼临大沽海口时，咸丰帝谕示僧格林沁、恒福"总须以抚局为要"，并派恒福与英法使者谈判。僧格林沁错误估计战争形势，认为英法联军不会从北塘登陆，因此专守大沽，尽弃北塘防务。

咸丰十年六月十五日（1860年8月1日），英法军舰三十余艘，由"俄夷引路，占据北塘"。六月二十六日，大举向新河、军粮城发动进攻，僧格林沁发起反击却无力阻止，六月二十八日塘沽失陷。七月初五日，联军水陆协同进攻大沽北岸炮台。守台清军在直隶提督乐善的指挥下英勇抗击，全部壮烈牺牲，大沽炮台失守。咸丰帝手谕僧格林沁："以国家倚赖之身，与丑夷拼命，太不值矣！"②僧格林沁将防守官兵全部撤走，大沽失陷，联军长驱直入，于七月初八日（8月24日）占领天津。清政府急派桂良等到天津议和。在谈判中，英法提出，清政府除需全部接受《天津条约》外，还要增开天津为通商口岸、增加赔款以及各带兵千人进京换约等。清政府坚持要求先退兵，并拒绝进京带兵换约要求，双方谈判破裂。英法联军从天津出发向北京进犯，清政府再派怡亲王载垣、兵部尚书穆荫为钦差大臣前往通州议和，因双方争执不下，清政府将巴夏礼等一行39人扣押送往北京做人质，谈判再次破裂，英法联军继续进军北京。

----

① 马克思：《新的对华战争》，载《马克思恩格斯选集》第1卷，人民出版社2012年版，第827页。

② 《筹办夷务始末·咸丰朝》卷55，上海古籍出版社2002年版，第690、693页。

1860年8月攻陷大沽炮台的英军士兵

大沽口自明代始行设防，清代修置大炮，设施不断加强，逐渐形成了完整的防御体系。晚清时期，大沽口与南方的虎门共同成为最重要的海防屏障。由于战略地位重要，大沽口先后于1858年、1859年、1860年和1900年四次遭受西方列强的入侵。现为全国重点文物保护单位和爱国主义教育基地。

八月初四日（9月18日），英法联军进攻张家湾，清军顽强抵抗，伤亡极大，最后通州陷落。八月初七日（9月21日），清军与敌军在八里桥激战。僧格林沁督率马队与联军进行决战，法国远征军中尉保罗·德拉格朗热描述当时激战场面："炮弹和子弹无法彻底消灭他们，骑兵们似乎是从灰烬中重生。他们如此顽强，以至于一时间会拼命地冲到距大炮只有30米远的地方。我们大炮持续和反复地排射，炮弹于他们的左右飞驰，他们在炮火中倒下了。"保尔·瓦兰在《征华记》记载说："中国人和以勇气镇定著称的鞑靼人在战斗的最后阶段表现得尤为出色……他们中没有一个后退，全都以身殉职。"①得知八里桥战败消息的咸丰皇帝于八月初八日（22日），带领后妃及官员仓

---

① 保尔·瓦兰：《征华记》，载《中国近代史资料丛刊·第二次鸦片战争》第6册，上海人民出版社1978年版，第190页。

圆明园九州清晏

圆明园坐落在北京西北郊，与颐和园相邻，是清朝著名的皇家园林，面积 5200 余亩，建筑面积达 16 万平方米，有"万园之园"之称。清朝皇室每到盛夏时节就会来这里理政，故圆明园也称"夏宫"。圆明园始建于康熙四十八年（1709 年），雍正即位后，大力加以拓展。此后持续修建至道光朝。圆明园于第二次鸦片战争、八国联军侵华期间，两次遭到洗劫。

皇逃往热河（今河北承德），留下恭亲王奕䜣负责议和。几天后，英法联军占领安定门，控制北京城。

圆明园始建于康熙四十八年（1709 年），经雍正、乾隆、嘉庆、道光、咸丰五位皇帝一百五十多年的经营，规模宏大，建筑风格中西合璧，珍藏文物众多，是中国古代皇家园林艺术的巅峰之作，有"万园之园"之称。圆明园还是一座珍宝馆，是当时世界上最大的皇家博物馆、艺术馆，收藏着许多珍贵的图书和杰出的艺术品，汇集了中国传统文化的精华。清朝皇帝每到盛夏就来此避暑、听政，处理军政事务，因此也称"夏宫"。英法联军攻入北京后，要求清政府归还被扣押的 39 名人质。然而，此时人质仅幸存 18 人，英法联军极为愤怒，他们以清廷虐待人质为由，于八月二十二日占领圆明园。从第二天开始，英法联军军官和士兵就疯狂地进行抢劫和破坏，以报复清方的举动。

九月初五日（10月18日），侵略军3500余人直趋圆明园，身处北京城的英军中校吴士礼在日记中记录了当时惊人的场景："连续两个整天，浓烟形成的黑云一直飘浮在昔日繁华富丽之乡的上空，西北方向吹来的清风，将这浓密的黑云刮向北京城，浓烟带来了大量炽热的余烬，一浪接一浪地涌来，无声地落在大街小巷，述说和揭露皇家宫苑所遭受的毁灭与惩罚，日光被黑烟和浓云遮蔽，仿佛一场持久的日食一般。暗红的火光映照在往来忙碌的士兵脸上，使得他们活像一群魔鬼，在为举世无双珍宝的毁灭而欢呼雀跃。"①法国作家维克多·雨果在《就英法联军远征中国给巴特勒上尉的信》中对英法联军火烧圆明园的暴行也进行了强烈地谴责："有一天，两个强盗进入了圆明园。一个强盗洗劫，另一个强盗放火。……如果把我们所有大教堂的所有财宝加在一起，也抵不上东方这座了不起的富丽堂皇的博物馆。……这就是文明对野蛮所干的事情。在历史面前，这两个强盗，一个将会叫法国，另一个将会叫英国。"②

咸丰十年九月十一日（10月24日）、十二日，清廷代表与额尔金、葛罗交换《天津条约》批准书，并签订中英、中法《北京条约》。《北京条约》是对《天津条约》的扩充，其中中英《北京条约》共九款，中法《北京条约》共十款，主要内容包括：开放天津为商埠；准许华工出国；割让九龙司给英国，归英属香港界内；退还先前没收天主教堂资产；赔偿英法军费各八百万两，恤金英国五十万两，法国二十万两。此外，法国在《北京条约》法文文本中私自增加"任法国传教士在各省租买田地，建造自便"③，成为后来天主教会广置产业、霸占田地的护身符，但在中文文本中并无此项内容。

《天津条约》与《北京条约》的签订，使西方势力从东南扩展到北方，从沿海扩展至内地，在政治、经济、文化、军事等多方面侵害了中国的利益。

---

① ［法］伯纳·布立赛：《1860：圆明园大劫难》，高发明等译，浙江古籍出版社2005年版，第273—274页。

② 雨果：《就英法联军远征中国给巴特勒上尉的信》，载《雨果文集》第11卷，人民文学出版社2002年版，第361—362页。

③ 王铁崖编：《中外旧约章汇编》第1册，生活·读书·新知三联书店1957年版，第147页。

三、沙俄侵占我国大片领土

第二次鸦片战争时期，清政府忙于对付英法联军和镇压太平天国运动，北方边疆防备更为空虚。俄国乘虚而入，加紧蚕食中国北部边境，非法占领了黑龙江流域及巴尔喀什湖以南的许多战略要地，并一直在寻找机会，用条约形式把所占领的中国领土固定下来。

早在 1849 年，沙俄海军军官涅维尔斯科

瑷珲江东六十四屯

伊就曾由海上侵入我国黑龙江和库页岛地区。1850 年 8 月，他们强占黑龙江的重镇庙街，并以沙皇之名将庙街命名为尼古拉耶夫斯克。至 1853 年年底，他们已经占领了兴衮河和黑龙江下游两岸以及江口外整个中国领海。在此前后，沙俄又进一步侵略我国西部地区。1846 年，沙俄侵入我国巴尔喀什湖东南的库克乌苏河地区。19 世纪 50 年代，沙俄沿伊犁河继续向南扩张。至第二次鸦片战争前，它已经侵占了巴尔喀什湖以东、以南的大片中国领土。

咸丰六年（1856 年），英法联军进攻广州，俄国遂派普提雅廷为公使，与清政府谈判边界问题。咸丰八年，俄国西伯利亚总督穆拉维约夫乘英法联军攻陷大沽口之时，用武力强迫黑龙江将军奕山谈判边疆问题，宣称黑龙江以北的中国领土属于俄国。俄方把军队调至江岸，昼夜鸣枪放炮，以武力相威胁。四月十六日（5 月 28 日），在俄方的压力之下，奕山和俄方签订《瑷珲条约》，将中国黑龙江以北、外兴安岭以南 60 多万平方公里的领土割去，仅规定江东六十四屯仍由中国人民"永远居住"，归中国官员管理；同时，把乌苏里江以东约 40 万平方公里的中国领土，划作两国共管，别国不得航行。清政府没有批准《瑷珲条约》，并对奕山等人予以处分。沙俄侵略者却不管

条约是否有效，直接把瑷珲北岸的海兰泡改为"报喜城"（布拉戈维申斯克）。

咸丰十年十月，俄国驻中国公使伊格纳切夫以"调停有功"为借口，提出新的领土要求，并逼迫中方"一字不能更易"，否则"兵端不难屡兴"。十月初二日（11月14日），清廷与俄国签订《北京条约》，将"中俄共管"的乌苏里江以东40万平方公里的土地划归俄国；规定蒙、新西北边界，割占巴尔喀什湖以东、以南的大片中国领土；增开喀什噶尔为商埠，并在喀什噶尔、库伦（今蒙古国乌兰巴托）设领事馆。同时，俄国还将由其提出的中俄西部边界线强加给中国。

1861年6月，中俄签订《勘分东界约记》，勘分兴凯湖以南的陆界。1862年8月，中俄双方在塔城举行勘分西北边界谈判。中方代表明谊据理力争，谈判不欢而散。1864年10月，塔城谈判重开。俄方代表扬言中方必须按俄方提出的分界议单划界，"若不照此办理，稍有更改，我们立即起程回国，只好派兵强占"。负责总理衙门事务的奕䜣一再指示明谊做出让步，"若收入中国，俄夷势必借口寻衅，诚恐将来立界不便"[1]。同治三年九月七日（1864年10月7日），俄国强迫清政府订立《勘分西北界约记》，划定从沙宾达巴哈山口起至浩罕边界为止的中俄西段边界。俄方谈判代表巴布科夫得意地说："由于按照中国常驻卡伦线划界，在吉尔吉斯草原东部有属于中国的广大幅员的土地划入我国领域之内。"[2]据此，俄国侵占了巴尔喀什湖以南，包括斋桑湖、特穆尔图淖尔在内计约44万多平方公里的中国领土。

沙俄采取武装占领、造成既成事实，然后进行外交讹诈的策略，并通过《瑷珲条约》《北京条约》等一系列条约，侵占了我国144万多平方公里的土地。马克思指出："俄国不要花费一个钱，不用出动一兵一卒，到头来能比任何一个参战国都得到更多的好处。"[3]沙俄是第二次鸦片战争最大的获利者。

四、辛酉政变与中外势力联手

第二次鸦片战争结束后，英法等国撕下"中立"的伪装，以政府的名义

---

① 《筹办夷务始末·同治朝》卷44，上海古籍出版社2002年版，第114页。

② ［俄］伊·费·巴布科夫：《我在西西伯利亚服务的回忆（1859—1875）》，商务印书馆1973年版，第470页。

③ 马克思：《俄国的对华贸易》，载《马克思恩格斯选集》第1卷，人民出版社2012年版，第786页。

华尔及其洋枪队

美国人华尔，毕业于沃门特美国文学科学与军事专科学院，接受了基础的军事与战术培训。毕业后前往加州淘金，加入佣兵团，在墨西哥和尼加拉瓜武装偷渡难民，最终因触犯美国中立法而被逮捕。此后，还曾加入法国军队参加了克里米亚战争。华尔在华组织洋枪队，维持洋枪队的费用来自从捕盗局得到的上海关税收入和各种商绅协会的捐款。

公开支持清政府镇压太平天国起义。英国首相巴麦尊声明，要全力配合清廷，使"中国内部全局得入正轨"。法国公使葛罗表示，要在"海口助中国剿贼，所有该国停泊各口之船只兵丁，悉听调遣"。俄国驻中国公使伊格纳切夫也面告奕䜣："请令中国官军于陆路统重兵进剿，该国拨兵三四百名在水路会击，必可得手。"[1] 俄国还送给清政府一批枪炮，以示支持。

清政府一些当权人物担心外国军队"占据地方，勾结逆匪，阻挠官兵进剿"，不敢直接答应法方和俄方的建议，但却私下密谕江苏巡抚薛焕指使买办商人与洋商"自为经理"。美国人华尔组织洋枪队参加镇压太平天国活动，就是这样"自为经理"的产物。

1860年6月，太平军李秀成部横扫江南地区，逼近上海。江苏巡抚薛焕派上海道吴煦向英、法领事请求派兵防守县城。英、法公使宣布协助清军"弭平一切不法叛乱，保卫上海，抵抗任何攻击"[2]，并派英国的卡思克尼为联

---

① 江上蹇叟：《中西纪事》卷20《外夷助剿》。

② ［英］吟唎：《太平天国革命亲历记》上册，王维周译，上海古籍出版社1985年版，第205页。

军司令。美国人华尔也向清政府提出组织洋枪队的计划，得到薛焕和吴煦支持，并由中方提供军械和军费。华尔招募200余人组成洋枪队，于1860年7月，配合清军进攻由太平军把守的松江。不料太平军大败洋枪队，华尔逃回上海，扩大力量后再次进攻松江。经过激战，太平军被迫撤退，洋枪队则伤亡160多人，华尔本人也受伤。8月，洋枪队两次进攻青浦，都被太平军打败，洋枪队损失300多人，华尔再次负重伤。太平军乘机收复松江，兵临上海城下。李秀成致书英、法公使，声明太平军到达上海后，将保护教堂，只要外国人闭门不出，太平军便绝不伤害他们。不料英法联军却以枪炮轰击太平军，停泊在黄浦江的英国军舰也向太平军开火。太平军遭受重大伤亡，只得从上海撤退。

《北京条约》规定各国有在北京派驻公使的权力。为建立与西方列强的正式外交关系，1861年1月，清政府批准了恭亲王奕䜣等人的建议，设立总理各国事务衙门（简称"总理衙门"，别称"总署"或"译署"），主管外交及通商等事务。总理衙门的事务十分广泛，除外交外还开展包括矿务、机器、铁路、电线以及购置军械等在内的系列洋务活动，实为"新政"的总枢纽。"凡策我国之富强者，要皆于该衙门为总汇之地，而事较繁于六部者也。……固不独繁于六部，而实兼综乎六部矣。"[1]

总理衙门兼备军机处和六部的特征，人员无定额，设置灵活。同治三年（1864年）至光绪二十七年（1901年），还设五股办事，其中英国股掌管英国、奥地利交涉往来事务，以及各国通商、关税事务；

总理各国事务衙门

---

① 沈瑞琳：《添裁机构及官制吏治》，载《戊戌变法档案史料》，中华书局1958年版，第179—180页。

税务司克士可士吉知悉本年八月初
四日准
總理各國事務衙門咨開知照事七月
十五日准法英國照會復進口之土貨再令洋商
交一半稅此項稅銀與內地稅餉相等二成無
庸扣歸等因所有通商各口應徵奉文之日
起凡洋商運土貨出口不准再發免稅單
復進他口再收一復進口之半稅此項銀兩無
庸和歸英法兩國二成再英國照會內粘抄札
文新議長江辦法及土貨交過復進口稅再
往內地販運納稅之法尚有未盡嚴密之處
本衙門現擬另立長江通商章程侯議
定後再行備文知照至土貨進口交過復進口
華商仍遵照納稅過卡抽釐相應將英法
圓照會各一件抄送督大臣查照通飭各口知
悉可也等因准此除照會
英國領事官照辦外合亟札知札到該稅務
司即行遵照辦理毋違特札
計粘單一紙
右札天津稅務司准此
咸豐十一年八月　初五日

三口通商大臣给税务司的札文　现藏天津博物馆

法国股掌管法国、荷兰、巴西事务以及保护教民、各处招工事务；俄国股掌管俄国事务，以及陆路通商、边防疆界、庆典、礼宾、官员的人事行政和考试事宜；美国股掌管美国、德国、秘鲁、意大利、瑞典、挪威、比利时、丹麦、葡萄牙事务，兼管海防设埠、保护华工等事；海防股掌管南北洋海防、长江水师、北洋海军、沿海炮台、船厂要塞、制造、学校、电线、铁路、矿务等事。

首任总理衙门大臣，除奕訢外，还有大学士桂良、户部左侍郎文祥。他们在奏请设立总理衙门的《通筹夷务全局酌拟章程六条折》中，认为英国不过是"肢体之患"，"并不利我土地人民，犹可以信义笼络"，而太平军和捻军则是"心腹之患"，因而主张以"灭发捻为先，治俄次之，治英又次之"[1]，实际上是希望与西方列强联手镇压太平军等起义。

清廷在设立总理衙门管理对外交流的同时，还在地方上设置南、北洋大臣。南、北洋大臣由南方的五口通商大臣和北方的三口通商大臣演变而来。此后长江以南的通商口岸由五处增设为十三处，长江以北也新开牛庄、奉天、登州三处，清廷遂将五口通商大臣改为"办理江浙闽粤内江各口通商事务大臣"，驻上海，后来称为南洋通商大臣或南洋大臣；在天津新设"办理牛庄、天津、登州三口通商事务大臣"，后来称为北洋通商大臣或北洋大臣。

北洋大臣在设置之初专办洋务兼筹海防，1870 年以后北洋大臣由直隶总督兼任，负责直隶、山东、奉天三省通商交涉、海防及官办军事工业等事务。

---

① 《中国近代史资料丛刊·第二次鸦片战争》第 5 册，上海人民出版社 1978 年版，第 341 页。

慈禧太后照

慈禧（1835—1908 年），叶赫那拉氏，咸丰帝的妃嫔，同治帝的生母。清朝晚期的实际统治者。1852 年入宫，次年晋封懿嫔。1861 年咸丰帝驾崩后，联合慈安太后、恭亲王奕䜣发动辛酉政变，垂帘听政。同治帝崩逝后，择其侄子载湉继咸丰大统，年号光绪，再度垂帘听政。1908 年，光绪帝驾崩，慈禧选择三岁的溥仪作为新帝。

慈安太后像

孝贞显皇后（1837—1881 年），钮祜禄氏，咸丰帝皇后，满洲镶黄旗人，广西右江道三等承恩公穆扬阿之女。光绪七年三月初十日暴崩，死因成谜。谥号为"孝贞慈安裕庆和敬诚靖仪天祚圣显皇后"。慈安早逝导致两宫垂帘变成一宫独裁，慈禧太后的权力失去制约，可以为所欲为；而恭亲王则失去朝中最有力的支持者，处境变得越发艰难。

南洋大臣则一直由两江总督兼任。南、北洋大臣并不是总理衙门的下属机构，但常常作为总理衙门的代表参与外交事务，在一定程度上推动了中国外交的近代化。

1861 年 8 月，第二次鸦片战争期间，逃到热河行宫的咸丰帝病死，遗诏以年方六岁的儿子载淳继位，同时任命亲信怡亲王载垣、郑亲王端华、大学士户部尚书肃顺、驸马景寿，以及军机大臣穆荫、匡源、杜翰、焦佑瀛等 8 人为"赞襄政务王大臣"，总摄朝政。为平衡势力，咸丰临终前又将自己刻有"御赏"和"同道堂"的两枚御印分别赐给皇后和懿贵妃。载淳的生母懿贵妃叶赫那拉氏（1835—1908 年）被尊为皇太后，旋加"慈禧"徽号。

慈禧指使人上奏，请皇太后"垂帘听政"。载垣、端华、肃顺等人以"本朝向无垂帘故事"，加以反对。慈禧便和仍在北京的恭亲王奕䜣密谋，拉拢当时在北京握有兵权的胜保等人，密谋政变。10月26日，两宫太后偕幼帝载淳启程返回北京，肃顺护送咸丰帝灵柩后行。11月1日，两宫太后回到北京，立即召集奕訢和其他亲信大臣秘密部署。第二天，发动政变，载垣等8个赞襄政务王大臣被解任。几天后，慈禧下令将载垣、端华、肃顺分别处死，其余五大臣革职治罪，并将载垣等人拟定的皇帝年号"祺祥"改为"同治"，即两宫太后共同治理朝政之意，慈禧夺得了实际的最高统治权。3日，恭亲王奕訢被任命为议政王，掌管军机处和总理衙门。11月11日，载淳举行登基大典。1861年是农历辛酉年，故此事被称为"辛酉政变"或"祺祥政变"。

在辛酉政变中，上谕宣布八大臣罪状，其中一条是"不能尽心和议，徒以诱获英国使臣以塞己责，以致失信于各国"[①]。西方列强对顽固强硬的肃顺等人有所担心，全力支持对西方友善的奕訢。慈禧太后主政之初，也非常依赖奕訢："慈禧秉政之初，一切政事尚未熟习，且京中党派分歧，尤难操纵。外交之事，又不易办，恐己不易压伏，遂引恭亲王以为己助。"[②]在外交政策上，奕訢采取了"外敦信睦，隐示羁縻"方针，实现中外和好、相安无事的局面，并在此基础上实行"借师助剿"，以求尽快镇压太平天国起义。

慈禧和奕訢的上台，让西方列强非常满意，认为这完全是他们"几个月来私人交际所造成的"，也是奕訢等人"对外国人维持友好关系使然"。[③]辛酉政变后，清政府决心求助于西方列强来镇压太平军。1862年2月，清廷发布上谕："所有借师助剿，即着薛焕会同前次呈请各绅士，与英法两国迅速筹商，克日办理。但于剿贼有裨，朕必不为遥制。其事后如有必须酬谢之说，亦可酌量定议，以资联络。"[④]曾国藩也认为："目下情势，舍借助洋兵，亦实别无良策。"[⑤]中外势力正式联手，加快了对太平天国起义的绞杀。 在

① 故宫博物院明清档案部编：《清代档案史料丛编》第1辑，中华书局1978年版，第101页。

② ［英］濮兰德等：《慈禧外纪》，辽沈书社1994年版，第33页。

③ 严中平：《一八六一年北京政变前后中英反革命的勾结》，载《历史教学》1952年4月号。

④ 《筹办夷务始末·同治朝》卷4，上海古籍出版社2002年版，第558页。

⑤ 《遵旨通筹全局折》，载《曾文正公全集·奏稿》卷15，吉林人民出版社1995年版，第841页。

1862 年李鸿章淮军与戈登"常胜军"攻占苏州

太平天国失败后，洪仁玕分析失败的原因时，也将其归结到这一点："现在说到我朝祸害之源，即洋人助妖之事。自我军两位勇猛王爵——英王、翼王死后，我军确受重大损失；但如洋人不助敌军，则吾人断可长久支持。但一自妖军贿买洋人，以攻我军，我朝连续失城失地，屡战屡败，我军无力抵挡，末日快到了。"①

---

① 《中国近代史资料丛刊·太平天国》第2册，上海人民出版社1957年版，第853页。

第二章　太平天国运动

第一节 金田起义

一、洪秀全与拜上帝会

洪秀全（1814—1864年），广州花县客家人。7岁入私塾读书，"五六年间，即能熟诵'四书'、'五经'、'孝经'及古文多篇，其后更自读中国历史及奇异书籍，均能一目了然"[①]。道光十年（1830年），16岁的洪秀全第一次参加乡试落第，此后又于道光十六年、道光十七年、道光二十三年参加科举考试，均未考中。

道光十六年，洪秀全前往广州参加第二次科举考试时，偶得一本传教士梁发宣传基督教的通俗小册子——《劝世良言》，内容是拜上帝，敬耶稣，反对偶像崇拜，鼓吹天堂永乐、地狱永苦等教义。当时他并未在意，将其闲置于书箱。道光二十三年（1843年），第四次赴广州应试落第后的洪秀全，无意中读起《劝世良言》，"觉已获得上天堂之真路，与及永生快乐之希望，甚为欢喜"[②]。于

华人牧师梁发像
梁发于1832年在广州刊行《劝世良言》，对洪秀全及洪仁玕均有深远影响。

---

① 韩山文：《太平天国起义记》，载《中国近代史资料丛刊·太平天国》第6册，上海人民出版社1957年版，第838页。

② 《中国近代史资料丛刊·太平天国》第6册，上海人民出版社1957年版，第846页。

是决定对书中内容加以利用，他自称是天父耶和华之子、耶稣的弟弟，在天堂"俯览全世，芸芸众生，一切苦痛与罪孽，皆现目前，其情况之恶劣，眼不忍睹，口不忍言"[①]，用清水浇头，以示施洗，表示"洗除罪恶，去旧从新"，遂开始传教。最早信教的有同在私塾教书的洪秀全表弟冯云山及其族弟洪仁玕。洪秀全传播拜上帝教，砸碎私塾中的孔子牌位，违背了传统的礼俗伦常，无法在当地立足。洪仁玕还曾因此遭到毒打，洪秀全于是决定外出传教。

1844年，洪秀全与冯云山从花县出发，一路行至广西贵县赐谷村传教，几个月后便发展出上百名会众。随后，洪秀全返回广东花县。冯云山则前往广西桂平紫荆山区传教。他先是做苦工糊口，后进入当地私塾一面教书，一面传教。紫荆山区重峦叠嶂，地势险要，只有两条路可以进入，隐蔽的天然环境为冯云山传教创造了有利条件。该地人口为广东迁徙至此的客家人，语言习俗相通，更具认同感，冯云山很快便发展教徒两千余人，其中包括贫苦农民出身的杨秀清、种山烧炭为业的萧朝贵、当地土著地主韦昌辉以及受打压排挤的客家地主石达开等。

洪秀全回到广东后，撰写了一系列理论著述，如《原道救世歌》《原道醒世训》等，把基督教教义和儒家思想结合起来，宣扬天父上帝为独一真神，主宰天地万物，人间的一丝一缕都是上帝所赐，所有人等应只拜上帝，不拜邪神。他还劝人做正人，为善积福，反对"六不正"，即淫乱、忤父母、行杀害、为盗贼、为巫觋、

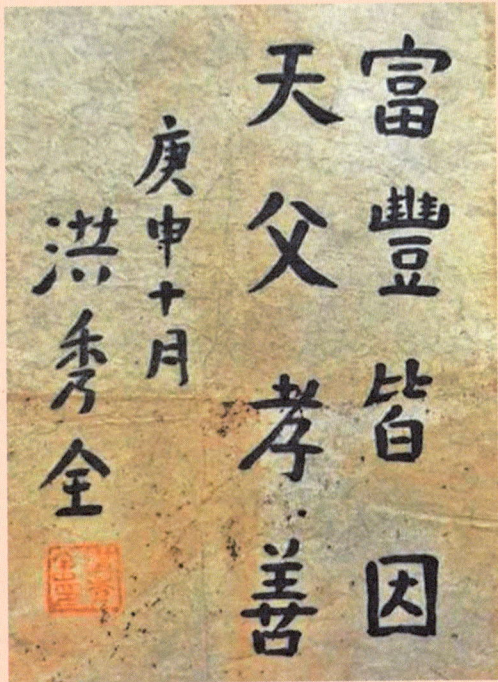

洪秀全书法

---

① 《中国近代史资料丛刊·太平天国》第6册，上海人民出版社1957年版，第842页。

《太平天日》出版于1862年，描写了洪秀全"丁酉升天"的故事。故事的大概是这样的：洪秀全被天父上帝派天使接到天上，天母在河边为他洗净身秽，圣贤替他剖腹换新，天父带他鸟瞰人间妖魔，天兄耶稣帮他战胜混入天上的妖魔，天父命他下凡做太平天王，并特意赐给他宝刀和金玺。天父头戴高边帽，身穿黑龙袍，满口金须，相貌魁梧，身材高大，着装严肃，衣袍端正。基督教中的上帝是无形无像、无始无终的，但在这里上帝被洪秀全描绘成世间的王者之像，有妻有子。

赌博以及吸食洋药、饮酒、堪舆、相命等。同时，洪秀全提出，天下男女都是上帝生养保佑的兄弟姐妹，不应有私心杂念，宣称"天下多男人，尽是兄弟之辈，天下多女子，尽是姊妹之群"；号召通过努力，"天下有无相恤，患难相救，门不闭户，道不拾遗，男女别途，举选尚德"，尤其是要通过自身的修行，"循行上帝之真道，时凛天威，力遵天诫，相与淑身淑世，相与正己正人，相与作中流之砥柱，相与挽已倒之狂澜"，实现"天下一家，共享太平"的"大同"社会理想。

1847年春，洪秀全前往广州，跟随美国传教士罗孝全学习基督教义，以及拜奉上帝的宗教仪式。但罗孝全认为洪秀全思想不纯，不是合格的教徒，拒绝为他洗礼。洪秀全在广州住了几个月，便到广西桂平县紫荆山找冯云山。看到教众大发展，洪秀全和冯云山共同筹划，制定了"十款天条"、各种条规和宗教仪式。"十款天条"包括：一、崇拜皇上帝。二、不拜邪神。三、不妄提皇上帝之名。四、七日礼拜颂赞皇上帝恩德。五、孝顺父母。六、不杀人害人。七、不奸邪淫乱。八、不偷窃抢劫。九、不讲谎话。十、不起贪心。他们还带人捣毁甘王庙等庙宇。在此期间，洪秀全又撰写了《原道觉世训》和《太平天日》。前者提出了与皇上帝相对应的"阎罗妖"，是一切妖魔鬼怪的代表，号召"天下凡间我们兄弟姊妹，所当共击灭之惟恐不速者也"，并表示只有上帝才能称帝，历代帝王妄行称帝是僭越之举。后者记述了洪秀全两次生病异梦及两次去广西活动的事迹，宣称洪秀全是上帝的次子，被封为"太平天王大道君王全"，是真命天子，受命下凡"斩邪留正"。

拜上帝会众在紫荆山发展壮大，引起了当地官绅的注意。冯云山被捕入狱，罪名是"结盟聚会"，"借拜上帝妖书，践踏社稷神明"，"不从清朝法律"①。洪秀全返回广东，向两广总督进行控诉，以求援救。拜上帝会一时失去主持，会众发生混乱。教徒杨秀清"性机警，喜用权智"②，他附会当地巫术，借机假托天父上帝附体，以此传言于会众。后来萧朝贵效仿杨秀清，自称耶稣下凡。这对于稳定人心虽然起了重要作用，但杨秀清和萧朝贵也借此获得了凌驾于洪秀全之上的权力，为太平天国日后的危机埋下了伏笔。

几个月后冯云山出狱。此时拜上帝会的发展极为迅速，以紫荆山为中心，东自平南、藤县，西至贵县，北起武宣、象州，南讫陆川、博白，以及广东的信宜、高州、清远等地都有会众，并逐步形成了以洪秀全为首领，以冯云山、杨秀清、萧朝贵、韦昌辉和石达开为主要成员的领导集团。经过商议，他们认为发动起义的时机已基本成熟，所以着手加以准备。道光二十九年五月，洪秀全回到广西桂平县紫荆山区，抓紧训练队伍和铸造武器。次年夏天，洪秀全要求各地会众到金田村"团营"，整编队伍。此后，一万多人陆续到达金田，初步形成以军、师、旅、卒、两、伍为编制的太平军。会众根据"同食同穿"的精神，"将田产屋宇变卖，易为现金，而将所有一切缴纳于公库，全体衣食俱由公款开支，一律平均"。这就是"圣库"制度的开始，并迅速适应了战争的需要，"因有此均产制度，人数愈为加增，而人人亦准备随时可弃家集合"③。

道光三十年十二月初十日（1851年1月11日），洪秀全38岁生日当天，全体拜上帝会教徒举行祝寿盛典，洪秀全趁机宣布起义，建立"太平天国"，以明年为"太平天国元年"。军队称"太平军"，朝称"天朝"，史称"金田起义"。宣布起义后，洪秀全颁布了五条军事纪律：一遵条命；二别男行女行；三秋毫莫犯；四公心和睦，各遵头目约束；五同心合力，不得临阵退缩。

---

① 方玉润：《星烈日记》，载《太平天国史料丛编简辑》第3册，中华书局1961年版，第82—83页。

② 民国《桂平县志》卷41，民国九年铅印本，第2页。

③ 韩山文：《太平天国起义记》，载《中国近代史资料丛刊·太平天国》第6册，上海人民出版社1957年版，第870页。

太平军将士蓄发易服，头包红巾，以示与清朝统治者势不两立。

二、永安建制与定都天京

太平天国起义后，清政府立即派遣时任湖南提督的向荣为广西提督，重新启用前云贵总督林则徐，令他前往广西督战，后因林则徐途中病逝而未能到任。清廷一面进行战略部署，一面阻截太平军。

太平军在与清军交战的过程中，沿途有不少天地会系统起义军前来归附，如苏三娘、罗大纲等。太平军占领江口圩后，在此驻屯一月有余，给清军赢得了调兵时间。咸丰元年（1851年）二月，太平军从江口圩西撤，经新圩、金田占领东乡、三里，计划西出武宣时，遭到广西巡抚周天爵与广西提督向荣的阻截，在此相持两个月，钦差大臣李星沅病死于军营。朝廷派首席军机大臣赛尚阿为钦差大臣，并调广州都统乌兰泰前往广西。正在清军部署之际，太平军突然撤离武宣，前往象州中平一带，乌兰泰紧随其后，双方在此处又相持一个月。六月，太平军原路撤兵至新圩，以图东出。向荣与乌兰泰东西围攻太平军，太平军处境危险，决定北上突围。此后，太平军赢得官村战役。八月，攻克永安州城。

永安州是太平天国起义以后占领的第一座城市。太平军在永安颁行天历。十月二十五日，天王洪秀全颁布诏令，封左辅正军师杨秀清为东王、九千岁，右弼又正军师萧朝贵为西王、八千岁，前导副军师冯云山为南王、七千岁，后护又副军师韦昌辉为北王、六千岁，石达开为翼王、五千岁，并规定西王以下均受东王节制；同时宣布太平天国实行圣库制度等。此后，洪秀全还陆续发布一系列诏令，进行军政建设，史称"永安建制"，太平天国政权初具规模。经过半年多时间的永安休整，太平军军纪更加严明，战斗力也更为强悍。

清军一路追剿太平军至永安，不久便将永安包围。1852年4月3日，洪秀全发布突围令，号召"通军男将女将千祈遵天令，欢喜踊跃，坚耐威武，放胆诛妖"[①] 5日深夜，太平军突围，重创清军，完全打乱了清军的部署。四个总兵被击毙，乌兰泰也被杀得滚下崖涧，仅免一死。太平军突围后，直逼桂林省城，围攻一月无果，遂转攻全州。在攻打全州过程中，南王冯云山

---

① 《天命诏旨书》，载《中国近代史资料丛刊·太平天国》第1册，上海人民出版社1957年版，第68页。

永安建制

中炮去世，这是太平天国的巨大损失。

太平军撤出全州后，转战湖南，于6月12日攻克道州，并在此停留两月有余，铸造大炮，扩充队伍。太平军还以杨秀清、萧朝贵的名义发布了《奉天讨胡檄布四方谕》《奉天讨胡救世安民谕》《救一切上帝子女中国人民谕》，号召百姓"上为上帝报瞒天之仇，下为中国解下首之苦，务期肃清胡氛，同享太平之乐"[①]。8月17日，太平军攻克湖南重镇郴州。此时太平军已有十万余人。新参加的人中有许多挖煤工人，他们被组成土营，凡遇攻坚，负责挖地道，放地雷，轰塌城墙，在战斗中起了很大作用。

9月11日，太平军直逼湖南省会长沙。12日，西王萧朝贵在长沙战斗中中炮负伤，一个月后因伤势过重而身亡，他的牺牲是太平天国的又一重大损失。此后，大权逐步被东王杨秀清把持。洪秀全率众全力攻打长沙未果。11月30日，太平军移营另走。12月，攻克益阳，轻取岳州，获得大量军火、船只，数千船夫加入太平军，组成水营。这对后来太平军进军长江中下游地区起了重要作用。钦差大臣赛尚阿以"日久无功"被革职，改以徐广缙为钦差大臣。

---

① 《颁行诏书》，载《中国近代史资料丛刊·太平天国》第1册，上海人民出版社1957年版，第164页。

1852年年底，太平军由岳州入湖北，沿江而下，连克湖北重镇汉阳、汉口，围攻武昌。1853年1月12日，太平军以地雷轰塌武昌城，进占省会，湖北巡抚常大淳败死。这是太平军第一次占领省会城市，清廷大为震惊，将钦差大臣徐广缙革职拿问，命署湖北提督向荣为钦差大臣专办两湖军务，以云贵总督罗绕典防守荆襄，以两江总督陆建瀛为钦差大臣防守安徽、江苏，以署河南巡抚琦善为钦差大臣防守河南，以图堵截太平军。

太平军在武昌停留近一个月后，统率大军，万船齐发，水陆并进，"帆幔蔽江，衔尾数十里……行则帆如叠雪，住则樯若丛芦。炮声遥震，沿江州邑，无兵无船，莫不望风披靡"①。此后，太平军连克江西九江，以及安徽安庆、池州、铜陵、芜湖、太平、和州等地。

3月8日，太平军兵临南京城下。19日，太平军攻破南京外城，两江总督陆建瀛自杀。20日，太平军攻克内城，杀江宁将军祥厚，占领南京。太平天国改南京为天京，定都于此。太平军占领南京以后，政权并不稳固，外部环境仍然危机重重。3月31日，罗大纲、吴如孝等率军占领江南重镇镇江。4月1日，李开芳、林凤翔、曾立昌率军占领江北重镇扬州。至此，天京外围的清军被肃清。

经过两年多的时间，太平军由最初的1万余人发展到20余万人。早期的太平军纪律严明，战术灵活，"善侦探，善设伏，善结营，善致死于我，善据险要地势，善诈为我军状，善为奇正抄合之术"②，取得了军事上的节节胜利。尤其是太平军北伐至天津静海时，清廷大受震动，京师为之一空，"官眷出城者约有四百家，崇文、宣武两门外官宅十空其六七。钱铺闭歇者，自二月十五后相继，共有三百家。典铺当者，以十千为率。银价斗落至大钱一千二三百文一两，西客收账，商贾歇业"③。

面对声威正盛的太平军，清廷派向荣在天京朝阳门外孝陵卫扎营，内阁学士许乃钊帮办军务，以17000人马成立"江南大营"。咸丰帝又派琦

① 张德坚：《贼情汇纂》，载《中国近代史资料丛刊·太平天国》第3册，上海人民出版社1957年版，第141—142页。
② 陈徽言：《武昌纪事·杂论》，载《中国近代史资料丛刊·太平天国》第4册，上海人民出版社1957年版，第602页。
③ 吴昆田：《漱六山房全集》卷9。

善率军驻扎在扬州城外十余里，以直隶、陕西、黑龙江马步各军约万人成立"江北大营"，与隔江而立的江南大营遥相呼应。此后，这两个大营的兵力都有所增加。

清廷还下令各地组织乡勇团练，当时正丁忧在家的曾国藩随即创办湘军。他仿效明代抗倭名将戚继光的方法训练军队，水陆军都以营为单位，陆军营制五百人一营，每营四哨，每哨八队，火器占半，刀矛占半。水师每营447人，每营21艘船，根据功能区别有用于进攻的快蟹船，用于后备的长龙船，有搜索作用的舢板船等，各船都配备军械火炮。湘军招募兵勇时，必须出具担保，登记造册，以防止降敌或私逃。曾国藩还对招募勇丁提出具体要求："须择技艺娴熟，年轻力壮，朴实而有农夫土气者为上。其油头滑面，有市井气者，有衙门气者，概不收用。"[①]湘军的重要将领如罗泽南、彭玉麟等人，还和曾国藩有着同乡、同学、师生、亲友情谊，因而形成了非常浓厚的宗法关系。由于训练严格，军纪严明，湘军素质较当时清朝正规军要高出很多。咸丰四年正月，湘军练成，曾国藩拥有塔齐布、周凤山、曾国葆、李续宾等营官率领的陆军15营，计5000余人；有水师10营，计5000人；以及全部水师战船240只，坐船230只，加之丁勇、工匠、水手等，湘军共计17000余人。从此，湘军成为镇压太平天国军队的主力。

太平天国起义之时，清廷财政枯竭，完全无法应付军需开支。为此，只得广开捐输，发行大钱、官票和宝钞，但都不能彻底解决困难。当时军费无

曾国藩像

曾国藩（1811—1872年），字伯涵，号涤生，湖南湘乡人，道光十八年（1838年）中进士，道光末年官至侍郎。1853年，因母丧在籍，组建湘军，最后攻灭太平天国。后官至两江总督、直隶总督、武英殿大学士，封一等毅勇侯，谥曰文正。曾国藩对清王朝的政治、军事、文化、经济等方面都产生了深远的影响。他也是中国近代化建设的开拓者。

---

① 《营规》，载《曾文正公全集·杂著》卷2，吉林人民出版社1995年版，第1779页。

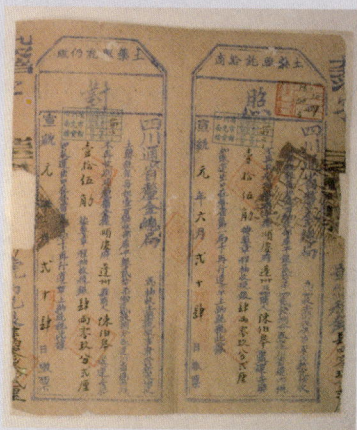

缴纳土药税厘金收据

《中国厘金史》书影，罗玉东著，是中国近代经济史研究的经典作品。

着，扬州军事难以支撑，1853年10月，帮办扬州军务的刑部右侍郎雷以諴为筹措所募兵勇饷需，遂于扬州附近设卡，征收来往商税，逐步创办了厘金制度。咸丰四年，安徽、广西两省推行厘金。咸丰五年，江西、浙江、湖北与四川等省也相继开办厘金。从咸丰六年到咸丰十一年，绝大部分内地省份，以及东北的奉天、吉林，西北的新疆，东南台湾等地，都开始推行厘金。同治十三年，云南开办厘金。光绪十一年（1885年），黑龙江抽厘。至此，除西藏和蒙古外，全国都推行厘金制度。

厘金制度非常完备和复杂，既有征收于日用百货的普通厘金，也有专门征收于盐、茶、洋药（进口鸦片）、土药（土产鸦片）的特种厘金。按征收地点来区分，可以分为出产地厘金、通过地厘金和销售地厘金；征收的方式则有官征和商人包缴两种。大致来说，厘金在开征之初，征收的比例大致在1%上下，所征税率并不算高，但此后这一比例被逐步提高，大都超过2%。[1] 厘金税卡林立，给各地商民带来了沉重的经济负担，极大地阻碍了商品经济的发展。

---

[1] 据罗玉东统计，晚清按1.25%、1.5%、1.625%、5.5%、6%、7.5%征收的各有1个省，按1%、4%、5%征收的分别有2个省，按10%征收的有4个省，按2%征收的有6个省，不详的有2个省，参见罗玉东：《中国厘金史》，商务印书馆1936年版，第62页。

厘金和晚清海关所带来的收入，帮助清政府渡过了严重的财政危机，并都先后超过了地丁钱粮的征收数额，成为中国从农业型财政转变为工商业型财政的关键。清政府也在事实上抛弃了"量入为出"的财政指导原则，而变成"量出为入"了。

捣毁厘卡图

三、太平军北伐和西征

1853 年 5 月 8 日，太平天国派遣天官副丞相林凤祥、地官正丞相李开芳以及春官副丞相吉文元、检点朱锡锟率 1 万余人，为解天京危急而出师北伐。北伐军从浦口出发，仅一个月便经安徽蒙城、亳州入河南。6 月，大军行至归德（今河南商丘）时因无船渡黄河，转而向西挺进，另寻出口。北伐军抵达汜水后，征得数十条船抢渡黄河。7 月，北伐军主力渡过黄河，攻克温县，包围豫北重镇怀庆府（今河南沁阳），但在此处围攻两月不下。清军逐渐从东、西、北三面包围而来，太平军只得放弃包围怀庆府，避实击虚向山西进军。大军行至洪洞，又经涉县、武安南下。9 月，太平军攻破临洺关进入直隶，此后连破沙河、赵州、栾城、藁城、晋州，10 月占领深州。

北伐军在此地休整数日后进军沧州，占领静海和独流镇，留兵驻守静海，一部分太平军则乘胜挺进杨柳青，前锋直抵天津城西十里的稍直口。在稍直口一战中，北伐军战败，只得暂时放弃夺取天津城的打算，退往杨柳青、独流和静海一带驻扎。

太平军逼近，京畿震动，京中官绅逃迁者 3 万余户。咸丰帝急派惠亲王绵愉和僧格林沁前往镇压，命令他们严守保定、涿州。钦差大臣胜保率清军在南，威胁静海；参赞大臣僧格林沁移营王庆坨，自北堵截。时值隆冬季节，北伐作战的太平天国将士不适应北方气候，且军中物资匮乏，久等援军不至，处境日益艰难。将领们经过商议，决定于 1854 年 2 月突围，主动接应太平

太平军作战图

天国派来的北上援军。北伐军南走河间县束城镇，一月后又突围前往阜城。清军一直紧追不舍，北伐军再度被围。3月，当北伐军退至直隶东南的阜城时，北上援军已攻克山东临清，因消息不通，双方未能相互接应。5月，北伐军自阜城突围，退据东光县连镇等待援军。林凤祥与李开芳决定分军。李开芳率精骑六百多名突围前往临清迎接援军，行至途中得知援军已经全军覆没的消息，于是率军入据高唐州，清军胜保所部随即赶到，将高唐州围住。林凤祥继续困守西连镇，内缺粮草，外无援兵，处境艰难。1855年年初，林凤祥弃守西连镇，集中兵力守东连镇。僧格林沁率军将东连镇层层包围，恰逢雨季到来，僧格林沁引南运河水淹灌东连镇，北伐军弹尽粮绝，大水汪洋，甚至连睡觉的地方都没有，最终被清军四路攻陷。林凤祥被俘，于北京西市凌迟，时年31岁。

　　林凤祥军覆亡后，咸丰皇帝命僧格林沁移军赶赴高唐州，与胜保部队合围李开芳部。李开芳弃城南走茌平县冯官屯，清军围攻两月未克，最后只得在四周筑起堤坝，从百里外引水浸灌。李开芳派人假降被识破，遂于5月31

日亲自到清营叩降僧格林沁,旋即被俘押送北京处死。至此,北伐军全军覆没。

北伐战争持续两年多,将士在极端艰苦的条件下,同数倍于己的清军英勇作战,横扫六省,转战2500公里,连克数十城,最后大部分将士英勇牺牲,表现出大无畏的英雄气概。

太平天国定都天京后,为夺取皖、赣,进取湘、鄂,控制安庆、九江等军事要地,护卫天京,于是决定在北伐的同时开始西征。1853年6月,太平天国领导人派春官正丞相胡以晃、夏官副丞相赖汉英等率战船千余艘,兵员两万余人,自天京溯江而上,出师西征。西征军占领长江北岸重镇安庆后,胡以晃坐镇该地,赖汉英率检点曾天养、指挥林启容及以下万余人继续西进,连克彭泽、湖口、南康、吴城镇,前锋直抵江西省会南昌城下。西征军对南昌的进攻并不顺利,先是强攻不能得手,后一面继续围攻南昌,一面分攻附近州县以孤立南昌清军。9月,西征军撤南昌之围,攻陷九江。此后,西征军占领皖北重镇庐州,安徽巡抚江忠源投水自杀。从此,安徽成为太平军的主要给养基地,在军事上和经济上占据重要地位。

西征军另一支由韦俊、石祥桢率领,自九江沿江西上,于1853年10月再克汉口、汉阳,因兵力不足,退守黄州。1854年2月,在黄州大败清军,湖广总督吴文镕投水而死。接着,太平军占领武汉三镇汉口、汉阳、武昌,攻入湖南。

进入湖南的西征军遭到湘军堵截。1854年2月,曾国藩发表《讨粤匪檄》,声称太平军"举中国数千年礼义、人伦、诗书、典则,一旦扫地荡尽,此岂独我大清之变?乃开辟以来名教之奇变,我孔子、孟子之所痛哭于九原,凡读书识字者,又乌可袖手安坐,不思一为之所也"[①]。湘军全体出动围追西征军,直扑长沙,反攻宁乡,太平军撤退。4月,湘军收复岳州,太平军与湘军发生岳州大战,太平军于此大败湘军,曾国藩逃至长沙。太平军乘胜占领湘潭,钳制长沙。5月1日,湘潭被清军夺回,太平军突围后前往靖港。湘军在靖港与太平军交战,太平军几乎全歼湘军水师。曾国藩羞愤交加,投水寻死,被随从救起。太平军虽在靖港获胜,却并未能挽回湘潭失败所造成的颓势,被迫放弃钳制长沙、消灭湘军的计划,从而给曾国藩以喘息的机会。曾国藩用了将近三个月的时间整军,重造战船,招募兵勇,采取以老带新的

---

① 《曾文正公全集·文集》卷3,吉林人民出版社1995年版,第1579页。

方法，新建水陆师各十营的队伍，增营上统帅一职。

7月，湘军重新攻入岳州，一个月后，将太平军赶出湖南。10月，湘军攻陷武昌，随即攻占汉阳，太平军几乎被赶出湖北。1855年1月，湘军进逼九江，太平军在西征战场上处于严重不利地位。面对此种局面，太平天国领导人决定先集中力量打击西线湘军。石达开从安庆赶到湖口，他认真分析战况后，认为湘军优势在水师，于是设计诱敌进入鄱阳湖，采取灵活战术围困湘军，取得湖口大捷。随即，太平军又在九江战役中痛歼湘军水师，曾国藩率残部逃往南昌，太平军乘胜西进，曾国藩急得再次跳水。石达开反攻，太平军下黄州。2月底，占领汉阳。两个月后，第三次克武昌。短短3个月时间，江西十三府中的七府一州五十余县，悉数落入太平军手中。曾国藩困守的南昌，也处于太平军的重重包围之下，"道途梦梗，呼救无人"，"魂梦屡惊"①。

镇江是天京下游的屏障。清军于1855年围困镇江。吴如孝坚守待援，情况紧迫。1856年，天京事变爆发，石达开被调回天京。随后，洪秀全调秦日纲、陈玉成、李秀成等部，率万余人，东援镇江。2月，秦日纲自上游赴援，连破清营。部将陈玉成驾小舟穿过清军封锁，进入镇江城内。4月，吴如孝与秦日纲内外夹击，大败清军。太平军随即自金山渡江，大败江北大营统帅托明阿，连克扬州、浦口，江北大营120余营垒溃散。6月，太平军回师镇江，破清军70余营，江苏巡抚吉尔杭阿自杀。6月20日，太平军进攻江南大营，天京城内的太平军也由各门出击。江南大营溃散，向荣败走丹阳，忧愤而死，威胁天京三年之久的军事压力被解除。

经过三年多的军事战争，太平军占领江苏大部、浙江一部分，安徽、湖北、江西几乎尽归所有，使天京上游有了可靠屏障，由此达到了太平天国军事上的鼎盛。然而，西征没能给湘军以毁灭性打击，这为日后太平军政权的稳定埋下了巨大的隐患。

---

① 《陈明邻省援兵协饷片》，载《曾文正公全集·奏稿》卷7，吉林人民出版社1995年版，第590页。

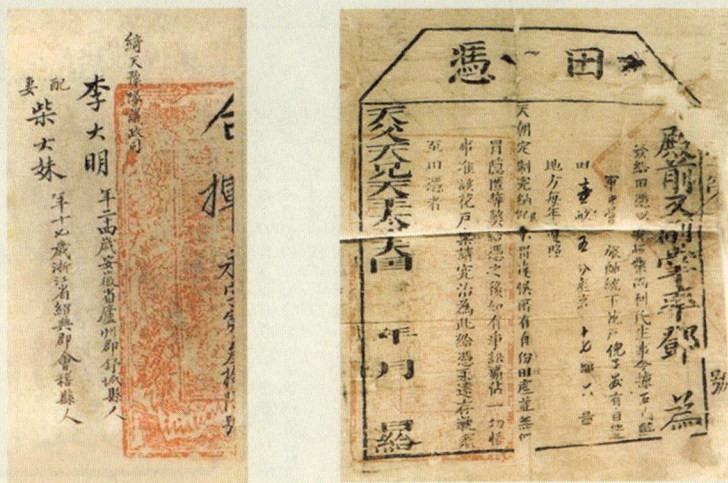

太平天国发布的婚姻和土地产权凭证

太平天国时期，新郎、新娘在婚礼举行前必须一同前去办理婚姻登记手续，向当地政府领取专门的"票签"，这就是"合挥"，也是我国历史上最早的结婚证书。"合挥"上记录有夫妻双方姓名、年龄、籍贯等基本信息。"合"意为合并的意思，"挥"是粤语方言，凭证的意思。"合挥"又称"龙凤合挥"，是太平天国法定结婚证书。"合挥"一式两份，中央盖政府龙凤大印。左半份是存根，由政府留存；右半份交给新郎、新娘保管。如果不持合挥而被发现携带女眷，即以强奸罪论处极刑。

第二节　制度与政策

一、《天朝田亩制度》

咸丰三年，太平天国定都天京，随即颁布《天朝田亩制度》。《天朝田亩制度》以解决土地问题为中心，还包括社会组织、军事、文化教育诸方面政策措施，是太平天国政权的纲领性文献。

《天朝田亩制度》主要内容包括废除封建土地所有制，建立财产公有制，规定平分土地的办法、农村公社的组织和农民生活相关的各项准则。根据"凡天下田，天下人同耕"的原则，把每亩土地按每年产量的多少，分为上、中、下三级九等，然后好田、坏田互相搭配，好坏各一半，按人口平均分配。凡十六岁以上的男女，每人得到一份同等数量的土地，十五岁以下者减半。同时，还提出"此处不足则迁彼处，彼处不足则迁此处。天下田丰荒相通，此处荒则移彼丰处，以赈此荒处；彼处荒则移此丰处，以赈彼荒处"，也就是

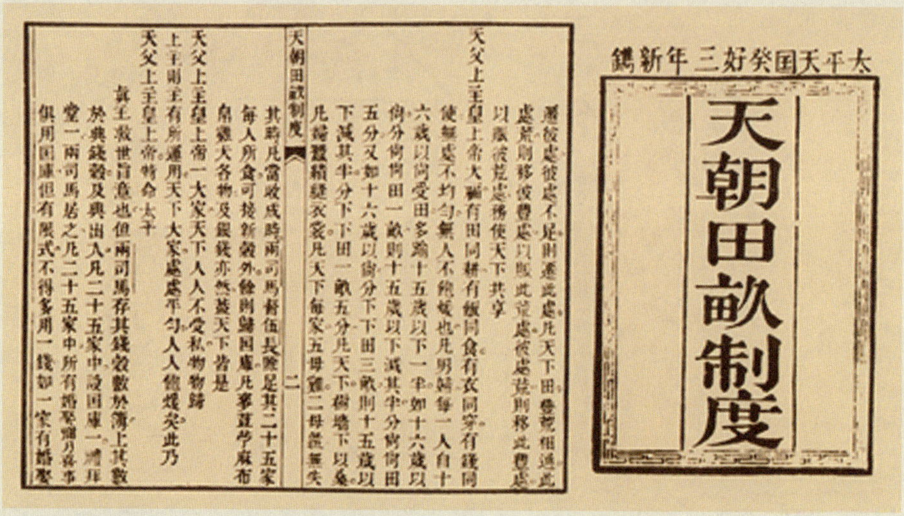

《天朝田亩制度》书影

《天朝田亩制度》是太平天国时期颁发的一部纲领性文件，是洪秀全根据《原道救世歌》《原道醒世训》等著作中阐述的平等思想而提出来的。它是历史的产物，是封建土地所有制的对立物，既具有革命性，又具有封建落后性。其主要内容：废除封建土地所有制，规定了农民平分土地的原则；在农村设立兵农合一的乡官制度；废除封建买卖婚姻。纲领主张人人平等，男女平等，具有推翻封建土地制度的革命精神，但带有浓厚的绝对平均主义的空想。平分土地和社会经济生活的愿望，实际上不可能实现。

以丰赈荒的调剂办法。

在农村设立兵农合一的乡官制度，其中以 12500 家为一军，设立军帅、师帅、旅帅、卒长、两司马等乡官。基层组织以 25 家为一单位，由两司马管理。分得土地的农民，都要参加农副业生产劳动，"凡二十五家中力农者有赏，惰农者有罚"；"凡天下，树墙下以桑。凡妇，蚕绩缝衣裳。凡天下，每家五母鸡、二母彘，无失其时"；"凡二十五家中，陶冶木石等匠，俱用伍长及伍卒为之，农隙治事"。二十五家中，设有一国库，保管公有生产资料。寓兵于农，"有警则首领统之为兵，杀敌捕贼；无事则首领督之为农，耕田奉尚（上）"①之意。

---

① 《天朝田亩制度》，载《中国近代史资料丛刊·太平天国》第 1 册，上海人民出版社 1957 年版，第 321 页。

太平天国政权主张男女平等、人人平等。妇女同男子一样分得土地，一样可以参加科举考试。"凡天下婚姻不论财"，废除买卖婚姻。太平天国曾提倡"一夫一妇，理所宜然"[①]，禁止娼妓、缠足、买卖奴婢等。他们还建立女军，并设立女官；后宫嫔妃也设立职务。太平天国政权中所设女官，可分为王府女官、军中女官和绣锦女官三个系统，也可称为朝内、军中、职同三种。其中王府女官又称朝内女官，主要是在首义诸王府中供职的

铜版画《天王洪秀全与随从在金陵》
1864 年于法国画刊 "LeMondeillustre" 刊载，这是西方人描绘太平天国领袖及其随从最为清晰完整的图画。

女官；军中女官是指统率以女官构成的女军而设置的妇女官员；绣锦女官是专门管辖绣锦衙中绣工队伍的官员。这些措施对封建宗法制度具有冲击作用。

实行圣库制度，确定产品分配原则，"天下人人不受私，物物归上主"。农民每年收获的粮食，除了留足全年的食用之外，剩余产品一律缴入国库，"除足其二十五家每人所食可接新谷外，余则归国库。凡麦、豆、苎麻、布帛、鸡犬各物及银钱亦然"。二十五家中婚丧嫁娶，所需要的银钱粮食，也由每"两"所设的国库开支，"给钱一千，谷一百斤，通天下皆一式"。可见，这是一种绝对平均主义的分配原则。

《天朝田亩制度》在整个制度设计中贯穿"有田同耕，有饭同食，有衣同穿，有钱同使，无处不均匀，无人不饱暖"[②]的平均主义思想。这种思想反映了当时农民阶级朴素的愿望，有利于鼓舞广大农民参与斗争，但因为有

---

① 张德坚：《贼情汇纂》，载《中国近代史资料丛刊·太平天国》第 3 册，上海人民出版社 1957 年版，第 225 页。

② 《中国近代史资料丛刊·太平天国》第 1 册，上海人民出版社 1957 年版，第 321—322 页。

太平军衣冠　现藏南京太平天国历史博物馆

着浓厚的绝对平均主义空想，加上连年征战，在当时的历史条件下是不可能实现的。

为适应现实需要，在《天朝田亩制度》颁布后不久，杨秀清、韦昌辉、石达开等人便根据天京粮食供应的实际情况，上奏洪秀全："建都天京，兵士日众，宜广积米粮，以充军储而裕国课。弟等细思安徽、江西米粮广有，宜令镇守佐将在彼晓谕良民，照旧交粮纳税。"①此建议经洪秀全批准而执行，从而承认了土地的私有局面。

二、其他各项制度和措施

太平天国定都天京后，建立了一套从中央到地方的职官制度，颁布和实行一系列政策，以管理所辖区域的民众。

1．政治制度与职官

太平天国于金田起义时即已设官立职，其后不断加以补充。咸丰元年（1851年），洪秀全在东乡登基后，封杨秀清为中军主将，萧朝贵为前军主将，

---

①　张德坚：《贼情汇纂》，载《中国近代史资料丛刊·太平天国》第3册，上海人民出版社1957年版，第203—204页。

冯云山为后军主将，韦昌辉为右军主将，石达开为左军主将，这就是太平天国早期的五军主将制度。攻克永安后，封此五人为王，规定西王以下均受东王节制。咸丰四年，又封燕、豫两王，此时太平天国共封七王，数量不多且等级森严，王的权力很大。但到太平天国后期，政治混乱，封王制度极度泛滥。

太平天国的最高领导为天王洪秀全。天王以下设王、侯两等爵位（后来在诸王之下陆续增设义、安、福、燕、豫、侯六等）；设丞相、检点、指挥、将军、总制、监军、军帅、师帅、旅帅、卒长、两司马等职官。随着形势的发展，官制有所增改。爵位和职官不分文武，军政兼管，既处理政务，又带兵打仗。

太平天国的政权机关，分中央、省、郡、县四级。通常情况下，用职同某官表示其官阶。职官分为朝内、军中、守土和乡官四种。朝内官分为正职官和杂职官。杂职官分为朝内典官和天朝典官，朝内典官协助天王、诸王、侯、丞相等正职官处理政务，天朝典官则负责处理中央事务。由于永安建制时规定各王均受东王节制，定都天京后，杨秀清的东王府实际成为中央政权的国务管理机关。东王府的吏、户、礼、兵、刑、工六部尚书，成为分管各部的主管官员。各级官员除奏谢恩赏可直达天王洪秀全外，军政大事都要先汇总于东王裁处，然后再交天王决断。省、郡、县为地方政权，县以下为基层政权。省级官员大都由王、侯兼任，郡设总制，县设监军。

太平天国在基层实行乡官制度。乡官是按照太平军的编制，把广大居民组织起来，每五家设一"伍长"，五伍长设一"两司马"，四两司马设一"卒长"，五卒长设一"旅帅"，五旅帅设一"师帅"，五师帅设一"军帅"，一军共有12500家。军帅以下的各级官吏，一般由当地人民推举或由上级官员委派，他们被称为"乡官"。此外，在军帅的辖区内，每家出一人为伍卒,组成一军，

太平天国颁发的腰牌

战时行军出征，平时督促农事，"家备戎装，人执军械，盖寓兵于农，令军帅兼文武之任也"①，是军政合一的组织。乡官在征收赋税、办理军需方面作出了重大贡献。据清方记载："贼之科派不独钱米，如行军所需各物皆悉取给于乡官，偶需锹锄千柄，或苇席千张，或划船百只，伪文一下，咄嗟立办。"②

2. 城市管理

定都天京后，太平天国曾一度完全废除财产私有制度，每户留足口粮外，其余一律归圣库。在太平天国起义之初，为杜绝男女淫乱，增强军队战斗力，建立男行女行制度，即男女分馆，将居民按性别分别编入男馆女馆，夫妻不得同居。男女各司其职，除参军的男子外，其余都要参加生产或在政府机关服役，女子也要分担作战及其他工作，从而使得太平天国民众开始了以军队编制代替家庭形式的特殊生活方式。太平天国规定，除洪秀全及其他诸王外，其余人必须一律遵从该制度。起初，男行女行制度对增强军队战斗力起过作用，但时间长久便激化了内部矛盾，"有子有孙不能顾，有父有兄不同住，起居饮食各自谋，疾痛苛痒向谁诉？校庠朋友如寇仇，桑梓情亲如陌路"③，最终导致民怨沸腾。

太平天国废除商业行为，对于手工业则实行诸将营和百工衙制度，把生产资料收归国有，以手工业国营的形式，由国家集中各种工人，按技术分别设立营或衙，从事有组织、有管理的集体生产。诸匠营有土营、木营、织营等，百工衙有弓箭衙、油漆衙、豆腐衙等，行业很多。在职权上二者有所不同，诸匠营专管制造，百工衙凡所典之事，均兼司收发。诸匠营和百工衙只是为供应太平天国的需要而生产，产品直接分配给各单位，不经过市场进行交换，生产者除吃穿之外别无报酬。

绝对平均主义并不符合当时中国社会的发展趋向。咸丰六年（1855年），太平天国开始允许天京居民恢复家庭生活，承认私人工商业，对商人减轻赋税。"设肆于北门桥，转卖之各馆。人有愿为某业者，禀佐天侯给照赴圣库

---

① 张德坚：《贼情汇纂》，载《中国近代史资料丛刊·太平天国》第 3 册，上海人民出版社 1957 年版，第 109 页。
② 张德坚：《贼情汇纂》，载《中国近代史资料丛刊·太平天国》第 3 册，上海人民出版社 1957 年版，第 275 页。
③ 《牌尾馆》，载《中国近代史资料丛刊·太平天国》第 4 册，上海人民出版社 1957 年版，第 732 页。

领本，货利悉有限制。有杂货、玉玩、绸缎、布匹、米油、茶点、海味各店，其店皆有贼文凭，称天朝某店，不准私卖"[1]。天京的社会秩序逐渐恢复到原来的状态，很快便出现了百货流通、商人云集的景象。

咸丰元年十二月十四日，太平天国颁布天历，又称太平新历。天历从太平天国壬子二年元旦开始正式实行，同时废清朝纪年。天历规定每一年三百六十五天，分十二个月，以单双月区分天数，单月为大月，三十一天。双月为小月，三十天。规定不设公历闰年和阴历闰月，每月一节一气。节为月首，从初一日开始，大月十六天（立春、清明、芒种、立秋、寒露、大雪），小月十五天（惊蛰、立夏、小暑、白露、立冬、小寒）；气为月中，大月从十七日开始（雨水、谷雨、夏至、处暑、霜降、冬至），小月从十六日开始（春分、小满、大暑、秋分、小雪、大寒）均为十五天。以干支纪年、月、日，地支中的丑、卯、亥分别改为好、荣、开。星期顺序依照西历进行，还删除了旧历法中的祸福吉凶等内容。太平天国后期，洪仁玕曾修订天历。

3. 思想文化

在思想文化领域，太平天国对孔子和儒家经书的正统权威进行冲击。洪秀全在 1848 年所写的《太平天日》中就指出，"推勘妖魔作怪之由，总追究孔丘教人之书多错"[2]，把孔丘捆绑在皇上帝面前接受审判和鞭挞。

---

① 张汝南：《金陵省难纪略》，载《中国近代史资料丛刊·太平天国》第 4 册，上海人民出版社 1957 年版，第 716 页。

② 《中国近代史资料丛刊·太平天国》第 2 册，上海人民出版社 1957 年版，第 635 页。

金田起义后，太平军所到之处尽情扫荡孔庙和孔子等人的牌位，"凡学宫正殿两庑木主亦俱毁弃殆尽，任意作践，或堆军火，或为马厩。江宁学宫则改为宰夫衙，以璧水圜桥之地为椎牛屠狗之场"①。斥责儒家经书为"妖书"，并宣布："凡一切孔孟诸子百家妖书邪说者尽行焚除，皆不准买卖藏读也，否则问罪也。"②太平军认为，儒家思想之中，只有"四海之内皆兄弟"可用，其余皆为糟粕，太平军"搜得藏书论担挑，行过厕溷随手抛，抛之不及以火烧，烧之不及以水浇。读者斩，收者斩，买者卖者一同斩"。③这样空前猛烈地冲击孔孟及儒家经书，在当时具有一定的革命意义。但是，太平天国并没有对儒家思想进行任何实质性批判，对四书五经也只是删去鬼神祭祀之类的字句，或仅对细枝末节进行改动，儒家体系中的等级制、三纲五常、天命论等思想均得到保留，并被统治集团加以利用。

太平天国政权较为重视舆论宣传，每到一处都要召集群众"讲道理"。有文人记载："贼在城外搭高台于旷野，贼头目数人登焉，屡讲道理示人，无非天父天兄救人，生出各伪王，教导你们众兄弟姊妹好大福气，将来想（享）福无穷等语。"④还有这样的记载："我辈金田起义始，谈何容易乃至斯。寒暑酷烈，山川险巇，千辛万苦成帝基。尔辈生逢太平日，举足便上天堂梯。夫死自有夫，妻死自有妻。无怨无恶无悲无唬，妖魔扫尽享天福，自有天父天兄为提携。"⑤太平天国先后编选了数十种通俗读物，借以教育群众。太平天国尤其重视对青少年的宣传教育，要求"小孩子，拜上帝，守天条，莫放肆；要炼正，莫歪心。"⑥

---

① 张德坚：《贼情汇纂》，载《中国近代史资料丛刊·太平天国》第3册，上海人民出版社1957年版，第326—327页。

② 黄再兴：《诏书盖玺颁行论》，载《中国近代史资料丛刊·太平天国》第1册，上海人民出版社1957年版，第313页。

③ 《禁妖书》，载《中国近代史资料丛刊·太平天国》第4册，上海人民出版社1957年版，第735页。

④ 《金陵癸甲纪事略》，载《中国近代史资料丛刊·太平天国》第4册，上海人民出版社1957年版，第650页。

⑤ 《讲道理》，载《中国近代史资料丛刊·太平天国》第4册，上海人民出版社1957年版，第736页。

⑥ 《三字经》，载《中国近代史资料丛刊·太平天国》第1册，上海人民出版社1957年版，第227页。

太平天国建立之初，没有统一的考试制度，除在天京有天试外，还有东王、北王和翼王生日时举行的东试、北试和翼试，以上这些考试均可录取状元、榜眼、探花等。至天京事变时，东王、北王被杀，翼王出走，三王考试制度废止。此后，才有了统一的考试制度，规

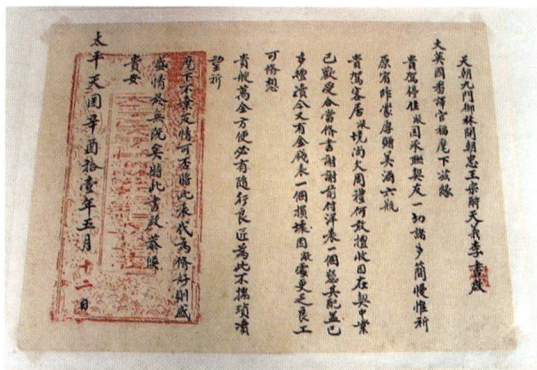

太平天国致英国翻译官员的手书文件

定考试按等级分为乡试、县试、郡试、省试以及天试。文武举天试取三甲，赐予状元、榜眼、探花称号。文举二甲第一名称为传胪，以下若干名称为国士（等同于清朝的翰林），三甲第一名称为会元，以下若干名称为达士（相当于清朝的进士）。武二甲、三甲分别为威士、壮士，名额若干。参与科举考生没有资格限制，"无论何色人，上至丞相，下至听使，均准与考"[①]，凡辖区内人民皆可参加考试。从考试题目与考试内容上，"不本'四书''五经'"，多取自太平天国旧遗诏圣书、新遗诏圣书、天命真圣主诏旨等，核心是要阐述"天父上主皇上帝特命太平真主救世旨意"。考试的诗文体裁上，仍用八股文体，诗仍用旧体，论策等也不出旧式范围。

太平天国建都天京后，外国公使多次前来。从咸丰三年三月（1853年4月）到咸丰四年五月（1854年6月），一年多的时间里，英国出使中国的全权代表文翰及其后任包令、法国公使布尔布隆、美国公使麦莲等，先后打着"中立"的幌子到天京访问。他们一方面是窥探太平天国实力，另一方面是试探太平天国对西方的态度。英国公使文翰表示，自己去天京可以直观了解"现方与官军对抗之革命军所驻之确实地域，及其首领等对于外国人之真实态度如何"[②]。他还曾把《南京条约》抄送给太平天国政府，其意图昭然若揭，是要太平天国

---

① 《金陵省难纪略》，载《中国近代史资料丛刊·太平天国》第4册，上海人民出版社1957年版，第721页。

② 《文翰致费士班书》，载《中国近代史资料丛刊·太平天国》第6册，上海人民出版社1957年版，第889页。

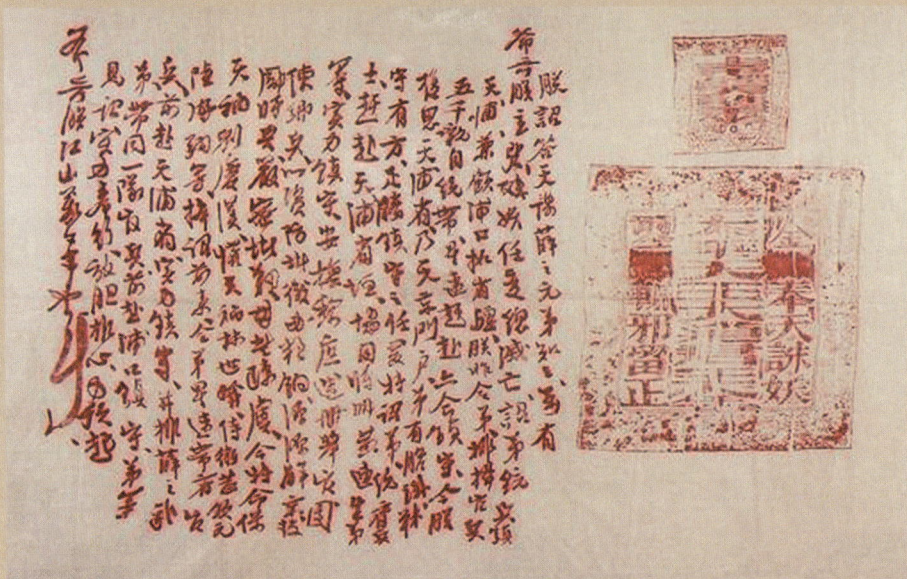

洪秀全亲拟诏书

在诏书中，洪秀全声称"朕江山万万年"，其实他本人无心理政，而是沉湎于声色享受。他花了很多精力制定了一套旨在约束后妃的制度。他提出了后妃的"十该打"和"四不准"。"十该打"包括：服侍不虔诚该打，硬颈不听教该打，起眼看丈夫该打，问王不虔诚该打，躁气不纯静该打，讲话极大声该打，有喙不应声该打，面情不欢喜该打，眼左望右望该打，讲话不悠然该打。"四不准"包括：不准多喙争骂，不准响气喧哗，不准讲及男人，不准讲及谎话。

政府承认此项不平等条约。他甚至扬言，如果太平军触犯英国的利益，他们将会像发动鸦片战争那样来对付太平天国。

咸丰四年五月，太平天国以东王杨秀清的名义发布《答复英人三十一条并责问五十条诰谕》，主张中外平等往来，在严禁鸦片输入的同时，鼓励正当贸易。但太平天国对外国资本主义的本质毕竟认识不清，他们因宗教形式相同而错误地把侵略者当成"洋兄弟"，表示允许外国侵略者"自由出入"及"货税不征"①。

---

① 《英国政府蓝皮书中之太平天国史料》，载《中国近代史资料丛刊·太平天国》第6册，上海人民出版社1957年版，第909、911页。

第三节　后期斗争与失败

一、天京事变与《资政新篇》

太平天国定都天京以后，随着政权逐步巩固，实力发展壮大，在太平天国领导阶层中产生了骄傲自满情绪，生活奢侈堕落，严重脱离群众。洪秀全不思进取，深居简出，从无出令之事，"虽宠任如伪佐天侯（陈承镕），亦不得望见颜色"[1]。从永安建制后到咸丰六年（1856 年），洪秀全几乎没有下过一个有关政治和军事的诏谕。在太平天国民众实行一夫一妻、男女分馆制度的同时，洪秀全却拥有后宫数十位，纵情享乐，将军事、政治领导权交予杨秀清、韦昌辉等人手中，专心做至高无上的天王。

太平天国的等级制度也越发森严。君臣上下有天渊之别，甚至连称呼、服饰都有明确的规定。诸王出行，官兵必须回避，高呼万岁或千岁，否则就会受到严厉的处分。天王的轿夫为 64 人，东王轿夫 48 人，最下至两司马也有轿夫 4 人。杨秀清出行，大摆仪仗鼓乐，天京全城燃放礼炮，行人回避，或者跪在街头，仪仗队多达数千人，首尾二三里。对称呼的规定也有严格限定。洪秀全"得称万岁，凡贼上言皆呼万岁，万岁，万万岁"；其子"称幼主，幼主亦称万岁，但不三呼"；女儿则称"天金"，长女为天长金，次女为天二金，三女为天三金。杨秀清为九千岁，"其属上言呼九千岁，千岁，千岁，千千岁！其子为世子称殿下，亦呼千岁。女曰东金"[2]。

为追求奢侈生活，太平天国在天京大兴土木，把两江总督衙门扩建为天王府，火灾烧毁后，又于 1854 年在原址上重建，周围十余里，宫殿林苑，"雕琢精巧，金碧辉煌"，"五色缤纷，侈丽无匹"。修东王府时，也是"尽毁附近居民、阛阓，开拓地基以窃夺之物料，威胁之人力，何所顾惜，穷极工巧，骋心悦目"[3]。天王从民间大肆挑选嫔妃，诸王也纷纷效尤，给百姓造成极大的骚动和痛苦。时人指出，太平军领导人已经是"为繁华迷惑，养尊处优，

---

① 张德坚：《贼情汇纂》卷 7，载《中国近代史资料丛刊·太平天国》第 3 册，上海人民出版社 1957 年版，第 171 页。

② 《纪贼据城后大略》，载《中国近代史资料丛刊·太平天国》第 4 册，上海人民出版社 1957 年版，第 706 页。

③ 张德坚：《贼情汇纂》卷 7，载《中国近代史资料丛刊·太平天国》第 3 册，上海人民出版社 1957 年版，第 164—165 页。

专务于声色货利"。

这一时期的杨秀清军政大权在握，金田起义以后各种军事活动，均由他坐镇指挥或参与其中，且依靠天父附体的把戏为所欲为，把持着绝对权力。这种骄横作风导致他与洪秀全、韦昌辉、石达开、秦日纲等的矛盾日益加深，起义初期"寝食必俱，情同骨肉"，有事聚商于一室，得计便行，机警迅速的情形一去不复返，变成了"彼此睽隔，猜忌横生"①。杨秀清威风张扬，不知收敛。他对太平军将士随意加以杖责，甚至处死。连北王韦昌辉、燕王秦日纲、佐天侯陈承镕、卫天侯黄玉昆（石达开岳父）等人都受过杖刑。杨秀清还"每诈称天父下凡附体，令秀全跪其前，甚至数其罪而杖责之"②。定都天京后，杨秀清曾三次借"天父下凡"对抗洪秀全，还因洪秀全粗暴对待妃嫔和女官而要予以杖责。

咸丰六年，除北伐战争失败外，太平军在湖北、江西、安徽等战场都取得胜利，又在扬州击败江北大营，在镇江和天京击败江南大营，达到了军事上的全盛。击溃江南大营后，天京之围被解，杨秀清为扩大个人权力，逼天王洪秀全到东王府封他为"万岁"。杨秀清以天父口气责问洪秀全："尔与东王都是我子，东王有咁大功劳，何止九千岁？"洪对曰："东王打江山，亦当万岁。"天父曰："东世子岂止千岁？"洪曰："东王既万岁，东世子也便是万岁，且世代都万岁！"天父喜曰："我回天矣！"洪秀全佯装答应，却暗地修书给身处江西的韦昌辉和湖北的石达开，称杨秀清谋反，密令韦昌辉和石达开二人率兵回天京"勤王"。

韦昌辉对杨秀清早怀不满之心，表面上却唯命是从。"昌辉曾读书，小有才，为杨秀清所忌"③。据《金陵癸甲纪事略》记载，韦昌辉"事东贼甚谄，舆至则扶舆以迎，论事不三四语，必跪谢曰：非四兄教导，小弟肚肠嫩，几不知此。'肚肠嫩'，浔州乡语，犹言学问浅也"④。韦昌辉的兄弟与杨秀

① 《伪朝仪》，载《中国近代史资料丛刊·太平天国》第3册，上海人民出版社1957年版，第172页。
② 《首逆事实》，载《中国近代史资料丛刊·太平天国》第3册，上海人民出版社1957年版，第45页。
③ 《北王韦昌光辉》，载《中国近代史资料丛刊·太平天国》第3册，上海人民出版社1957年版，第48页。
④ 《中国近代史资料丛刊·太平天国》第4册，上海人民出版社1957年版，第669页。

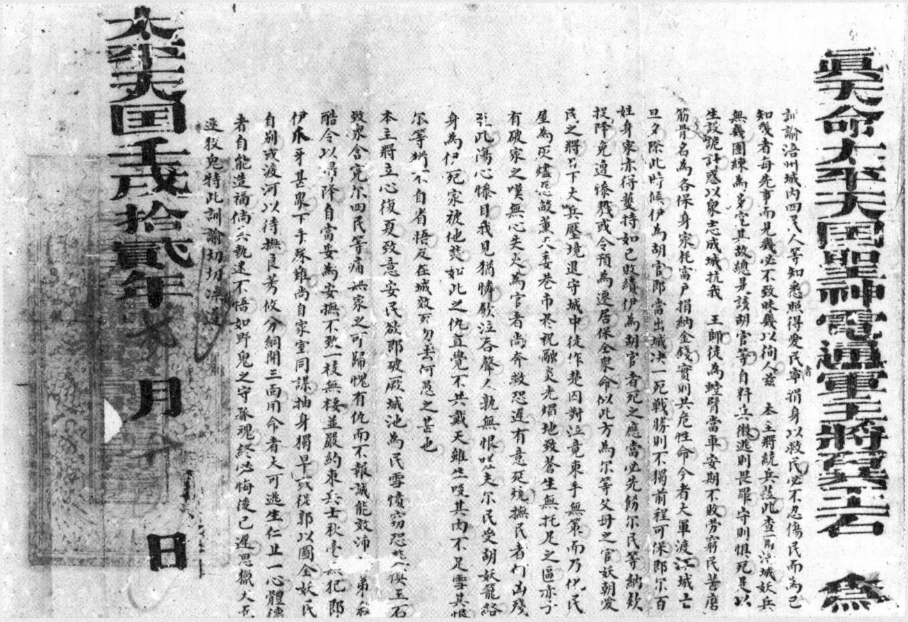

《石达开告涪州城内四民训谕》　现藏三峡博物馆

清的妾兄争宅，他甚至要将兄弟五马分尸。韦昌辉讨好杨秀清的真实目的，其实是"阳下之而阴欲夺其权"[1]。接到洪秀全的密令后，韦昌辉立即带领心腹三千人率先返回天京。八月初三日（9月1日）深夜，韦昌辉赶到天京，得到陈承瑢接应，次日凌晨便包围东王府，诛杀杨秀清及其眷属共计三百多人。接着，天京城内发生混战，太平军将士2万余人死亡。韦昌辉在天京城内制造大屠杀，实行恐怖统治。

9月中旬，远在湖北的石达开也回到天京。此前石达开曾与韦昌辉密议，"杀东（王）一人，杀其兄弟三人……除此以外，俱不得多杀"。石达开得知天京事变后非常不满，质问韦昌辉，反而激起韦昌辉的杀意。石达开得隙逃往安庆，韦昌辉竟把石达开在天京的一家老小全部杀死，其屠杀和暴虐统治迅速激起天京将士的不满。石达开调集在安庆的部队进驻宁国附近，要求洪秀全惩办韦昌辉。11月中，洪秀全下令处死韦昌辉及其心腹二百余人。

---

[1]　张德坚：《贼情汇纂》卷7，载《中国近代史资料丛刊·太平天国》第3册，上海人民出版社1957年版，第48页。

11 月底，石达开返回天京，洪秀全要他"留京辅弼"，众人也对石达开辅政寄予厚望。然而，洪秀全经天京事变，对石达开产生猜忌，封自己的长兄洪仁发为安王，次兄洪仁达为福王，以此制衡石达开。石达开在《自述》中称"（洪秀全）有谋害达开之意，旋即逃出金陵"。咸丰七年五月（1857年 6 月），石达开率部出走，后辗转湖南、广西、湖北、四川、云南、贵州各地，继续与清军作战。石达开的出走使得太平军实力大为削弱。《李秀成自述》在分析太平天国失败的原因时说，"翼王与主不和，君臣而忌，翼起狈（猜）心，将合朝好文武将兵带去，此误至大"。

同治二年（1863 年）三月二十五日，石达开率部行至大渡河安顺场，被清军包围。四川总督骆秉璋诱其投降，石达开想以牺牲自己的性命来挽救部下，希望"宥我将士，请免诛戮，禁无欺凌，按官授职，量材擢用，愿为民者散为民，愿为军者聚为军，推恩以待，布德而绥，则达一人可以自刎，三军饬以全安"[①]。他带着五岁的儿子前往清军大营，随即被解往成都凌迟处死。参与行刑的四川布政使刘蓉称石达开"其枭桀坚强之气，溢于颜面，而辞气不卑不亢，不作摇尾乞怜之语。自言南面称王十余年，所屠戮官民以千万计，今天亡我，我复何惜一死！临刑之际，神色怡然"[②]。之后，石达开部下所剩两千人也在一夜之间全部被清军屠杀。

天京事变使太平天国元气大伤，丧失了乘胜歼灭清军的有利时机，成为太平天国由盛转衰的转折点。此后，太平军士气低落，人心离散，军中甚至流行这样的歌谣："天父杀天兄，终归一场空。打起包裹回家去，还是当长工。"而清军则相反，宣称"天父杀天兄，江山打不通。长毛非正主，依旧让咸丰"[③]。清军乘机展开反扑，太平天国形势急转直下。1856 年年底，武昌、汉阳失守，江西大部分地区也被清军占领。清军重建江北大营和江南大营，并于 1857 年 12 月占领镇江，重新围困天京。1858 年 5 月，九江失守，守将林启容及 17000 余部众全部被湘军斩杀。

为挽救危局，洪秀全在军事上起用优秀的年轻将领陈玉成、李秀成；政治上封洪仁玕为干王，总理朝政。洪仁玕是洪秀全的族弟，金田起义爆发后，

---

① 《中国近代史资料丛刊·太平天国》第 2 册，上海人民出版社 1957 年版，第 760 页。
② 《复曾元浦中丞书》，载（清）刘蓉：《养晦堂文集》卷 6。
③ 《太平天国史料丛编简辑》第 2 册，中华书局 1962 年版，第 163 页。

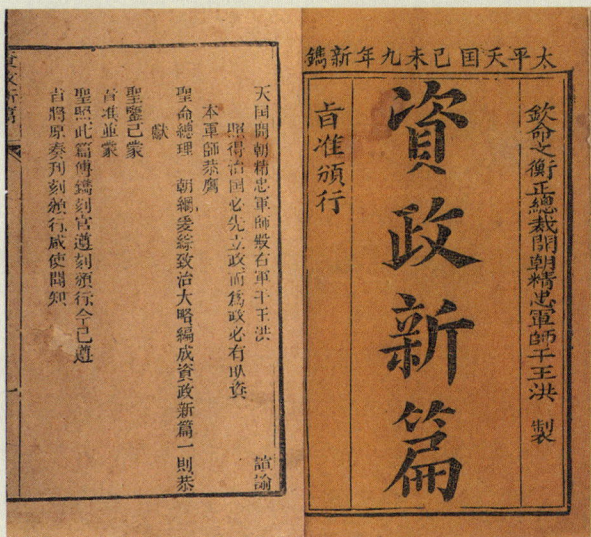

《资政新篇》书影

天京事变爆发后，太平天国的形势急转直下。1859年，洪仁玕从香港来到天京，被洪秀全封为军师、干王。洪仁玕长期接触西方文明，认为太平天国亟须向西方学习，才能力挽狂澜，故而向洪秀全提交《资政新篇》，但《资政新篇》并未得到太平天国政权真正的重视。忠王李秀成即不以为意，"伪干王所编各书，李酋皆不屑看也"。反而是曾国藩的幕僚赵烈文非常欣赏该书，认为"于夷情最谙练……观此一书，则贼中不为无人"。

为躲避清政府缉拿，流亡至香港。通过较长时间的接触，他学习到西方国家资本主义的政治和科学文化知识。咸丰九年（1859年）4月，洪仁玕在历尽艰险后到达天京，立即得到洪秀全重用，从而参与太平天国运动的领导工作中。洪仁玕"居外久，见闻稍广，故较各王略悉外情。即较洪秀全之识见，亦略高一筹。凡欧洲各大强国所以富强之故，亦能知其秘钥所在"[1]。他提出向西方学习的主张，提倡与各国通商，借鉴西方先进的科学技术，发展资本主义经济。为巩固和整顿政权，洪仁玕向洪秀全提出了改革内政和建设国家的新方案——《资政新篇》，经洪秀全批准，作为官方文书正式颁行，成为太平天国后期的重要文献。

洪仁玕在《资政新篇》中列举28条仿效西方资本主义制度的建议，囊括政治、经济、社会生活等各个方面。其主要内容包括：

第一，"用人察失类"，反对"结盟联党之事"，强调内部团结和加强中央权力。洪仁玕主张各省设置地位独立的"新闻官"，专收中外报纸呈缴，以备天王阅览；重视群众意见，准卖新闻报纸或设置暗柜（意见箱），使"民心公议"，"由众下而达于上位"，做到"上下情通，中无壅塞弄弊者"。针对太平天国后期存在的事权不一、结党营私问题，提出"禁朋党之弊"，

---

① 容闳：《西学东渐记》，岳麓书社1985年版，第94页。

主张"要自大至小，自上而下，权归于一"，最终的目标是使"太平一统江山万万年"。①

第二，"风风类"，即主张移风易俗，革除封建陋习，如女子缠脚、吉凶军宾、琐屑仪文等，提倡福音真道。他主张开设医院，兴办学校、跛盲聋哑院、鳏寡孤独院和育婴堂；反对传统迷信，禁止游手好闲不务正业行为；禁止饮酒及"一切生熟黄烟鸦片"，禁止溺婴、买卖人口与使用奴婢；"勿得执信风水"等。

第三，"法法类"，即提出一系列适应于世界资本主义发展趋势的政治、经济和思想文化方面的改革措施，这也是全篇的重点。洪仁玕主张发展交通事业，国家设立邮亭，办理邮政；发展近代工矿业，"有民探出者，准其禀报，爵为总领，准其招民探取"，开采金、银、铜、铁、锡等矿及制盐等，主张"兴宝藏""兴器皿技艺"；兴修水利；主张保护私有财产，鼓励私人投资，奖励技术发明；开办银行和保险事业。1860年8月11日的《北华捷报》也说，洪仁玕"对于引进欧洲的进步事物，诸如铁路、蒸汽机等类的东西极为赞同"。

第四，"刑刑类"，即提出新的健全刑法制度，指出"国家以法制为先，法制以遵行为要，能遵行而后有法制，有法制而后有国家"②。

《资政新篇》具有鲜明的资本主义色彩。洪仁玕预感到随着西方势力的兴起，传统中国文化必须"无者兴之，恶者禁之，是者损益之"，方能适应今后的世界。在外交上，主张和外国自由通商，平等往来，鼓励洋人在华投资，但不得干涉太平天国的内政和"国法"。在外交关系上，也禁止使用"鬼子""夷"等污蔑性字眼。

洪仁玕想在不改变封建体制的情况下吸收西方物质文明，挽救危机中的太平天国，体现了他超前的改革思想和大胆的创新理念。不过，由于当时太平天国处于战争状态，除洪秀全表示赞同外，洪仁玕的主张在太平天国内部没有引起积极反响，《资政新篇》未能真正付诸实施。洪仁玕当政期间，太平天国的政治治理也并无起色。

二、太平军后期政治与军事

1858年8月，为解除天京之围，陈玉成、李秀成率部在滁州境内会师东进，

---

① 《中国近代史资料丛刊·太平天国》第2册，上海人民出版社1957年版，第539页。
② 《洪仁玕选集》，中华书局1978年版，第27页。

攻破浦口，击溃江北大营，歼敌万余人，进占江浦，解除了江北清军对天京的威胁。洪秀全改江浦为天浦，派重兵驻守，命令守将"安抚黎庶，造册举官，团练乡兵，以资防堵；征办粮饷，源源解京；鼓励将兵，严密堵剿"①，以拱卫天京。

此时，湘军主力李续宾率部攻克九江，并乘胜攻入安徽，占领太湖、潜山、桐城、舒城，进逼庐州三河镇。11月，陈玉成闻讯自江浦出发援助，直插三河镇东南的白石山和金牛岭，包抄湘军后路，李秀成也前来支援。11月14日，太平军乘大雾发动猛攻，经过激战，包围三河，全歼湘军6000余人，击毙曾国藩之弟曾国华并文武官员400余人，李续宾自杀，湘军受到沉重打击，湘军老家湖南为之"处处招魂"。曾国藩哀叹："三河之败，歼我湘人殆近六千，不特大局顿坏，而吾邑士气亦为不扬。"② 胡林翼也称："三

①　《天王命薛之元镇守浦口诏》，载《中国近代史资料丛刊·太平天国》第2册，上海人民出版社1957年版，第671页。
②　《复刘霞仙》，载《曾文正公全集·书札》卷7，吉林人民出版社1995年版，第2040页。

河败溃之后，元气尽伤，四年纠合之精锐，覆于一旦"①，"全军皆寒，不可复战"②。

太平军取得三河大捷，一时士气高涨。陈玉成与李秀成乘胜追击，再克舒城、桐城、潜山、太湖，围攻安庆的清军不战而走，皖北复为太平军所有。1858年3月，李世贤在宁国大败清军，杀浙江提督邓绍良。12月，杨辅清攻克江西景德镇，屡败湘军张运兰部，天京上游的局势暂时得到控制，但天京仍在江南大营的包围之下。

咸丰十年（1860年）初，清政府根据"上下夹攻，南北合击"的方针，指挥江南大营和湘楚军，分别围困天京和"进攻安庆，分捣桐城"。太平军为摆脱两面作战的不利局面，集中主力击溃江南大营，提出"围杭救京"的战略，即发兵攻打杭州，迫使清军驰援，然后乘机回攻江南大营。咸丰十年二月（1860年3月），李秀成出奇兵攻占杭州，迫使江南大营分兵前往援救，随后李秀成主动撤兵回师天京。闰三月，李秀成、陈玉成、李世贤等五路大军合力猛攻江南大营，四月再次摧毁江南大营，钦差大臣和春率残部逃往镇江。

天京解围之后，洪仁玕决定"乘胜下取，其功易成"③，先夺取苏浙，再沿长江逆流而上的作战方针。1860年5月，李秀成率军开始东征，连克丹阳、常州、无锡、苏州、嘉兴、常熟、青浦、松江等地，从而开辟苏南根据地，建立了以苏州为首府的苏福省。钦差大臣和春兵败自杀。与此同时，陈玉成也率部渡江，7月，经江苏宜兴进入浙江，8月攻下临安、余杭等地，兵锋直抵杭州城下。不久，因安庆告急，回师救援。太平军占领清朝最为富庶的苏浙地区，切断清政府的赋税收入来源和漕粮供应，沉重打击了清王朝，曾国藩也惊呼："浙苏两省膏腴之地，尽为贼有，窟穴已成，根柢已固"④。

安庆是太平天国的重要战略据点、拱卫天京的屏障和保证粮食供应的纽带。这一时期，曾国藩将全部战略重心放在围困安庆上。此前，清廷对曾国藩和湘军防范甚严，不给他们任何地方实权。江南大营灭亡后，清廷以

---

① 《复胜克斋钦使》，载《胡文忠公全集·书牍》卷12。
② 《致司道》，载《胡文忠公全集·书牍》卷10。
③ 《洪仁玕自述》，载《中国近代史资料丛刊·太平天国》第2册，上海人民出版社1957年版，第852页。
④ 《太平天国资料》，知识产权出版社2013年版，第213页。

陈玉成妻子蒋桂娘（左二）

据传：蒋桂娘，出身习武之家，臂力过人。13岁参加了太平军。后在攻打武昌的战争中，因作战英勇，结识陈玉成，后二人结为夫妻。陈玉成死后，蒋桂娘带着儿子陈天宝逃到天京。两年后天京沦陷，蒋桂娘女扮男装，逃出天京城。几经辗转定居于湖南兴宁（今湖南资兴市），其子陈天宝，1901年生下儿子陈慎初。蒋桂娘1926年去世，享年82岁。

湘军出力、江南江北大营收功的计划破产，只能完全依赖湘军。6月，曾国藩署两江总督，8月实授并加钦差大臣衔，督办江南军务，所有水陆各军均归其节制。胡林翼极为高兴："涤帅诚得督符兵符，则否极而泰，剥极而复，天下士气为之一振。"[1]清廷虽多次命令曾国藩带兵东援江浙，但曾国藩从全局考虑，认为"自古平江南之策，必踞上游之势，建瓴而下，乃能成功。……若仍从东路入手，内外主客形势全失，必至仍蹈覆辙，终无了期"[2]，拒不听从清廷命令。太平军也深刻认识到安庆的重要性。洪仁玕指出："长江者，古号为长蛇，湖北为头，安省为中，而江南为尾。今湖北未得，倘安徽有失，则蛇既中折，其尾虽生不久。"在攻破江南大营后，太平军制定了保卫安庆的战略，其步骤是先取苏杭，后"发兵一枝，由南进江西；发兵一枝，由北进蕲黄，合取湖北，则长江两岸俱为我有，则根本可久大矣"[3]。9月，陈玉成到苏州与李秀成会商，决定两路大军西进，以期次年三四月间在武汉会师。

　　陈玉成长期以安徽为根据地，苏州会议后，他没有立即率军西进，而是试图直接解救安庆。10月，陈玉成攻打寿州、舒城不下。12月，与湘军大

---

[1]　《复吴相云内翰》，载《胡文忠公全集·书牍》卷28。

[2]　《通筹全局并办理大概情形折》，载《曾文正公全集·奏稿》卷11，吉林人民出版社1995年版，第716页。

[3]　《洪仁玕自述》，载《中国近代史资料丛刊·太平天国》第2册，上海人民出版社1957年版，第852页。

战于挂车河，再次失利。陈玉成被迫实行攻鄂救皖战略。1861年3月，陈玉成攻克湖北黄州（今黄冈），进逼武汉。湖北巡抚胡林翼急调湘军李续宜部自桐城驰援。此时，英国驻沪海军司令何伯和参赞巴夏礼乘军舰到汉口。巴夏礼到黄州会见陈玉成，声明要保护武汉的商务，太平军必须远离该埠。由于李秀成部进军迟缓，太平军并无把握在短期内攻下武昌，陈玉成命部下赖文光率部队留在武昌附近，继续等候李秀成部，本人率主力返回安庆。然而，李秀成锐意经营江浙，对救援安庆持消极态度。洪仁玕批评李秀成"抚有苏杭两省，以为高枕无忧，不以北岸及京都为忧"。洪秀全催促他出兵，李秀成拒不执行。直到1860年12月底，李秀成才以偏师西进，次年6月进兵湖北，前锋抵达武昌，并在附近招兵30万人。李秀成在兴国会见英国驻汉口领事金执尔，亦受阻挠恐吓。此时，陈玉成已经返回安徽，李秀成急于回军江浙，遂率军从湖北撤入江西，与李世贤部共同攻下浙江大片土地。

太平军战略失败后，曾国藩已无后顾之忧，全力攻安庆。陈玉成、洪仁玕均率军支援，经过多次激战未果。外援失败，城内无粮，安庆部分守军出降，后全被屠杀。咸丰十一年八月初一日（1861年9月5日），曾国荃攻克安庆，太平军守将叶芸来、吴定彩及全军16000余人全部战死，湘军攻入城内，陈玉成退回庐州。从此，太平军在长江上游重镇全失，天京已无屏障。

陈玉成在庐州与湘军激战三月有余，失败后突围至寿州。1862年，退守寿州的陈玉成被寿州团练统帅苗沛霖诱捕，押送至清军胜保军营。胜保要陈玉成下跪，陈玉成怒斥："本总裁三洗湖北，九下江南，尔见仗即跑。在白石山踏尔二十五营，全军覆没，尔带十余匹马抱头而窜，我叫饶尔一条性命。我怎配跪尔？好不自重的物件！"[①]五月初八日（6月4日），陈玉成在延津被杀，年仅26岁，西线全军瓦解。

当陈玉成部与湘军激烈争夺安庆时，李秀成、李世贤在浙江对清军展开进攻。至1861年10月，李世贤部先后攻克金华、义乌、处州、严州等城，控制浙江中部。李秀成不去援救安庆，反而率军由江西取浙江，攻克临安、余杭，围攻杭州。12月29日，太平军攻破杭州，浙江巡抚王有龄自杀。李世贤部也攻克宁波。浙江和苏南成为太平天国后期的主要根据地，但这并不

---

① 赵雨生：《被掳纪略》，载《太平天国资料》，知识产权出版社2013年版，第213页。

曾国荃像

曾国荃（1824—1890年），字沅甫，为曾国藩弟弟，是曾国藩镇压太平军的得力助手，率部首先攻克金陵。1875年后历任陕西巡抚、山西巡抚、署两广总督。光绪十年（1884年）署礼部尚书、两江总督兼通商事务大臣。死后谥"忠襄"。

左宗棠像

左宗棠（1812—1885年），字季高，号湘上农人。湖南湘阴人，湘军著名将领、洋务派首领。历经太平天国起义、平叛陕甘同治回乱、收复新疆以及新疆建省等重要历史事件。官至东阁大学士、军机大臣，封二等恪靖侯。

能扭转太平天国在皖北战场和天京上游的不利局面。湘军水师已经完全控制长江，掌握了军事上的主动权。

与此同时，天京变乱后的洪秀全，宗教迷信思想急剧发展，常常写一些莫名其妙、自相矛盾的诗句或者顺口溜作为诏令颁发下去，导致纲纪紊乱。他把"太平天国"改为"上帝天国"，后又改为"天父天兄天王太平天国"。为巩固自己地位，削弱忠王和英王的权力，洪秀全滥封王爵，彼此牵制，至太平天国失败前夕，竟加封了2700多个王。文武官员争相追逐名利，"动以升迁为荣，几若一岁九迁而犹缓，一月三迁而犹未足"[1]，大大加速了太平天国的灭亡。

三、太平天国的失败

1861年11月，慈禧太后掌权，命令曾国藩统辖江苏、安徽、江西、浙

---

[1] 《太平天国史料》，中华书局1955年版，第147—148页。

洋枪队

1864年，英国人戈登率洋枪队协助清军攻打苏州城太平天国守军（铜版画）。

江四省军务，所有四省巡抚、提督以下文武官员均由其节制。两个月后，又加封他为太子少保、协办大学士，全力支持他镇压太平天国。曾国藩随后坐镇安庆，派曾国荃率湘军主力由皖北沿长江东下，进攻天京；派左宗棠率另一支湘军由江西攻浙江；李鸿章则率淮军攻江苏。

左宗棠（1812—1885年），字季高，湖南湘阴人，原为湖南巡抚骆秉章的幕僚，后为曾国藩帮办军务，领军作战。左宗棠率军入浙江后不久，即被任命为浙江巡抚。李鸿章（1823—1901年），字少荃，安徽合肥人，翰林院编修，曾助吕贤基在安徽办团练。1861年奉曾国藩之命在安徽募兵。1862年春，李鸿章仿湘军营制，编成6000余人的淮军，成为继湘军之后的又一支重要武装力量。

1862年1月，李秀成率军由苏、杭出发，再次进攻上海。太平军前锋直达吴淞，法军直接向太平军开炮，俄军也出动布防。2月，中外势力在上海成立"中外会防局"，在上海的英、法军队增加至数千人。华尔的洋枪队改称"常胜军"，并扩编至5000人。随后，联军与常胜军联合清军，向太平军阵地发动攻击。在罗家港战斗中，太平军虽打死打伤常胜军数十人，击伤英国侵华海军司令何伯，但最终还是被迫撤出上海，联军随后占领嘉定、青浦。赶到上海的李鸿章也被授予署江苏巡抚，不久实授。5月17日，湘军与联军进攻奉贤南桥镇。太平军打死法国海军司令卜罗德，但终因伤亡过多而败走。5月中旬，李秀成率众反击，太仓之战中，攻破清军营垒三十余座，歼敌 5000 人，缴获大量洋枪洋炮。随后收复嘉定，英军司令史迪佛逃走。6 月初，太平军在青浦大败联军，活捉常胜军副统帅法尔思德。太平军又一次进逼上海，联军不敢出战，清朝统治者也大加嘲笑："夷人之畏长毛，亦与我同，委而去之，真情毕露。"[①]只因湘军围攻天京甚急，太平军不得不回师西进。

1862 年 10 月，太平军与湘军在雨花台进行激战。杨辅清进兵安徽宁国，牵制湘军支援。陈坤书转战安徽金柱关，以阻截湘军水师。李秀成、李世贤率二十余万军队，装备相当数量的洋枪洋炮，会合天京守军，攻打曾国荃部。曾国荃部约 3 万人，又值时疫流行，染病者甚多。太平军发动数次攻击，打死打伤湘军 5 千人，曾国荃也身受枪伤，以"缩营自保"的办法，顽强抵抗。双方交战 46 天，由于久攻不下，太平军撤兵，天京解围战失败。对于太平军的失败，曾国荃表示："夫贼虽众，皆乌合无纪律，且久据吴会，习于骄佚，未尝经大挫。"王闿运在《湘军志》中也认为："盖寇将骄佚，亦自重其死，又乌合大众，不知选将，比于初起时衰矣。"[②]

幼天王洪天贵福玉玺
洪天贵福（1849—1864 年），洪秀全长子。初名天贵，后加"福"字，登极后玉玺于名下横刻有"真主"二字。天京失陷后，洪天贵福逃到浙江湖州，后在江西石城荒山之中被清军俘获，沈葆桢将其凌迟处死。

洪秀全不满李秀成撤兵，革其爵位，令其继续率军西征，重演"围魏救赵"的计谋，牵制清军兵力，缓解天京危局。1863 年 1 月，太平军常熟守将骆国忠投降李鸿章。李秀成久攻常熟不下，于 3 月进入皖北，进攻巢县、庐州等地，以截断湘军后路。清军采取"专守为稳，以逸待劳"的方针，太平军所到之处"攻又不下，战又不成"。行至

---

① 《议复调印度兵助剿折》，载《曾文正公全集·奏稿》卷 16，吉林人民出版社 1995 年版，第 870 页。

② 王闿运：《湘军志》卷 5《曾军后篇》。

庐江城，围攻不下，李秀成退至梅心驿，围六安后，进寿州，最后东返。李秀成得知天京、苏州危机后，撤兵回师，又遭到清军阻截。此次西征太平军损失十几万人，无功而返。

浙江的太平军也遭受重大损失。1862年4月，英国要求宁波太平军"在24小时内拆除城上炮位和大炮"，否则"英军将予以摧毁并占领宁波"[①]。在遭到太平军的拒绝后，英法联军出动军舰6艘，伙同清军进攻宁波。经过激战，法国舰队司令耿尼重伤毙命，太平军也被迫撤出宁波。随后，中法混合军（常捷军）和中英混合军（常安军、定胜军）成立，中外势力更为紧密地结合在一起。1862年9月，太平军在慈溪打死常胜军统领华尔。1863年初，太平军在绍兴与联军开战，先后打死常捷军统领勒伯勒东及其继任者塔提夫。不过，局部战场的胜利并不能改变全局，太平军在浙江的根据地相继被左宗棠收复。

华尔死后，常胜军改由英国人戈登担任。戈登改编常胜军，和李鸿章密切合作。1863年，清军收复太仓。9月，收复江阴、无锡，并逼近苏州。12月4日，太平军纳王部永宽刺杀主将慕王谭绍光，率众献城投降。苏州失守，标志着太平天国苏南根据地陷入绝境，湘军合围天京之势已成。

在曾国荃的长期围困下，天京城外防御工事破坏殆尽，内缺粮食，外无援军，李秀成建议"让城别走"，遭到洪秀全斥责。洪秀全认为："朕奉上帝圣旨、天兄耶稣圣旨下凡，作天下万国独一真主，何惧之有？不用尔奏，政事不用尔理，尔欲出外去，欲在京，任由于尔。朕铁统江山，尔不扶，有人扶。尔说无兵，朕之天兵，多过于水，何惧曾妖者乎？"[②]同治三年四月二十七日（1864年6月3日），洪秀全病逝，幼天王洪天贵福继位。同治三年六月十六日（1864年7月19日），湘军轰塌太平门。城破后，湘军占领天京，"见人即杀，见屋即烧，子女玉帛扫数悉入于湘军，而金陵永穷矣"[③]。李秀成、洪仁玕护送幼天王突围。李秀成在突围过程中，于南京城外方山被俘，亲书

---

① ［英］呤唎：《太平天国革命亲历记》下册，王维周译，中华书局1961年版，第415页。

② 罗尔纲：《增补本李秀成自述原稿注》，中国社会科学出版社1995年版，第340页。

③ 《上欧阳中鹄》，载蔡尚思、方行编：《谭嗣同全集（增订本）》下册，中华书局1998年版，第466页。

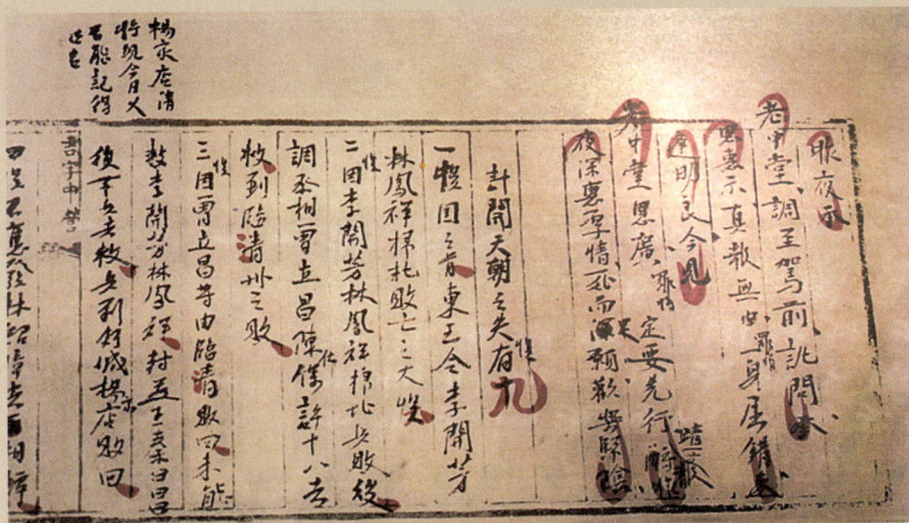

李秀成供状中的"天朝十误"

李秀成(1823—1864年),广西藤县人,太平天国后期著名将领。李秀成参加太平军后,作战机智勇敢,很快从一名普通士兵晋升为青年将领。天京变乱后,他与陈玉成等力撑危局,取得了二破江北大营、三河大捷、二破江南大营等胜利,并建立苏福省、天浙省。洪秀全封其为忠王,称"万古忠义"。湘军攻陷天京,李秀成被俘后在狱中写下数万字的自述,追述自己的经历和太平天国的历史。

供状数万字,当天就被曾国藩处死。洪仁玕保护幼主,率部转战,失败被俘,最终就义。

太平天国覆灭后,活动于江苏、浙江、安徽南部的太平军,在侍王李世贤、康王汪海洋等的带领下,转战于江西、福建、广东。同治三年(1864年)春,侍王李世贤奉命率江苏、浙江、安徽南部等省的太平军到江西取粮就饥,准备秋后返回援救天京。6月,李世贤听到天京陷落的消息,与康王汪海洋、偕王谭体元等率部转战福建。9月,攻克汀州、漳州等城。他们以漳州为根据地,整军练武,建立政权,保护农商,恢复生产。清政府派左宗棠督湘军从江西、浙江分道攻入福建,又派淮军用外国侵略者提供的轮船由海道从厦门登陆。同治四年四月(1865年5月),太平军寡不敌众,撤出漳州。不久,汪海洋将李世贤杀害,率部下经江西入广东,突袭嘉应州(今梅州),攻克州城。左宗棠急调诸路清军前来包围。在激烈战斗中,太平军挫败清军,但汪海洋中弹重伤而死。太平军诸将推举谭体元主持军事。在清军的围困下,嘉应成为一座孤城,谭体元率部下突围,向东南行进,大军行至黄沙嶂迷路,最后被湘军鲍超率部下追及。同治五年正月（1866年2月），谭体元在黄沙嶂率余军奋战力竭，坠崖被捕牺牲。江南太平军余部至此失败，江北太平军余部则与捻军合流，最后也全部被剿杀。

太平天国坚持斗争14年，先后攻克600余城，席卷大半个中国，建立的政权与清王朝对峙十余年之久。它颁布的《天朝田亩制度》，表达了农民群众的理想追求，并破天荒地提出了近代中国第一个具有资本主义性质的社会改革方案——《资政新篇》。

第四节　捻军与回民反清

太平天国起义期间，南方和东南沿海各省也先后发生天地会和其他支派起义。1851年，安徽捻军起义。1852年，广西南宁天地会首领胡有禄、朱洪英率众起义。1853年5月，福建小刀会领袖黄威、黄德美率会众在海澄起义。1853年9月，刘丽川领导上海小刀会起义，杀死县官，发布公告："方今童君昏聩，贪官污吏，布满市朝。鞑夷当灭，明复当兴。故引本帅兴仁义之师，为汝驱逐。凡尔百姓，各宜安居乐业，勿得畏惧播迁。本帅已严饬部下兵丁，不得取民间一物，不得奸民间一女，违者重究，各宜禀遵勿违。"[1]刘丽川与太平天国联络，宣布接受太平天国的领导，连克青浦、川沙、南汇、嘉定、宝山等县。在中外势力的联手之下，小刀会粮尽无援，于1855年2月由上海县城突围，刘丽川战死。1854年广东天地会首领陈开、李文茂率众在佛山镇起义。西南地区发生贵州张秀眉所领导的苗族起义与云南杜文秀所领导的回族起义。1855年，张秀眉在贵州台拱起义。1856年，杜文秀在云南蒙化起事。1862年，爆发陕甘回民反清斗争。这些起义虽然最终都失败了，但共同打击了清王朝的统治。与此同时，规模不等、大小不一的农民抗租、抗粮运动，遍布全国各省区，但同样没有形成统一的大规模反清力量。

一、捻军

捻军是太平天国时期的一支北方农民起义军。捻军源于"捻子"（一称"捻党"），是民间的一个秘密组织，成员主要为农民和手工业者，早期活

---

① 《上海小刀会起义史料汇编》，上海人民出版社1958年版，第517页。

动于皖北沘水和涡河流域。嘉庆末年，捻子集团日渐增多，但没有统一规制。有几个人、几十人的小捻子集团，也有多达一二百人的大捻子集团。这些捻子集团经常在安徽亳州、阜阳，河南三河尖，以及江苏、山东一带护送私盐，与清政府时常发生武装冲突，甚至起义攻城。

咸丰元年（1851年），捻军在豫南南阳、南召、唐县（今唐河）等地聚众起事。咸丰二年，皖北大旱，入捻农民增多。亳州人张乐行、龚得树等聚集上万捻军攻占河南永城，举行起义。10月，捻军在安徽亳州雉河集（今安徽涡阳）歃血为盟，推举张乐行为盟主，起义抗清，号称"十八铺聚义"，此次会盟揭开了安徽捻军大起义的序幕。1852年12月至1853年2月，太平军连克武汉、安庆、南京、安徽、河南，经安徽、河南时，皖北捻军纷起响应，及至太平天国北伐军经过时，捻军已开始从分散斗争趋向联合作战。

1855年，开封以东黄河决口，鲁南、皖北、苏北地区出现大批灾民，流离失所的灾民纷纷加入捻军，出现了淮河南北遍地皆捻的景象。8月，各路捻军在安徽亳州雉河集会盟，祭告天地，宣布大起义，建号"大汉"，公推张乐行为盟主，号称"大汉明王"，会盟决定以雉河集为根据地，确立捻军制度。捻军效仿八旗军，建立黄、白、蓝、黑、红"五旗军制"，各有旗主、副旗主。总黄旗主为张乐行，总白旗主为龚得树，总红旗主为侯世伟，总蓝旗主为韩万，总黑旗主为苏天福，各旗统将皆听盟主调遣，[①] 还颁行《行军条例》十九条。自此，捻军开始有了统一的指挥、编制和根据地。不过，捻军各旗间互不统属，集团林立，不离本土，造成捻军军事斗争上的分散性和落后性。

咸丰六年五月十六日（1856年6月18日），张乐行乘虚袭占淮河流域重镇三河尖（今河南省固始县三河尖镇），获得大量物资，士气大振。太平天国将领李秀成镇守桐城，其部将李昭寿与张乐行、龚得树等有旧交，李秀成命李昭寿写信给张乐行，邀请捻军加入太平天国。张乐行召集各旗首领进行商议，最后决定接受天王洪秀全封号，实行"听封不听调"的策略，不接受太平军改编，但在军事上与陈玉成密切合作。

咸丰七年春，张乐行率领捻军渡淮河南征，与陈玉成、李秀成军会师霍邱县和正阳关。接受太平军封号后，捻军发展进入到一个崭新的阶段，不仅

---

① 《涡阳县志》，载《中国近代史资料丛刊·捻军》第2册，上海人民出版社1959年版，第100页。

《清军击败张乐行图》　现藏北京故宫博物院

张乐行（1810—1863年），安徽涡阳人。咸丰二年（1852年）冬，作为十八股捻首之一，在安徽亳州雉河集起义抗清，张乐行被推举为盟主，史称"十八铺聚义"。咸丰五年，各捻会盟于雉河集，张乐行被封"大汉明王"。咸丰七年，受封为"征北主将"，三河镇战役中与陈秀成配合大败湘军。后被封为沃王。同治二年（1863年），张乐行因叛徒出卖被俘，随后被凌迟处死。

有巩固的根据地，还与太平军协同作战。九月，捻军内部出现分歧，以蓝旗将领刘永敬为首的部分捻军坚持要回淮北雉河集，恢复"居则为民，出则为捻"的状态，被张乐行等杀死。捻军开始分裂，大部分旗主返回淮北，只有张乐行、龚得树等少数人选择留在淮南，仍与太平天国合作。

在皖北、苏北地区，捻军或协同太平军、或独立作战，屡破清军。咸丰八年至同治元年，捻军在河南、安徽、江苏、山东等地转战，各有胜负。张乐行被太平天国政权晋升为征北主将。咸丰十一年十一月，封沃王。同治元年四月，清军攻陷安徽太平天国重镇安庆和庐州后，捻军失去太平军依托，处境开始变得艰难。张宗禹等部自淮北西入河南、陕西，与远征西北的太平天国陈得才等军会合。以僧格林沁为首的清军大举进攻皖北，同治二年二月（1863年3月），僧格林沁攻下亳州雉河集，张乐行被叛徒俘送清营，就义。

同治三年初，天京告急，江北太平军星夜兼程回救，一路上与捻军张宗禹、陈大喜等部会合，形成了一支十余万人的军队。他们转战到鄂、皖之间，遭到僧格林沁所部骑兵的阻截。天京陷落后，江北太平军余部仅存扶王陈得才与遵王赖文光部。这些东归的太平军将士本想解天京之围，在途中听闻天京陷落的消息后，士气受到巨大打击。11月，太平军余部在霍山兵败，扶王陈得才自杀。遵王赖文光得到捻军将士的信任，按照太平天国兵制重新组织捻军，改变过去"忽分忽合，不相统属"的松懈状态，又用太平军的兵法训练部署捻军，增强其战斗力。为适应北方平原作战的特点，他采取"易步为骑"的措施，扩大骑兵，在战术上以骑兵奔袭的运动战为主。曾国藩幕僚王安定曾记载："每侦官军至，避走若不及。或穷追数昼夜，乃返旗猛战，以劲骑分两翼抄我军，马嘶人欢，飘疾如风雨，官军往往陷围不得出"[①]。

流动战是捻军在后期抗清斗争中产生，并在战争实践中进一步发展和成熟起来的一种战术，其特点是不采取直线运动，而是盘旋打圈以疲敌，马步联合以战敌，伺机反击以耗敌，设伏围裹以歼敌。1865年，高楼寨歼灭战是捻军运用流动战创造的最辉煌的军事胜利。

同治四年初，清军以僧格林沁的蒙古骑兵为主力，对捻军发起大规模的进攻。捻军采用运动战术，日驰数百里，使僧军疲于奔命；再选择有利时机和地点，狠狠打击僧军。僧军一退河南光山，再退邓州，对捻军束手无策。四月二十四日（5月18日），捻军把僧格林沁主力引到山东菏泽县西北的高楼寨，利用有利地形设伏。僧格林沁督军紧追，陷入捻军的四面包围之中，最后被全歼，僧格林沁也被杀死，天下为之震动。

清廷急派曾国藩督师北剿。曾国藩针对捻军流动作战的特点，采取重点设防、坚壁清野、画河圈围的战略，企图制止捻军的运动战术。他调集十万重兵，配以新式枪炮，在淮水北、运河西、沙河及贾鲁河以东，沿岸设防，逐步收紧，想把捻军消灭在包围之中。捻军仍以机动灵活的战术，多次惩创清军，纵横驰骋于豫、鲁、苏、皖之间。同治五年八月，赖文光部与张宗禹部在开封境内会师，一举突破曾国藩布置的沙河防线，大败河南巡抚李鹤年的河防军，乘胜而东，大破运河防线，进入山东。九月，自山东回军，再破清军河防，重入河南。曾国藩苦心经营的"合围剿捻"计划被捻军粉碎，不得不承认"打捻无功"。清政府改调李鸿章为钦差大臣，负责剿捻。

捻军虽多次打破包围圈，但其斗争已处于低潮。西方势力又极力支持李鸿章，源源不断地提供新式武器，还派遣教官和顾问协助淮军剿杀捻军。李鸿章采取"扼地兜剿"的战略，想把捻军"蹙之于山深水复之处，弃地以诱

---

① 《求阙斋弟子记》，载《中国近代史资料丛刊·捻军》第 1 册，上海人民出版社 1959 年版，第 13 页。

《清军攻灭西捻军图》 现藏北京故宫博物院

张宗禹，生卒年待考，清末捻军著名将领、西捻军统帅，受太平天国梁王之封。1864 年，与太平天国遵王赖文光整编捻军，以骑兵为主、步兵配合，流动作战。1865 年，歼灭蒙古科尔沁王僧格林沁部，并粉碎湘军曾国藩的封锁。后被李鸿章围困于山东，投河身亡。

其入，然后各省之军合力，三四面围困之"[①]。同治五年九月，新捻军于河南许州分为两支：一支由张宗禹、牛宏升率领入陕西，"往联回众"，是为西捻军；另一支由赖文光、任化邦率领，留在中原地区，是为东捻军。

捻军分军后，东捻军为获取军需补给，决定抢渡运河，进入"频年岁稔"的山东。清军严守运河各渡口，这一目的未能实现，捻军只好西折转入湖北。东捻军连克应城、云梦等县，夺取安陆府的白口镇，驻军尹隆河一带。同治五年十二月，东捻军大败淮军悍将郭松林，击毙总兵张树珊。同治六年一月，清军援军四面合围，捻军腹背受敌，损失两万人以上。尹隆河战役失败后，东捻军放弃进兵川、陕与西捻军会合的计划，被引入淮军的战略圈套。李鸿章淮军将东捻军困于黄河南岸、运河东岸、胶莱河西岸、六塘河北岸的狭小地方。突围失败后，任化邦战死于江苏赣榆。赖文光率千余人渡过六塘河南下，于扬州全军覆没。同治六年十二月十六日，赖文光在扬州就义。

梁王张宗禹、幼沃王张禹爵、怀王邱远才等率领六万西捻军进入陕西，联合回民军。同治五年十二月，西捻军大败清军于西安近郊，击毙总兵萧德扬等。

---

① 周世澄：《淮军平捻记》，载《中国近代史资料丛刊·捻军》第 1 册，上海人民出版社 1959 年版，第 141 页。

十月，在陕北中部（今黄陵）击败左宗棠的刘松山部。同年年底，西捻军得东捻军告急消息，东渡黄河前往援救。当时，东捻军业已失败，西捻军抵达直隶境内时，变成孤军，被官军围困，遂突围南下，却进入北有碱河，南有黄河，西有大运河，东临大海的直隶、山东交界的死角地带。1868 年 8 月，西捻军败于山东荏平南镇，张宗禹投河身亡，西捻军被消灭。至此，太平天国余部的江北太平军与捻军全部被消灭。

二、云南回民与陕甘回民反清

云南回民和陕甘回民的反清斗争牵涉到复杂的阶级矛盾、民族矛盾和宗教矛盾。

1855 年，云南楚雄回民与临安汉民之间争夺石羊厂银矿，以此事件为导火线，爆发大规模的反清斗争。1856 年春，马金保于姚州、杜文秀于蒙化、马如龙于临安、马复初于新兴、徐元吉于澂江先后起事，并迅速形成两大势力，一支是以杜文秀为首的滇西回民军，一支是以马复初、马如龙为首的滇东南回民军。9 月，杜文秀攻克大理，建立政权，自任"总统兵马大元帅"，以马金保为大司军，宣布"遥奉太平天国南京之号召，革命满清，改正朔，蓄全发，易衣冠。田赋征粮米，除丁银。诉讼速审判，禁羁押"①。

滇南回民军首领马复初是宗教上层阶级，马如龙也是官宦之后，有浓厚的招安思想。起兵之后以"只欲报仇，不敢为逆"为目标，所以时战时和，三次围攻昆明而不猛攻。1862 年，在清廷的引诱之下，二马投降，马复初被封为二品伯克滇南回回总掌教，马如龙被授临沅镇总兵，成为"以回攻回"的急先锋。1867 年，滇西回民军进攻昆明，被马如龙击败。太平天国失败后，云南回民军日趋不利。1872 年，清军包围大理，回民军弹尽粮绝，杜文秀服毒后赴清军军营，以求保全全城百姓，但最后大理仍遭血洗。历时 17 年的云南回民反清斗争失败。

1862 年，川、滇农民起义军蓝大顺部由四川进入汉中，太平军扶王陈得才也率军入陕，渭南回民数千人前来投奔，为太平军充当先锋。华州回民把前来劝降的清朝大臣张芾杀死祭旗，宣告起义。接着，关中平原的回民举事，参加或配合陈得才部，与清军作战。

---

① 《大理县志稿》，载《中国近代史资料丛刊·回民起义》第 1 册，神州国光社1952 年版，第 29 页。

战事结束后的清代西北城镇

关中地区的回民军攻克大荔县羌白镇，并以此为据点向四境发展。甘肃回民也在会宁、通渭、秦安等地起义。1863 年，回民先后攻取庆阳、邠州、郿县等地，使陕甘回民军队的活动区域连成一片。1866 年，西捻军张宗禹等率 6 万人入陕，已经撤往甘肃的回军与撒拉、保安等族队伍，闻讯东下接应，"捻自南而北，千有余里；回自西而东，亦千有余里"，"捻回合势"①。1867 年，西捻军自宜川渡河入山西，左宗棠率领湘军追剿。1868 年，西捻军失败，左宗棠复回陕西，全力向陕、甘回军进攻。

此时，西北回军形成了四个中心：宁夏金积堡马化龙部、甘肃河州马占鳌部、青海西宁马文义部、甘肃肃州马文禄部。左宗棠首先把关中的回军逼至陕北，接着进攻宁夏。1870 年，陕甘回民合力反攻，大败湘军，南下蒲城，但左宗棠仍死力围攻金积堡及其他回寨，不后退一步。马化龙献出金积堡投降。此后，清军向青海、甘肃进攻。1872 年年初，河州回军在太子寺大败湘军，但马占鳌投降。同年 9 月，湘军进攻西宁，时马文义已死，继任的回族首领马永福投降。左宗棠集中兵力进攻肃州。1873 年 11 月，肃州被攻破。至此，整个西北回民反清斗争宣告失败。

---

① 张兆栋：《守岐纪事》，载《中国近代史资料丛刊·回民起义》第 4 册，神州国光社 1952 年版，第 280 页。

第三章　民族危机加深

第一节 边疆危机

19世纪70年代以后，西方列强和中国的近邻日本开始向帝国主义过渡，中国的边疆危机加剧。

俄国在农奴制改革以前，农奴遭受着残酷的剥削与压迫。1861年3月1日，亚历山大二世颁布废除农奴制的法令，国内资本主义开始逐步发展。工厂随之增多，工人数量也在增加，从1865年到1890年，工人数量增涨了4倍多。

1854年日本被迫与美国签订《日美亲善条约》，门户开放。此后，日本又相继被迫与英、法、俄、荷等签订一系列不平等条约。日本国内掀起倒幕运动和维新运动。明治政府废藩置县，允许土地私有，废除封建武士特权、寺庙神权，改革封建等级制度，引进国外先进技术和人才，大力发展工业，普及科学文化知识，改革教育体系，派遣留学生。明治维新使日本由落后的封建国家迅速成为新兴的资本主义国家。

这一时期，美国也通过南北战争维护了国家的统一，废除黑人奴隶制，经济实力不断增强，成为继英、法两国之后的发达资本主义国家。

一、俄英入侵新疆

19世纪60年代，由于清政府对新疆各族人民的横征暴敛和残酷剥削，新疆爆发反清武装斗争。

1864年3月，库车回民马漋、维吾尔族封建主伊萨克和卓首先起义。7月，乌鲁木齐地区的回民在河州回民妥明和当地回族参将索焕章的领导下举行武装起义。9月，喀什噶尔回族封建主金相印父子与柯尔克孜族封建头目思的克举行起义。同时，马福迪、哈比布拉领导了和田人民起义。起初，起义有其正义性，但后来性质发生变化。起义的领导者多是控制着新疆宗教和民族大权的上层阶级，其中尤以金相印和妥明势力最大。为发展自己的势力，他们互相残杀，不惜出卖国家利益，向外求援。1864年夏，思的克为控制喀什噶尔地区，派金相印赴浩罕国，希望能迎回大和卓之曾孙、张格尔之子布素鲁克以作号召。浩罕国摄政王阿里姆·库里派阿古柏护送布素鲁克，实则是想借机入侵喀什噶尔。①

阿古柏于1820年出生在浩罕汗国的一个小市镇匹斯肯特。②他投奔塔什干阿奇木纳尔·穆罕默德，成为纳尔·穆罕默德的妹夫，从侍卫一直升为五百人长。1865年1月，阿古柏入侵南疆。在将思的克赶出喀什噶尔后，占领叶尔羌。阿古柏陆续占有南疆七城后，觉得时机已到，于是将布素鲁克逐出新疆，自称"毕条勒特汗"（洪福之汗），建立"哲德沙尔"汗国（七城汗国）。③为进一步扩张势力，他于1867年侵犯北疆，与妥明政权开战。1871年，阿古柏拿下达坂城，随后攻占乌鲁木齐，妥明投降。阿古柏又将古牧地和玛纳斯据为己有。至此，阿古柏已完全占有南疆和北疆的部分地区，成为新疆的实际统治者。

阿古柏贪财好色，"成天骑着高头大马，挥霍金银，吃着人间少见的饭菜，携着女人随心所欲地干各种丑事"。除横征暴敛外，还实行民族压迫政策，将不信伊斯兰教的人统统屠戮。为维护反动统治，阿古柏组建骑兵、炮兵、步兵，修筑大量碉堡。人民稍有反抗，则立即被杀。在和田，"阿古柏的军队几乎将这里的人，以至驴、猫都杀光了，真是鸡犬不留地都杀

阿古柏像

穆罕默德·雅霍甫（Mohammad Yaqub Beg，1820—1877年），汉名阿古柏。在沙俄以及英国的支持下，于1865年至1877年入侵新疆并成立哲德沙尔汗国，后被左宗棠击败。

---

① 浩罕国是18世纪80世纪初由乌兹别克人在中亚费尔干纳盆地建立起来的封建汗国。80世纪中叶，汗国逐渐强大。到19世纪30年代，汗国进入鼎盛时期。1820年至1840年是汗国的黄金时代。

② 有关阿古柏的家世，史料记载各异。其出身主要有三种说法：一说阿古柏的父亲叫伊斯麦特·乌拉，另一说叫普尔·穆罕默德·米尔扎，还有一说其父是浩罕国的一个显耀贵族的仆人。

③ 哲德沙尔为突厥语，意为七城。七城按一般说法是指喀什噶尔、叶尔羌、和阗、乌什、阿克苏、库车、吐鲁番。

光了"。在新疆人民眼中，阿古柏是"一个苛征暴敛、专横压制的暴君"[1]。阿古柏在新疆的统治，给当地百姓带来严重灾难。

沙俄早在 1866 年就与阿古柏政权取得联系，双方签订协定，互不干涉对方行动。1872 年，沙俄派代表团来到喀什噶尔，与阿古柏签订通商条约。俄方承认阿古柏政权，阿古柏则同意沙俄在南疆各城镇的商贸权，如建立商馆、设置商业代理人等。另外，沙俄还取得了新疆贸易税率 2.5% 的优惠。此后，沙俄不断派商队或"探险队"进入南疆。1876 年，沙俄代表团就曾两次到达喀什噶尔。

1871 年 5 月，沙俄兵分两路出兵进攻伊犁。[2] 一路由巴理茨基少校率兵进犯马扎尔，一路由叶连斯基领军进犯克特缅。两路大军沿途都遭到伊犁人民的强烈抵抗。东路军被马扎尔百姓切断粮道和水源，节节败退，最后逃走。克特缅的俄军也被当地百姓打败。俄军受挫后，急忙增调部队支援。6 月，俄军步兵、骑兵、炮兵共 2000 人向伊犁进发，并最终攻破伊犁城。

沙俄占领伊犁后立即实行殖民统治，赶走清政府在该地区所设的官员，宣布伊犁永世归俄国管辖。当地百姓深受俄军欺压与剥削，"中户每年纳丁

---

① 毛拉·穆萨·赛拉米:《伊米德史》下册，新疆少数民族社会历史调查组 1960 年译稿。
② 伊犁是由伊犁河上游三大支流特克斯河、巩乃斯河和喀什河构成，这里气候宜人，土地肥沃，是新疆最富庶的地区之一，也是中国西部边疆的战略要地。

海防非可與江河同論也蓋護田疇固城邑與防江河之
意同而所以治防之道則異舊有海防通志籌海圖編等
書乃前朝專言備倭之略匪特卷帙繁瑣抑且時世互殊
今則
皇輿整肅海宇澄清內備塘工以捍潮患煮滷以益民生外則
招徠懷遠異産珍錯並各洋魚蝦蠃蚌苔蘚藻蟄亦利育
斯人於無既惟是巨浸茫茫島嶼星懸梟獍潛蹤帆檣浮
跡為莫又斯民計不得不周以邏察而邏察權宜又當先
審諸形勢焉各省沿海郡邑誌載職其地者原可按圖索
治至於全局形勢舊聞有總圖藏於
天府外省罕得覧焉今茲圖考前人諸書之所載并見聞之所
及統邊海全疆繪成長卷今昔情形異宜又細加考輯參
以註說亦可收指掌之助云爾
一是圖第繪邊海形勢其毗連內地諸境自有郡邑各圖可
攷凡係海疆州縣雖抵海邊較遠者亦必酌量方位書載
以便查核
一水師重鎮駐劄之所與郡縣佐貳分防之處第書地名即
可按查
一外洋險要與內洋島嶼庬雜港口衝僻為此圖肯綮是以
詳細咨訪按核現今情形確繪即將各說於每段下分晰
註明使閱之了然
一聯省相接界限大段載明至州縣分界每有改歸增裁之
處可勿繁及
一卷首冠以二十四籌分向環海全圖於以先見中華地之
沿海大勢如此後閱口岸細圖其遠近險易更加明悉至
中華所屬邊海界共七省起遼左
盛京東南盤旋轉山東至廣省南向轉西而抵安阯以天度
分得二十七度有零之界也

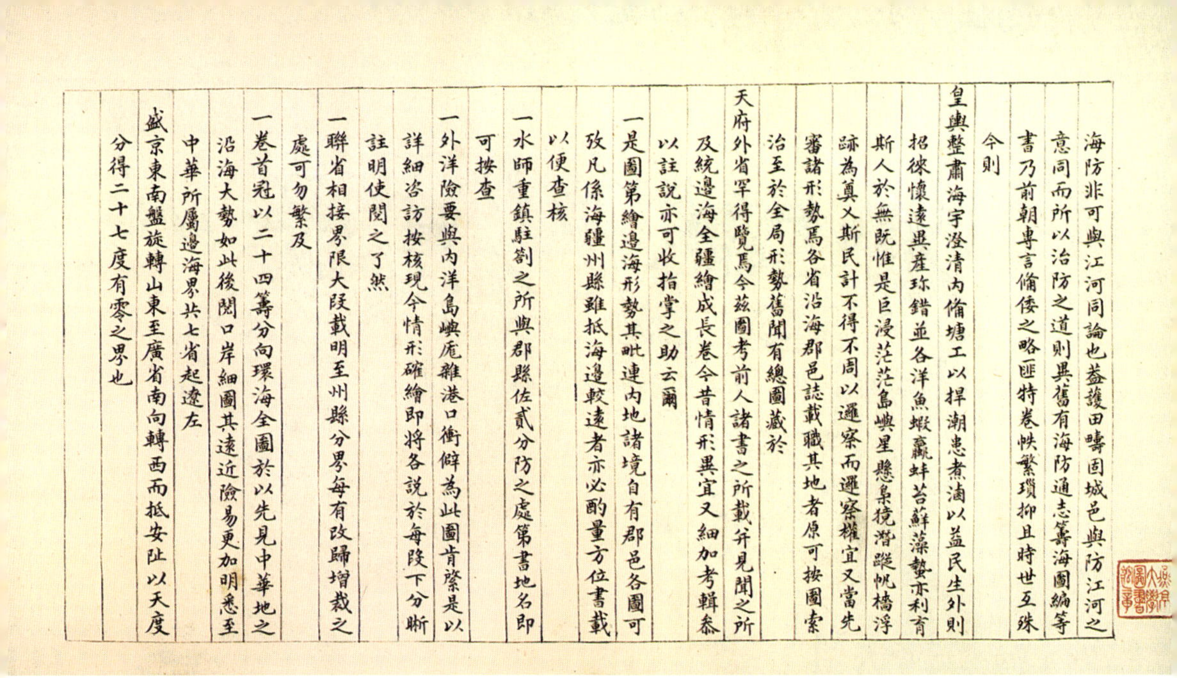

《沿海航路图》局部

西方列强入侵使清政府认识到海防的重要性。19 世纪六七十年代，阿古柏、沙俄侵入中国新疆，日本构衅台湾。清政府内部围绕东南“海防”和西北“塞防”问题发生争论。李鸿章等持议海防空虚，亟宜切筹，而丧失新疆无关紧要，主张移塞防之饷增补海防。反之，湖南巡抚王文韶认为，“但使俄不能逞志于西北，则各国必不致构衅于东南”，应当专意塞防。陕甘总督左宗棠则主张“东则海防，西则塞防，二者并重”，在加强海防的同时，坚决用兵西征收复失地。清廷于光绪元年（1875 年）三月任命左宗棠为钦差大臣督办新疆军务；四月命李鸿章、沈葆祯分别督办北、南洋海防事宜。

畜税银十数两，上户数百两，最下亦须数两，兵役、通事人等供应需索在外，日朘月削，牢扰不堪”。[1] 俄军强迫伊犁地区人民归降，但满汉、索伦、锡伯、察哈尔、额鲁特各营以及土尔扈特等人众均“同心能死，不降俄夷”。

英国在征服印度后，也将新的目标锁定到新疆。英国为拉拢阿古柏，不断派遣间谍、商队进入新疆地区，两次派使团访问喀什噶尔，与阿古柏签订通商条约，给阿古柏大量枪支弹药。阿古柏则对英国投怀送抱，对英国女王说：“我在我们的国家里指望阁下的援助，只要我这里能为阁下尽的义务，我一定遵照阁下的命令尽到。”

二、左宗棠收复新疆

沙俄入侵新疆之时，日本也对台湾虎视眈眈。清政府在镇压陕甘回民反

① 王彦威纂辑：《清季外交史料》卷 15。

光绪六年（1880年）新疆库车铸造足银壹钱一枚

"足银壹钱"重3.73克，厚0.05厘米，直径2.25厘米，由陕甘总督左宗棠设计。钱币形制为"外圆内方，轮廓分明"。钱正面有"足银壹钱"四个汉文正楷，背面老维文，穿上为汉译"一钱"，穿下为汉译"银子"。此钱制作精良，用以对抗阿古柏发行的货币。由于制作成本太高，开铸不到一年便停铸，存世极少。

清运动后，准备出兵收复新疆，台湾同期则受到了日本的侵略。清政府面对西北和东南两处危机，考虑到如果同时出兵，可能军费不继，统治集团内部产生意见相左的两派：一派以直隶总督兼北洋大臣李鸿章为首，主张放弃新疆，认为"海疆不防，则心腹之大患愈棘"，而"新疆不复，于肢体之元气无伤"[1]，即使勉强收复，也未必能守住，当务之急是专注东南沿海。一派以陕甘总督左宗棠为首，主张西北和东南不可偏废，应该马上出兵，收复失地。左宗棠指出，"重新疆者所以保蒙古，保蒙古者所以卫京师，西北臂指相联，形势完整，自无隙可乘。若新疆不固，则蒙部不安，匪特陕甘山西各边时虞侵轶，防不胜防，即直北关山亦无晏眠之日"。他还认为"俄人拓境日广，由西而东万余里，与我北境相连"，如果中国不图规复乌鲁木齐，则俄人得寸进尺，中国北部边境"将无晏眠之日"[2]。两派之争又被称为"海防"与"塞防"之争，清廷最后采纳左宗棠的主张。

---

① 李鸿章：《筹议海防折》，载《李鸿章全集》第6册，安徽教育出版社2007年版，第164页。

② 左宗棠：《左文襄公奏稿》卷50，第76页。

1875 年，清廷任命左宗棠为钦差大臣督办新疆军务。左宗棠深知俄人的侵略野心。他在给部将刘锦棠的信中说："俄人侵占黑龙江，北地形势日迫，兹复窥吾西陲，蓄谋既久，发机又速，不能不急为之备"，他表达了与沙俄一决雌雄的决心："弟本拟河湟收复后，即乞病还湘。今既有此变，西顾正殷，断难遽萌退志，当与此虏周旋。"[①] 他还特意给自己准备一口棺材，走到哪里就把棺材抬到哪里，以示义无反顾的决心。

刘锦棠像

刘锦棠（1844—1894 年），湖南湘乡人，其父、叔均为湘军军官。刘锦棠随左宗棠镇压太平军、捻军、西北地区起义军。作为左宗棠主力平定阿古柏叛乱，积勋至州同、巡守道。

左宗棠制定先北后南的作战方针，即先收复北疆，然后进军南疆。收复新疆首先需要解决军费和粮饷，为筹集军费，清政府动用关税和厘金，又通过举借外债、商款，解决资金问题。为解决粮饷，左宗棠制定南北两条运粮路线：从甘州、凉州将粮食运往肃州，经肃州再将粮食运到古城，此为南路；从归化、包头、宁夏一带运粮至巴里坤，此为北路。左宗棠认为不能仅仅依靠关内供粮，为扩大粮食来源，他下令军队在哈密、巴里坤、古城等地开辟军屯，自给自足，另外又向俄商购得万斤粮食。

1876 年 3 月，左宗棠移驻肃州，准备进攻。按进军计划，刘锦棠从北路主攻乌鲁木齐，张曜由哈密西攻吐鲁番。7 月，刘锦棠部到达巴里坤，进驻古城。为阻止清军南下，已投靠阿古柏的回军首领白彦虎移往古牧地，阿古柏也派兵助守。8 月 12 日，清军在古牧地驻扎。13 日，阿古柏派兵前来援助，同时加强外围防御。刘锦棠在巡视敌方之后，决定强攻。16 日，古牧地正东城门被大炮轰开，17 日，南城门被轰塌，清军涌入城中与敌拼杀。城中头目王治、金中万等被击毙，近六千敌军被杀，而清军只伤亡六百余人。清军派兵驻守古牧地，然后急速向乌鲁木齐进发。刘锦棠下令余恩虎、黄万鹏、谭慎典三

① 左宗棠：《左文襄公书牍》卷 11，第 47—48 页。

《玛纳斯之战图》现藏北京故宫博物院

1876年8月，清军收复乌鲁木齐后，昌吉、呼图壁和玛纳斯北城之敌均弃城南逃，唯玛纳斯南城守军踞城顽抗。9月2日起，清军金顺部自昌吉挺进玛城，久围不克。10月4日，刘锦棠派罗长祐等部增援。13日，伊犁将军荣全亦率部前往合攻。11月6日，清军正式攻占玛纳斯城。此役，清军历时两月，伤亡千余人。至此，北疆地区除伊犁外全部收复。次年，清军转向收复南疆。

路大军齐攻乌城。敌军闻风而逃，清军收复乌鲁木齐，开始出征南疆。收复乌鲁木齐有重要的战略意义，诚如左宗棠所说："不得乌鲁木齐，无驻军之所。贼如纷窜，无以制之，不仅陕甘之忧，即燕晋内外蒙古，将无息肩之日。"①

　　清军在北疆的胜利引起英俄恐慌。英国驻华公使威妥玛假借居中调停，向清政府提出让阿古柏政权以属国形式继续存在的建议，实则妄图永远统治南疆。沙俄也派代表团与阿古柏谈判，企图割占新疆西南部领土。清政府对英俄的无理要求置之不理，而是快速挺进，决意收复南疆。

　　1877年1月，刘锦棠、张曜、徐占彪兵分三路进军。刘锦棠部由乌鲁木齐南下，攻达坂城；张曜、徐占彪分由哈密、巴里坤西进，进攻吐鲁番。4月16日，刘锦棠部来到达坂城附近，将达坂城包围。敌军反击，被清军打败后，只能龟缩于城中。19日，清军用大炮连续轰击，敌人伤亡二千余人，达坂城被攻克。张曜、徐占彪两部在盐池会师后，相继占领七克腾木、辟展、金台，朝吐鲁番进发。刘锦堂于4月24日抵达白杨河，命罗长祐、谭拔萃协助张曜、徐占彪进攻吐鲁番，自己领兵直捣托克逊。26日，清东西两路大军分别攻下托克逊、吐鲁番。阿古柏众叛亲离，见大势已去，于5月下旬服

---

　　① 左宗棠：《左文襄公奏稿》卷49，第6页。

《清军收复南疆西四城》 现藏北京故宫博物院

西四城即叶尔羌、英吉沙尔、和阗、喀什噶尔。清军攻势下叛军内部分化，前喀什噶尔守备何步云乘机反正向刘锦棠乞援。刘锦棠当机立断，分兵攻取西四城。12月17日，湘军余恩虎、黄万鹏等部收复该城；21日，刘锦棠收复叶尔羌，24日又收复英吉沙尔；1878年1月2日，清军收复和阗。至此，清军收复新疆之战宣告结束。

毒自尽。[1]其子海拉古携带其父尸体西逃，至库车时被长兄伯克·胡里所杀。此时，阿古柏的残余势力只剩下伯克·胡里和白彦虎，他们一人占据喀什噶尔，一人占据库尔勒，继续苟延残喘。

此时，英国向清政府提出希望能将喀什噶尔数城交由伯克·胡里，使其作为独立政权继续存在。面对英国政府的强盗行径，左宗棠予以严厉驳斥："英人以保护安集延为词，图占我边方名城，直以喀什噶尔为帕夏（即阿古柏）固有之地，其意何居？从前恃其船炮横行海上，犹谓只索埠头不取土地。今则并索及疆土矣。彼阴图为印度增一屏障，公然向我商议，欲于回疆撤一屏障，此何可许！"[2]1877年秋，清军挺进南疆，在一个月内，收复南疆东四城（喀喇沙尔、库车、阿克苏、乌什）。西四城（叶尔羌、英吉沙尔、和阗、喀什噶尔）内敌人开始分化。和阗叛军首领尼牙斯反正，伯克·胡里闻讯后，亲自领兵击败尼牙斯，占领和阗。原喀什噶尔城守备何步云趁胡里离开后，击败胡里部将阿里达什，占据该城。胡里率军回救，何步云向刘锦棠乞援。

---

① 阿古柏死因，历来众说纷纭，有服毒自杀、被毒杀、斗殴致死和病死等各种说法。学界普遍认同的是服毒自杀说和被毒杀说。

② 《左文襄公奏稿》卷51，第16页。

刘锦棠抓住时机，取消先攻叶尔羌的计划，马上派军分三路赶往喀什噶尔。12月17日，三路大军同时在喀什噶尔会合，一举将该城收复。胡里与白彦虎率残部逃入俄境。清军先后收复叶尔羌、和阗、英吉沙尔。至此，除伊犁外的新疆全部领土回到清政府手中。

俄方在占领伊犁后，在当地实行殖民统治，企图永远把伊犁占为己有。最初，清政府派人与俄方交涉，希望能收复伊犁，俄人百般阻挠、刁难，声称如要归还伊犁，中方必须重新划分中俄双方的领土边界。中俄谈判暂时陷入胶着状态。在左宗棠收复新疆大部分领土后，俄方开始唆使逃入俄境的阿古柏残余力量骚扰边境，俄方则以维持边境安宁为借口，拒绝归还伊犁。清方派人从叛乱分子身上搜出俄方提供的路票，戳穿了俄方伎俩。

清政府派吏部侍郎崇厚为钦差大臣，赴俄谈判。[①]1878年底，崇厚一行抵达圣彼得堡。中俄谈判历时九个月，在沙俄的威逼利诱下，崇厚于1879年10月与俄方签订了不平等的《交收伊犁条约》（又称《里瓦基亚条约》）。条约内容主要包括赔款、割地、分界、通商。赔款方面，清方须向俄方交付占领费500万卢布（合白银280万两）。割地、分界方面，清方割让霍尔果斯河以西和特克斯河流域的领土给俄方，修改喀什噶尔和塔尔巴哈台两处边界以利于俄方。通商方面，俄方要求在原有的领事外，再于嘉峪关、科布多、乌里雅苏台、哈密、吐鲁番、乌鲁木齐、古城七处增设领事；俄商在蒙古、新疆贸易，免除税费；开辟新的通商路线等。

《交收伊犁条约》签订后，如何对待这个条约，清政府内部有不同意见。一派以李鸿章、郭嵩焘为首，要清政府承认该条约，"允行则受其害，先允后翻，则曲仍在我"，"崇厚所订俄约，行之虽有后患，若不允行，后患更亟"。[②]一派以张之洞、左宗棠等为首，主张修订该条约，如不改约，"不可为国"。条约内容传到国内，舆论哗然，"街谈巷议，无不以一战为快"[③]。左宗棠

---

① 崇厚姓完颜，字地山，号子谦，又号鹤槎，内务府镶黄旗人，河道总督完颜麟庆次子，完颜崇实之弟，道光年间举人。1861年充三口通商大臣，办洋务。1870年（同治九年）天津教案后，出使法国谢罪。1878年出使俄国，擅自与俄签订《里瓦基亚条约》。被弹劾入狱，后降职获释。

② 李鸿章：《筹议交收伊犁事宜折》，载《李鸿章全集》第8册，安徽教育出版社2007年版，第491—492页。

③ 王彦威纂辑：《清季外交史料》卷21，第10页。

曾纪泽像

曾纪泽（1839—1890年），中国清末著名外交家，湖南湘乡人，曾国藩之子。自幼接受严格的传统家庭教育，成年后又接触西学，并自学通英文。光绪三年（1877年），以承袭爵位入京，次年派充出使英国、法国大臣。光绪六年（1880年），兼充出使俄国大臣，于次年在彼得堡同沙俄签订《中俄伊犁条约》，收回伊犁和特克斯河地区。光绪十二年（1886）离英返国，任海军衙门帮办，协助李鸿章创办北洋水师，不久迁兵部左侍郎，在总理各国事务衙门行走。曾纪泽亲自创作了中国历史上第一首国歌《普天乐》。

认为，新疆南北西三面被俄所占，"何以图存"？清政府迫于国内舆论压力，于1880年1月将崇厚革职，定为斩监候。2月，清政府发表声明，宣布崇厚与俄所订条约无效，另派曾国藩之子曾纪泽赴俄重议条约内容。沙俄没有达到既定目的，又听闻清政府将崇厚治罪，恼羞成怒地威胁清政府："俄国并非无力量，至条约准与不准，在俄国总是一样"。为恫吓清政府，沙俄在中国西北边境集结上万兵力，又出动黑海舰队在中国海面耀武扬威。清政府不甘示弱，命左宗棠在新疆积极布防。除沙俄外，英法德美等列强也都纷纷出面干预，但又不愿使利益尽入俄国之手，于是扮演起居中调停的角色。清政府既不敢与沙俄撕破脸公然悔约，又不敢全部接受条约，进退维谷之际，派曾纪泽与俄人重新谈判。

7月，曾纪泽抵达圣彼得堡，开始与沙俄谈判。曾纪泽认为此行如"障川流而挽既逝之波，探虎口而索已投之食"。[①] 从8月23日曾纪泽向沙俄外相吉尔斯提出修约意向开始，到第二年2月24日，双方签订《中俄伊犁条约》《改订陆路通商章程》，历时半年之久。沙俄极尽勒索之能事，漫天要价，曾纪泽据理力争，维护中国主权。赔款方面，清政府给沙俄900万卢布，限两年内偿清；领土、边界方面，霍尔果斯河以西流域虽仍被沙俄占领，但伊

---

① 《曾纪泽遗集》，岳麓书社1983年版，第170页。

新疆喀什道湘平式两大清银币

正面中间刊写"大清银币"四字，上方刊写"喀什道"三字，下记值"湘平式两"四字，右边记维文"喀什制造"，左边用维文记值"一两"和纪年"1325"（回历，即光绪三十三年，公元1907年）。

犁回到清政府手中；喀什噶尔、塔尔巴哈台两地区的边界，双方派人员勘定后，树立界碑。通商、税务方面，俄人可在嘉峪关和吐鲁番两地增设领事，比之前减少五处，俄商在新疆各地贸易，暂不纳税，在蒙古照旧免税。如果伊犁居民想要加入俄籍，听从其便。《中俄伊犁条约》与之前的《交收伊犁条约》相比，虽然争取了一些利益，但仍旧是一个不平等条约。《中俄伊犁条约》签订后，沙俄仍不满足，利用条约中关于修改双方边界的规定，于1882年至1884年，强迫清政府签订五个子条约[①]，攫取中国新疆西部七万多平方公里的土地。

左宗棠收复新疆，维护了中国的领土和主权，具有伟大的历史意义。1884年，清政府在新疆建立行省，设置州县，进一步密切了新疆和内地的政治、经济和文化联系。

帕米尔高原位于新疆西部，古称"葱岭"，从汉代设立西域都护府开始，历来是中国的领土。帕米尔地区战略地位重要，连接着费尔干纳盆地和印度

---

① 五个子条约分别为《伊犁界约》《喀什噶尔界约》《科塔界约》《塔尔巴哈台西南界约》《续勘喀什噶尔界约》。

平原。1871 年，沙俄首次窥伺帕米尔地区。沙俄的举动引起了英国的注意，双方就势力范围谈判三年之久，最后背着中国政府达成非法的分赃协议。1884 年，沙俄通过《续勘喀什噶尔界约》，将中俄边界向南推到乌孜别里山口。此后，沙俄不断派探险队进入帕米尔地区，搜集情报，勘测地形，为侵占该地区做准备。

1892 年，沙俄外相吉尔斯声称帕米尔的苏满卡伦与中国毫不相干，胁迫清政府撤退驻守该地的军队，否则武力相向。清政府迫于压力，不得不撤兵。沙俄得寸进尺，当年二月，派兵进犯郎库里，六月，侵占苏满塔什、阿克塔什等地，又在六尔阿乌建立"帕米尔哨所"。至此，沙俄强行占领了萨雷阔勒岭以西大片领土。

1892 年 11 月 15 日，沙俄驻华公使喀西尼与清政府谈判帕米尔边界问题，主张以萨雷阔勒岭为两国边界线。中方谈判代表许景澄不同意沙俄的提议，坚持以《续勘喀什噶尔界约》规定的界线为准。要挟无果后，沙俄罢谈。次年 4 月 16 日，清方派驻法参赞常庆与俄外交大臣吉尔斯谈判。俄方称帕米尔地区对中国无用，劝说清政府放弃该地，常庆对俄方的言谈据理驳斥，反问俄方"无用之地甚多，岂能因其无益而弃之乎"？常庆坚持以喀约划界，俄方反对，双方谈判再一次无果。1894 年 4 月 12 日，沙俄外交部照会清政府："今因中俄两国商办帕米尔界务，彼此意见不同，目前实难议结，是以本国国家拟请彼此按照现在局面情形，各饬该管官员，仍驻原处，不准前进，以免误会而杜衅端。"[1] 4 月 17 日，许景澄复照俄方，表示同意在中国和俄国间的帕米尔问题未得到最终解决以前，双方分别给予两国主管机关命令以便使其保持并不超越各自的位置。4 月 18 日、23 日，中俄向对方发出照会，暂时达成维持现状的协议，边界问题仍没有解决。

甲午战争中国战败后，英俄两国趁机达成瓜分萨雷阔勒岭以西帕米尔地区领土的协议，划分双方的势力范围。面对英俄两国的强盗行径，清政府严正抗议，宣布英俄的瓜分协议无效。英俄对清政府置之不理，继续强占该地区。

三、美日入侵台湾

台湾岛、澎湖列岛及其附近岛屿，自古以来就是中国领土，物产丰盈，战略地位十分重要。19 世纪 70 年代，中国东南海疆遭到美日的联合入侵，

---

① 许景澄：《许文肃公遗稿》卷 4《公牍》。

台湾首当其冲。

美国从 19 世纪 40 年代就已觊觎台湾地区，曾派牧师赫普伯恩调查台湾的地理环境。1854 年，美国派海军上校阿博特再次来台湾调查。1856 年，美国驻华专员伯驾企图联合英法入侵中国和朝鲜，并打算事成后英占舟山、法占朝鲜、美占台湾。为造成既成事实，伯驾唆使美国商人在高雄升起美国国旗。但美国的行径不仅遭到英国反对，更激起台湾人民反抗。1867 年，美国商船"罗佛号"在台湾南部七星岩触礁沉没，只有七人幸免于难，登上海岸。当地百姓将他们当作海盗打死。美国政府利用此事大做文章，当作侵略台湾的借口。随后，美国派两艘舰艇开往台湾，被当地百姓打退。美国转向清政府施压，清政府派台湾总兵刘明灯前往调查，美国驻厦门领事李仙得也一同前往。李仙得抛开清政府，直接与高山族谈判。虽然李仙得没有达成目标，但他利用谈判的机会，在台湾进行实地调查，为下一步侵略台湾作准备。

美国入侵台湾受挫后，转而扶植日本，"使日本朝廷与中国及朝鲜政府相疏隔，使它成为西方列强的一个同盟者"。[①] 日本在明治维新以后，逐渐

①　王芸生编著：《六十年来中国与日本》卷1，生活·读书·新知三联书店 1979 年版，第 105 页。

《奉使琉球·册封宣诏图》琉球国最初是指历史上在琉球群岛建立的山南（又称南山）、中山、山北（又称北山）三个国家的对外统称，后来指统一的琉球国，存在时间为1429—1879年。在被日本强行武力吞并前，一直和清朝保持紧密的联系。第二次世界大战中，《开罗宣言》《波茨坦公告》规定战后日本领土范围，不包括琉球群岛。战后琉球群岛由美国托管。1972年，美国出于自身利益将琉球的行政管理权转交日本。

走上军国主义道路，对外积极推行侵略政策。美国投出的橄榄枝对当时土地狭小、资源匮乏的日本来说，无疑很有诱惑力。美、日对侵略中国台湾暂时达成一致。

琉球自明朝以来就是中国藩属国，每年向明清政府进贡以寻求保护。1871年12月，琉球渔民在台湾被杀事件为日本出兵台湾提供了机会。日本声称琉球受日本保护，日本外务卿副岛种臣派副使柳原前光质问总理衙门。清政府派总理大臣毛昶熙与之交谈，柳原前光的目的没有达到。日本在副使回国后不久，决定发动侵略台湾的战争。1874年2月，由大久保利通和大隈重信制定的侵台方针获得日本政府批准。4月4日，台湾藩地事务局成立，陆军中将西乡从道被任命为台湾藩地事务都督，大隈重信为局长。9日，西乡从道领兵前往长崎。美国对日本侵台给予积极支持与帮助，为日本提供枪支弹药，替日本训练士兵，绘制地图。

4月27日，日本正式出兵台湾。5月7日，西乡从道从琅峤登陆。22日，向牡丹社发起进攻。台湾人民利用有利地形，奋勇反击侵略者。日军6人死亡，20人受伤。6月3日，日军攻入牡丹社，后又入侵卑南社。日军在这些地方修建医院，装载铁器、农具，悬挂日本国旗，准备永久占领。日本通过武力

沈桂芬照

沈桂芬（1818—1880年），晚清洋务运动中央主要负责人之一。道光二十七年（1847年）进士，咸丰七年（1857年）任内阁学士兼礼部侍郎。同治二年（1863年），署山西巡抚，严禁种植罂粟。六年任军机大臣兼总理各国事务衙门大臣，九年迁兵部尚书，十一年加太子少保。光绪六年卒，谥文定。《清史稿》说沈桂芬"以谙究外情称。日本之灭琉球也，廷论多主战，桂芬独言劳师海上，易损国威，力持不可。及与俄人议还伊犁，崇厚擅订约，朝议纷然；桂芬委曲斡旋，易使往议，改约始定，而言者犹激论不已"。沈桂芬所奉外交方针，就是主张隐忍、韬光养晦、力保和局。

攻城略地的同时，又通过谈判攫取利益。在日本出兵台湾时，日本驻华公使柳原前光奉命与清政府进行外交谈判。从5月至7月，他分别会见苏松太道沈秉成、江苏布政使应宝时、福建布政使潘蔚以及李鸿章，就台湾问题提出一系列无理要求。7月31日，柳原前往北京，与总理衙门谈判。总理衙门认为"台湾生番均隶郡县，中国向收番饷，载之台湾府志，凿凿可考。即云野蛮亦中国野蛮。……即有罪应办，亦应中国自办"。[①]柳原仍顽固坚持侵略立场，双方谈判破裂。

此时，日本陷入进退维谷的境地。一方面军队在台湾战场迟迟不能取得胜利，另一方面各国列强对日本独占台湾的企图不予支持。为尽快取得谈判成功，日本派大久保利通作为负责台湾谈判事宜的全权大臣，于9月到达北京，与清政府谈判。经过一个半月的谈判，文祥代表清政府与大久保利通在10月31日签订《北京专约》。内容包括：一、日本国此次所办原为保民义举，中国不指以为不是。二、前次所有遇害难民之家，中国定给抚恤银两，日本

---

① 《筹办夷务始末·同治期》卷96，上海古籍出版社2002年版，第563页。

所有在该处修道建房等件，中国愿留自用，先行议定筹补银两，别有议办之据。三、所有此事两国一切来往公文，彼此撤回注销，永为罢论；至于该处生蕃，中国自宜设法妥为约束，以期永保航客不能再受凶害。清政府在此次谈判中虽维护国家主权，但却是用妥协方式换来的。

大久保利通回国后，向日本政府提出吞并琉球的建议："今以琉球难民之故，我曾费财巨万，丧亡多人，以事保护，其藩王理宜速自来朝，表明谢恩之诚。"他还提出征服的具体措施："今如以朝命征召藩王，如其不至，势非加以切责不可。是以姑且缓图，可先召其重臣，谕以征藩事由

大久保利通像

大久保利通（おおくぼ としみち，1830—1878年），生于日本萨摩藩（今鹿儿岛），号称东洋的俾斯麦，最后被民权志士刺杀身亡。

及出使中国始末，并使令藩王宜自奋发，来朝觐谢恩，且断绝其与中国之关系。"[①] 此建议获得日本政府的批准。日本要琉球归附，琉球在无力抗争之下，向清政府求助。闽浙总督何璟、巡抚丁日昌将情况禀告清廷，清廷派驻日公使何如璋与日本交涉。1878年9月3日，何如璋到日本外务省，与外务卿寺岛宗则谈判。双方几经交涉，互不相让，最后不欢而散。日本政府派宍户玑为驻华公使，负责与总理衙门交涉。在谈判的同时，日本政府派兵将琉球占领，改琉球为冲绳县。

琉球国王不愿受日本统治，于1879年7月3日，首次派人往天津面见李鸿章，请求援助。李鸿章虚与委蛇，不肯出兵。此时，恰逢美国前总统格兰特来华游历，李鸿章请他出面调解。7月，格兰特来到日本，提出了有利

---

① 东亚同文会编：《对华回忆录》，商务印书馆1959年版，第100页。

丁日昌照

丁日昌（1823—1882年），广东客家人，清朝军事家、政治家，洋务运动的重要参与人物。丁日昌以苏松太道的身份出任江南制造局的第一任督办，后升任江苏巡抚、福建船政大臣。他在台湾主持架设了中国第一条自建电报线。

于日本的"分岛"方案。他提议将琉球分作三部分，北部归日本，中部仍归琉球管辖，南部宫古和八重山二岛归中国。7月23日、10月24日，琉球再次向清政府求援，但清廷充耳不闻。拖延到次年10月，总理衙门与日本驻华公使宍户玑议定《琉球条约拟稿》。条约规定：大清国、大日本国已尊重和好，故将琉球一案，所有从前议论，置而不提。大清国、大日本国共同商议，除冲绳岛以北属大日本国管理外，其宫古、八重山二岛属大清国管辖，日清两国疆界，各听自治，彼此永远不相干预。《琉球条约》议定后，清政府并未批准。此后，中日双方几次交涉都没有结果，清政府默认了日本吞并琉球。

美日侵台后，清政府认识到台湾的战略地位，乃东南七省之门户。为加强台湾的防卫力量，促进政治、经济和文化发展，清廷于1885年10月，建立台湾省，刘铭传为首任巡抚。

四、英国入侵云南和西藏

英国在第二次工业革命后，积极开始对外扩张。早在19世纪中叶，英国就占领缅甸。1858年，英国想以缅甸为跳板入侵中国，于是同意理查·斯普莱上校关于修建从缅甸仰光到云南边境思茅铁路的提议。后通过实地勘查，英国人发现这条路线施工难度很大，只得作罢。19世纪六七十年代，英国多次派探险队探测入滇路线。在英国积极寻找入滇大门的同时，法国也不甘落后。1862年，法国强迫越南签订《西贡条约》，占领越南南方地区。法国以越南为基地，先后派特拉格来、安邺、堵布益等勘探入滇路线。后由于法国与越南当局发生冲突，越南政府向刘永福的黑旗军求救，才暂时挫败了法国经越南入侵云南的计划。

1874 年，英国派遣由柏郎上校为首的近 200 人探险队，准备从中缅边境进入云南。出发前，英国驻华公使威妥玛假借英国三四名官员游历云南的名义，向总理衙门申请护照，并希望沿路各省官员予以照顾。7 月 29 日，英国派马嘉理为翻译，前往云南接应柏郎。次年 1 月 17 日，马嘉理与两天前到达八莫的柏郎会合。2 月 16 日，探险队来到中缅边境。柏郎派马嘉理先行侦探。当马嘉理一行来至蛮允时，与当地百姓发生摩擦，受到 500 多人的攻击。马嘉理及 5 名随行的中国人被杀害。22 日，附近百姓又将柏郎驱逐出云南。

刘铭传像

刘铭传（1836—1896 年），安徽合肥人，淮军著名将军，1885 年任台湾省首任巡抚，洋务派骨干之一。著述有《刘壮肃公奏议》及《大潜山房诗稿》。

马嘉理被杀完全是因为英国侵略者无视中国主权而造成的，但英国政府却借机入侵中国西南边疆。1875 年 3 月 19 日，威妥玛向总理衙门提出调查案情、赔款、优待外国公使、免商税等六项要求，其中优待外国公使、免商税等完全与滇案无关。清政府获知后，立即派云南官员调查此案。3 月 21 日，又令云贵总督岑毓英确查严办。起初清政府对威妥玛提出的六项要求予以拒绝。威妥玛立即联合各国驻华大使向清政府施压。双方几经交涉，至三月底，清政府妥协，同意英国派探险队入滇，发给护照，并赔款给马嘉理家属。

4 月 3 日，威妥玛由京赴沪，等待柏郎前来共同策划滇案。6 月 19 日，清政府命湖广总督李瀚章往云南调查案情。威妥玛为探听虚实，立即派参赞格维纳去武昌见李瀚章。格维纳将李瀚章此行只调查马嘉理案，不负责处理柏郎被驱逐一事的消息告诉威妥玛后，威妥玛指责清政府没有彻底查清案件的诚意。8 月 3 日，威妥玛到天津会见李鸿章，提出撤去厘金关卡，增开商埠，派大员向英国谢罪等七项要求。总理衙门在李鸿章的授意下，部分满足威妥玛的要求。8 月 30 日，威妥玛赴烟台与海军司令赖德商议对策。他们决

云南腾越海关

定先撤离北京、天津的使馆工作人员及英国侨民，再与清政府谈判；如清政府不满足全部要求，则断绝外交关系，并继之以武力相向。9月初，威妥玛返回北京，就优待驻京公使、扩大通商口岸特权与云南边境贸易三个问题与总理衙门继续进行谈判。清政府害怕谈判破裂，满足了威妥玛优待驻京公使的要求。威妥玛觉得要让清政府同意全部要求，必须以武力相威胁。在他一再要求下，英国政府于1875年2月初，派海军少将兰伯率4只舰队开往中国，为威妥玛助阵。

1876年4月，李瀚章、薛焕等将滇案的前因后果调查清楚，写出详细报告。案情与威妥玛所说有很大出入，但威妥玛硬称滇案由清政府一手策划，要求清政府严惩岑毓英以及相关官员，对李瀚章、薛焕也治以调查不实之罪。清政府愿意在增开商埠和扩大商务方面做出让步，威妥玛抓住机会，向清政府提出八项要求。要求不仅涉及滇案本身，还包括增开通商口岸，免除关税、厘金等。清政府请赫德出面调停，在赫德协调下，清政府和威妥玛愿意各让一步，但威妥玛坚决要求慈禧太后就滇案向英方道歉，清政府没有答应。7月17日，赫德致书李鸿章，以出兵干涉相威胁，迫使李鸿章在烟台与英方重开谈判。清政府害怕再起兵燹，答应了赫德的要求。

1876年8月21日，中英谈判正式开始。为震慑清政府，威妥玛将英国

英国驻华公使威妥玛照
威妥玛（Thomas Francis Wade，1818—1895年），英国外交官、著名汉学家，曾在中国生活四十余年，因发明用罗马字母标注汉语发音系统"威妥玛注音"而著称，此方法现逐渐被汉语拼音所取代。

李鸿章照
李鸿章（1823—1901年），淮军及北洋水师的创始人和统帅、洋务运动的领袖、晚清重臣。官至直隶总督、一等肃毅伯，追晋侯爵。与曾国藩、左宗棠、张之洞并称为"中兴四大名臣"，与俾斯麦、格兰特并称为"19世纪世界三大伟人"。

舰队调遣至烟台周围，不久各国列强也将舰队调于该处，以壮声势。威妥玛在谈判之初就提出三项要求：滇案本身的处置、优待公使和扩大通商事务。为使清政府答应全部要求，他向李鸿章声明："此番所要各条，滇案、优待、通商三事均当包括在内，中堂必须全然答应，此案即可算为完结，不必再说提京一层。若中堂说不能商办，或看得有可商办的有不可商办的，不妨逐条说明，毋庸再议。我即由电线奏报本国请旨定夺，中堂亦可奏明回津。"[①]9月4日，威妥玛将书面条款送交李鸿章，清政府除在"口界"免除厘金及增开口岸方面与威妥玛有所争辩外，满足英方其他要求。

9月13日，中英双方签订《烟台条约》。条约内容主要有三部分。一、关于马嘉理案。条约规定：有关马嘉理案的奏折，英方有权阅看；英国得从印度派官员往大理考察通商情形；中方向英方赔偿二十万两白银；派钦差大臣

① 《李文忠公全集·译署函稿》卷6，第18页。

去英国谢罪。二、关于优待公使。条约规定：总理衙门照会各国驻京大臣，共同商订礼节条款，以备将来仿照执行；议定各通商口岸的会审案件的章程；英国得派员观审在各省或通商口岸发生的涉及英人生命财产的案件；中国人与外国人发生的案件，由外国派官员审理。三、关于通商事务。条约规定：通商口岸租界内，外国商品免除厘金，通商口岸未划定租界，应尽快划定；进口鸦片的关税与厘金在海关一并交纳；增开宜昌、芜湖、温州、北海四处为通商口岸，大通、安庆、湖口、武穴、陆溪口、沙市六处为停泊码头；子口税单划定统一格式，无论华商、外商，进入内地后均可照单免税一半。此外，中英还另立专约，英方通过此专约，取得进入西藏的权力，为日后英方入侵西藏提供便利。《烟台条约》使英国获得侵入我国西南地区的权力，实现了通商特权的意图，加深了中国西南地区的边疆危机。

早在18世纪70年代，英国攻入不丹后，就想与达赖喇嘛取得联系，为侵入西藏做准备。1774年，印度总督哈斯丁派东印度公司秘书波格尔进入西藏，与达赖喇嘛进行谈判，并调查西藏的风土人情、地理交通等情况。11月，波格尔前往扎布伦寺，与两位驻藏官员就通商问题展开会谈。驻藏官员表示西藏地方听命于中国皇上，他们不敢擅自做主，没有答应其请求。波格尔在西藏停留了五个月，做过一些调查后返回印度。1783年，哈斯丁又以庆贺六世班禅的转世灵童为名，派英军上尉忒涅前往扎布伦寺，其间再次向班禅摄政仲巴呼图克图提出通商事宜。但结果与上次一样，英国入侵西藏的野心暂时没有得逞。

19世纪中叶后，英国已陆续占领尼泊尔、不丹、哲孟雄（锡金）。与此同时，英国以游历、考察的名义，不断派遣人员入藏勘测地形，搜集情报，绘制地图。中英《烟台条约》又使英人入藏合法化，为他们的所作所为提供了保护伞。19世纪80年代，英国经济萧条，为开辟新的市场，迫切需要打开西藏的大门。在此种背景下，英国政府命令马科蕾筹备商业考察团出使西藏。清政府对是否接纳考察团有不同意见。曾纪泽认为只要英人承认西藏为"天朝属地"，没有侵夺之念，只是以通商为请，我方"似宜慨然允之，且欣然助之经营商务。商务真旺，则军务难兴，此天下之通理也。我之主权既著，边界益明，

关榷日饶，屏篱永固，兴利也，而除害之道在焉"。[1]

四川总督丁宝桢看出英国入侵西藏的图谋，认为英国是"阳借通商之美名，实阴以肆侵夺之秘计。设使事机不顺，彼先得中国之利权，继欲占中国之土地，势不至易通商为侵夺不止"。[2]清政府经过权衡，认为如果马科蕾取得西藏政府的同意就可以入藏。1886年，马科蕾组织考察团准备从印度入藏，但在西藏人民的反对和总理衙门的交涉下，没有实现。当时英国为侵略缅甸，对清政府暂时让步。7月，英国公开宣布停止入藏。

为阻止英国侵略者入藏，西藏地方政府在隆吐山修筑炮台关卡。隆吐在西藏境内，属中国领土。英国侵略者故意借此挑起事端。1886年11月，英驻华公使华尔向总理衙门提出西藏地方政府从隆吐山撤防的要求。清政府命驻藏大臣文硕晓谕西藏僧俗，撤掉防线。西藏人民反对清政府的苟安政策，表示对侵略者要"复仇抵御，实力阻挡"。文硕也支持西藏人民的立场，多次向总理衙门陈述己意。1887年，英驻华公使向清政府发出照会，要求隆吐

---

① 《曾纪泽遗集》，岳麓书社1983年版，第209页。

② 吴丰培辑：《丁宝桢藏事奏牍》，载《清代藏事奏牍》，中国藏学出版社1994年版，第527页。

丁宝桢像

丁宝桢（1820—1886年），淮军名将，曾任江海关监督、山东巡抚、四川总督等职。是晚清洋务运动的重要人物，最后死于四川总督任上。

山守军撤防，否则将动用武力强攻。西藏人民誓死保卫自己的领土。英国见讹诈不成，于1888年3月20日，派拉累诺率领四五百名英军向隆吐山发起进攻。西藏人民虽顽强抵抗，但寡不敌众，24日隆吐山、纳汤等地相继失守。

清政府收到隆吐山失守的战报后，为息事宁人，将文硕革职，任命升泰为驻藏大臣，主持藏务。升泰极力贯彻清政府旨意，令藏军"不准妄动"，否则"立即严参"。8月，藏军准备反击英军，在升泰的阻止下未能如愿。9月24日，英军两千余人向驻守捻纳山的藏军发起猛烈攻击，藏军由于武器装备落后，逐渐不支，被迫撤退，英军占领了亚东、则利拉等地。

1889年10月，升泰亲自带兵到仁进岗，下令集结此地的藏军后撤，然后到纳汤与英军议和。英方向升泰提出七项草约，双方围绕哲孟雄和通商问题展开激烈争论。次年1月10日，英方宣布终止谈判。为重开谈判，清政府接受总税务司赫德推荐，任命其弟赫政为升泰的翻译和代表。2月，赫政抵达大吉岭。4月，中英重启谈判。

1890年3月17日，升泰与印度总督兰斯顿在加尔各答签订《中英会议藏印条约》。内容共有八款，主要涉及西藏与哲孟雄的边界及英国为哲孟雄的保护国等问题。1891年底，为解决《藏印条约》遗留问题，升泰与保尔在仁进岗再次谈判。这次谈判的主要议题为通商。9月，升泰病逝，清政府任命何长荣与英方继续谈判。1893年12月5日，双方在大吉岭签订《中英会议藏印续约》。条约规定：哲孟雄归英国管辖；开放亚东为商埠；亚东自开放之日起，5年内互不征收商税。以上两个不平等条约为英国打开了进入西藏的方便之门。

第二节　中法战争

一、法国入侵越南

越南位于中南半岛东部，北与中国接壤，西与老挝、柬埔寨交界，东面和南面临南海。早在汉代，中越就已经建立起紧密的联系。宋代，越南丁氏王朝立国之初，即表示愿为中国属国，从此直至清朝，两国的宗藩关系延续了九百多年。中越两国的宗藩关系主要体现在册封和进贡两方面。每当越南新君即位，都须中国皇帝加以册封认可，才算取得合法地位。康熙、乾隆、嘉庆时都曾对越南国王进行过册封。清初，越南对中国是三年一贡，乾隆五十七年改为两年一贡，光绪初年又改为四年一贡。中越两国不仅官方交往密切，民间往来也颇为频繁。中越边界的居民历来相互通婚，越南的文化和风俗习惯深受中国影响。

19世纪70年代以后，法国集聚的大量资本亟须向海外投资，这促使法国加快推行殖民政策。早在19世纪中叶，法国侵略者为在亚洲建立"法兰西东方帝国"，就曾联合英国对中国发动第二次鸦片战争。到80年代，曾被恩格斯斥为"可耻的刽子手中最可耻的一个"、代表法国金融家利益的茹费理两次组阁。他积极推动殖民侵略，在占领非洲大部分地区后，又将矛头指向越南和中国。

1856年，法军就曾攻击越南。第二次鸦片战争结束后，法军集中兵力向越南南部发起进攻，先后占领嘉定、永隆、定祥等地和昆仑岛。1862年6月，强迫越南阮福时封建王朝签订第一次《西贡条约》（又称《柴棍条约》），规定西贡周围的土地归法国所有，这标志着越南开始沦为法国殖民地。五年后，法国占领越南西部的昭笃、河仙、永隆三省。至此，法国完全霸占了越南南部。

1866年，法国人组织探险队，从西贡出发，试图寻找从越南通往中国的通道。经实地调查，他们发现湄公河上游通行困难，于是将注意力转移到位于越南北部的红河。1871年，法国人堵布益从云南沿红河到达河内。这次航行证实红河可以成为中越之间的航道。回国后，他向法国政府陈述发现，并提议派兵占领红河地区。1873年3月，堵布益等人乘船回到河内。堵布益本想与河内当地官员搞好关系以便借机行事，但越南官员怀疑他和黄崇英等"土匪"势力勾结，反而将堵布益的一些同伙拘禁。堵布益恼羞成

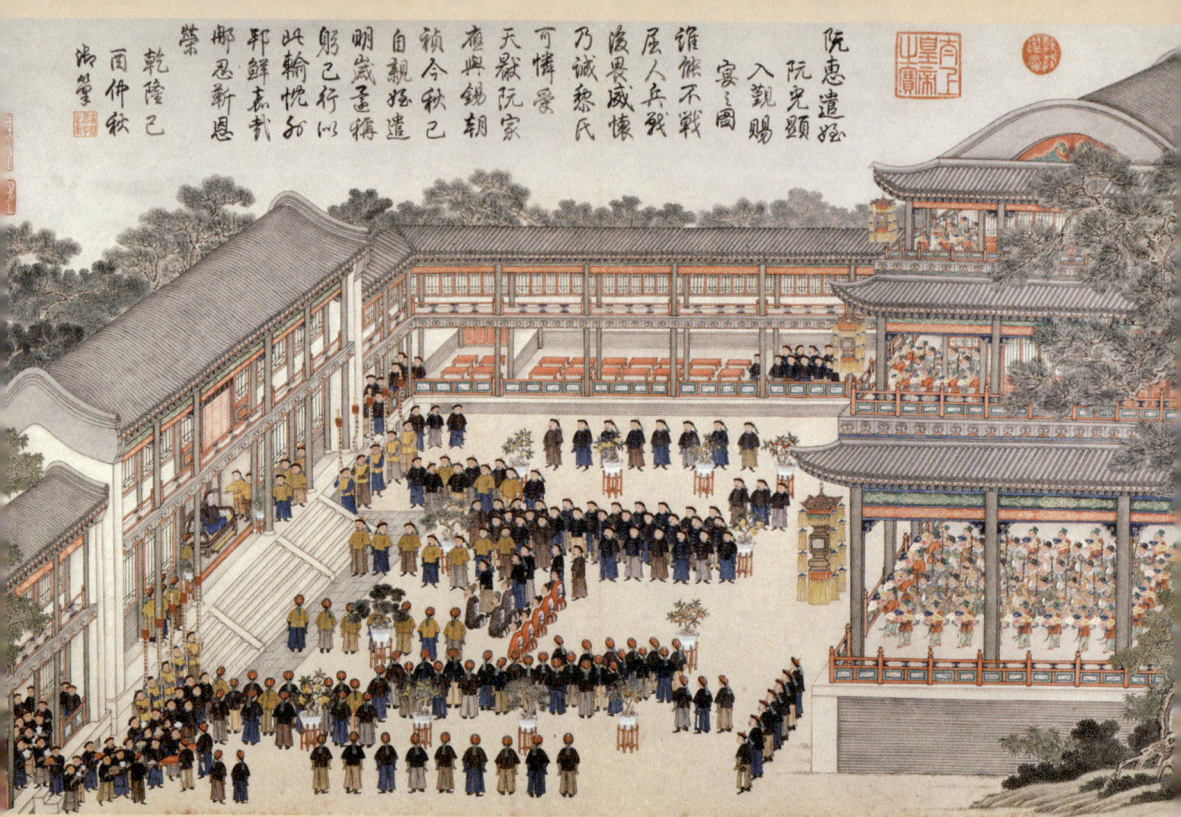

《阮光显入觐赐宴之图》　现藏北京故宫博物院

18世纪后半期，安南（今越南）内部因政权更迭，战乱四起。乾隆五十三年（1788年），乾隆皇帝鉴于自康熙五年，清廷册封大越王黎维禧为安南国王始，黎氏王朝即守藩奉贡，十分恭顺，决定出兵恢复黎氏王朝在安南的统治，拥立黎维祁重新承袭了王位。次年，遭到阮惠军的大举反攻，清兵仓皇应战，损兵折将，黎城得而复失。但阮惠必须经过清王朝的承认与册封才能取得合法地位，因此不断谋求改善与清朝的关系，促使乾隆皇帝决定改变对安南的政策，册封阮惠为安南国王。乾隆五十四年（1789年）七月，阮惠遣其侄阮光显奉表到达避暑山庄，乾隆皇帝在山庄内的清音阁大戏楼，接见阮光显一行。

怒，准备袭击越南士兵。河内官员派人向交趾支那总督迪佩雷控诉。迪佩雷派上尉安邺前往调查详实情形。安邺抵达河内后，威胁越南接受其通商的要求，否则将动用武力。10月20日，在遭到越南当局的拒绝后，安邺率领百余人向河内城发起进攻。河内巡抚阮知方力战不支，重伤被俘后绝食殉国，法军攻占河内。越南政府一面派代表与法军谈判，一面向驻扎在云南保胜地区的刘永福求救。

1868年，刘永福来到越南六安州，越南国王赏赐给刘永福等人官职。1870年，清廷命冯子材入越，刘永福受清朝招安。1874年，越南授予刘永福正领兵官，允许黑旗军在保胜设关收税，以补充军用。刘永福在保胜站稳脚跟，使得黑旗军有了巩固的根据地和丰厚的经济来源，势力日渐壮大。

法军入侵越南，刘永福帮助越南将法军赶出北圻。刘永福因功被越南政府封为三宣副提督之职，管理宣光、兴化、山西三省。但越南政府没有利用抗法胜利的大好形势，反而在1874年3月15日与法国签订《法越和平同盟条约》。法国通过此条约，取得对越南的领事裁判权以及所占领地区的全部主权。

法国海军殖民部长游列居伯利决心进一步侵略越南北圻，以越南为跳板，入侵中国。法国驻海防领事土尔克也公开叫嚣："法国必须占领北圻……因为它是一个理想的海军基地。由于有了这个基地，一旦欧洲各强国企图瓜分中国时，我们将是一些最先在中国腹地的人。"[①]1881年7月22日，法国议会拨款250万法郎，作为法国侵略北圻的经费。随后，法国以黑旗军阻拦法国旅游者和阻止考察团登陆海岸为由，胁迫越南政府驱逐刘永福及黑旗军。越南政府婉言谢绝，法国政府派交趾支那海军分舰队司令李维业上校来完成此任务。李维业指挥军队攻城，最后占领河内。

清政府获悉法军占领河内的消息，令群臣筹划办法。主战派以左宗棠、张之洞、张佩纶、陈宝琛为主，主张联络刘永福援越抗法。主和派主要有裕禄和直隶总督李鸿章，认为越南早有投靠法国之心，不值得为越南与法国开战。当时的舆论认为："天下臣民，怒法人之横逆，志切同仇，故皆以左（宗棠）为是，以李（鸿章）为非。"[②]清政府战和不定，吏部候补主事唐景崧上奏清廷，陈述他对法越形势的看法，提出派人去越南援助刘永福抗法。唐景崧入越了解越南君臣对刘永福的态度及黑旗军的困境后，多次为黑旗军提供粮饷器械。刘永福大受鼓舞，坚定了抗法意志。

1883年4月25日，黑旗军进驻离河内十里的怀德府。5月19日，李维业率领河内法军进攻怀德，在纸桥一带与黑旗军展开激战，李维业被黑旗军击毙，法军伤亡84人。李维业死后，法国政府不甘心失败，陆续调兵遣将，任命孤拔为东京湾海军司令，何罗芒为东京特派员指挥战斗，并派增援部队

---

① 依罗神甫：《法国—东京回忆录》，转引自《越南人民抗法八十年史》，生活·读书·新知三联书店1973年版，第71页。

② 《中国近代史资料丛刊·中法战争》第6册，上海人民出版社1955年版，第99页。

刘永福像

刘永福（1837—1917年），字渊亭，出生于广东钦州县小峰乡一个农民家庭，客家人。他家境贫寒，父亲除务农外，还靠打柴和帮人做田工为生。刘永福十六七岁时，父母、叔叔先后去世。之后，刘永福靠砍柴、帮人撑船度日。太平天国起义后，刘永福不甘"日夕啖粥以充饥"，决定"出面相机作事"。他外出当兵勇，先投在天地会黄奇升、黄义章兄弟部下。1865年，随黄氏兄弟投奔归顺团练头目黄泽宏部，并任百人长。此后，受命驻守位于广西西北部的安德。刘永福到安德后，驻扎在北帝庙，庙里有七星黑旗一张，刘永福相信北极玄天大帝有威势，于是就仿照黑星旗制作成军旗，并举行祭旗仪式。以后他的部队就以黑旗军命名。

赶往越南。孤拔一路攻到顺化附近，直接威胁到越南皇宫的安全。最终，越南与法国签订丧权辱国的《越法顺化条约》。此条约使越南完全脱离与中国的藩宗关系，沦为法国殖民地。

二、中法初战

法国茹费理内阁上台后，改派脱利固取代宝海来华与清政府谈判。脱利固态度蛮横，双方最后不欢而散。8月，脱利固再次来华，强逼中国承认越法条约，撤回入越清军，停止对黑旗军的援助。清政府认为，"法人既与越南立约，必将以驱逐刘团为名，专力于北圻。滇、粤门户岂可任令侵逼？现经总理各国事务衙门照会法使，告以越南久列藩封，历经中国用兵剿匪，力为保护，为天下各国所共知。今乃侵陵无已，岂能受此蔑视？倘竟侵及我军驻扎之地，惟有开仗，不能坐视"[①]。清政府准备对法开战，遂公开支持黑旗军。

1883年12月中旬，法国侵略军向在北圻驻扎的中国军队发动进攻，中法战争正式开始。战争共经历两个阶段：第一阶段从1883年12月到1884年5月，战争主要有中法山西、北宁之战；第二阶段从1884年8月到1885年4月，战争在中国东南沿海和越南北圻两个战场同时进行。

---

① 《中国近代史资料丛刊·中法战争》第5册，上海人民出版社1955年版，第223页。

清政府虽然准备与法国开战，但在作战方针上统治层存在较大分歧。主战派兵部尚书彭玉麟等主张对法采取攻势，但清廷最终决定采取保守求和的方针。具体为：在越南境内，以山西、北宁互为犄角，派重兵把守，以固门户。刘永福率黑旗军以攻克河内为要务。在中国东南沿海，以天津、广东为重点，沿海各省海口择要派兵布防，以防法国海军袭扰；与此同时，长江中下游各省也要扼守，防法军沿江内犯。由于清军指挥无能，作战连遭失败，法军很快占领山西，攻克北宁和太原，于1884年3月逼近中越边界。北宁失守的消息传到北京，慈禧太后乘机罢黜奕䜣，改组军机处，又命奕劻主持总理衙门，改变了领班军机大臣兼总理衙门的做法，以分其权。

陈宝琛照

陈宝琛（1848—1935年），字伯潜，福建闽县（今福州市）螺洲人。同治戊辰（1868年）科进士，充内阁学士兼礼部侍郎。中法战争中其与张佩纶力荐唐炯、徐廷旭领军，战后因保举失当，遭部议连降九级，闲家居达25年之久。辛亥革命期间出任山西巡抚，后任为溥仪之师。

1884年6月，法军在谅山附近出击，被清军击退。法国加紧向中国海面调动军队，要求中国赔偿兵费两亿五千万法郎。清廷苟安，希望英、美等国出面调停，在遭到法国拒绝后，又令两江总督曾国荃与法国驻华公使巴德诺在上海谈判。谈判时断时续，常常陷入僵局。清廷严令各省"静以待之"，"不可先发开衅"。

清廷的态度直接影响到沿海各省的备战。曾经激烈主战的福建会办大臣张佩纶也盼望和谈成功。他见法舰向闽江海面移动，不做任何准备。7月15日，法海军中将孤拔率领8艘军舰抵达闽江口，向船政大臣何如璋、福建会办大臣张佩纶提出进入福建水师基地马尾军港停泊的无理要求，竟得到同意，并受到"最友好的接待"。法舰进入马尾以后，日夜监视港内福建水师，不许其移动，声言动则开炮。水师官兵要求起锚整训，以期自卫，但何如璋、

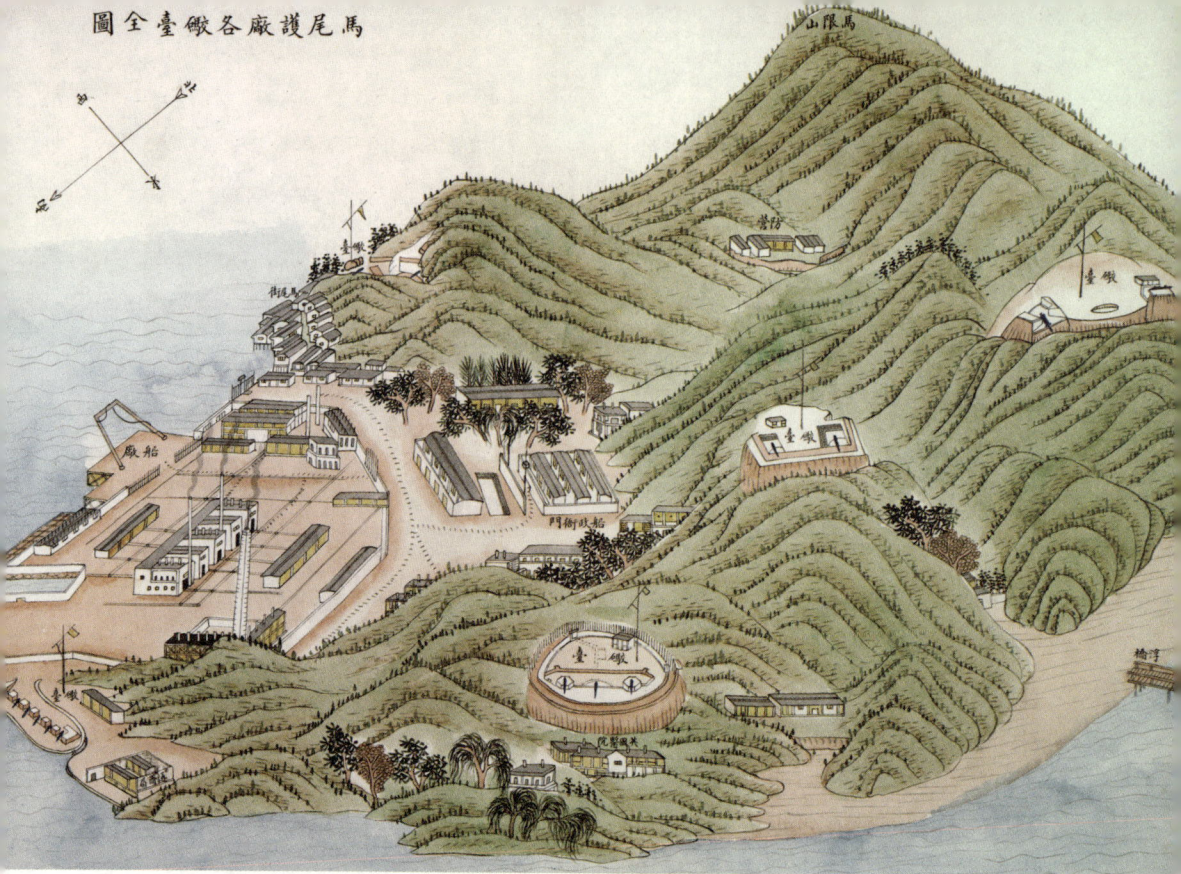

马尾护厂各炮台全图（局部）

张佩纶下令"不准无命自行起锚"①，甚至称"不准先行开炮，违者虽胜亦斩"②。

　　1884年8月4日晨，法海军少将利士比率领三舰进犯基隆，企图抢夺基隆煤矿，保证战争所需。他们向基隆守军投递劝降书，遭到拒绝。次日清晨，法舰炮击清军炮台，督办台湾事务大臣刘铭传指挥守军反击。双方相持一小时，法军轰毁基隆炮台后企图强行登陆，被守军击退。

　　8月16日，法国议会决定扩大侵华战争，通过了3800万法郎的侵华军费预算，叫嚣要进行"本世纪最大的一次征伐"③。19日，法国驻北京代理

----

　　① 采樵山人：《中法马江战役之回忆》，载《中国近代史资料丛刊·中法战争》第3册，上海人民出版社1955年版，第131页。
　　② 唐景嵩：《请缨日记》卷5，载《中国近代史资料丛刊·中法战争》第2册，上海人民出版社1955年版，第144页。
　　③ 《法国黄皮书》，载《中国近代史资料丛刊·中法战争》第7册，上海人民出版社1955年版，第249页。

公使谢满禄以基隆事件为借口，向清政府发出最后通牒，要求清方赔款 8000 万法郎。21 日，谢满禄又故意在清政府答复之前离开北京。

22 日，孤拔在马尾海港接到发动进攻的命令。第二天上午，孤拔向何如璋、张佩纶发出最后通牒，限福建水师于当天下午撤出马尾。何、张因得到李鸿章议和已有进展的电报，并未认真备战，仍令各舰在江心抛锚。直到中午，法舰已经升火待发，何、张仍是派人前往法舰要求改变开战日期。孤拔不仅断然拒绝，而且命令法舰提前开炮。福建水师失去战机，仓促应战，军舰未及起锚就被击沉焚毁。何如璋和张佩纶弃师不顾，仓皇逃走。福建水师几乎被全部击沉、击毁，官兵伤亡达七百余人。马尾造船厂也被炮击，一艘快要完工的快船被破坏。事后，法舰又沿马江从上游炮击两岸炮台，将其全部击毁。马尾海战后，清政府在舆论压力下被迫对法宣战。

张佩纶照

张佩纶，字幼樵，李鸿章女婿，直隶丰润县人。同治十年（1871 年）进士，早年在京城与李鸿藻、张之洞等人同为"清流"，以弹劾大臣而闻名。堂侄张人骏历任两江总督，为袁世凯亲家。孙女为现代女作家张爱玲。

三、中国不败而败

1884 年 9 月中旬，孤拔率主力舰队再犯台湾，强占基隆。刘铭传退守淡水。10 月 1 日，孤拔率舰逼近淡水港，次日炮轰炮台，被守军击退。8 日晨，法军再次炮击，并派 800 法军强行登陆。经三个小时激战，清军打死法军 17 人，打伤 49 人，其余纷纷退回海上。因争相上船而掉在水里淹死的又有七八十人。参加海战的法国海军上尉罗亚尔写道："这次的失败使全舰队的人为之丧气"，"大家的谈话总不能脱开这么令人伤痛的话题"。[①]

为迫使台湾投降，孤拔宣布自 10 月 23 日起对台湾实行封锁，并执行交战国的一切权力。刘铭传电请李鸿章派北洋舰队前来解围，遭到拒绝。大陆

---

① 罗亚尔：《中法海战》，载《中国近代史资料丛刊·中法战争》第 3 册，上海人民出版社 1955 年版，第 572 页。

镇海炮台图

百姓则不断突破法军封锁线，向台湾运送物资。香港的中国商人拒绝卖给法国人食物，码头工人拒绝搬运法国货物，船坞工人也拒绝修理法国战舰，并计划将其焚毁，法舰不敢再停留香港，只能拖到日本修理。

在封锁台湾的同时，孤拔又率舰骚扰浙江镇海。浙江提督欧阳利见在镇海严密布防，他命士兵钉上木桩，沉下石船，口外设水雷，沿途添设炮台。1885年3月1日，法舰炮击镇海招宝山炮台，清军立即还击。双方发炮数百发，法舰受伤退回。3日，法舰再犯招宝山，清军再次将其击退。法舰不敢冒险入口，14日改在口外遥轰炮台，但清军损失不大。孤拔被迫率舰退踞澎湖，不久死在那里。

在西南边疆，法国不断向中越边疆增兵。清军统帅广西巡抚潘鼎新收到李鸿章"败固不佳，胜亦从此多事"的指示，采取"战胜不追，战败则退"的消极方针，严重影响士气。1885年2月23日，法军占领了中越边境上的重镇镇南关（今友谊关）。

镇南关失守后，潘鼎新被革职。70岁帮办广西军务老将冯子材赶到镇南关附近，就任前敌主帅。冯子材大力整顿军纪，抢修炮台。准备就绪后，冯子材主动出击文渊城，打乱了法军的部署。3月23日，法军分三路前扑镇南关，"炮声震天，远闻七八十里外，山谷皆鸣"[①]。冯子材率部下死力阻敌，双方激战至24日，法军已扑到墙下，冯子材手执长矛跃出墙外，奋力杀进敌阵。清军一齐涌出，肉搏冲锋，经过七上七下，最终夺回炮台，并用重炮猛轰逃敌。25日，冯子材发起总攻击，毙敌一千多人。法军全线崩溃，狼狈逃窜，"被杀急，则投枪降，去帽为叩首状，以手捫颈"[②]。

法军从镇南关败退后，匆忙撤往谅山。在镇南关大捷三天后，冯子材率军追到谅山。29日收复谅山。谅山既克，冯子材认为"该法匪等倍形胆怯，利于速追，勿任延息，以收破竹之效"。于是清军分东西两路乘胜追击。冯子材、王孝祺二军进抵屯梅、观音桥，王德榜等进至谷松。河内、海阳、太原等地人民也"皆受约信，纷纷叛法"。

---

① 《中法越南交涉资料》，载《中国近代史资料丛刊·中法战争》第6册，上海人民出版社1955年版，第455页。

② 李岳瑞：《春冰室野乘》，载《中国近代史资料丛刊·中法战争》第3册，上海人民出版社1955年版，第120页。

法军进犯镇南关图

　　法军镇南关惨败的消息传到巴黎，3月30日，法国人民涌上街头游行示威，包围议会，茹费理内阁于当天晚上倒台。4月，冯子材决定先取郎甲，"后规宁、太"，最后直捣海阳。但未及实行，清廷就下达了停战撤兵的命令。镇南关、谅山大捷，清政府本应一鼓作气，去争取战争的彻底胜利。但李鸿章认为，"谅山已复，若此时平心与和，和款可无大损，否则兵祸又连矣"[①]，清政府接受李鸿章"乘胜即收"的建议，一意与法求和。1885年4月4日，中国海关驻伦敦办事处的英国人金登干代表清政府与法国外交部政务司司长毕乐在巴黎签订《中法停战协定》，双方停止战争。对此，连法国政府都感到非常意外。

---

　　① 《中国近代史资料丛刊·中法战争》第4册，上海人民出版社1955年版，第241页。

4月7日，清政府命令前线各路军队于4月15日停战，25日撤兵。命令传到前线，将士们痛心疾首，"拔剑斫地，恨恨连声"①，不肯撤兵。张之洞也主张延缓撤兵，认为停战则可，撤兵则不可，撤至边界尤不可。关外兵机方利，法人大震，中法用兵年余，未有如今日之得势者。我撤敌进，徒中狡谋，悔不可追，他指责李鸿章轻言议和，"我兵既退，诸事难商。公老于戎行，何不虑此？今议详约，万望力争"②。但清廷一意孤行，通过李鸿章给张之洞传达上谕："冯、王若不乘胜即收，不惟全局败坏，且恐孤军深入，战事益无把握。……著该督遵旨亟电各营。如电信不到之处，即发急递飞达，如期停战撤兵。倘有违误，致生他变，惟该督是问"③。

5月13日，清廷派李鸿章在天津与驻华公使巴德诺开始正式谈判。6月9日，双方签订《中法会订越南条约》（又称《越南条款》或《中法新约》）。主要内容有：一、中国承认越南受法国保护；二、在中越边界指定两处为通商口岸，法国人可在此设领事馆、居住；三、法国所运货物进出云南、广西边界，所纳税照现行通商税则较减；四、中国日后修筑铁路时，须同法国商办；五、法国撤退在基隆和澎湖的驻军。此后，从1886年至1888年，清政府又被迫与法国签订《中

冯子材照

冯子材（1818—1903年），字南干，号萃亭，广东钦州沙尾村（今属广西），晚清抗法名将。自幼父母双亡，流落江湖，历任广西、贵州提督。中法战争时，已年近70，起用为广西关外军务帮办，大败法军于镇南关，攻克文渊、谅山，重创法军司令尼格里，授云南提督。中日甲午战争间奉调驻守镇江，官终贵州提督。

---

① 胡传钊：《盾墨留芬》，载《中国近代史资料丛刊·中法战争》第2册，上海人民出版社1955年版，第602页。

② 张之洞：《致天津李中堂》，载《张之洞全集》第7册，河北人民出版社1998年版，第5026页。

③ 李鸿章：《寄粤督张》，载《李鸿章全集》第21册，安徽教育出版社2007年版，第501页。

法越南边界通商章程》《中法界务条约》《中法续议商务专约》等一系列不平等条约。通过这些条约，法国的魔爪伸进了中国西南地区，云南、广西等地日渐成为法国的势力范围。

中法战争时期，日、俄已经开始入侵中国的另一个藩属国朝鲜，朝鲜发生甲申政变，中日军队对峙，英国也派兵占领朝鲜的巨文岛，直接威胁中国东北边界及京津地区的安全，使清廷不得不采取"战日和法"的决策。中法战争虽以法国战败而告终，但因清政府在政治上对法采取妥协政策，反而出现了中国不败而败、法国不胜而胜的结局。

中法战争也暴露了清廷海防极为薄弱的问题。1885 年 10 月 12 日，慈禧太后下令建立海军事务衙门，总理海军事务，负责加强海防建设。

第三节　甲午战争

一、战前中日朝关系

明治维新后的日本大力发展资本主义，国力陡增。但这场资产阶级改革运动并不彻底，保留了很多封建残余和军国主义因素。日本国内市场狭小，需要积极开拓海外市场，寻求原料产地和产品销售市场。这些都促使日本走上武力侵略扩张的道路，而大陆政策正是日本侵略扩张的具体路线。大陆政策又称"大陆经略政策"，吞并朝鲜是其重要组成部分。山县有朋说："我国利益线之焦点实在朝鲜"。甚至有日本军阀公开叫嚣要把"朝鲜置于日本的支配之下，并抱持中国"。19 世纪 70 年代，"征韩论"更是甚嚣尘上。

1875 年，日本军舰闯入汉江口，强占永宗岛。次年，强迫朝鲜签订《江华条约》。这个条约是日本强加给朝鲜的第一个不平等条约。日本从中取得通商权、领事裁判权等。1882 年朝鲜发生"壬午政变"①，日本借口保护使

---

① 壬午政变是 1882 年汉城旧式军队士兵发动的兵变。大院君李昰应与闵妃争权失败，他利用当时日本入侵朝鲜后士兵对政府的不满情绪，策动士兵发动兵变，驱逐闵妃党，重新掌握了政权。日本以兵变时使馆被袭为由，派四艘军舰和 1500 名士兵侵入仁川。同时，清朝政府应闵妃的请求，派北洋水师提督丁汝昌、道元马建忠率"超勇""扬威""威远"三舰及水陆一千余名士兵开赴朝鲜。8 月 26 日，清军逮捕大院君，29 日，兵变被镇压。兵变失败后，闵妃重新执政。

清使出使朝鲜宣诏图

皇太极时期，清朝与朝鲜建立了宗藩关系。册封是清朝与朝鲜关系的重要基础，清朝利用册封巩固与属国之间的封贡关系，朝鲜受清朝的册封，获得王室的正统性，确保国内政治的稳定与军事上的安全。此外，朝鲜会定期派遣使臣前往清朝，进行朝见。朝鲜使团成员包括正使、副使、书状官及随行人员，人数众多。

馆工作人员，乘机胁迫朝鲜签订《仁川条约》，取得在汉城的驻兵权。壬午政变后，朝鲜国内形成以洪英植、朴泳孝等人为首的亲日派。1884 年，日本扶植朝鲜亲日派发动"甲申政变"，夺取政权。朝鲜国王向驻朝清廷官员求援，后在清军的帮助下，平定叛乱。日本政府以此为口实，于次年 4 月派伊藤博文来华，与清政府签订中日《天津条约》，条约规定"将来朝鲜国若有变乱重大事件，中日两国或一国要派兵，应先互行文知照，及其事定，仍即撤回，不再留防"。[①] 此条约使日本取得驻兵朝鲜之权，为其后来发动战争提供了条件。

甲申政变以后，日本国内形成主战与主和两派。主战派要求"速取朝鲜，与中国一战"，主和派认为时机未到，应先积蓄力量，增强实力。明治

---

① 许同莘等辑：《光绪条约》卷 19，台北文海出版社 1974 年版，第 6 页。

日本明治天皇照

明治天皇（めいじてんのう，1852—1912年），名睦仁（むつひと）。日本第一百二十二代天皇（1867—1912年在位），孝明天皇的第二位皇子。经历江户幕府戊辰战争，推翻德川幕府的统治并实行"王政复古"，建立君主立宪制的国家。庆应四年（1868年）改元明治，实行明治维新，颁布一系列维新举措，以发展日本资本主义。明治天皇在位四十五年期间，日本实现了社会、经济、军事等多方面的发展，建立了亚洲第一个资本主义君王立宪制国家，并完成帝国主义过渡，走上军国主义、称霸世界的道路。

天皇听从主和派意见，决定先扩充军备，再行战争。在军费方面，至1890年，日本军费开支占国家预算的30%。自1883年至1895年，共开支陆海军费二亿六千九百余万日元。军队人数方面，甲午战争前夕，"日本已经建成拥有一个近卫师团和六个野战师团、总兵力达七万人的近代常备军，还有二十三万预备兵"。[1] 装备方面，日本所研发的手枪、大炮射程远，威力强。青铜野炮射程有5000米。从19世纪70年代起，日本开始自造军舰。甲午战争前夕，日本海军已拥有军舰31艘、鱼雷艇24艘，总排水量61373吨。

1894年，因古阜郡郡守赵秉甲将农民交纳的水税纳入私囊，农民派代表赴全州向全罗道观察使金文铉申述，金文铉反将代表投入监狱，农民忍无可忍，爆发了由东学党领袖全琫准领导的起义。6月1日，起义军攻克全罗道首府全州，逼近汉城。东学党起义后，朝鲜统治集团内部就请援兵一事莫衷一是。直到起义军攻陷全州后，朝鲜国王李熙才派闵泳骏向清朝代表袁世凯求救。日本一直在注视着局势的发展，并向李鸿章保证日本完全支持中国出兵。6月3日，朝鲜向清政府发出正式照会，4日，李鸿章命北洋海军提督丁汝昌派"济远""扬威"二舰赴仁川，又命直隶提督叶志超和太原镇总兵聂士成率兵两千分三批乘船赴朝。清军于6日出发，25日全部登陆。出发当天，

---

[1]　张海鹏主编：《中国近代通史》第2册，江苏人民出版社2013年版，第387页。

清廷照《天津条约》的规定，派汪凤藻告知日本外务大臣陆奥宗光应朝鲜请求出兵之事。

清政府出兵之举正中日本下怀。6月2日，日本内阁获悉清廷出兵的消息后，作出"必须向朝鲜派遣相当的军队，以备不测，并维持中日两国在朝鲜的均势"的决定。5日，日本成立战时大本营。当天午后，大鸟圭介率四百余名士兵赴仁川，十日抵达汉城公使馆。在大鸟起身的同一天，明治天皇下旨向朝鲜派一个混成旅团。混成旅以陆军少将大岛义昌为旅团长，总人数七千六百余人。13日，混成旅第一大队由步兵少佐一户率领，进驻汉城。10日，大岛义昌率混成旅第一批部队出发，至16日，全队登陆。此时，加上一户率领的先遣部队，混成旅人数近四千。

日本大军突然压境，使各国驻汉城公使颇为惊讶，并为之不快。大鸟圭介迫于外交压力，主动向袁世凯商谈双方撤军问题。李鸿章要求中日同时撤兵，为日本拒绝，双方谈判破裂。6月16日，日本又向清方提出改革朝鲜内政方案，企图蓄意扩大事态，达到挑衅目的。6月21日，日本决定向朝鲜派第二批军队，单独胁迫朝鲜政府改革内政。中日在朝谈判破裂后，两国在北京的谈判也陷入僵局。陆奥宗光训示大鸟："促成中日之冲突，实为当前之急务。为实行此事，可采取任何手段。"①

面对日本的咄咄逼人，清廷内部形成主战和主和两派。主战派以光绪帝为首，主和派以慈禧为首。在日本发出第二次绝交书后，光绪帝下谕旨给李鸿章，表示朝廷一意主战，若其"顾虑不前，徒事延宕，驯致贻误事机，定惟该大臣是问"。②经过光绪帝的严令，李鸿章才开始增派军队援朝。李鸿章除了对日本采取绥靖政策外，还寄希望于列强的调停。他曾多次训令在朝军队不得轻动，"我不先与开仗，彼谅不动手，此万国公例。谁先开战即谁理诎。"③早在1894年6月20日，李鸿章就首先向俄国发出调解中日争端的请求。他对俄国公使喀西尼说："日本派兵太多，似有别意，俄切近亲邻，岂能漠视？"喀西尼对李鸿章的提议表示出极大关注，两天后他就给俄外交部致电说："我认为我国决不应该错过目前中国要求我们担任调停者的机会，

---

① ［日］陆奥宗光：《蹇蹇录》，商务印书馆1963年版，第57页。
② 《李鸿章全集·电稿》，第3册，上海人民出版社1985年版，第781页。
③ 《李鸿章全集·电稿》，第2册，上海人民出版社1985年版，第713页。

况且此时对于我方既无任何牺牲，又能大大增加我国在朝鲜以及整个远东的势力。"①但俄国政府认为一旦帮助清政府，在远东的敌手英国就会倒向日本。所以俄国拒绝为清政府调停，坐视中日冲突，以取渔翁之利。

英国害怕中日开战后，会给沙俄可乘之机，因此尽量希望中日能在谈判桌上解决争端。但是英国看到日本对中国开战之决心已定后，便正式照会日本："今后中日两国若发生战争，中国之上海，为中国利益中心，希望取得日本政府不在该地区及其附近作战的保证。"这其实是表明，只要日本不侵犯英国在华利益，英国就不会干涉。除英俄外，清政府还相信英使欧格讷所说的"约德、法、意三国同办此事（指调停一事）"。但这些列强与英俄一样，并不真心帮助中国。法、德两国驻日公使就曾私下对陆奥宗光说："为使中国从过去的迷梦中觉醒过来，到底非有人给以当头一棒不可"②。

二、中日海陆初战

1894 年 7 月 17 日，日本大本营召开御前会议，正式决定对中国开战。22 日，大鸟圭介向朝鲜发出照会，要求朝鲜政府令清军退出境外。次日，日军闯进王宫，非法将朝鲜国王李熙及闵妃囚禁，胁迫大院君李昰应主持国事。

李鸿章在受到光绪帝的切责后，开始调兵援朝。他令总兵卫汝贵率兵马六千，提督马玉崑率二千士兵，由海道乘船至鸭绿江口大东沟登陆，再由陆路分驻平壤、义州。又命左宝贵率八营开赴平壤。因害怕日本海军截击，故租用英商船，并由北洋舰队的"济远""广乙""扬威"三舰护航。

7 月 22 日下午 5 时，日军给舰队下达袭击北洋舰队的命令。25 日凌晨 4 点，"济远""广乙"完成帮助"飞琼"号卸载兵马的任务后准备返航。7 点，行至丰岛海面时，看到"吉野""秋津洲""浪速"三日舰驶来。7 点 45 分，日舰"吉野"突然向"济远"号发起攻击，丰岛海战拉开序幕。"济远"号奋力抵抗，击中"吉野"舰首附近，跳弹击断敌舰前樯桁索，十分钟后，又击中"吉野"右舷之侧，击毁舢板数只，穿过钢甲，打坏发动机，贯穿机舱装甲，落入轮机舱，但炮弹没有爆炸。日舰炮弹命中"济远"望台，大副沈

———————

①　王芸生编著：《六十年来中国与日本》第 2 卷，生活·读书·新知三联书店 1980 年版，第 44 页。

②　[日]陆奥宗光：《蹇蹇录》，商务印书馆 1963 年版，第 46、49 页。

寿昌阵亡。当"济远"遭日舰围攻之际，"广乙"也投入战斗中。在敌舰的接连轰击下，"广乙"受重伤，遂右转舵向西走避，驶进朝鲜十八家岛后搁浅自焚。管带林国祥率残部登岸，原打算奔向牙山清营，当得知叶志超已撤走后，只得乘坐英舰"亚西亚"号回国。途中经过仁川时，又遭日舰截击，在被迫签署"日清战争期间，今后决不再参与战事"的保证书后，林国祥等人才被放行返国。

就在日本挑起丰岛海战的同一天，日军少将大岛义昌指挥日本陆军混成旅团向驻守牙山的清军进犯。叶志超、聂士成因牙山无险可守，遂分别向牙山东部的公州和成欢转移。7月28日，日军分两路进犯。次日上午5点，日军左翼炮兵开始炮击防守月峰山的清军。由于清军右翼阵地火力薄弱，6点半，一号堡垒被攻占。聂士成急调左翼数百人支援，日军则倾全部火力拦截，援军受阻。20分钟后，右翼二号堡垒亦被攻陷。当日军右翼听到月峰山附近的枪炮声后，也开始向牛歇里山进逼。7点半，日军攻占成欢。

聂士成率军突围后，准备与叶志超在公州会合。叶志超认为公州不可守，不如退到平壤，会合大军，再图进取，于是聂部随叶部而行。两部分别于8月21日、28日先后到达平壤，与左宝贵等诸军会合。丰岛、成欢之战后，中日双方于8月1日同时下达宣战诏书，战争正式开始。战争开始前，中日都制定了相关的作战方针。日本制定的方案拟在击败北洋舰队后，日本陆军在渤海岸登陆，在直隶与清军决战。但是在得知清廷已派援军赶赴朝鲜，而与北洋舰队决战一时也难分高下的情况下，日本为把握时间，重新制订了作战计划，即以山县有朋为总司令，先派陆军进攻平壤，再创造时机进行直隶大决战。

在光绪帝的督促下，李鸿章组织了南北两路入朝援军。北路援军共有四支，即卫汝贵率领的盛军十三营共六千人，马玉崑率领的毅军四营共二千人，左宝贵率领的奉军共四千人，丰升阿率领的奉天、吉林练军一千五百人。四军共三十二营，一万三千余人，于8月上旬先后到达平壤。在李鸿章"先定守局"的命令下，驻守平壤的清军只在城内赶修工事，未能主动进攻尚未集结完毕的日军，丧失了挫败敌人的良好时机。

9月15日前，日军完成了对平壤的包围，遂于是日凌晨发起总攻。激烈的战斗在平壤城东南、城北牡丹台和玄武门和西南三个战场同时展开。日军混成第九旅团在少将大岛义昌指挥下，分三路进攻平壤城南门（朱雀门）。日军首先进攻大同江东岸的清军桥头堡，遭到马玉崑毅字军和盛军一营的猛烈还击，大同江西岸的清军也隔江发炮，"大小炮弹连发如雨，炮声隆隆震天撼地，硝烟如云涌起，遮于面前"。[1]但日军没有退让。不久，卫汝贵率盛军前来增援，清军士气大振。双方激战至下午2点半，日军"中伤者络绎不绝"，大败而逃。此战日军死伤四百三十余人，平壤守军取得初步胜利。

平壤城北牡丹台与玄武门一线是清军防守的重点，日军投入朔宁支队和元山支队七千多人主攻。左宝贵奉军和江自康仁字二营在此坚守，丰升阿的部队为后援。清晨5时，日军集中炮火轰击牡丹台外侧的四座清军堡垒，掩护步兵冲锋。清军凭垒据守，顽强抵抗，终因火力不敌，至上午8时四座堡垒全部失守。清军城北战役虽然失利，但平壤西、南战场的形势仍旧很好。然而身为主帅的叶志超却毫无信心，擅自决定放弃平壤城。15日八点，清军开始撤退。日军已事先埋伏在义州大道，准备拦路截杀。清军遭日军伏击，"死尸遍地，血水成渠，惨目伤心，不堪言状"。[2]经事后统计，

---

① ［日］桥本海关：《日清战争实记》第2编第4卷《平壤之役》。

② 栾述善：《楚囚逸史》，载戚其章主编：《中国近代史资料丛刊续编·中日战争》第6册，中华书局1993年版。

日舰"吉野"号

中日甲午海战中的日本主力巡洋舰，是其联合舰队第一游击队旗舰。甲午海战后，吉野号又参加了1900年的八国联军侵华战争和1904年的日俄战争。

只在一夜之间，清军死亡就高达二千余人。至次日上午10点，日军进入无一兵一卒防守的平壤城。

日本在丰岛海战后，信心大增，决定扩大战争。在得知北洋舰队护送赴朝援军的消息后，日本联合舰队9月14日从仁川港出发，三天后在大东沟附近发现北洋舰队。17日11点左右，北洋舰队也发现日舰，丁汝昌立即令各舰升火以待，并令"定远""镇远"两艘铁甲舰居中，为"人"字雁行阵列迎战。中午12点55分，双方舰队相距5300米时，"定远"舰首先开炮，大战拉开了序幕。北洋舰队腹背受敌，但广大官兵毫不畏缩气馁，反而愈战愈勇。战至下午3点左右，"定远"中炮起火，此时日舰第一游击队抓住时机向"定远"号扑来。千钧一发之际，"镇远""致远"两舰上前掩护，"定远"号转危为安，但"致远"号却受重伤。此时，日舰"吉野"号正在"致远"前方。"致远"号管带邓世昌见"吉野"恃其船捷炮利，横行无忌，气愤地对大副陈金揆说："倭舰专恃吉野，苟沉是船，则我军可以集事。"[1]陈金揆遂加足马力，向"吉野"号冲过去。日第一舰队集中火力轰击"致远"，"敌

---

[1] 姚锡光：《东方兵事纪略》，载《中国近代史资料丛刊·中日战争》第1册，上海人民出版社1957年版，第67页。

"致远"舰水下考古

2014年，丹东黄海海域发现一艘1600吨左右的沉船，命名为"丹东一号"。2015年11月4日，国家文物局确认丹东一号为中日甲午海战沉没的战舰"致远"舰，随后开始进行整体打捞。2016年12月，国家文物局发布，在历时三年水下考古中，共提取文物200余件，多为船体构件、船员生活用品及武器配件等。重要出水文物有致远舰配置的加特林机关炮、带"致远"印纹餐盘、勺子及致远舰大副陈金揆所用单筒望远镜等。

"定远"舰模型

"定远"级铁甲舰共两艘，即定远舰、镇远舰。定、镇二舰由李鸿章主导购建，德国伏尔铿造船厂建造，购置两舰花费280万两白银。1885年正式编入北洋水师。甲午战争中，定远舰在威海港内遭日军重创，后自爆沉没；镇远舰被日军俘获，编入日本联合舰队，参加过日俄战争，1915年退役被拆解。

舰所发巨弹有如雨霰，加自舰倾斜已甚，致功业垂成之际遽尔颠覆，舰首先行下沉，推进器直现于空中，犹在旋转不已"。[①] 邓世昌落水后，誓与舰队共存亡，遂拒绝援救，自沉于万顷波涛之中。日本舰队多已受伤，无力再战。晚7点15分，伊东祐亨下令日舰队停战。北洋舰队也收队驶回旅顺。至此，历时五小时的激烈海战，宣告结束。北洋水师损失"致远""经远""超勇""扬威""广甲"五艘军舰，"来远"受重伤，死伤官兵约六百余人；日舰队"松岛""吉野""比睿""赤城""西京丸"五舰受重伤，伤亡239人。

1894年8月，平壤战役和黄海海战后，日本政府按照与清军在直隶平原作战的总方针，令大将山县有朋率第一军集结在朝鲜义州附近，准备从鸭绿江一线进攻中国辽东半岛北部；日军第一师团、第二师团及第十二混成旅团组成第二军，由陆军大将大山岩率领，准备从海路登上辽东半岛南部，进攻清军重地金州、大连和北洋海军基地旅顺口。

朝鲜的清军自平壤脱围后，陆续聚集安州。聂士成建议扼守安州，坚壁清野。但接连战败的叶志超已是惊弓之鸟，无心再战，继续北撤，狂奔至义州。光绪帝力主全面开战，但李鸿章提出"严防渤海以固京畿之藩篱，力保沈阳以顾东省之根本"的防御策略。此后，清军重兵布防鸭绿江，并在辽南地区加强守备。10月24日，山县有朋率日军轻易突破鸭绿江防线，清军全线崩溃。此后，日军占领凤凰城、岫岩等地。清军与日军苦战三个多月，交战十几次，才暂时阻止住日军的攻势，迫使日军放弃东路进犯辽阳的计划。

日军在辽阳东路的争夺战中受挫后，全力进攻辽阳南路。12月13日，日军占领海城。1895年1月10日，日军占领盖平，关外形势紧急。清廷授两江总督刘坤一为钦差大臣，节制关内外防剿各军。清军先后5次反攻海城，皆以失败而告终。3月初，日军占领牛庄、营口。至此，自鞍山而西，都被日军占领。

与此同时，日军为执行进攻北京的既定方针，也在辽东半岛登陆。1894年10月24日，日本第二军在花园口登陆。11月3日，日军进犯辽南军事重镇金州，3天后金州被攻陷。7日，日军第一师团兵分三路向大连湾发起攻击，清军不战而退。日军一路没有遇到任何抵抗，行进极为迅速。日军行

---

① 《马吉芬黄海海战述评》，载《海事月刊》1936年，第10卷第3期，第38页。

山县有朋照

山县有朋（やまがた ありとも，1838—1922年），日本军事家，政治家。早年参加"尊王攘夷"运动，历任陆军卿、参军、参谋本部长、内务大臣、农商大臣和内阁总理大臣。1909年伊藤博文死后，成为日本最有权势的元老，是日本陆军之父，开启了长州藩军人控制陆军的时代。

至三十里堡迷路，以死相威胁，令塾师阎世开带路。阎世开奋笔写下"宁为中华断头鬼，勿为倭奴屈膝人"的诗句后，慷慨就死。上午9点，大连湾被日军占领，该处储存的大量枪支弹药被日军轻易获得。

日军在大连湾休整十天后，向旅顺发动进攻。500多清军将士在徐邦道、姜桂题的率领下进行顽强阻击，后因敌众我寡失败。22日，旅顺口失陷。日军占领旅顺后，对当地百姓进行野蛮屠杀，其残忍程度令人发指，两万余无辜百姓惨死于日军之手。英国人艾伦在旅顺期间差点遭日军杀害，侥幸回国后，他在《在龙旗下》一书中写道："在我周围都是狂奔的难民。我第一次亲眼看见日本兵追逐逃难的百姓，用枪杆和刺刀对付所有的人，对跌倒的人更是凶狠地乱刺。……我看到一个抱着小孩子的妇女，当她拼命挣扎向前的时候，一个鬼子用刺刀把她捅穿，她倒下后，鬼子又刺了一刀，将这个约两周岁的孩子刺穿了，并把小尸体高举起来。那个妇女爬起来，拼命想夺回孩子，但她显然已精疲力竭，快要死去，又跌倒在湖水中。她的尸体，跟距离很近的每个尸体一样，被砍成几截。新的一批批受害者继续被赶入湖水中，直到湖水中很快就无法容纳更多的受害者为止。……"惨案发生后，世界震惊。就连以前偏袒日本的美英两国也纷纷指责其暴行。

威海卫位于山东半岛的东北端，与辽东半岛的旅顺口遥相对峙，素有"渤海锁钥"之称。港湾南北两岸及刘公岛、日岛建有十余座炮台，配备新式大炮一百余门。火力交错，防御坚固，成为北洋海军基地和提督衙门所在地。黄海海战后北洋海军在旅顺稍事休整，全部泊聚于此。日军为进军山海关，直逼直隶平原，寻求与清军进行主力决战，威胁京、津，迫使清政府完全投降，决定以大山岩指挥的第二军第二师团及在国内的第六师团编成"山东作战军"，由海路运输从山东半岛登陆。

1895 年 1 月 19 日开始，日军分批次登陆荣城。1 月 26 日，日本第二军分左右两路纵队向威海南岸炮台进发。次日，日军以伤亡 226 人的代价夺取了南岸炮台。与此同时，日军左路纵队也向南岸炮台外围发起攻击。2 月 2 日上午，日军左右两路纵队在威海卫城会师。南岸炮台失守后，丁汝昌两次与戴宗骞商议对策。因北岸炮台守军早已溃散，丁汝昌劝戴宗骞移驻刘公岛。戴宗骞上岛后，愧愤自尽。日军不费吹灰之力占领了北岸炮台。至此，威海陆上据点尽失，北洋舰队和刘公岛陷入重围。

2 月 3 日，日本舰队向刘公岛发炮，陆军在南岸炮台发炮夹击。双方战况激烈，"巨弹交迸，坠入海中"。炮战终日，日舰始终无法靠近威海卫口，最后不得已撤退。2 月 4 日和 5 日，伊东祐亨以鱼雷艇夜袭，击沉北洋舰队"定远""来远""威远"等舰，削弱了北洋舰队的实力。7 日，日舰以单纵阵向刘公岛、日岛发动进攻。防守日岛炮台的"康济"舰管带萨镇冰誓死拼战。9 日，日舰发起第 6 次海上进攻。"靖远"被两颗炮弹击中搁浅，丁汝昌为不使其落入日军之手，将它炸沉。11 日，日军水陆夹击，清军舰艇难以抵御。丁汝昌绝望之下，决心以死报国，遂饮鸦片，延至次日晨七点而亡。12 日，美员浩威盗用丁汝昌名义致书向日本乞降。14 日，牛昶昞与伊东祐亨签订《威海降约》。17 日上午，日军正式占领威海卫，将北洋舰队的舰船俘获，插上日本旗，北洋舰队全军覆没，山东半岛之战结束。

三、中日议和与三国干涉还辽

1895 年 2 月 17 日，即日军俘获北洋舰队的当天，日本政府发出声明要清政府派人谈判。此时慈禧急欲求和，在得知日本的要求后，立即召直隶总督兼北洋大臣李鸿章入京，任命他为全权代表赴日议和。

在 2 月 22 日的朝会中，光绪帝让李鸿章与众臣议论媾和之事。李鸿章反对割地，翁同龢主张倘若可以回避割地，即便赔偿巨额战费，也可以忍辱负重。大臣孙毓汶、徐用仪认为当前形势急迫，若回避日本割地条件，和平交涉将无法继续。李鸿章声称"割地则不行，议不成则归耳"。其后李鸿章又拜会各国公使，乞求干涉，但均无结果。李鸿章见割地已成定局，便于 2 月 25 日就割地一事上奏皇帝，要求"面谕训诲"，非要从光绪帝口中得到

伊藤博文照

伊藤博文（1841—1909年），日本近代政治家、明治九元老之一。他还是日本第一个内阁总理大臣、枢密院议长、贵族院院长，首任韩国总监，明治宪法之父。明治维新之后，伊藤博文四次组阁，任期长达七年，任内发动了中日甲午战争。1909年（明治四十二年），伊藤博文在哈尔滨被朝鲜人安重根刺杀身亡，死后日本政府为其举行国葬。梁启超曾比较李鸿章与伊藤博文的优劣，认为"伊有优于李者一事焉，则曾游学欧洲，知政治之本原也"。这一评价是较为公允的。相较于梁启超，清末西学派对伊藤博文抱有幻想。维新运动中，康有为曾有"日清合邦"之论，其中有聘请伊藤博文总揽政务的主张。

明确的割地的授权不可。光绪帝无奈，只好表示可以授予李鸿章"以商让土地之权"。

3月13日，李鸿章以头等全权大臣的名义，以美国前任国务卿科士达为顾问，率百余名随员前往日本马关（今下关），与日本首相伊藤博文、外务大臣陆奥宗光进行谈判。3月19日，李鸿章抵达日本马关，住在接引寺。次日，双方在春帆楼举行首次会谈。至24日，中日共举行3次谈判。其中在3月23日的谈判中，日本企图趁中日和谈之际出兵澎湖，逼迫中方在谈判中同意割让台湾，即使达不到目的，也可以澎湖作为跳板入侵台湾。3月24日，即日军占领澎湖当天，李鸿章遇刺。日本担心造成第三国干涉的借口，自动宣布休战。3月30日，双方签订了《中日停战协定》六款。但停战范围只限于沈阳、直隶、山东各地，不包括台湾、澎湖地区。

4月1日，双方继续谈判。日方所提条件很苛刻，企图让清廷割地赔款。李鸿章将日本所拟条款读毕后，给总理衙门发去电告。四天后，仍旧没有得到答复。李鸿章只好先给日方暂时答复，除承认朝鲜自主外，其余都予以反驳。陆奥宗光、伊藤博文读过后，于4月6日给李鸿章发去照会。李鸿章将日方照会内容转述给总理衙门，清廷在割地与否上难以达成统一意见，只是希望李鸿章能够"反复辩驳"。日方以李鸿章伤势未愈为借口，希望清廷能任命李经方为全权大臣与日本和谈。清廷急于求和，遂答应日方的提议。

伊藤博文对李经方进行恫吓恐吓，威胁道："谈判一旦破裂，中国全权大臣离开此地，能否再安然出入北京城门，恐亦不能保证。"李鸿章接到李经方的回报后，与日方约定 10 日继续谈判。4 月 10 日，中日双方举行第五次谈判。李鸿章伤势渐愈，亲自参加。伊藤博文提出日方的最后修正案，其中对辽东半岛的割让范围适当收缩，赔款减为两亿两，通商口岸减为四处。李鸿章要求到 14 日下午作出答复。谈判当天晚 10 点，李鸿章将白天谈判情况电告总理衙门。15 日，双方举行第六次谈判。会谈从下午 2 点半至 7 点半，李鸿章虽极力周旋，但日方丝毫不肯让步。

4 月 17 日，李鸿章代表清政府与日本在马关春帆楼签订丧权辱国的《马关条约》，其主要内容包括：中国承认朝鲜独立；割让台湾岛及其附属岛屿、澎湖列岛与辽东半岛给日本；赔偿日本二亿两白银；开放沙市、重庆、苏州、杭州为通商口岸；允许日本人在通商口岸开设工厂。《马关条约》签订的消息传到国内后，各阶层舆论哗然。在京参加会试的各省举人纷纷上书要求清政府拒和。都察院御史易顺鼎、御史高燮曾等也在奏疏中指责李鸿章卖国行径。5 月 8 日，清政府与日本政府在山东烟台如期完成换约，《马关条约》正式生效。

《马关条约》签订的当天，俄国首先发难。俄国外交大臣罗拔诺夫对德、法两国驻俄公使说，俄国政府决定立即以友谊的方式，直接向日本政府提出不要永久占领中国本土的请求。同一天，德国皇帝威廉二世下令，将一艘装甲舰、一艘巡洋舰开赴远东。同时德国外交大臣马沙尔也给其驻日公使哥特斯米德发出电训："现在日本的和平条约（指《马关条约》）损害了欧洲和德国的利益，虽然后者的范围尚小。因此，我们现在不得不抗争，必要时，我们知道怎样予以必要的强调。日本必须让步，因为对三国斗争是没有希望的。"4 月 19 日，法国驻华公使蒙得培罗通知俄国外交大臣罗拔诺夫，法国决定参加俄国的计划。三国建立起盟友关系后，一直期望英国也能加入。但英国政府认为"马关条约对于英国是更有利益的，因为新埠口的开放和更巨大的便利让予将给国际贸易带来好处，而且日本的胜利将阻碍俄国政策在满洲和朝鲜的进展"[①]。4 月 23 日，英国政府给出不参加干涉的答复。当天下午，

---

① 《中国近代史资料丛刊·中日战争》第 7 册，上海人民出版社 1957 年版，第 420 页。

中日《马关条约》谈判会场

俄法德三国公使向日本政府发出备忘录。日方经过讨论，一致决定"对于三国纵使最后不能不完全让步，但对于中国则一步不让。本此方针贯彻到底，这是目前的急务"[1]。

5月10日，明治天皇宣布诏书，接受三国忠告，放弃对辽东半岛之永久占领。经协商后，三国政府"确信日本所要求的此项赔款应不超过三千万两白银"。10月7日，日本政府答复三国，决定将"补偿金额减至三千万两"，当中国将赔款全部交付完毕后，在三个月内实行撤兵。10月14日，清廷派李鸿章为全权大臣，与日本新派驻华公使林董谈判。11月8日下午4点，双方在北京签订《辽南条约》。其主要内容是：一、中国让与日本国管理的奉天省南部地区及辽东湾东岸、黄海北岸、奉天所属诸岛屿，永远交还中国；二、中国支付三千万两赎辽费，于1895年11月16日交清；三、赔款交付后，日本军队在三个月内从该地一律撤回。三国干涉还辽事件开启了列强企图瓜

---

① ［日］陆奥宗光：《蹇蹇录》，商务印书馆1963年版，第160页。

丘逢甲像

丘逢甲（1864—1912年），客家人，字仙根，辛亥革命后以沧海为名。晚清爱国诗人、教育家、抗日保台志士。祖籍广东镇平，生于台湾苗栗县，1887年中举人，1889年己丑科同进士出身，授任工部主事。中日甲午战争爆发后，他以"抗倭守土"为号召创办义军，变卖家产以充军费，担任全台义军统领。《马关条约》割让台湾，丘逢甲悲愤交加，当即刺血上书，抗议李鸿章的卖国行径，表示要与桑梓之地共存亡，清廷不纳。丘逢甲见无可挽回，遂倡议台湾自立为民主之国，率台民领衔电奏十六字："台湾士民，义不臣倭。愿为岛国，永戴圣清。"抗日失败后离台内渡，倡导新学，支持康梁维新变法。台湾建有逢甲大学以示纪念。

分中国之端。此后，列强们纷纷将魔爪伸向中国，在中国强占租借地和划分势力范围。

割台消息传到台湾后，"台人骤闻之，若午夜暴闻轰雷，惊骇无人色，奔走相告，聚哭于市中，夜以继日，哭声达于四野。是时，风云变色，若无天地，澎湖之水为之不流"。[①] 台湾人民群情激愤，痛斥卖国贼，反对割地求和。在丘逢甲的领导下，兴起轰轰烈烈的反割台斗争。

4月18日，在割台消息得到证实后，丘逢甲上书质问清廷，并表达台湾民众誓死抵抗的决心。次日，台湾巡抚唐景崧接到总理衙门复电，电报陈述清廷割台的苦衷。电文传出后，台湾民众鸣锣罢市，强烈反对割台。然而清廷认为和议已成，对台湾民众的爱国之心无动于衷。台湾民众并没有放弃，一方面继续呼吁清廷设法挽回；另一方面，又寄希望于英法列强，但全无结果。台湾绅民遂向总理衙门及各省大吏发去"自主保台"的电文："台湾属倭，万民不服。迭请唐抚院代奏台民下情，而事难挽回，如赤子之失父母，悲惨曷极！伏查台湾为朝廷弃地，百姓无依，惟有死守，据为岛国，遥戴皇灵，

---

① 戚其章主编：《中国近代史资料丛刊续编·中日战争》第12卷，中华书局2005年版，第467页。

为南洋屏蔽……台民此举，无非恋戴皇清，图固守以待转机。"①

1895 年 5 月 20 日，清政府命令台湾巡抚唐景崧与文武官员内渡，撤离台湾。同时派李经方为"割台大臣"，由美国顾问科士达陪同前往台湾办理交割手续。李经方不敢在台湾登陆，于 6 月 2 日在基隆的日舰上办理手续，把"台湾全省及所有附属各岛屿并澎湖列岛"，以及所有的兵工厂、公物财产等全部交给日本。

5 月 25 日，在丘逢甲等人的推动下，台湾官绅组成"台湾民主国"，年号永清，寓永远隶属清朝之意，推举唐景崧为总统，丘逢甲为义军统领，著名的黑旗军首领刘永福为大将军。台湾民主国成立后立即向清政府表示"永戴圣清"，同时宣示中外，"台湾土地政令非他人所能干预，设以干戈从事，台民惟集万众御之，愿人人战死而失台，决不愿拱手而让台"。日军经过残酷的军事镇压，最终于 1895 年 11 月宣布台湾"平定"。

---

① 《甲午战争》第 1 册，新知识出版社 1956 年版，第 204 页。

第四章 从"自强"到"求富"

第一节　军事工业

第二次鸦片战争结束后，中外势力合作镇压太平天国起义，并在 19 世纪六七十年代形成一个中外"和好"的局面，史称"同治中兴"。这一时期，洋务运动兴起。洋务运动是指 19 世纪 60 年代至 90 年代清廷为挽救其统治危机，以洋务派官员为骨干，所进行的自上而下地引进西方的科学技术、军事装备、生产机器等活动，以富国强兵为主要目的的自强、自救运动。

洋务运动的内容较为广泛，包括兴办军事工业、训练新式军队、兴办近代工矿交通企业、设立新式学堂、派遣留学生等事务。从 19 世纪 60 年代至 70 年代是洋务运动的第一阶段，这一时期的洋务运动派官员以"自强"为口号，

唐胥铁路
光绪八年（1882 年），直隶总督李鸿章乘"龙号"机车视察唐胥铁路。这可以看作是洋务运动的标志性成果。

奕訢照

爱新觉罗·奕訢（1833—1898 年），号乐道堂主人，清末政治家、洋务运动主要领导者，道光帝第六子，咸丰帝同父异母兄弟。奕訢于 1853—1855 年担任领班军机大臣。在第二次鸦片战争中，他受命为全权钦差大臣，负责与英、法、俄谈判，并且签订了《北京条约》。1861 年，咸丰帝过世，奕訢与两宫太后联合发动辛酉政变，成功夺取了政权，被授予议政王之衔（后又被革除）。1861—1884 年，奕訢任领班军机大臣与领班总理衙门大臣。后因中法战争失利被罢黜。死后谥号为"忠"。

兴办了一批官办的军事工业，并训练近代化的新式军队，初步建立起近代国防体系。19 世纪 70 年代至甲午战争结束为洋务运动的第二阶段，随着对西学认识的进一步加深，除"自强"之外，洋务派官员又提出"求富"的口号，创办一批官办或官督商办的民用工业，如工矿、铁路、轮船、电报、纺织等，兴办西式学堂，派遣留学生学习西方先进技术等；同时，在官方兴办民用工业的推动下，也诞生了中国近代的民族工业。洋务运动促进了中国的早期现代化。

一、洋务机构与洋务派

第二次鸦片战争后，清廷为处理与各国的关系，于咸丰十年十二月（1861年 1 月）设立总理各国事务衙门，负责管理与洋务有关的事务，标志着洋务运动的正式开始。

总理各国事务衙门成立之初，恭亲王奕訢出任总理王大臣，权力很大，实际上成为清政府的中枢机关。总署之外，还在地方设立南北洋通商大臣，负责管理南北各通商口岸的通商事务。

清廷还单独设立了总税务司。咸丰三年（1853 年）秋，上海小刀会起义，占领上海全城，苏松太道兼江海关监督吴健彰亦逃离上海。9 月 8 日，英国军舰"斯巴达人"（Spartan）号占领官署。9 日，上海英国领事阿礼国借机炮制《海关机构空缺期间船舶结关暂行章程》，宣布立即接管征税事宜，英商可用现金或为期 40 天的期票缴费，期票将来是否兑现，由英国政府决定。随后，美国和法国也宣布实行领事征收。10 月，吴健彰重回上海，与各国领

清末位于上海的海关总税务司衙门

事交涉，要求恢复行使职权，但被列强拒绝。1854 年，清廷接受阿礼国提出的将上海关置于英、美、法三国共同控制之下的提议，同意三国各派一名代表主持税务。6 月 29 日，吴健彰与三国领事达成上海海关八款协议，分别指派英国人威妥玛、美国人卡尔（L. Caar）和法国人斯密司（M.A.Smith）出任上海海关"税务司"，组成"关税管理委员会"，并于 7 月 12 日接管苏州河北岸海关的全部税务工作。中国的征税自主权遭到严重削弱。

　　咸丰五年，英国人李泰国接替威妥玛担任上海海关税务司英方代表。上任伊始，李泰国就积极活动，力图在其他口岸推广上海关税管理制度。咸丰九年（1859 年），经两江总督兼五口通商大臣何桂清同意，李泰国以"总税务司"名义前往英法联军占领的广州。他草拟海关章程，又策动粤海关监督恒祺照会英国领事，任命英国人费士莱（G.H.Fitz-Roy）为税务司，赫德及马迪森（Matheson）为副税务司，费士莱到任前先由美国人吉罗福（G.B. Glover）代理。咸丰十年（1860 年），经恭亲王奕䜣奏请，清廷设立总理各国事务衙门，专办外交事务。随即，李泰国被任命为"总税务司"，不久因其回国，指定费士莱代理，镇江、宁波、天津、福州、汉口、九江等口岸于咸丰十一年（1861

赫德像
赫德担任清朝海关总税务司达50年之久（1861—1911年），在任内创建了税收、统计、浚港、检疫等一整套严格的海关管理制度。他主持的海关还创建了中国的现代邮政系统。死后被清政府追授为"太子太保"。

蒲安臣像
蒲安臣（Anson Burlingame, 1820—1870年），是美国对华合作政策的代表人物，还是绝无仅有的既担任过美国驻华公使又担任中国使节的美国人。

年）分别建立起税务司制度。同治初年，其他各口岸也先后建立。

总税务司对全国海关拥有最高权力，掌各海关征收税课之事。李泰国离职后，由粤海关税务司赫德接任。赫德任总税务司长达半个世纪，所有机构设置、行政及人事，包括各关外籍雇员的任免迁调，全由其作主。通过这一系列的新条约及总税务司制度，协定关税制度得到加强，清代的关税自主权进一步遭到削弱。伴随着通商口岸的逐步深入，洋关在中国沿海和内地一一添设，到晚清时期，已成星罗棋布之势。总税务司也成为列强收集情报、干涉中国内政和经济的重要渠道。

1861年以后，外国公使馆先后在北京建立。1867年底，美国离职回国的驻华公使蒲安臣，受到总理衙门委派，以"大清国大皇帝特派钦差大臣"的身份，"办理各国中外交涉事务"，率领清政府外交使团赴欧美等国"访问"。使团成员有英人翻译官柏卓安，法籍海关职员德善，中国记名海关道志刚、礼部郎中孙家谷。这是清政府的第一个外交使团，于1868年2月从上海出发，

蒲安臣使团访问华盛顿（左至右为庄椿龄、桂荣、联芳、凤仪、德善、孙家谷、蒲安臣、志刚、柏卓安、德明、塔克什讷、廷俊、亢廷镛）

首先赴美。使团的目的在于修改《天津条约》中不利于中国的部分，同时也为设置常驻使节做准备。蒲安臣擅自同美国国务卿订立《中美续增条约》（又称"蒲安臣条约"），规定"大清国与大美国"居民前往各国，"或愿常住入籍，或随时来往，总听其自便，不得禁阻"①，为美国掠夺华工开辟了道路。1870年，蒲安臣率使团访问英、法、德等国后，在俄国圣彼得堡病死。

19世纪50年代，清廷身处太平天国运动和第二次鸦片战争的内忧外患之中，开始出现一批倡导进行洋务运动以求富国强兵的官员，他们被称为"洋务派"。洋务派官员继承魏源"师夷长技"的思想，主张向西方学习先进的军事工业、练兵之法，从而达到富国强兵，使清朝摆脱内忧外患的局面。洋务派在清朝中央以军机大臣兼总理衙门大臣奕䜣和户部侍郎文祥为代表；在地方则以曾国藩、左宗棠、李鸿章、张之洞等督抚为代表。他们握有实权，左右清朝政局。

清廷开展洋务运动的直接原因是为镇压太平天国运动。太平军中大量装备向洋行购买或缴获而来的洋枪洋炮，"忠王（李秀成）军三分之一均有洋枪"，在破天京之围时，其部队装备有"开花炮多尊及洋枪二万杆"；在无锡同清军作战时，太平军曾用缴获的英国蒸汽武装轮船"飞而复来"号同清

---

① 黄月波等编：《中外条约汇编》，商务印书馆1935年版，第131页。

李鸿章关于订购快船配件给赫德的札文

军作战。据一个英国人记载，"苏州城中可能有 3000 支洋枪，叛军中四分之一的兵士佩带来复枪"①。太平军的先进装备给清朝官员留下深刻印象，淮军将领李鸿章在致曾国荃的书信中写道"（太平军）无劈山炮，专恃洋枪，每进队必有数千杆冲击，猛不可当"②。

总理衙门成立后，奕䜣等人上《通筹夷务全局酌拟章程六条折》称："自换约以后，该夷退回天津，纷纷南驶，而所请尚执条约为据。是该夷并不利我土地人民，犹可以信义笼络，驯服其性，自图振兴。似与前代之事稍异……发、捻交乘，心腹之害也；俄国壤地相接，有蚕食上国之志，肘腋之忧也；英国志在通商，暴虐无人理，不为限制，则无以自立，肢体之患也。故灭发、捻为先，治俄次之，治英又次之"，可见清廷将太平军、捻军等起义军看作心腹之患，甚于英俄。奕䜣等人还将当时的局势比作是魏、蜀、吴三国鼎立，"是今日之御夷，譬如蜀之待吴，蜀与吴仇敌也，诸葛亮秉政，仍遣使通好，约共讨魏"③。在奕䜣等人"联吴伐魏"的战略思想下，《北京条约》签订后"中外和好"，清廷便联合西方列强，利用列强先进的武器装备共同镇压太平天国。可见，清廷之中已有部分官僚意识到，要想镇压太平天国，必须依靠西

---

① 《戈登在中国》，王崇武、黎世清编译，载《太平天国史料译丛》，神州国光社 1954 年版，第 168、73 页。

② 李鸿章：《复曾九帅》，载《李鸿章全集》第 29 册，安徽教育出版社 2007 年版，第 114 页。

③ 《筹办夷务始末·咸丰朝》卷 71，上海古籍出版社 2002 年版，第 315 页。

方先进的洋枪洋炮。

抵御西方列强的入侵也是洋务运动的目的之一。两次鸦片战争，堂堂"天朝上国"竟败给"蕞尔小夷"；尤其是第二次鸦片战争，英法联军攻入北京，咸丰帝逃死热河。面对西方列强入侵和清廷惨败，举国震惊，时人惊呼"夷祸之烈极矣"，许多开明的士大夫开始寻求并学习西方国家的先进之处，以求富国强兵，抵御外辱。"师夷长技"既成为洋务运动思想的渊源，也成为洋务运动的核心内容。

奕䜣早年师从喜治经世致用之学的卓秉恬，在第二次鸦片战争后主张"将外洋各种机利火器实力讲求，以期尽窥其中之秘，有事可以御侮，无事可以示威"[①]。曾国藩也是较早的洋务派官僚，咸丰四年（1854 年）时就曾购置大量洋枪洋炮武装湘军；咸丰十年（1860 年）曾国藩上奏称"目前资夷力以助剿济运，得纾一时之忧；将来师夷智以造炮制船，尤可期永远之利"[②]；次年曾国藩又奏称购买外洋船炮极为重要，为"今日救时之第一要务"，如果能大量购得洋枪洋炮为己所用，"在中华则见惯而不惊，在英、法亦渐失其恃"，在购买之后还可以"访募覃思之士，智巧之匠，始而演习，继而试造。不过一二年，火轮船必为中外官民通行之物。可以剿发捻，可以勤远略"[③]。

李鸿章是兴办洋务事业最多的官僚，他有强烈的危机意识："今则东南海疆万余里，各国通商传教来往自如，麇集京师及各省腹地，阳托和好之名，阴怀吞噬之计。一国生事，诸国构煽，实为数千年未有之变局。轮船电报之速，瞬息千里；军器机事之精，工力百倍。炮弹所到无坚不摧，水路关隘不足限制，又为数千年来未有之强敌。"[④]他主张学习西方科技，强调"查西洋诸国，以火器为长技，欲求制驭之方，必须尽其所长，方足夺其所恃"[⑤]。左宗棠是魏源"师夷长技"思想的坚定拥护者，曾提出"借不如雇，

---

① 《筹办夷务始末·同治朝》卷 25，上海古籍出版社 2002 年版，第 395 页。

② 曾国藩：《复陈洋人助剿及采米运津折》，载《足本曾文正公全集》卷 12，吉林人民出版社 1995 年版，第 755 页。

③ 曾国藩：《复陈买外洋船炮折》，载《足本曾文正公全集》卷 14，吉林人民出版社 1995 年版，第 804 页。

④ 李鸿章：《筹议海防折》，载《李鸿章全集》第 6 册，安徽教育出版社 2007 年版，第 159—160 页。

⑤ 《中国近代史资料丛刊·洋务运动》第 4 册，上海人民出版社 1961 年版，第 129 页。

雇不如买,买不如自造",力主建设船厂,"内纾国计利民生,外销异患树强援"①。洋务思想家冯桂芬指出中国有六处不及西方国家:"人无弃材不如夷,地无遗利不如夷,君民不隔不如夷,名实必符不如夷狄……船坚炮利不如夷,有进无退不如夷",因此必须要设立"船炮局",雇佣西洋人传授中国工匠制器之法,有能够制成并"与夷制无辨者",对其进行奖励,最终的目标是"始则师而法之,继则比而齐之,终则驾而上之,自强之道,实在乎是。"②

在洋务运动期间,顽固派对洋务派的主张进行强烈抵制。1867年,清廷打算在同文馆内增设算学馆,招收翰林、进士、举人、贡生及科举正途出身的五品以下京外官员入馆,学习西方科技知识。大学士倭仁奏称:"窃闻立国之道,尚礼义不尚权谋,根本之图,在人心不在技艺",

冯桂芬像

冯桂芬(1809—1874年),江苏吴县人,曾师从林则徐。道光二十年进士,咸丰初在籍办团练,同治初入李鸿章幕府。著名学者,尤重经世致用之学。先后主讲于金陵、上海、苏州诸书院。

以洋人为师,无异于"驱中国之众咸归于夷"③。李鸿章打算修筑从天津至通州的铁路,大学士恩承、吏部尚书徐桐等人联名上书反对,数十名京官也以资敌、扰民、夺民生计等为由,集体阻挠。只是由于朝廷干预,顽固派的主张才未能得逞。

二、军事工业

奕䜣曾言:"治国之道,在乎自强,而审时度势,则自强以练兵为要,练兵又以制器为先。"④这段话基本代表了洋务运动前期洋务派的主要思想,即要大力兴建军事工业。

咸丰十一年(1861年),湘军攻陷安庆后,曾国藩建立安庆内军械所。

---

① 《中国近代史资料丛刊·洋务运动》第5册,上海人民出版社1961年版,第456页。
② 冯桂芬:《校邠庐抗议》,中州古籍出版社1998年版,第198—199页。
③ 《中国近代史资料丛刊·洋务运动》第2册,上海人民出版社1961年版,第31页。
④ 《筹办夷务始末·同治朝》卷25,上海古籍出版社2002年版,第394页。

江南制造总局炮厂机器房

安庆内军械所主要采取手工方式生产子弹、火药，并能初步仿制出西式开花炮。次年，李鸿章率军进入上海，开始准备仿造西方军备。同治二年（1863年），李鸿章在上海先后建立三个洋炮局，分别由英国军医马格里、韩殿甲、丁日昌主持。此后淮军攻占苏州，马格里的洋炮局迁往苏州，成立苏州洋炮局，引进车床、铸型机等机器，开始机器生产，成为第一个使用机械生产的中国近代兵工厂。另外两个分别是上海洋炮局和安庆军械所，后与江南制造总局合并。

上海洋炮局和安庆军械所属于洋务运动的初步尝试，规模较小。除马格里主持的洋炮局外，均没有聘用洋匠，且全为手工生产，产品质量不高。同治三年，湘军攻占天京，财政问题有所好转。从同治三年至光绪二十一年（1864—1895年），洋务派共兴建21家局厂，其中规模较大的有江南制造总局、金陵机器制造局、福州船政局、天津机器局、湖北枪炮厂等。

江南制造总局是洋务派兴办的第一个大规模近代军事工业，简称沪局。最初创办的安庆军械所和上海洋炮局，由于未使用机器生产，效率低下，产品质量较差，这使得洋务派意识到机器生产的重要性。李鸿章说："中国欲自强，则莫如学习外国利器，欲学习外国利器，则莫如觅制器之器，师其法而不必尽用其人。欲觅制器之器与制器之人，则或专设一科取士，士终身悬以为富贵功名之鹄，则业可成，艺可精，而才亦可集。"①同治三年，留学美国的容闳向曾国藩建议从外国购买机械设备以改善生产，而李鸿章则主张就近于上海等地购买。同治五年，李鸿章命苏松太道丁日昌在上海采购机器，最终从美商霍斯（T. J. Falls）手中以白银4万两的价格，购得旗记铁厂，将其并入原来丁日昌、韩殿甲主持的上海洋炮局和松江西洋制炮局，成立江南制造总局，丁日昌任总办，霍斯任监工，用江海关洋税的二成收入作为经费来源。随后，李鸿章调集苏州洋炮局的部分机器，加上容闳从美国购得的100多台机器，规模大为扩充。江南制造总局最初位于上海虹口租界区附近，因地界狭小，又担心与洋人产生冲突，因而于同治六年迁往城南高昌庙，分设机器厂、汽灯厂、杠厂、铸铜铁厂、枪厂、船坞等。此后，随着规模扩大，又增加火药厂、炼钢厂等。至光绪十七年，江南制造总局已有13个分厂和1个工程处，工人两千多，成为清代规模最大的兵工厂，是晚清军事工业的基础。

江南制造总局的产品主要有枪炮、弹药、轮船、钢铁、机器等。枪炮方面，初期江南制造总局只能生产旧式的前膛来复枪，19世纪70年代开始仿造美国林明敦式后膛枪，80年代后开始仿制德国毛瑟枪和美国黎意枪，八九十年代后林明敦式后膛枪已经落后后，便开始大量生产德国毛瑟枪和英国曼里夏枪，还成功研制出中国自制的快利枪。沪局生产的火药主要有黑色火药、栗色火药，90年代后开始生产先进的无烟火药。制造大炮初期为劈山炮、田鸡炮等，随后开始制造乌里治前膛炮、阿姆斯特朗前膛炮、后膛炮等。此外还生产水雷、地雷等装备。

同治六年，在曾国藩的建议下，江南制造总局开始建立船坞、船厂。次年，第一艘轮船"恬吉"号（后改名为"惠吉"）下水。至光绪十一年，江南制造总局总共生产大小火轮船15艘。此后，由于技术问题，以及生产轮船质量较差、成本过高，造船之银倍于外洋购船之价，江南制造总局停止生产船只，改为修理南北洋各省船只。江南制造总局前期生产所需的钢铁需要从外国进口，成本昂贵。光绪十六年，从英国采购设备，自设炼钢厂。次年，

---

① 李鸿章：《致总理衙门》，载《李鸿章全集》第29册，安徽教育出版社2007年版，第313页。

江南制造总局所造第二艘舰"操江"号

成功炼制钢铁，并且还能对钢材进行加工，制成钢轴、枪坯、炮坯等，这是中国最早的钢铁工业。

洋务派极为重视"制器之器"，因此，江南制造总局以容闳从美国购回的机器生产各种机械，包括车床、刨床、钻床、汽锤、砂轮机、锯床、翻砂机、起重机、汽炉等机器以及各种零件，除生产兵工机器外，亦有销售给民间的民用机器。从1861年至1895年，沪局共制造车床、刨床245具，各种机器316具，开启中国近代机器制造业之先河，对中国工业发展起到了极大的推动作用。除制造军火、机器外，江南制造总局还设立翻译馆及工艺学堂，后又合并广方言馆，招聘外国人同中国技术人员一同译书，对西方科学技术在中国的传播起到了促进作用，并为中国培养出了一批科技人才。

同治四年，李鸿章署理两江总督，苏州洋炮局随之迁往南京，于雨花台建厂，改为金陵制造局，简称宁局，刘佐禹任总办，马格里任督办。后又经继任两江总督刘坤一、曾国荃等扩建，成为一个拥有机器厂、熟铁厂、翻砂厂、木工厂、火箭厂、火药厂、水雷厂等工厂及数千工人，规模仅次于江南制造总局的大型军工厂。金陵制造局主要生产枪炮、弹药等军械，成功仿制出美式加特林机关炮、美式诺登飞多管排列机枪等，也可独立制造劈山炮、开花炮等火炮。19世纪80年代，金陵制造局还曾制造过两艘轮船。在中法战争中和中日甲午战争中，金陵制造局生产的军备起到很大

作用。

金陵制造局前期一直聘用洋匠，最初聘马格里为督办，刘坤一任两江总督时也聘用过其他外国人。然而，马格里原本是军医出身，技术水平低下，制造的大炮质量低劣。同治十二年，马格里监制的大炮在天津大沽口炮台试放时爆炸，炸死士兵 5 人，伤 13 人。李鸿章撤销马格里的职务，金陵制造局也不再雇佣洋匠。

福州船政局又名马尾船政局，由左宗棠于同治五年设立，简称闽局，专门制造和修理战舰，是清朝规模最大的船舶工厂。左宗棠很早就开始关注外国轮船，并极力主张中国自己制造轮船以巩固海防。自同治元年起，左宗棠就多次上疏，阐述制造轮船的意义，他认为"欲防海之害而收其利，非整理水师不可；欲整理水师，非设局监造轮船不可"，是"海疆长久之计"，还有利于商业。左宗棠在奏疏中说道："江浙大商以海船为业者，往北置货，价本愈增，比及回南，费重行迟，不能减价以敌洋商。日久销耗愈甚，不惟亏折货本，浸至歇其旧业"，如若能够制造轮船，"则漕政兴，军政举，商民之困纾，海关之税旺，一时之费，数世之利也"①。

同治五年，清廷批准左宗棠的要求，以闽海关关税及福建省厘税作为资金供其建厂。左宗棠随即聘用法国人日意格、德克碑为监工。不久，左宗棠

---

① 左宗棠：《左文襄公奏稿》卷 18，第 3—5 页。

福州船政局造船团队，前非中立者为法国人日意格。

调任甘陕总督，在其推荐下，清廷任沈葆桢为船政大臣，主持船厂的修建工作。福州船政局设立于马尾罗星塔，12月开始动工。同治七年，船坞完工，设有水缸厂、轮机厂、合拢厂、钟表厂、大铁锯木厂等工厂，后又逐渐扩大规模，增设锤铁厂、拉铁厂等。至同治十二年，福州船政局已有14个工厂，光绪十二年又增设鱼雷厂。此外船政局还设立船政学堂（又名求是堂艺局），为制造和驾驶轮船培养技术人员。

根据最初与日意格、德克碑所签订的合同，在同治十三年二人任满离职之前，福州船政局共制成轮船15艘。不过这些轮船多为木质，质量上与同时期的西方战舰仍有差距，所造的轮船多用于装备南洋水师。光绪九年，水师在中法战争马尾海战中不敌法国钢甲轮船，几乎全军覆没。日意格、德克碑二人合同期满回国后，闽局开始重用船政学堂的学生作为造船骨干。中法战争后，福州船政局大力研制铁甲舰，至光绪十四年，成功制造出中国第一艘铁甲舰"龙威"号，后编入北洋水师，是为"平远"号。

天津机器局又名北洋机器局，简称津局，是清廷设立在北方的最大兵工

厂。同治四年，在镇压捻军起义的过程中，科尔沁亲王僧格林沁阵亡，清廷震动，因而下令在天津设局生产军械，以拱卫京师。次年，恭亲王奕䜣奏准，以天津、烟台两海关四成洋税为资金，由三口通商大臣崇厚负责筹备。崇厚奉旨派人从英国及上海、香港采购机器，雇佣工匠。同治九年，筹备工作完成。天津机器局分为东西两局，其中购自英国的机器安置于天津城东贾家沽，是为东局；购自上海、香港的机器安置于城南海光寺，是为西局。

　　1870年天津教案爆发后，崇厚出使法国，李鸿章接管津局，并从江南制造总局调来沈葆靖总理局务，对津局进行扩建，增设洋枪厂、枪子厂等，使津局规模扩大，产品种类增加。至光绪三年，天津机器局拥有工人两千余，主要产品有黑色火药、饼药、铜帽、林明敦枪、枪弹、前膛炮弹、后膛镀铅来福炮弹、各式拉火、各式水雷。天津机器局还生产锱水，轧制铜片和制造机器。此后天津机器局的规模不断扩大：光绪二年，增设电气水雷局；光绪七年，研制硝化纤维火药，两年后制成并设棉花火药厂；光绪十三年，增设栗色火药厂；光绪十七年，建设炼钢厂，四年后投入使用；光绪二十二年，

汉阳枪炮厂

增设无烟火药厂。天津机器局还成功制造出中国第一艘潜水艇、挖泥船、舟桥船。此外，天津机器局先后设立水师学堂、电报学堂、水雷学堂等，培养大量军事人才，水师学堂还翻译大量西方著作，促进西方科技在中国的传播。天津机器局主要生产各种枪弹火药、地雷水雷等，所产军备主要供给直隶淮练各军、北洋水师以及北方各省军队，在中法战争中起到很大作用。天津机器局是天津第一家使用机器生产的近代工业，促进了天津的近代化。光绪二十六年，八国联军侵华时津局遭到焚毁。

湖北枪炮厂由张之洞于光绪十六年建立，后改名为湖北兵工厂，又称汉阳兵工厂，简称鄂厂或汉厂。光绪十年，中法战争爆发，时任两广总督的张之洞主持广东防务。尽管当时沪、津等局日夜加紧生产，仍无法完全满足军需，张之洞不得不向洋商购买军械，而洋商趁机哄抬物价，使张之洞意识到"自强之本，以权操在我为先，以取用不穷为贵"[①]。战争结束后，张之洞便提出"制器械"的主张，从德国购买机器，筹备建立枪炮厂。光绪十五年，张之洞调任湖广总督，枪炮厂随即迁往湖北，次年湖北枪炮厂建成，厂址位于汉阳大

---

① 张之洞：《筹议海防要策折》，载《张之洞全集》第 1 册，河北人民出版社 1998 年版，第 307 页。

别山麓。由于建造时间相比其他厂局较晚，湖北枪炮厂的设备是洋务派官僚所创办兵工厂中最新的。

湖北枪炮厂极为重视军备的更新换代，最初向德国订购生产毛瑟枪和山炮的机器，不久张之洞得知西方当时通用小口径枪，毛瑟枪已属落后，便改订新机，配备能够生产小口径枪弹的机器，并使用无烟火药。光绪二十年，发现湖北枪炮厂生产的克虏伯枪机已落后，便采购新机生产快枪，并于同年改造制炮机器，使之能够生产新式快炮。同时鄂厂力求生产专业化，统一生产一种枪械，供给军队。甲午战争爆发前夕，湖北枪炮厂由于火灾而损失惨重，重新修复开工时，战争已经结束，因此并未在战争中发挥作用。湖北枪炮厂还成立了炼钢厂，但因经费不足，不久关闭。

各省督抚为加强军需，还纷纷于各地建立局厂 16 个，如甘陕总督左宗棠于同治六年在陕西设立的西安机器局、同治十一年在兰州设立的兰州机器局，山东巡抚丁宝桢于光绪元年在济南设立的山东机器局，台湾巡抚刘铭传于光绪十一年在台湾设立的台湾机器局，等等。

这些由洋务派官僚创办的官办军事工业已初步具备资本主义性质。除最初的安庆内军械所和上海三炮局外，全都使用机器生产，大大提高了生产力，能够生产近代的轮船、枪炮、弹药等军备，有一部分能与当时世界先进水平齐平，这无疑是生产能力的一大提高。这些军工企业还普遍采取雇佣劳动，各局厂的工人都是被雇佣的劳动者，他们的工资大多按照其技术熟练程度而定，同时也受到市场价格和供求关系等因素的影响。如江南制造总局所招募的两千多名工人中，"华匠学徒，按日点工给价"，"内地工匠小工则人无定数，视工务之缓急为衡；价有等差，较技艺之优劣为准"[1]；福州船政局所招募的工人"工资由每天两角五分到三元不等"[2]。

由于官办军工业最初都是依靠以海关关税为主的政府拨款，因而不关心产品的价格。自 19 世纪 80 年代之后，由于清廷财政困难，这些局厂经费日绌，这一现象有所改变，如江南制造总局和天津机器局在每年的"岁入"中均有"各省解还奏调军火价"一项；福州船政局也有"沿海各厂，何省需船，

---

① 《中国近代史资料丛刊·洋务运动》第 4 册，上海人民出版社 1961 年版，第 53 页。
② 《中国近代史资料丛刊·洋务运动》第 8 册，上海人民出版社 1961 年版，第 373 页。

何省筹款，援照闽厂代造南洋快船成案办理"①的规定。这反映官办军事工业开始具有资本主义性质的独立核算特征。

这些官办军工企业也仍然存在着很严重的封建性，主要体现在经营和管理方面。这些军工业局厂由于是官办的，并非独立的企业，其内部管理人员全部由官方任命，与官员无异。大量冗官增加了局厂成本，降低了生产效率，且一些官员贪污受贿、中饱私囊也影响官办军事工业的发展。这些人"竟慷他人之慨，花天酒地，一任遨游，视公司之财如内库之藏，所办未就，资本已亏"②。在各局厂也存在着压迫工人的现象，如江南制造总局设用"防工营"对工人进行管理，工人常常被责打、枷号示众甚至投入监牢，这是官办军工业封建性的体现。

这些洋务运动中为"自强"所创办的官办军事工业，一方面维护清朝的统治，镇压国内的农民起义，对抵抗西方列强的侵略也起到一定的作用；另一方面，这些军事工业引入机器生产，规模庞大，给中国带来资本主义因素，促进了中国的工业化。军事工业对原材料的大量需求，带动民用工业的发展，为洋务运动后期以"求富"为目的创办民用工业奠定了基础。军事工业在开展过程中，大量翻译西方科技书籍，培养技术人才，对先进西方科学文化在中国的传播起到了促进作用。

三、新式军队与教育

洋务派主张"自强以练兵为要"，因此在兴办军事工业的同时，也着手训练新式军队，以摆脱内忧外患，实现"自强"。

在镇压太平天国的过程中，迅速崛起的湘军和淮军使清廷感到尾大不掉，因此决定在京营八旗中训练新式军队。咸丰十一年（1861年），奕䜣、文祥等人奏请训练八旗士兵时使用洋枪洋炮。次年，清廷批准练兵章程，随后在北京成立神机营，由奕䜣任总理神机营事务。不久，首批八旗官兵赴天津接受西式训练，学习洋枪洋炮的使用。同治三年（1864年），神机营扩大规模，成立"威远队"，练习洋枪洋炮以及"洋人阵式"。此后，

---

① 孙毓棠编：《中国近代工业史资料1840—1895》第1辑，科学出版社1957年版，第439页。

② 陈真编：《中国近代工业史资料》第3辑，生活·读书·新知三联书店1961年版，第19页。

身穿制服的淮军士兵

西式训练又扩大到绿营。同治五年，奕䜣在直隶绿营中挑选精壮兵丁，按湘军、淮军编制编成六军，共1.5万人，号称"练军"，聘请英、法等国军官作为教官。

在地方，湘军、淮军也装备新式装备。为镇压太平天国，湘军、淮军多从香港、上海等地购买洋枪洋炮。湘军虽装备洋枪洋炮较早，但是由于军官思想陈旧，"狃于成见，不以洋人后膛枪炮为然，无论如何开导，终不见信"①，因此发展缓慢。而淮军自同治元年到达上海后，便大规模装备洋枪洋炮。淮军五万士兵，已尽弃中国习用之抬、鸟枪，而变为洋枪队，因为李鸿章本人坚信"我军惟有多用西洋军火以制之"②。

19世纪70年代后，清廷开始筹办新式海军。"时则欧洲诸邦，凭船坚炮利之用，蚕食南洋诸岛，倚为外府，已与我闽、广相接，而海军之名始显。道光庚子，海衅骤开，我水师器械之窳，船舰之旧，至是毕见。"③经过两次鸦片战争的失败，清廷意识到海军的重要性，洋务派官员提出向西方购买军舰以建立新式海军，而太平天国势力的扩大，也使清廷最终决定购买西方

---

① 《中国近代史资料丛刊·洋务运动》第6册，上海人民出版社1961年版，250页。

② 李鸿章：《复曾沅帅》，载《李鸿章全集》第29册，安徽教育出版社2008年版，第134页。

③ 吴廷燮：《〈海军实记〉书后》，载《北洋海军资料汇编》（下），中华全国图书馆文献缩微复制中心，1994年，第1331页。

李泰国像

李泰国（Horatia Nelson Lay，1833—1898年），英国人，中国海关第一任总税务司，任职长达 7 年之久。

战舰，以便镇压太平天国。此时，英国有意渗透在华势力，企图插手中国的海军事务。咸丰十一年，在英国公使普鲁斯的推荐下，清廷委托代理中国海关税务司赫德购买英国船舰。随后，赫德委托在英国休养的中国海关总税务司李泰国代为采购。两年后，李泰国率领 8 艘英国舰船抵华。但是，李泰国提出中国的新式海军必须以英国海军上校阿思本为统领，海军的全权事务由阿思本管理且听命于李泰国，中国官员无权过问，舰队要悬挂外国旗帜，舰队名称也是"英中联合海军舰队"。李泰国的无理要求使清廷极为不满，曾国藩、李鸿章等纷纷上奏反对。最终清廷拒绝李泰国的要求，取消舰队。

经过阿思本舰队事件，洋务派开始自行造船，组建舰队。自同治五年起，左宗棠兴办福州船政局，建成之后开始自行制造轮船，建立起近代中国第一支海军舰队——福建水师。

同治十三年，日本入侵台湾，清廷意识到日本"与英人暗结党援，其势日张，其志不小，故敢称雄东土，藐视中国……为中国永久之大患"[①]，因而开始加强海防建设，先后由沈葆桢、李鸿章等人策划，继福建水师之后建立广东水师、南洋水师、北洋水师三支新式海军。经总理衙门核准，每年拨款四百万两作为经费，计划十年之内建设成。光绪元年，李鸿章向英国订购战舰 4 艘，正式组建北洋水师。此后，北洋水师逐渐扩大规模，陆续从外国购买船只，也有部分自造。至 1884 年，三支海军初具规模。南洋海军归南洋大臣节制，拥有战舰 18 艘，防卫江浙海域；北洋海军归北洋大臣节制，拥有船只 14 艘，防卫山东、直隶、奉天海域；福建海军归福建船政大臣节制，拥有船舰 11 艘，防卫闽粤海域。

---

① 《筹办夷务始末·同治朝》卷 99，上海古籍出版社 2002 年版，第 648 页。

北洋水师旅顺水操图

1884年的中法战争之中，福建水师的轮船质量与技术均不敌法国，在马尾海战中几乎全军覆没。战后，清廷总结教训，认为"陆路各军屡获大胜，尚能张我国威，如水师得力，互相应援，何至处处牵制。当此事定之时，惩前毖后，自以大治水师为主"[①]。光绪十一年（1885年），清廷在北京成立海军衙门，醇亲王奕谭任总理海军事务大臣，奕劻、李鸿章任会办，善庆、曾纪泽任帮办，开始大力兴办海军，并统一各支海军的指挥权。

光绪十四年（1888年），北洋海军正式成立，淮系将领丁汝昌为海军提督。此时，北洋水师共有舰船22艘，其中铁甲舰2艘，还有鱼雷艇、巡洋舰等较先进的船只，是当时实力最强的水师。但奕谭为讨好慈禧太后，不惜挪用海军经费修造颐和园。此后，海军停添船舰装备，内部派系斗争也日益激烈。

在《天津条约》和《北京条约》的谈判中，奕䜣等洋务派官员感到中国缺乏翻译人员，在与外国交涉时往往处于被动。1861年，奕䜣提出建立学习外国语言、培养翻译人才学校这一建议，很快被清廷批准。同治元年（1862年），京师同文馆成立，馆内设有英语班、法语班、俄语班，招收满族学员，培养翻译人员。京师同文馆是中国近代第一所新式学校，此后

---

① 《中国近代史资料丛刊·洋务运动》第2册，上海人民出版社1961年版，第560页。

洋务运动中第一批留学幼童

赴美国后，他们分别进入哈佛大学、耶鲁大学、哥伦比亚大学、麻省理工大学等，曾受到美国总统格兰特的接见。当半数孩子开始大学学业时，清朝却突然提前终止留学计划，全部留美幼童被招回国。后来他们成为中国矿业、铁路业、电报业的先驱。

洋务派官员又于各地陆续设立以学习外国语言为主的学校，如上海广方言馆、广州同文馆、台湾西学堂、湖北自强学堂等。随着洋务运动的深入展开，洋务派官员逐渐认识到只学习外国语言文字是不够的，"洋人制造机器、火器等件，以及行船、行军无一不自天文算学中来"，现在上海浙江等处讲求轮船各项，若不从根本上用着实功夫，"即习学皮毛，仍无裨于实用"①。同治五年（1866年），洋务派在同文馆内增设天文算学馆，招收学员专攻西学。

为满足开办近代军用民用工业的需要，洋务派兴办一些学习外国科学技术的学堂，这些学堂多是附属于各个局厂中，如在福州船政局中设立的求是

———————

① 《筹办夷务始末·同治朝》卷46，上海古籍出版社2002年版，第167页。

堂艺局。堂艺局分为前后学堂两部分，前堂主要学习造船、修船技术，后堂主要学习轮船驾驶技术。求是堂艺局为中国培养了第一批造船、驾船的科技人才，为中国造船业、航海业和海军的发展作出巨大贡献。此外，洋务派兴办的技术学堂还有天津电报学堂、上海电报学堂等。军事方面，洋务派建立若干军事学校以配合新式军队的建设，如上海操炮学堂、天津水师学堂、天津武备学堂等。至光绪二十年（1894 年），洋务派共兴办各类新式学堂20 余所。

洋务派还奏请清廷向外派遣留学生。1870 年，曾国藩在中国近代第一个留学生容闳的建议下，奏请派遣留学生，获得清廷同意。同治十一年（1872 年）8 月，第一批幼童从上海放洋赴美留学。此后，清廷又相继派遣三批幼童赴美。1877 年，清廷又陆续派遣留欧海军学生赴英、法等国学习。

洋务派兴办的教育事业为中国培养第一批科技、翻译和军事人才，各个翻译学校积极翻译西方书籍，对西方先进思想在中国的传播起到了促进作用，西方思想的传播也为维新变法提供了理论基础。江南制造总局翻译馆开办 11 年，销售新书 31111 部，共计 83454 本，另出售地图 4774 张。①梁启超在《西学书目表序例》中称："海禁既开，外侮日亟，曾文正开府江南，创制造局首以翻译西书为第一义，数年之间成者百种，而同时同文馆及西士设教会于中国者，相继译录，至今二十余年，可读之书略三百种。……故国家欲自强，以多译西书为本，学子欲自立，以多读西书为功。"②甲午之后，这种向西方学习的迫切感越发强烈。"中日有事以后，海内士大夫奋然而起研求当务之急，以图自强，风气为之一变。承学之士，转移心志，弃其帖括词章而从事于西学洋务者，日见其多，于是洋务西学之书日新月异，层见叠出。"③

---

① 傅兰雅：《江南制造总局翻译西书事略》，载张静庐辑注：《中国近代出版史料初编》，中华书局 1957 年版，第 23 页。

② 邵之棠：《皇朝经世文统编》卷 1《文教部·学术》。

③ 沈云龙主编：《近代中国史料丛刊》第 1 编，第 801 辑，台北文海出版社 1966 年版，第 1 页。

第二节　民用企业

一、官督商办企业

随着洋务运动的深入，洋务派的思想认识也有所提高。李鸿章在同治元年到上海观摩西方军队后，曾感叹道："中国文武制度，事事远出西人之上，独火器万不能及"①，故而开始大力发展军工业。随着洋务运动的展开，李鸿章逐渐意识到西方国家不仅只有船坚炮利的优势，强大的经济实力也是西方国家强大的基础，"必先求富而后能强"。他说："中国积弱由于患贫，西洋方千里数百里之国，岁入财赋动以数万万计，无非取资于煤铁五金之矿，铁路电报信局丁口等税。酌度时势，若不早图变计，择其至要者逐渐仿行，以贫交富，以弱敌强，未有不终受其敝者"。因此，"必先求富而后能强，尤必富在民生，而国本乃可益固"②。这种认识为洋务派提出"求富"口号奠定了基础。

另一方面，随着军事工业规模逐渐扩大，需要足够的原料和燃料，以及交通运输业的支持。洋务运动中后期，各地军事工业也面临着财政困难，这两点是洋务派开始创办民用工业的重要原因。而自第二次鸦片战争后，列强屡次提出在中国开矿、筑路等要求，使洋务派意识到必须要建立自己的民用企业，保护利权，不可受制于人。列强对中国常年进行商品倾销所带来的大量利润，也刺激到洋务派，"分洋商之利"，抵制列强的经济掠夺已刻不容缓，从而使得洋务派提出"求富"的口号。

19世纪70年代以后，洋务运动进入以"求富"为口号的第二阶段，洋务派官僚在兴办军事工业的基础上又创办一批官办及官督商办的民用工业。从"自强"到"求富"体现了洋务派官僚对近代化认识和西方资本主义侵略认识的深化。洋务运动中所兴办的民用工业，大多数采取官督商办形式，而许多一开始采取官办或官商合办模式的，后来也因为种种原因而改为官督商办。"官督商办"一词最早由李鸿章提出，即"设法劝导，官督商办"，并具体解释为"由官总其大纲，察其利病"，"所有盈亏，全归商认，与官无

---

① 《筹办夷务始末·同治朝》卷25，上海古籍出版社2002年版，第398页。

② 李鸿章：《试办织布局折》，载《李鸿章全集》第10册，安徽教育出版社2007年版，第63页。

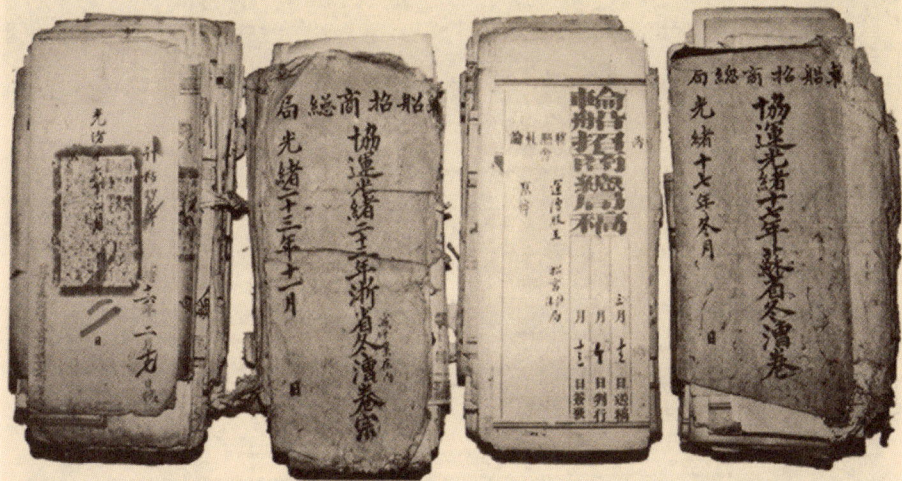

轮船招商局协运江苏冬漕案卷

涉"。^①"官督商办"一方面由官方对企业进行保护、维持和监督检查，另一方面由商人自行经营，官不过问，盈亏自负。

在"求富"思想的指导下，洋务派开始着手经营航运、铁路、电讯、矿冶、纺织等民用企业。从19世纪70年代到中日甲午战争为止，洋务派官僚共创办了27家民用企业，较为重要的有如下几家。

1. 轮船招商局

轮船招商局由李鸿章于同治十一年（1872年）创立，是洋务派创办的第一家民用企业，也是第一家官督商办企业。第二次鸦片战争之后，列强获得在中国沿海和内河的航行权，大量的外国轮船公司进入中国，垄断了中国航运业，中国传统的沙船无法与之抗衡，危机重重。不少华商购买外国轮船，悬挂洋旗，附股洋商。出于军事目的和经济目的的双重考虑，李鸿章认为："中国内江外海之利，几被洋人占尽；且海防非有轮船不能逐渐布置，必须劝民自置，无事时可运官粮客货，有事时装载援兵军火，借纾商民之困，而

---

① 《总署收李鸿章函·附轮船招商局条规》，载《海防档·购买船炮（三）》，艺文印书馆1975年版，第920—923页。

轮船招商总局，位于上海。轮船招商局为今招商局集团前身。

作自强之气"[①]。他主张建立中国自己的轮船公司，既可将从事轮船航运的华商招为己用，又可增加收入，与外国轮船公司抗衡，"商船能往外洋，俾外洋损一分之利，即中国益一分之利，微臣创设招商局之初意，本是如此"[②]。同时，太平天国运动之后，清朝的漕运体系被破坏，只能选择漕粮海运途径。为了能够大量运输漕粮，不使漕运大政为外国轮船所掌控，轮船招商局的建立也就顺理成章了。

同治十年十二月十四日（1872年1月23日），内阁学士宋晋抨击福州船政局"糜费太重"，要求将福州船政局裁撤，遭到洋务派的极力反对。李鸿章提出建立轮船公司，以解决漕运问题和轮船经费问题。次年，李鸿章命浙局总办海运委员朱其昂拟定章程，筹备创办轮船招商局，并从天津练饷中拨出钱二十万串作为经费。招商局最初的招商活动并不顺利，华商大多观望，"招股年余，无人过问"，以致招商局半年之内亏损白银四万余两。同治十二年（1873年），李鸿章改组招商局，任命唐廷枢为总办，重订《局规》和《章程》，额定招股100万两，并将招商局由官商合办改为官督商办，即"由

①　《中国近代史资料丛刊·洋务运动》第6册，上海人民出版社1962年版，第8页。
②　李鸿章：《议复梅启照条陈折》，载《李鸿章全集》第9册，安徽教育出版社2007年版，第260页。

官总其大纲，察其利病，而听该商董等自立条议，悦服众商"[①]。

轮船招商局在成立之初，缺乏资金、设备及管理经验，且面临美国旗昌轮船公司和英国太古轮船公司的排挤，举步维艰。由于清廷的大力扶持，招商局获得漕运特权，并从中获利，且有二成免税以及大量的官款援助，招商局得以发展，甚至在经过激烈竞争之后，招商局于光绪三年收购旗昌轮船公司，进一步增强实力，成为招商局历史上光荣的一页。光绪七年，招商局募足股本一百万两，次年又增募一百万两，实力大增。光绪九年上海发生金融风潮，招商局受此影响资金周转不灵，且内部腐败，唐廷枢、徐润因挪用招商局公款而离局。中法战争爆发后，为保证海上航运安全，招商局被迫暂时出售给美国旗昌洋行。战争结束后，招商局被清廷收回，盛宣怀任督办，重订章程，大大加强了招商局官督的权力，商办色彩大为减弱。

2. 开平矿务局

为解决军工业的原料供应问题，洋务派官员决定自采煤矿，"权操诸我"。最早的煤矿由闽浙总督沈葆桢于光绪二年（1876年）在台湾基隆开办，采购英国机器，是中国第一座近代化煤矿，但由于消耗过高、管理不善，产量不稳定。李鸿章也尝试在直隶磁州和湖北兴国开采煤矿，最后都失败了。光绪二年，李鸿章命唐廷枢到唐山开平镇地区勘察煤矿，唐廷枢将当地煤矿样本交由京师同文馆和英国化学家进行化验，得知开平地区煤矿质量优秀，适宜开采。次年，唐廷枢向李鸿章提出建立开平煤矿的建议，并主张煤矿开采与冶炼、修建铁路三者同时进行。李鸿章同意该计划，决定成立开平矿务局，采取官督商办的模式，

唐廷枢像
唐廷枢（1832—1892年），生于广东香山县。他是中国近代历史上著名的洋行买办，又是清末洋务运动的积极参加者。

[①] 台湾"中央研究院"近代史所编：《海防档》，台北艺文印书馆1975年版，第928页。

开平矿务局唐山煤矿

由唐廷枢任督办，津海关道黎兆棠和前天津道丁寿昌会同督办。随后，唐廷枢等人拟定《直隶开平矿务局章程》，规定该局官督商办，额定资本白银一百万两，持股一万两以上者可被选为厂矿司事，所产煤矿由商人按市价自行销售，但优先供机器局、招商局使用。

光绪四年（1878 年），开平矿务局正式成立，由于成立之初经费不足，只募得股本二十万两，且缺少冶炼方面的人才，唐廷枢决定优先办理煤矿，在乔家屯处钻井采煤。光绪六年，为方便煤矿运输，于胥各庄至芦台修建七十里长的运河，称为"煤河"。又修筑开平至胥各庄的铁路，总长十五里，这也是中国自建的第一条货运铁路。运河与铁路分别于光绪七年、八年完工。光绪七年，开平煤矿正式运作。为增强竞争力，经李鸿章奏准，开平煤矿"援照台湾、湖北之例"，每吨征税仅为一钱，以恤华商而敌洋煤。

在解决了运输和税务等问题后，开平煤矿在市场上的竞争力提高，利润也大幅增加。至光绪十五年，开平煤矿产量已达 24.7 万吨，几乎垄断天津市场。光绪十八年，唐廷枢病故，开平煤矿交由醇亲王府的侍役张翼管理。张翼不谙管理之道，却极为贪婪昏聩。此后，开平煤矿走下坡路，管理腐败，企业

收李鴻章電

收大學士李鴻章電 五月十七日

頃回柏林奉真電

旨遵即照會俄外部轉奏昨漢倍克商會禮待優隆

或無抗阻外部令德璀琳隨往英倫密探該國

意旨再定英德商務最盛如允行他國易商鐵

路合同望早核定效函無他語德君情誼甚厚

頃復贈瓷器其辦差及閱營員弁應照俄例傳

旨分別賞給寶星咨署查核請代奏

照錄李鴻章電信 正月二十一日到

港局接新加坡十九探電法到運兵船一載黑

兵五百即將昨報所稱由西貢來坡之戰艦押

往東京云

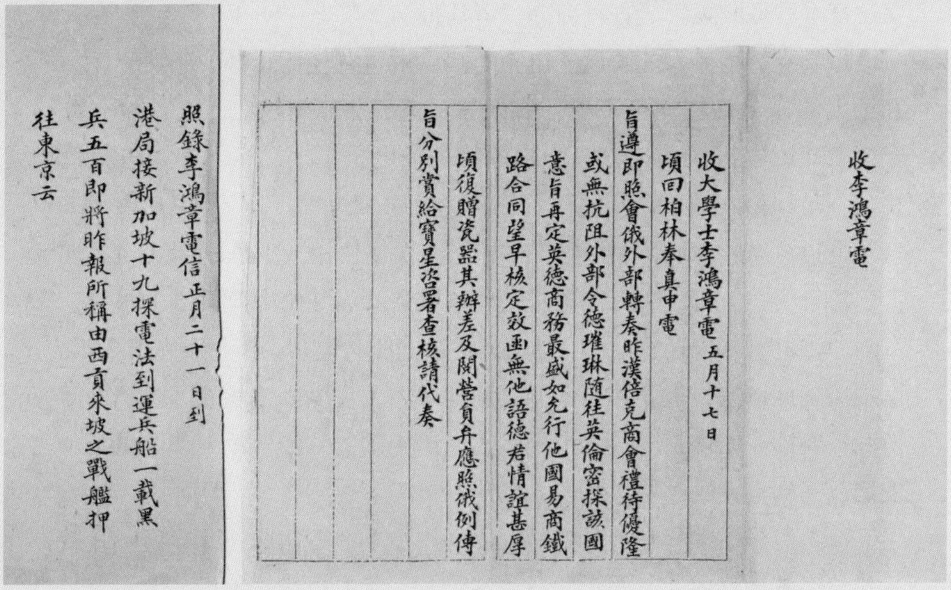

电奏译稿　现藏中国第一历史档案馆

衙门化严重。八国联军侵华时，英国人诱使张翼签订合同，骗取了开平煤矿的全部财产。

3. 电报总局

同治十三年（1874 年），日本入侵台湾，沈葆桢率军援台，在战斗中意识到中国军队通讯手段落后，“欲消息常通，断不可无电线”[1]。光绪元年（1875 年），福建巡抚丁日昌在福州船政学堂中新设电报学堂，两年后开始建设从基隆到高雄的电报线。因经费不足，只完成从台湾府到高雄一段，这是中国最早的电报线。光绪五年，李鸿章支持架设从大沽、北塘海口炮台至天津的电报线，使用效果良好。次年，中俄因伊犁问题关系紧张，设立电报线愈显重要。李鸿章以“用兵之道，必以神速为贵”“电报实为防务必需之务”[2]为由，奏请架设从天津至上海的电报线，经费先从北洋军饷中垫付，

① 《筹办夷务始末·同治朝》卷 94，上海古籍出版社 2002 年版，第 509 页。

② 李鸿章：《请设南北洋电报片》，载《李鸿章全集》第 9 册，安徽教育出版社 2007 年版，第 158 页。

交还官本后募股集资，官督商办，清廷批准其要求。同年，李鸿章在天津成立电报学堂，培养人才，设立电报总局，由盛宣怀任总办、郑观应任会办，并于大沽口、紫竹林、济宁、清江浦、镇江、苏州、上海7处设立分局。光绪七年，电报线竣工，成为中国第一条电报干线。第二年，电报总局因官款不足，招收商股，吸收民资而改为官督商办。

电报总局成立后，外国电报公司企图染指中国电报业。光绪八年，英、法、美、德等国在上海成立万国电报公司，准备架设从上海至香港的水线。李鸿章随即将电报总局迁往上海，迅速建设苏浙闽粤电报线，并于光绪十年完工。电报局发展迅速，至光绪二十年，除西藏、蒙古少数边陲地区外，大部分省份和重要商业城市都已接通电报。这对于中国的政治、军事、通讯及工商业发展，起到很大的作用。

电报总局在实行官督商办后，先募得股本8万两归还北洋所垫官款，并逐年偿还其余官本九万八千两。光绪十年，汉口电线竣工后，电报总局进一步扩大招股，两年后合计资本八十万两。电报局通过向政府及部分官员收取"头等官报"电报费盈利，至光绪二十二年（1896年），电报总局年收入41万两，还清全部欠款。此后，盈利不断上升，成为洋务运动中运作最好的民用企业。

4. 汉阳铁厂

汉阳铁厂又称湖北铁政局，由张之洞于光绪十六年（1890年）创办，是洋务运动中兴建的规模最大的近代民用重工业，甲午战争之后改为官督商办。中法战争后，时任两广总督的张之洞便开始筹划兴办枪炮厂和钢铁厂。光绪十五年，张之洞致电驻英公使刘瑞芬，在英国代购冶铁设备。不久，张之洞调任湖广总督，铁厂随之迁往湖北。次年，张之洞在武昌成立湖北铁政局，筹备建设铁厂。又从盛宣怀手中购得湖北大冶县铁矿，创办大冶王三石煤矿和江夏马鞍山煤矿，解决了原料和燃料问题。

光绪十七年（1891年），汉阳铁厂在大别山下正式动工，两年后竣工。汉阳铁厂规模庞大，共有炼铁厂、贝色麻炉钢厂、马丁炉钢厂、钢轨厂、钢材厂、熟铁厂6个大厂，机器厂、铸铁厂、打铁厂、钩钉厂4个小厂，是当时中国乃至远东第一家钢铁联合企业。然而，汉阳铁厂一直面临着经费不足的问题。由于选址缺乏科学性，铁厂距铁矿和煤矿距离较远，以致运输成本过高。大冶王三石煤矿和江夏马鞍山煤矿的产量不高，也无法满足铁厂需求，

不得已购买湘煤甚至洋煤作为补充。因经费不足，张之洞奏准于芦汉铁路的经费中，每年拨款二百万两作为铁厂经费。不久，日俄争夺东北，局势紧张，清廷决定全力修筑关东铁路，不再向汉阳铁厂拨款。张之洞借用各项税款，甚至是湖北枪炮厂的经费，仍然无法维系。光绪二十二年（1896年），汉阳铁厂改为官督商办，委任盛宣怀经营。

5. 上海机器织布局

鸦片战争之后西方国家向中国倾销商品，其中棉纺织品占很大比重，"英国洋布入中土，每年售银三千数百万，实为耗财之大端"[①]。为收回利源，洋务派主张自行设厂纺织，作为实现"求富"目标的手段之一。光绪四年（1878年），李鸿章开始筹备上海机器织布局，官督商办，具体事宜由前四川候补道彭汝琮负责。但彭汝琮不谙洋务，不久便与另一负责人郑观应产生矛盾，最后离局。光绪六年（1880年），上海机器织布局重组，郑观应拟订章程，开始正式募股。光绪九年，上海爆发金融风潮，郑观应私挪局款事件被揭露，只

---

① 李鸿章：《复沈幼帅》，载《李鸿章全集》第31册，安徽教育出版社2007年版，第356页。

得离局。中法战争爆发后，郑观应被调至广州，上海机器织布局局务由盛宣怀主持。此后，织布局负责人屡次变更，筹建工作缓慢，直至光绪十六年终于开张。

上海机器织布局的设备自美国引进，且聘请美国技术人员。投产后，织布局生意兴旺，又有清廷的减免厘税优待，成本低廉，获利甚多。光绪十九年（1893年），李鸿章决定扩大规模，从英国引进纺纱设备。不料，织布局发生大火，损失七十万两。李鸿章重新招募新股一百万两，在旧址重建华盛纺织厂，于光绪二十年投产。上海机器织布局是中国第一家机器纺织工厂，对中国近代纺织业的发展起到极大的促进作用。

官督商办是这一时期企业运营的基本模式，这一模式的产生有其历史原因。在洋务运动中，洋务派屡遭顽固派掣肘，如电报局、轮船招商局的兴建均曾受到顽固派阻碍，而新兴民族工业尚缺乏经营经验，极为脆弱，不但遭到国内顽固派的反对，还受到外国企业的竞争、排挤。这种情况下只有由官方进行保护和扶持，如出资垫付、减免税金等，才能够保证民族工业的生存和发展。另一方面，清政府财政拮据，不可能在兴办军事工业的同时大力兴办民用工业，而招商募股的股份制在当时尚属新生事物，不能被国人完全接受，民用工业常常无法充足募股，举步维艰。洋务派官员在创办民用工业之初，由官方垫付一部分股本，可以起到表率和引导作用。郑观应曾总结："全恃官力，则巨费难筹，兼集商资，则众擎易举。然全归商办，则土棍或至阻挠，兼倚官威，则吏役又多需索。必官督商办，各有责成。商招股以兴工，不得有心隐漏。官稽查以征税，亦不得分外诛求。则上下相继，两弊俱去"[1]。

官督商办形式仍存在一些封建弊端，但是相较于纯官办的军事工业来说，已经有很大进步。因为企业"盈亏自负"，商人自行经理，积极性大幅提高，增加了企业活力。郑观应在拟定织布局章程时，对织布局的招商募股、选址建厂、用人、生产、销售等各项事宜都做出精确筹划。唐廷枢经营开平煤矿时，为减少运输成本，极力主张兴修铁路，最终成功修建中国自行建造的第一条货运铁路，后发展为中国第一家铁路公司，对中国的交通近代化事业作出很大贡献。不过，自19世纪90年代后，民用企业的官督色彩越发严重，致使企业管理混乱，腐败严重，任人唯亲，效益下降。有人揭露晚清招商局

---

① 郑观应：《盛世危言·开矿》，载《郑观应集》上册，上海人民出版社1982年版，第704页。

的弊病：“用人之弊，失之太滥。各局船栈，人浮于事……而得用者无多”，船栈总办“引用亲朋，至二三十人之多，以致船上好舱半为占去，而趾高气扬，睥睨他乡过客”，或“以局船为己有，专装私货”①，挪用公款，账目混乱，极大损害公司的有效运营。官督商办的模式虽然促进了中国近代化和资本主义的发展，然而终究不能达到“求富”的目标。

二、商办企业

鸦片战争后，中国传统的自然经济开始解体。随着洋务运动的展开，尤其是19世纪70年代后，洋务派为“求富”而兴办一批官办和官督商办民用企业，直接带动民营企业的产生。民营企业的诞生使中国社会经济领域发生重大变化，标志着中国民族资本主义的诞生。民营企业的诞生主要有两种途径：一是由部分地主、传统商人、开明官僚、买办、华侨等投资创办；二是部分传统的手工工场通过引进机器生产而逐渐转化成近代民营企业。至1894年，民族资本主义企业已有170多家，主要经营缫丝业、棉纺业、面粉业、采矿业、航运业等。

中国近代第一家民营资本主义工业企业，是同治五年（1866年）创办于上海的发昌机器厂。该厂最初是一家打铁作坊，主要打造船舶修理的零件。同治八年（1869年），开始使用机床机器，正式成立发昌机器厂。至80年代，该厂有所发展，以制造水轮为主，同时也经营铁工、翻砂等机器。光绪十六年（1890年），该厂已有车床、钻床等机器近二十台，可容纳二百人工作，配有“水汀炉子间”供应蒸汽动力。至甲午战争前，中国各地的机器厂已有16家，如上海的建昌钢铁机器厂、均昌船厂，天津的德泰机器厂，汉阳的周恒顺机器厂等。

缫丝业是民营企业中创办较早的行业。同治十一年（1872年），侨商陈启源在故乡广东南海县简村创办继昌隆缫丝厂，是中国最早的民办缫丝工厂。该厂采用蒸汽机为动力，使用机器缫丝，雇佣女工六七百人，“出丝精美，行销于欧美两洲，价值之高，倍于从前，遂获厚利”②。在继昌隆缫丝厂的

---

① 马良：《改革招商局建议》，见翦伯赞主编：《中国通史资料》（近代部分上册），中华书局1980年版，第359—360页。

② 孙毓棠编：《中国近代工业史资料1840—1895》第1辑，科学出版社1957年版，第957页。

荣宗敬像（左）和荣德生像（右）
中国近代著名的民族资本家。早年经营过钱庄业，从1901年起，与荣德生等人先后在无锡、上海、
汉口、济南等地创办保兴面粉厂、福兴面粉公司（一、二、三厂）、申新纺织厂（一至九厂），被
誉为中国的"面粉大王""棉纱大王"。

推动下，南海、顺德等地缫丝业获得迅速发展。至19世纪90年代初，广东地区缫丝厂已有五六十家，上海也出现了由黄左卿创办的公和永缫丝厂。

轧花业率先在宁波和上海地区发展。光绪十二年（1886年），买办商人严信厚在宁波建立通久源轧花厂，配有40台日本制脚踏轧花机，次年正式开工。光绪十七年，通久源扩建，购置日本和英国的新式机器，工人已达二三百人之多。随后，上海地区出现棉利、源记、广德泰、礼和永等几家轧花厂，武汉地区成立昌记轧花厂。

光绪四年（1878年），轮船招商局会办朱其昂在天津紫竹林创办贻来牟机器磨坊，使用蒸汽机磨面，雇工数十人，每日可磨面150包，且质量上乘，故获利颇丰。80年代后，北京、福州、上海等地也出现机器面粉厂。甲午战争以后，孙多鑫、孙多森兄弟发现机器磨制面粉质量颇高且获利丰厚，便赴美国考察、购买面粉机器，雇佣技工，开办阜丰面粉厂。此后，中国又成立了无数的面粉厂。晚清著名的实业家张謇，荣宗敬、荣德生兄弟等许多民族资本家都纷纷投资面粉业，其中以江苏的面粉厂为最多，堪称晚清机制面粉业的基地。

光绪五年（1879 年），旅居日本的华侨卫省轩在广东佛山创办巧明火柴厂。此后，天津、上海、重庆、厦门、广州、太原等地都先后开办火柴厂。至光绪二十年，已有 11 家火柴厂。其中规模较大的有天津的自来火公司、上海燮昌火柴公司、重庆森昌泰火柴厂和森昌正火柴厂。

光绪八年（1882 年），曹子挣、曹子俊兄弟同郑观应等人，筹资进口英国设备，创办上海机器造纸局，这是中国第一家华商机器造纸厂。同年，徐润创办上海同文书局，配有石印机 12 台，雇工 500 人，以印刷《二十四史》《古今图书集成》而闻名。光绪十五年，钟星溪在广州创办宏远堂机器造纸厂，北京、宁波等地也陆续开办印刷厂。

这一时期也出现民营采矿企业。光绪三年（1877 年），由候补道轮船买办李振玉申请，宝顺洋行买办杨德出资创办安徽池州煤矿。杨德还在池州兴办铜矿。山东峄县枣庄煤矿、平度金矿、招远金矿、湖北荆门煤矿、广西富川贺县煤矿、直隶临城煤矿、江苏徐州利国驿煤矿、热河承德三山银矿，都由商人自行开办。

这一时期的民营企业多为轻工业部门，资本少，规模小，机械化程度较低。资本方面，有少数民营厂矿资本可达二三十万两，大部分都在十万两以下。据统计，甲午战争之前，在船舶修理业、缫丝业、轧花业、棉纺织业、火柴业等轻工业中，共有 145 家民营企业，资本共 5391690 两，雇工总数约为 54740 人；重工业、采矿业有 22 家，资本约在 280 万两左右，雇工人数约为 13500 人；轮船航运业方面有汕潮揭轮船公司、鸿安轮船公司、待生昌轮船公司 3 家公司，资本共六十万两，雇工约一百人。[①]

民营企业的机械化程度远不及洋务派所兴办的官办军事工业和官办、官督商办民用工业，同时也饱受外国资本主义和本国封建势力的压迫，在价格、

---

① 许涤新、吴承明主编：《中国资本主义发展史》第 2 卷，人民出版社 2003 年版，第 452、486、607 页。

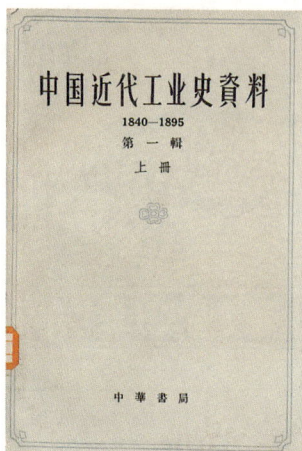

孙毓棠编《中国近代工业史资料1840—1095》（科学出版社 1957 年版）是近代工业史资料方面的经典史料汇编之作。

原料、市场等诸多方面均处于不平等地位。船舶修造业的发昌、均昌工厂都被外国船厂吞并；浙江地区的缫丝厂由于当地的原料收购被外商把持，始终难以发展。上海、广州、北京等地都开有卷烟厂，但除汉口的物华纸烟公司，其余各厂规模均不够大。英美烟草公司的日生产量可相当于民办小厂月余的产量，英美等烟草公司又实行贸易保护制度，严格打压中国国产卷烟，导致中国卷烟业难以为继。火柴制造业方面，由于技术落后，国产火柴的质量始终不如进口的日本火柴，所以日本火柴几乎垄断了中国市场。

甲午战争前，中国民营企业甚至一直没有获得清廷的承认。同治七年（1868 年），何姓盐商在江苏句容买山开矿，却被地方士绅斥为异端，遭到驱逐。继昌隆缫丝厂成立之初，当地知县徐赓陛以"沿海各省制办机器，均系由官设局，奏明办理，平民不得私擅购置"，以及机器缫丝厂"男女混杂，易生瓜李之嫌"，"夺人之生业"为由，将其查封。[1]许多民营企业为避免清朝官吏的压迫敲诈，不得不依靠外国势力获得"保护"，如宁波通久源轧花厂为避免清朝官吏反对便依附于日本人的保护之下；均昌船厂在小艇之上"船头悬着英国国旗，船尾悬着中国龙旗"[2]。

民营企业也与封建势力有着千丝万缕的联系。一些民营企业家是由地主、官绅演化而来，如华新纱厂是由上海道龚照瑗筹备，且获得过李鸿章批准；裕源纱厂的创办人朱鸿度有道台衔。许多企业为获得清廷的承认和庇护，需要上缴大量"报效"，这也严重阻碍了其自身发展。

---

① 孙毓棠编：《中国近代工业史资料 1840—1895》第 1 辑，科学出版社 1957 年版，第 964 页。

② 孙毓棠编：《中国近代工业史资料 1840—1895》第 1 辑，科学出版社 1957 年版，第 1029 页。

第五章 变法与排外

第一节　统治危机

一、瓜分狂潮

中日甲午战争后，清廷的腐败无能为各国所认识。帝国主义列强随即兴起了瓜分中国的狂潮。伦敦报纸评论说："中国为东方一团大物，势已动摇……今欧洲之人，虽田夫野老，无不以瓜分中国为言者。凡与中国交涉者，亦为之大变，中国被日本老拳横击，使其水陆之师一齐放倒，故各国乘此危弱，群相啖噬，而中朝与人交涉之事，亦无能为力矣。"[1] 德国报纸也鼓吹："自中日失和以后，我欧洲之人，皆欲瓜分中国，盖中国如俎上肉，人皆可得而啖一脔也。"[2] 清廷则因多次战败而不得不屈服，连总理衙门也悉以服务列强为目标，"凡有所求于中国者，无不俯首听命，愈要挟则愈震恐，不敢与人诘驳，故人皆以为瓜分亚非利加洲目之"[3]。

三国干涉还辽事件发生后，日俄在东北的争夺日益激烈，清廷认为俄方对清朝有恩，遂在外交上转向沙俄，结果引狼入室，加速了瓜分危机。在甲午战前，"北京列国公使之权，首推英使，凡有交涉，中朝必先商诸英使。今则反之，交情之淡，自英不联俄德法取回辽东之事始"[4]。1896年，沙皇尼古拉二世举行加冕典礼，清方在俄国的要求下，派李鸿章为"钦差头等出使大臣"到俄国庆贺。李鸿章在俄国逗留一个多月，于6月3日在莫斯科同沙俄政府代表、财政大臣维特和外交大臣罗巴诺夫签订了《中俄秘密协定》（即《中俄密约》），又称《中俄御敌互相援助条约》。主要内容包括：日

---

① 《知新报》光绪二十四年（1898年）五月廿一日译载。
② 《知新报》光绪二十四年（1898年）四月廿一日译载。
③ 《知新报》光绪二十四年（1898年）六月初一日。
④ 《知新报》光绪二十四年（1898年）七月初一日。

上海租界区

本如侵占俄国的远东领土及中国领土，中俄两国海陆军应互相援助，并互相接济军火粮食；在对日采取军事行动期间，俄国军舰在必要时可以进出中国的一切港湾，当地中国官员应供应物品；中国允许俄国于黑龙江、吉林两省修造铁路以达海参崴，修路事宜由华俄道胜银行经办。

《中俄密约》表面上是中俄两国共同对付日本的军事同盟条约，实际上却是沙俄在"共同防御日本"的幌子下夺取在中国东北修筑铁路的特权，进而为独占中国东北创造条件。这条铁路"使俄国能在任何时间内在最短的路上把自己的军事力量运到海参崴及集中于满洲、黄海海岸及离中国首都的近距离处"。俄国通过中俄合办东清铁路，轻而易举地攫取了东清铁路沿线开采煤矿、兴办企业和任命警察的权力，并把铁路沿线变成俄国的势力范围。时人批评说，清廷对俄方"步步退让，节节失算，以为相酬报之义，尽友邦之谊，彼族或将感我、亲我、助我，以保太平之局，不知我之势渐失，我之权渐替，我之利益渐尽，则我之命脉渐绝"①。

《中俄密约》是在极秘密的情况下签订的，但内容很快被披露出来，从

---

① 《时务报》光绪二十三年（1897年）正月廿一日。

御覽

謹將與英國使臣竇納樂議定展拓香港界址
專條繕具清草卷王

溯查多年以來英意慕香港一處非展拓界址不
足以資保衛今中英兩國政府議定大略按照
粘附地圖展擴英界作為新租之地其所定詳
細界綫應俟兩國勘明後再行畫定以九
十九年為限期又議定所有現在九龍城內駐
紮之中國官員仍可在城內各司其事惟不得
與保衛香港之武備有所妨礙其餘新租之地
專歸英國管轄至九龍向通新安陸路交界地
民照常行走文武定仍留附近九龍城原舊馬
頭一區以使中國兵商各船渡艇任便往來停
泊且便城內官民任便行走將來中國建造鐵
路至九龍英國管轄之界臨時商辦又議定在
所展界內不可將居民迫令遷移產業入官若
國修建衙署等官工需用地段皆應
俟公給價自開辦後遇有兩國交犯之事仍照
中英原約香港章程辦理查按現租與地圖所
租與英國之地內有大鵬灣深圳灣水面惟議
定該兩灣中國兵船無論在局內局外仍可享用
此約應自畫押之日起中國五月十三日即西
曆七月初一號開辦施行其
批准文據應在英國京城速行互換為此兩國大臣
將此專條畫押蓋印以昭信守

《中英展拓香港界址专约》档案

而引起列强瓜分中国的浪潮。《字林西报》甚至揭露称："德皇前曾明说，不论何国割分中国，德必求其所应得之份。而法国已将中国西边及西南各省，划为己有。俄之不欲瓜分中国，其意向与英合，今立此约，虽不分而自分，亦可见其存心之深矣。将来中国果为各国所分，作史者必记之曰：瓜分之日，始于俄国钦差甘雪尼（即喀西尼）伯驻北京之时。"① 英国希望"增兵于中国"，德国则明确提出瓜分中国的方案：俄据黄河以北，英占有长江流域，"至于德国之愿甚廉，但得其中之腴地，黄河与扬子江之间，其心已满矣"②。

根据《中俄密约》的规定，俄国获得取道中国的满洲，修筑西伯利亚铁路，直达海参崴的特权，以及另修一条从海参崴至珲春和吉林铁路的权利。西伯利亚铁路的修筑计划，特别是俄国修改经过满洲而至旅顺口和大连湾的计划，引起西方各国的恐慌。有报道说："自西伯利亚铁路之创，各国皆皇然失措，缘其由西至极东，关系商务甚大也。"③ 美国旧金山的报纸也评论："俄国亚洲铁路既成之后，英国在远东之商务，必变为不可问矣。"④ 为争

---

① 《时务报》光绪二十二年（1896年）十月廿一日。
② 《中国商务报》光绪二十三年（1897年）三月初五日。
③ 《中国商务报》光绪二十三年（1897年）四月初九日。
④ 《知新报》光绪二十三年（1897年）四月初一日译载。

夺势力范围，列强也在中国抢夺铁路修筑和投资权。在甲午战后的短短几年内，他们总共获得了长达一万九千余里的投资权和修筑权。其中，俄法集团利用比利时银行出面，取得芦汉铁路的投资、修筑和经营权；英德获得津镇铁路的投资、修筑和经营权；美国获得粤汉铁路的借款权和承筑权。"铁路所至，即其兵力与移民之所至。而附近之矿产，亦为彼所有。故分得土地之多少，即以所得路线之多少为比例。"①

除铁路修筑权，列强也疯狂强占中国的海湾。1896年12月，德国正式提出租借胶州湾要求。次年，德国借口本国传教士在山东巨野被杀事件，派军舰占领胶州湾。1898年3月，清政府和德国签订"租借"胶州湾的《胶澳租界条约》，将胶州湾入口处的两岸、青岛及附近岛屿租与德国，租期以99年为限。随后，俄国舰队占领旅顺口和大连湾。1898年3月，俄国强迫清政府签订《旅大租地条约》，将旅顺和大连湾及其附近岛屿与海面"租借"给俄国，租期为25年。俄国还在满洲驻扎军队两万五千多人，把整个东北变成了俄国的势力范围。1898年4月，法国要求在南部海面租借港口，逼迫清政府"保证"决不以任何名义，将中国与越南接邻诸省的权利让与其他任何国家。最终，清廷将广州湾租给法国，并答应不把两广和云南诸省割让或租借给他国，允许法国修筑自越南至云南省城的铁路。1899年11月16日，《广州湾租界条约》规定租期为99年。1898年4月，日本迫使清政府承认福建为日本的势力范围。

1898年4月，英国驻华公使窦纳乐以法国租占广州湾威胁香港的安全为借口，要求租占九龙半岛，以扩充香港界址。清廷于6月9日同英国签定《展拓香港界址专约》，英国据此租占从深圳湾到大鹏湾的九龙半岛全部，以及连同这两个海湾的海面区域，租期为99年。条约规定，中方仍保留对九龙城内区域的民政管辖权和通向新安的陆路，但英方于次年5月16日擅自取消中国的管辖权。同时，英国还以阻挡沙俄势力南下为由，强租威海卫。1898年7月1日，清政府和英国签定《订租威海卫专条》，把威海卫、刘公岛及附近各岛和陆岸十英里地方租与英国，租期25年。

在瓜分狂潮之中，美国因忙于和西班牙争夺菲律宾而失掉先机。1899年

---

① 少陵：《中国国民立国之根本之大计》，载《云南杂志选辑》，科学出版社1958年版，第199页。

9月至11月，美国国务卿海约翰分别向英、俄、德、日、意、法等国提出"门户开放"通牒。主要内容是：各国在中国的所谓势力范围和租借地内的任何投资及既得利益，其他各国不得干预；各国运往势力范围内的货物按中国现行关税税率收税，其税款由中国政府征收；各国对于进入自己势力范围的他国船舶，不得征收高于本国船舶之港口税，或由铁路运输他国货物时，也不得多收高于本国商品的铁路运输费。列强先后表示接受"门户开放"政策，采取大体一致的行动。

二、财政危机

《马关条约》规定，清廷必须在三年内支付23000万两的赔款和"赎辽费"，但清政府每年的财政收入为8000万两，加之国库空虚，根本无力偿还，只能向列强举债。

清廷举借外债由来已久。咸丰三年（1853年）上海失守后，上海道兼江海关监督吴健彰按银洋13000元之价，赊雇英国、美国夹板船3只。这些船只用于在黄浦江对小刀会发动攻击，所有费用均从江海关所收洋税内发还。自咸丰五年至七年，分两次扣还吴健彰预借洋商税饷银。从咸丰十一年到同治初年，吴健彰还多次借贷洋款，作为护送李鸿章淮军援沪经费、筹措上海会防局经费、常胜军军饷及其他军需筹款。镇压太平天国期间，苏松太道经手的借款就多达十余次，所借款额按库平银折算，有138万余两。

据《清朝续文献通考》卷70记载，清廷举借外债用于赔款，始于同治四年（1865年），"其时与俄国订立《伊犁条约》赔偿'损失'，需费甚巨"，遂向英方借英镑143万。中法战争期间，清政府的海防和购买船炮等费用，也主要依靠外债。仅1883—1885年的三年间，债额总数就达1841万两，全部由英国汇丰银行、怡和洋行和宝顺银行等贷放。[①] 自19世纪80年代以后，列强在中国争夺工矿、铁路等项权益，遂把放贷作为对华资本输出的重要手段，各国之间的竞争日趋激烈。

1895年7月，俄国和法国联手借给清政府4亿法郎，利息4厘，36年为期，以关税为担保，这一借款合同称为《四厘借款合同》或《俄法洋款合同》。

---

① 徐义生编：《中国近代外债史统计资料（1853—1927）》，中华书局1962年版，第3页。

此举遭到英国的强烈反对，它与德国联手向清廷施压。1896年和1898年，清政府分别和英、德两国签订借款合同，每次借款1600万镑，利息分别为5厘和4.5厘，期限分别为36年和45年。这两次借款合同被称为《英德洋款合同》和《续借英德洋款合同》。借款合同规定清廷须从1899年开始偿还借款，每年应偿本息自百万两至二千四百余万两不等，45年内本息共计8亿多两，以海关税为担保。

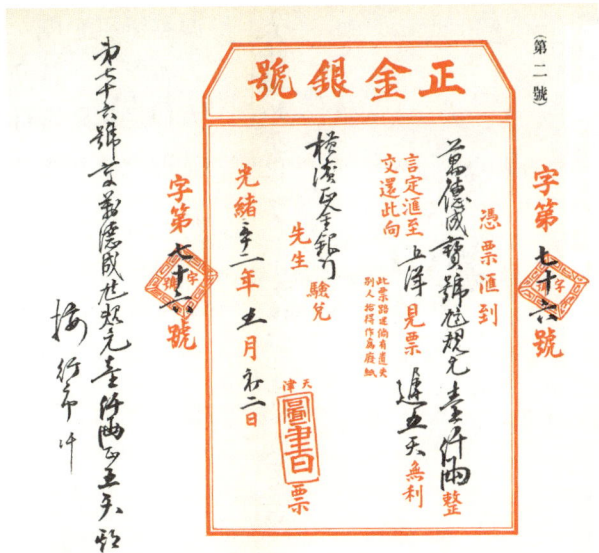

日本正金银行天津分行汇票

　　清廷希望改正关税章程，加抽洋货进口税以增加收入，提高还债能力。但因中方已经丧失关税自主权，不经条约国中每一个国家的同意，中国就无法修改税则。1896年李鸿章出访欧美各国，最重要的目的就是"向西方列强呼吁修订关税税则"①，结果遭到英国等国的断然拒绝。

　　加抽进口税的努力失败后，清廷只能转向传统的地丁、盐课和厘金等税源，大肆加征，极大加深百姓的负担。同时，因为吏治腐败，国家所得也并不多。北京崇文门税关弊端极多，"老馆虐，新馆酷，官吏下役，常征收额外之税，种种横暴不胜枚举。观其自奉，盛蓄仆从，口厌膏粱，大厦高楼，一时赫耀，非由剥削加重，何以得此暴富哉！"②又如盐课"所收之款，侵蚀更甚。解入国库者不过十兆两，盖仅实收之数成耳。其余巨款又为办盐务上下人等私肥己囊矣"③。时人以猪比拟官场，"中国当道大员，

---

　　①　［美］马士：《中华帝国对外关系史》第3卷，张汇文等合译，商务印书馆1960年版，第111页。

　　②　《知新报》光绪二十三年（1897年）五月廿一日。

　　③　《时务报》光绪二十二年（1896年）九月初一日。

盛宣怀像

盛宣怀（1844—1916年），字杏荪，别署愚斋。秀才出身，官办商人、买办，洋务运动代表人物。他是轮船招商局、中国电报总局、中国通商银行、京汉铁路、汉冶萍公司、南洋公学、北洋大学堂及中国红十字会的创办人。

向来沉卧不醒，不啻食粟之猪。除眠食外无所事事。其办事也，又如水中之虾，有人捕之，则奋身一跃，悠然而逝。且所跃又近，而其势甚小，以后不复再跃，须复有捕之者，乃不得不跃耳"①。清廷还饬令各省加征盐执照税、鸦片税、烟酒税、印花税等。又创行"昭信股票"，劝借商债，令各省尽力承借。然而，这一系列努力并没有取得预期的效果。

1899年8月，清廷特派协办大学士兼兵部尚书刚毅南下江苏、江西、安徽、浙江和广东等省，查办各项税额，饬令各省督抚详核各项收税册籍，严杜中饱，除留支外，详议具奏。又饬盛宣怀于三个月内将招商局、电报局历年收支之数开列清单。饬裕禄查明开平矿务局等局情形，一律整顿；从严参办厘金、关税、盐课等不法人员。又饬各省督抚设法筹饷。经过此番搜刮，国库每年收入大约增加了825万两。然而，面对巨额开支，清廷财政处境仍然极为窘迫。

清政府一直没有建立统一的货币制度，这成为社会经济发展的重要阻碍。"虽通常以银两为货币之标准，然其分量参差，有所谓海关两者、库平两者、上海两者、福州两者，各以名称而异其成分……大交易则用银块，小交易则用粗恶之钱而已。此事为阻碍通商之一大原因。"②

官员冗滥也增加了百姓的负担。"尊奉君主，多设官吏，以为饰观，朝廷之上，滥竽充数者，不知凡几，此实历代相沿之旧例也。清朝起于满洲，抚有中国，一循旧例，又以开创之初，满人虽立战功，而不能通达政事，遂

---

① 《中国商务报》光绪二十三年（1897年）四月初五日。
② 《国民报》明治三十四年（1901年）八月初一日。

并用汉人,故冗官滥员,较昔尤众"①。

在清政府面临财政窘境的同时,民族工业却得到了一定程度的发展。甲午战后的几年时间,"风气忽开,大为更变,商务则砖瓦丝茧,官事则邮政银行铁路,一时间景运更新,中国变动之机,从未有如此之速者"②。大机器的广泛使用,极大地改变了国人对世界的看法:

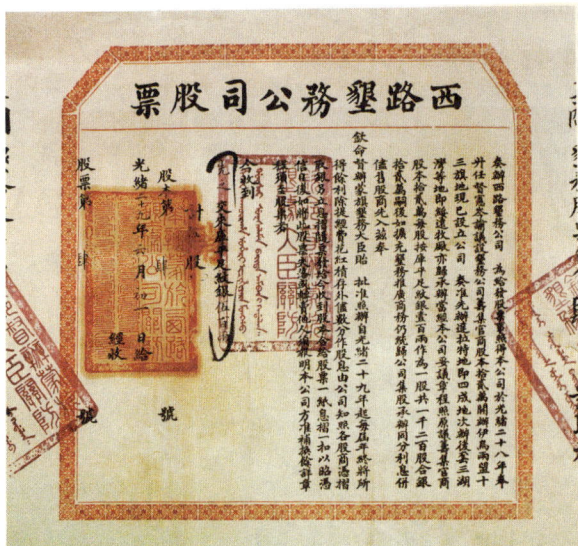

清政府发行西路垦务公司股票

"中国自仿行西法以来,不仅邮政、机器之啧有烦言,若轮舟,若铁路,其兴办之始,士民皆心惊目骇而指为不祥,臣工且笔秃唇焦而言其不便。今轮舟、铁路明效彰彰矣。而机器之为纺织、为砖瓦……为一切制造,物既多种而速成,工亦多人而易举,故丁男亦得其佣值,红女愈广其营生,则机器之效又彰彰矣。"③ 这也成为维新变法的重要社会基础。

三、反洋教斗争

19世纪60—90年代,发生大规模的反洋教斗争,遍及贵州、湖南、江西、四川、江苏、安徽、河南、河北、内蒙古、福建和台湾等地,其中以天津教案影响最为深远。

所谓"洋教",是指天主教、基督教、东正教等西方宗教及其派别。第一次鸦片战争后,列强获得在中国传教的权利。传教士以不平等条约为护身符,深入到全国各地传教。一些地痞流氓混入教会,以此为靠山,迅速激化当地的社会矛盾。他们作奸犯科,无所不至。或乡愚被其讹诈,或

---

① 《国民报》明治三十四年(1901年)五月初十日。
② 《中国商务报》光绪二十三年(1897年)四月初五日。
③ 《中国商务报》光绪二十三年(1897年)二月廿三日。

天津望海楼天主教堂

孤弱受其欺凌，或强占人妻，或横侵人产，或租项应交业主延不清偿，或钱粮应交公庭抗不完纳，或因公事而借端推诿，或因小忿而殴毙平民，种种妄为，几难尽述。教会已经成为他们为非作歹的坚强后盾。还有传教士宣称："基督教来自上帝，整个中华帝国都在上帝统治的范围之内，我们奉命要对全中国传教，就应当容许我们在整个中国传教。所以，如果不被容许，我们有权可以'照会'中国容许。……如果条约过于限制我们，我们就可以越过条约，而且必须要超过，如果上帝保佑给予开路并赐给我们力量去做的话。"①

1870 年 6 月，天津望海楼天主教育婴堂，有不少婴孩因流行病死亡，有谣言是传教士迷拐并虐待婴儿。曾国藩奏称："惟此等谣传，不特天津有之，即昔年之湖南、江西，近年之扬州、天门及本省之大名、广平，皆有檄文

_____

① 顾长声：《传教士与近代中国》，上海人民出版社 2004 年版，第 66—67 页。

揭帖，或称教堂拐骗人口，或称教堂挖眼剖心，或称教堂诱污妇女。"①
受谣言影响，天津民众要求到堂内检查。法国领事丰大业开枪恐吓，击
中天津知县刘杰的随从。百姓怒不可遏，当场殴毙丰大业及其随从西蒙。
他们还冲入望海楼，抢出百余名幼童，杀死传教士数人，火烧望海楼及
法国的仁慈堂、法国领事馆和英国、美国的教堂，打死洋人、洋教士20人。
这就是震惊中外的"火烧望海楼"事件，又称"天津教案"。

教案发生后，法国联合英、美、俄、德、比、西六国提出抗议，各国军
舰齐集天津和烟台，进行军事威慑。法国海军司令声称："十数日内再无切
实办法，定将津郡化为焦土。"清廷派直隶总督曾国藩到天津查办。曾国藩
决定"严拿凶手，以惩煽乱之徒；弹压士民，以慰各国之意"②，判处20人
死刑，流放天津地方官25人，天津知府张光藻、知县刘杰革职发配黑龙江
充军，赔款49万两，并派崇厚到法国"道歉"。曾国藩在结案时奏称："办
理不为不重，不惟足对法国，亦足堪遍告诸邦。"③但是曾国藩的做法激起全国舆论的激烈反弹。1871年，曾国藩调任两江总督。

天津教案之后，清廷于1871年向各国驻华使馆提出旨在取消外国传教士在华保护权的《传教章程》，包括取消育婴

清代传教士和他的助手

---

①　曾国藩：《查明天津教案大概情形折》，载《曾国藩全集》第12册，岳麓书
社2011年版，第6980页。

②　《筹办夷务始末·同治朝》卷72，上海古籍出版社2002年版，第37页。

③　《筹办夷务始末·同治朝》卷77，上海古籍出版社2002年版，第139—
140页。

堂，不准妇女入教和传教，传教须领取执照等。但各国公使在收到《传教章程》之后，"会商各国，皆置不理"[1]。

此后，全国各地相继发生多起焚毁教堂、教会医院、育婴堂和杀逐教士、教民的反教会运动。越来越多的士绅也加入到反洋教斗争的队伍中，并出现了有组织的武装斗争。1886年7月，重庆三千余人集会反对教堂杀伤平民，焚毁教民房屋250家，美、英洋房2处，法国教堂多所，并大量散发揭帖。1890年6月，大足县人余栋臣率众攻入龙水镇，焚毁教民房屋，夺其财产，焚烧教堂。1891年，芜湖人民焚毁教堂，袭击外国租界。

有些传教士为非作歹，严重侵犯当地民众的利益，进一步激化了人民与教会矛盾。加之基督教的教义、理念原本就与儒家思想有所抵牾，很多士绅、民众对其强烈反感。光绪十七年十一月二十八日（1891年12月28日），湖南通省纸笔墨砚四行公议"各省同行，切莫人意，保护书香，遮拦臭气；若以为然，速即公议，灭尽耶稣，免闻猪屁"[2]。

需要指出的是，晚清传教士也在中国大力兴办学校，出版报刊，开设医院，并积极投身于慈善赈济。1875年前后，在华教会学校已有八百余所，学生数千人。光绪初年，山东、直隶、河南、山西、陕西五省发生严重特大旱灾，并波及苏北、皖北、陇东等地。其中以旧历丁丑、戊寅两年（1877—1878年）灾情最为严重，史称"丁戊奇荒"，死亡人数逾千万。西方传教士以此为契机，纷纷进入灾区进行赈济。1877年，在李提摩太的推动下，一批传教士、洋商和外交官在上海成立山东赈灾委员会，筹款救济灾民七万余人。1878年1月26日，传教士又在此基础上组成中国赈灾基金委员会，筹集善款20余万两。虽然他们的目的在于以此作为宣教的辅助手段，但对传播西学、推动中国社会组织近代化，仍发挥了一定的积极作用。

---

① 李刚己：《教务纪略》卷3下，第13页。
② 王明伦选编：《反洋教书文揭帖选》，齐鲁书社1984年版，第190页。

第二节　百日维新

一、康有为变法思想

1879 年，康有为首次前往香港。英国统治下的香港，其文明富庶令康有为大感震撼。"览西人宫室之瑰丽，道路之整洁，巡捕之严密，乃始知西人治国有法度，不得以古旧之夷狄视之"[1]，这激发了康有为研究西人治国的兴趣，他开始翻阅《海国图志》《瀛寰志略》等介绍西方的书籍。

1888 年，康有为再次入京参加顺天府乡试，结果榜上无名。他向光绪皇帝上书五千字，即《上清帝第一书》，主要内容是"变成法，通下情，慎左右"。呼吁皇帝选用贤才，改弦更张，使上情下达，朝纲重振，如此则"精神一变，岁月之间，纪纲已振。十年之内，富强可致"，"否则恐数年后，四夷逼于外，乱民作于内，于时乃欲为治，岂能待我十年教训乎? 恐无及也"[2]。由于顽固派的反对，康有为上书并没有能递到皇帝手上，但他的思想却在知识界广为流传。

1889 年，康有为离京南下。在此后的五年时间里，康有为一边完善自己的思想体系，一边办学授徒。1891 年，康有为在广州长兴开设万木草堂。陈千秋、梁启超等二十余人成为康有为的首批弟子。此后两年，受业学生约为五十人左右。梁启超 17 岁中举，次年在陈千秋的带领下前来拜会康有为，对康的学识大为倾倒，遂拜入其门下。梁启超是中国近代思想家、政治家、教育家、史学家、文学家，也是戊戌变法领袖和

康有为像

康有为（1858—1927 年），清末著名学者，原名祖诒，字广厦，号长素，又号明夷，广东省南海县丹灶苏村人。康有为 8 岁开始随祖父读经，19 岁乡试落第后拜入执教礼山草堂的朱次琦门下。朱次琦治学不分汉宋，归宗孔子；教授弟子时，要求他们知行并重，归趋致用。

---

① 《中国近代史资料丛刊·戊戌变法》第 4 册，上海人民出版社 1957 年版，第 115 页。
② 《中国近代史资料丛刊·戊戌变法》第 2 册，上海人民出版社 1957 年版，第 127 页。

万木草堂

代表人物之一。在康有为和梁启超的通力合作之下，改良思想的传播更为广泛。

授课于万木草堂期间，康有为撰写《新学伪经考》和《孔子改制考》等著作。《新学伪经考》于1891年刊行，通过大量的考辨，力图证实古文经典及传注（《周礼》《春秋》《左传》《毛诗》《古文尚书》等）皆为刘歆和王莽所编造。《新学伪经考》并非一部纯粹的学术著作，而是康有为以学术之名推崇今文经、打压古文经，进而贯彻自己变法改制主张的思想武器。由于该书观点过于激烈，论证又失于疏略，从刊行的第一年起就不断受到参劾，尤其是受到俞樾、章太炎等古文经学大家的强烈批判，最后更是引起今古文经学派间的门户之争。

《孔子改制考》是康有为"复原孔教"最重要的著作。该书从1892年开始写作，直至1898年方才刊行，倾注了康有为的大量心血。《孔子改制考》认为，所谓上古三代"文教之盛"和三皇五帝、尧舜汤武等事迹，都是孔子及其门人们为了"托古改制"，创建孔教而假借、编造而成的。儒教为孔子所创立，中国的义理、制度也皆由孔子所创立，孔子是创教和改制立法的"教主"、"圣王"。六经都是孔子为改制而作，孔子之所以假借上古先王的名义进行改制，正是为了"行君主之仁政""行民主之太平"，从而把孔子描绘成在中国推行虚君民主的先驱。《孔子改制考》是体现康有为"复原孔教"这一主张最具代表性的著作。他将孔子开创的儒学圣化为儒教，将孔子描述为变法改制的先驱，其目的是为其变法主张提供理论依据。将儒学升格为"孔教"，正好迎合甲午战争以来中国日益高涨的民族意识。反对派则认为此书"外假大同之说，内溃名教之防……假素王之名号，行张角之秘谋"[1]。

---

① 叶德辉：《翼教丛编》卷4，台北文海出版社1966年版，第241—242页。

二、维新运动兴起

1894 年中日甲午战争爆发，清方一败涂地；次年，《马关条约》签订，全国震动。"中国曩时举国皆酣睡不醒，辽东一役如掣梃力击，藉可觉寤，方谓自今以往，非复如前之梦梦矣。"[①]1895 年，三年一次的会试在京照常举行，康有为也携众弟子进京参加会试。

4 月 22 日，康有为事先得到《马关条约》签订的消息，遂同梁启超联络同乡及湖南的数百名举子，来都察院上折请拒和议。福建、四川、江西、江苏、湖北、陕甘、广西、直隶、山东、山西、河南、云南诸省的举子纷纷相继，一批官员也对举子的上书拒和行动表示支持。康有为、梁启超奔走呼号，联络 18 省在京会试的举子 1300 多人，准备在 5 月 8 日中日两国正式换约前到都察院呈递请愿书，阻止和约签署。为此，康有为还起草 18000 字的请愿书，这就是《公车上书》。

在上书中，康有为对议和割台的严重后果作出分析，认为只有拒和再战，鼓舞民心，才能力保大局，图存自强，他的应对之策包括：皇帝下罪己诏以振奋民心，放弃旧都北京，迁都西安，练兵选将，广购外国武器装备，变法维新，"下诏鼓天下之气，迁都定天下之本，练兵强天下之势，变法成天下之治"[②]。变法的内容主要包括：富国之法，由国家兴办银行、铁路、机械、冶金等部门；养民之法，从务农、劝工、惠商和恤穷方面保障改善民生；教民之法，讲求西法，

公车上书

---

① 《中国商务报》光绪二十三年（1897 年）四月十三日。
② 《康有为上清帝第二书》，载《中国近代史资料丛刊·戊戌变法》第 2 册，上海人民出版社 1953 年版，第 133 页。

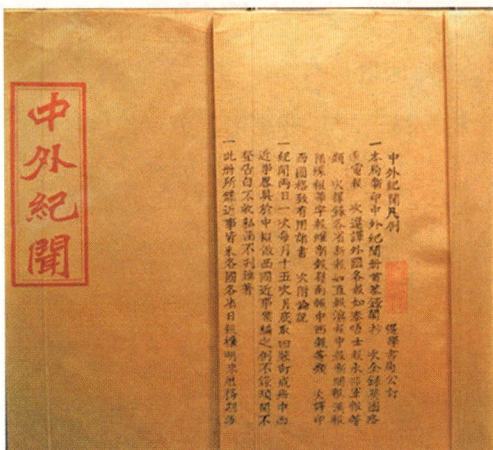

《中外纪闻》

康有为在公车上书后创办《万国公报》。北京强学会成立后，把《万国公报》改名为《中外纪闻》，由梁启超、汪大燮为主笔。《中外纪闻》于1895年12月16日正式刊行，双日刊，木活字印刷，每册注明出版年月，无编号，封面有紫红色"中外纪闻"四字。《中外纪闻》发刊一个月零五天，即遭封禁。

改革科举；变革官制，设立议院。上书造成巨大影响，康有为遂成为维新运动的旗手。都察院以和约已盖印、无可挽回为由，拒不接受请愿。

"公车上书"后不久，康有为中进士。1895年5月29日，康有为又将原上书稿加以修改，撰成《上清帝第三书》，呈请都察院代奏。在上书中，康有为一再解释设立议院并不会损害君权，"至会议之士，仍取上裁，不过达聪明目，集思广益，稍输下情，以便筹饷，用人之权，本不属是，乃使上德之宣，何有上权之损哉"①。光绪帝在6月3日看到这份奏折，对此颇为重视，命即日抄四份，分送太后、军机处和各省督抚讨论商议。6月30日，已经被任命为工部主事的康有为，又撰写长达万言的第四次上书，专谈变法体要和先后缓急之情，建议光绪帝下诏求言、开门集议、辟馆顾问、设报达聪、开府辟士。第四次上书最终因受朝廷众人反对，未能上呈。为扩大影响，康有为遂转向建学会、办报纸。

1895年8月，康有为在北京安徽会馆创办《万国公报》（后改为《中外纪闻》），以"渐知新法"为宗旨，专门刊登海外新闻，时评政论和有关公文，并"遍送士夫党人"。同时请翰林院侍读学士文廷式出面，定期召开集会、演讲和讨论。8月，文廷式出面组织强学会，以户部主事陈炽为会长，梁启超为书记员。强学会每十天集会一次，很快吸引了众多官员和士子参加。署两江总督张之洞、直隶总督王文韶各捐五千银元以为会费。翁同龢、袁世凯

---

① 《康有为上清帝第三书》，载《中国近代史资料丛刊·戊戌变法》第2册，上海人民出版社1953年版，第187页。

梁启超照

梁启超（1873—1929 年），字卓如，一字
任甫，号任公，又号饮冰室主人。梁启超是
戊戌变法领袖之一，通过其文章对社会产生
了巨大影响。戊戌变法失败后，与康有为一
起流亡日本，在海外推动君主立宪。辛亥革
命之后一度入袁世凯政府，担任司法总长；
后反对袁世凯称帝、张勋复辟。他倡导新文
化运动，支持五四运动。其著作合编为《饮
冰室合集》。

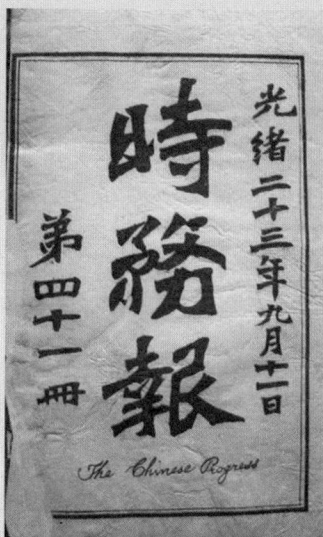

《时务报》

《时务报》是维新运动时期维新派最重
要、影响最大的机关报。1896 年 8 月
9 日在上海创刊，由梁启超任主笔，汪康
年任总经理。次年梁启超去湖南，仍遥
领该刊。由于张之洞干预，汪康年与梁
启超之间矛盾激化，梁启超愤而辞职，
自第 55 期后再无梁文。后光绪帝诏改《时
务报》为官报，汪康年拒不遵命，1898
年 8 月 8 日停刊，共出 69 期。

等人也予以支持，英国传教士李提摩太、美国传教士李佳白等人均加入强学
会。李鸿章曾希望捐银两千两入会，但因签订《马关条约》名声不好，遭到
拒绝。11 月，上海强学会成立，列名会籍的有康有为、张謇、陈三立、黄遵宪，
以及张之洞幕僚黄体芳、黄绍箕、梁鼎芬、汪康年等。1896 年 1 月 12 日，《强
学报》开办，提出开议院的政治主张，倡导维新变法。继强学会之后，各地
也纷纷组织会社。

　　1896 年 1 月 20 日，御史杨崇伊以"私人堂会，将开处士横议之风"
为题由，上奏慈禧太后。慈禧太后以光绪皇帝名义严禁北京强学会议论时政，
将其改为直隶官书局，负责"译刻各国书籍"。张之洞随之停发上海强学会

经费，令其自动解散。经此打击，康有为南归，继续在万木草堂讲学。

同年，由汪康年总理、梁启超主笔的《时务报》在上海创刊。1896 年 8 月 9 日，《时务报》正式发行，为旬刊，书册式，每期二十余页，从创刊到停刊，共出 69 期，发行万余份。康有为曾说："至此天下志士，乃知渐渐讲求，自强学会首倡之，遂有官书局、时务报之继起，于是海内缤纷，争言新学，自此举始也。"①《变法通议》是梁启超担任上海《时务报》主笔时发表的早期政论文章的结集，发表的起止日期为 1896 年至 1899 年，共收录 14 篇文章。这一系列文章的刊载使得《时务报》成为当时影响力最大的维新派刊物，而梁启超本人也因此得到"舆论之骄子，天纵之文豪"的美誉。

《时务报》为有志之士开辟了面向世界的窗口。报刊共分为"论说""谕旨恭录""奏折录要""京外近事""域外报译""路透电音"等多个栏目。其中"域外报译"以英文、日文为主，并涉及法文、俄文等 92 种外文报刊，共计出版译稿 1706 篇，关于科学知识的内容有 145 篇。其刊载题材涉及工业、农业、医疗、生理、物理、地理等，被称为"新知新学万花筒"。

胡思敬在其所著《戊戌履霜录》中曾经评价《时务报》对当时的影响："当《时务报》盛行（即连续刊载《变法通议》期间），启超名重一时，士大夫爱其语言笔札之妙，争礼下之。自通都大邑，下至僻壤穷陬，无不知有新会梁氏者。"严复在致熊纯如的信中也曾提到："任公文笔原是畅达，其自甲午以后，于报章文字成绩为多，一纸风行，海内观听为之一耸。"1897 年，梁启超赴湖南执教时务学堂，仍旧主持《时务报》笔政。后来由于张之洞的阻挠，命汪康年兼任总经理和主笔职务。梁、汪二人不断交恶，终致决裂。

1897 年冬，严复在天津主编《国闻报》，成为在北方与《时务报》齐名的宣传维新变法重要阵地。1898 年 2 月，谭嗣同、唐才常等人在湖南成立南学会，创办《湘报》。在康、梁等维新志士的影响下，全国议论时政的风气逐渐形成。1897 年 8 月，湖南巡抚陈宝箴在长沙开办湖南时务学堂。学堂聘请梁启超为中文总教习，李维格为西文总教习，专门讲授西学文化。1895 年开始的湖南维新运动，使湖南成为当时中国最富于朝气的省份，也为后来戊戌变法提供了实践基础。时务学堂的创立，则是湖南维新运动的重要组成

---

① 《知新报》光绪二十四年（1898 年）五月廿一日。

部分。到 1897 年年底，各地已建立以变法自强为宗旨的学会 33 个，新式学堂 17 所，出版报刊 19 种。1898 年，学会、学堂和报馆达 300 多个。

三、变法维新

1897 年年底，山东发生曹州教案，两名德国传教士被杀。德国乘机侵占胶州湾，俄国趁机进占旅顺、大连，法国则进占广州湾，英国进占山东威海，并且要求拓展九龙及新界，中国再一次陷入瓜分危机。

1897 年 12 月，康有为从广东赶到北京，再次向光绪皇帝上万言书（即《上清帝第五书》），痛陈国难沉重，应该赶紧变法图强。工部尚书拒绝呈递，但津、沪报纸将其全文发表。光绪帝要求召见康有为，恭亲王奕䜣以成例非四品以上官员不得召见为由，阻止二人会面。1898 年 1 月 24 日，康有为应召到总理衙门接受问话，在同李鸿章、翁同龢、荣禄等人的对答和争论中，康有为提出了自己有关变法的设想。翁同龢等将与康有为的谈话情况奏报给光绪帝后，光绪帝遂令康有为拟折详议。1 月 29 日，康有为上奏《请大誓臣工开制度局革旧图新以存国祚折》（又称《应诏统筹全局折》，即《上清帝第六书》）一并呈递总理衙门。在此疏中，康有为认为要推行新政，就要走明治维新的道路，明治维新的要义有三个方面：一曰大誓群臣以定国是，二曰设对策所以征贤才，三曰开制度局而定宪法。2 月 28 日，康有为上《俄彼得变政记》；4 月 13 日，进呈《日本变政考》。光绪帝读后深受鼓舞，决定效法日本实行变法。

4 月 12 日，康有为、梁启超在北京成立保国会，拟定《保国会章程》三十条，以"保国""保种""保教"为宗旨。保国，即"保国家之政权、土地"；保种，即"保人民种类之自立"；保教，即"保圣教之不失"。保国会曾先后 3 次集会，呼吁救国，宣传变法，还大造变法图强的舆论，对戊戌变法产生了直接推动作用。

5 月 29 日，一直反对变法的恭亲王奕䜣去世。他逝世两日后，康有为以御史杨深秀的名义呈上奏折，请求明定国是。6 月 6 日，徐致靖上书康有为代拟的《请明定国是事疏》，请求光绪帝正式改变旧法，实施新政。光绪皇帝也向庆亲王奕劻表示，慈禧太后若不放权，自己宁愿退位，"我不能为亡国之君，如不与我权，我宁逊位"。西太后虽极为恼怒，表示"他不愿坐此位，我早已不愿他坐之"，但表面同意不阻止光绪变法，称"由他去办，

光绪皇帝像

爱新觉罗·载湉（1871—1908年），清朝定都北京后的第九位皇帝，年号光绪，父亲醇亲王奕譞，生母为慈禧皇太后亲妹，在位三十四年。光绪三十四年（1908年）十一月十四日暴崩，享年38岁，庙号德宗，谥号同天崇运大中至正经文纬武仁孝睿智端俭宽勤景皇帝，葬于清西陵之崇陵。

庆亲王照

爱新觉罗·奕劻（1838—1917年），晚清宗室重臣，满洲镶蓝旗人，乾隆皇帝曾孙。受命和李鸿章代表清政府签订《辛丑条约》。宣统三年（1911年），裁撤军机处，改设内阁，奕劻任内阁总理大臣。清朝灭亡后，迁居天津。死后溥仪追谥曰密。

俟办不出模样再说"①。

1898年6月11日（光绪二十四年四月二十三日），光绪帝颁布《明定国是诏》，宣布变法，维新由此开始。至9月21日戊戌政变为止，变法共持续103天，史称"百日维新"。

在内外重重困境当中，光绪帝决意借助改革来实现国家富强，因此频频下达变法诏书，希望在短时间内令国家的面貌焕然一新，但一纸诏书并不能让各省督抚迅速行动起来。事实上，多数省份对新法极度敷衍，光绪帝逐渐失去耐心。8月27日，光绪帝发出上谕，以前所未有的严厉口吻，对执行变法不力的官员发出了警告："现因时事艰难，朝廷振兴庶务，力图自强，尤

---

① 《戊戌朝变纪闻》，载《中国近代史资料丛刊·戊戌变法》第1册，上海人民出版社1953年版，第331页。

赖枢廷及各部院大臣，共笃棐忧，竭力匡赞，以期挽救颓风，庶事可渐臻治理。乃诸臣中恪恭官守者固亦有人，而狃于积习，不知振作者，尤难悉数。即如部院堂官，本应常川进署，不得无故请假，议奏事件不准延搁逾限，皆经再三训诫，而犹阳奉阴违。似此蒙蔽因循，国事何所倚赖。用特重加申儆，凡在廷大小工臣，务当洗心革面，力任其艰。于应办各事，明定限期，不准稍涉迟缓，倘仍畏难苟且，自便身图，经朕觉察，定必严加惩处，毋谓宽典可屡邀也。"[1]

在三个多月的时间内，光绪帝先后发布上百道变法诏令，除旧布新。政治方面，准许创办报纸、上书言事，一定程度上给予言论、出版和结社自由。改革律例，取消重叠的行政机构，裁撤冗员，澄清吏治。经济方面，设立农工商局，保护和奖励农工商业，奖励发明创造，发展铁路和采矿业，举办邮政，裁撤驿站，改革财政，编制国家预算和决算；取消满洲贵族的特权，自谋生计。军事方面，裁撤绿营，力行保甲，训练海陆军，各省军队改练洋操，使用洋枪，统一制度。文化教育方面，改革科举制度，废除八股，改试策论，广设学堂，创办京师大学堂，提倡西学，选派学生出国留学。社会生活方面，改上海《时务报》为官报，解除报禁；将皇帝诞辰之日定为公共节假日，全国放假；全国妇女停止裹脚。康有为之前在上书中呼吁的迁都、设议会、定宪法、立制度局等措施，在戊戌变法中并没有实现。设议院一项，因康有为等人认为中国民智未开，应当循序渐进，故加以反对；至于制度局和康有为之后主张设立的懋勤殿，则是因为朝中诸臣反对而未能实施。

慈禧太后虽然对变法表示一定程度的支持，但她认为光绪帝下诏变法的目的，是借变法培植自己的政治班底，借助变法来夺权。6月15日，也就是戊戌变法进入到第5日，慈禧要求光绪连下三道上谕：第一、下令免去帝师翁同龢协办大学士及军机大臣等职务，逐回原籍；第二、凡授任新职的二品以上大臣，须到皇太后面前谢恩；第三、任命慈禧亲信荣禄出任直隶总督，掌握大权。6月中下旬，慈禧又要求光绪做出多项人事任命。6月16日，慈禧太后命刑部尚书崇礼代理步军统领。6月25日，慈禧太后再命怀塔布管理圆明园官兵，刚毅管理健锐营。"布此天罗地网，视皇上已同釜底游魂，任

① 《清德宗实录》卷 424，华文书局 1987 年版，第 552 页。

刺绣光绪帝绘《松鹤图》轴　现藏北京故宫博物院

其跳跃，料其不能逃脱。"① 手无实权的光绪帝从变法开始便受到多方掣肘。

四、戊戌政变

1898 年 9 月，维新派与守旧官员的矛盾终于激化。9 月 1 日，礼部主事王照疏请光绪帝游历日本等国，以考察各国国情。礼部尚书怀塔布、许应骙拒绝代奏。9 月 4 日，光绪帝下令将礼部尚书怀塔布、许应骙、左侍郎堃岫、署左侍郎徐会沣、右侍郎溥颋、署右侍郎曾广汉六人全部革职；王照赏给三品顶戴，以四品京堂候补。怀塔布系慈禧太后亲信，此谕一出，朝野大哗。9 月 5 日，光绪召见谭嗣同，并一口气任命谭嗣同、刘光第、杨锐、林旭为四品卿衔，在军机章京上行走。

梁启超所著《戊戌政变记》

袁世凯本人倾向于维新，在变法过程中出力甚多，此时又在天津小站编练新军，手中握有军队，一直受到光绪帝的倚重和青睐。康有为亦与袁世凯交往已久，对其颇为信赖。9 月 11 日，康有为、徐致靖（时任礼部右侍郎）上奏保荐袁世凯，并提醒光绪帝要让袁"独当一面"，以备紧急之用。光绪帝当日便发出上谕，召直隶按察使袁世凯来京陛见。9 月 16 日，光绪帝在颐和园召见袁世凯，面谈后升任他为候补侍郎。袁世凯却于 18 日紧急拜会李鸿章、奕劻等重臣。当晚，荣禄急电袁世凯回津布防。此时，谭嗣同来访，向袁世凯和盘托出勤王政变计划。袁世凯踌躇难决，遂于 20 日向光绪帝上奏，指出："古今各国变法非易，非有内忧，即有外患，请忍耐待时，步步经理，如操之太急，必生流弊。且变法尤在得人，必须有真正明达时务、老成持重如张之洞者，赞襄主持，方可仰答圣意。至新进诸臣，固不乏明达勇猛之士，但阅历太浅，办事不能慎密，倘有疏误，累及皇上，关系极重，总求十分留意，天下幸甚！臣受恩深重，不敢不冒死直陈。"② 表达了自己对变法的态度。

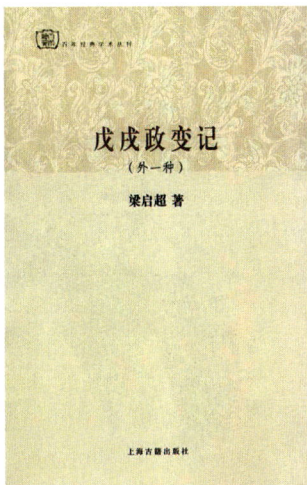

---

① 《中国近代史资料丛刊·戊戌变法》第 1 册，上海人民出版社 1957 年版，第 261 页。
② 《戊戌日记》，《申报》1926 年 2 月 6 日。

谭嗣同照

据狱卒回忆，谭嗣同在狱中意气自若，终日绕行室中，拾取地上煤屑，就粉墙作诗。康广仁则以头撞壁，痛哭失声。由于狱卒不识字，谭嗣同在墙壁上留下的诗作今只存一首："望门投止思张俭，忍死须臾待杜根。我自横刀向天笑，去留肝胆两昆仑。"

9月19日傍晚，慈禧太后突然离开颐和园，返回紫禁城。光绪帝则从这天开始迁居瀛台。当晚，光绪帝对左右说道："朕不自惜，死生听命，汝等肯激发天良，顾全祖宗基业，保全新政，朕死无憾。"是夜，梁启超、康广仁等恳求康有为尽快出走。次日，康有为离京，逃至天津，后至香港避难。21日晨，慈禧太后率卫队软禁光绪帝于中南海涵元殿，又以光绪帝的名义发出上谕，宣布太后训政，称："现在国事艰难，庶务待理。朕勤劳宵旰，日综万机。兢业之余，时虞丛脞。恭溯同治年间以来，慈禧端佑康颐昭豫庄诚寿恭钦献崇熙皇太后两次垂帘听政，办理朝政，宏济时艰，无不尽美尽善。因念宗社为重，再三吁恳慈恩训政，仰蒙俯如所请，此乃天下臣民之福。今日始在便殿办事，本月初八日朕率王大臣在勤政殿行礼。一切应行礼节着各该衙门敬谨预备，钦此。"[1]

同时，慈禧太后发谕通缉康有为等人。9月21日，步军统领率兵围南海会馆，抓捕康广仁等人。梁启超先期逃往日本，而谭嗣同则拒绝出逃，表示："各国变法，无不从流血而成，今中国未闻有因变法而流血者，此国之所以不昌也。有之，请自嗣同始"[2]。康广仁等人当场被捕，杨锐、林旭也于当日被捕，刘光第投案自首。杨深秀因诘问慈禧太后为何罢黜光绪帝，在闻喜会馆住处被捕。25日，坚持不肯出走国外的谭嗣同在浏阳会馆被捕。9月28日，谭嗣同、杨锐、林旭、刘光第、杨深秀、康广仁六人在宣武门外菜市口被杀，史称"戊戌六君子"。徐致靖被处以终身监禁，张荫桓被流

---

① 《清德宗实录》卷426，中华书局1987年版，第597—598页。
② 《中国近代史资料丛刊·戊戌变法》第4册，上海人民出版社1957年版，第53页。

放新疆。

10 月 1 日，清廷再发上谕，将康有为所有书籍版片由地方官严查销毁；10 月 4 日，曾保举康有为的礼部尚书李瑞棻遭到革职并发配新疆；10 月 6 日，罢黜湖南巡抚陈宝箴、其子吏部主事陈三立、庶吉士熊希龄为平民，永不叙用。此后，詹事府少詹事王锡蕃、工部员外郎李岳瑞、刑部主事张元济等支持新法的官僚也纷纷遭到贬谪。

不久，清廷发出上谕，要求中央政府机构中被裁撤的衙门一并恢复，但各省并未认真执行。《时务报》馆被强行关闭，然而京师大学堂和各地小学堂仍可继续兴办。有益于国计民生的通商、惠工、重农、育才、修武备、浚利源等仍在切实推行。可见，戊戌变法虽然失败，社会变革的趋势却已无法阻挡。

戊戌变法的失败有其历史必然性。康广仁曾说：变法"规模太大，志气太锐，包揽太多，同志太孤，举行太大。当此，排者、忌者、挤者、谤者，盈街塞巷，而上又无权，安能有成？"[1]但作为一次伟大的爱国救亡运动，戊戌变法对中国近代的思想启蒙和文化教育事业，仍具有重要的促进作用。

第三节　义和团运动

戊戌变法失败后，以慈禧太后为首的保守派重新走到政治前台。朝野上下普遍存在强烈的排外意识，民族主义情绪高涨，义和团运动就是其中的代表。

一、起源

义和团运动，有着深刻的国际和国内背景。甲午战争后，列强掀起瓜分中国的狂潮，给中华民族带来了空前严重的民族危机。巨额赔款极大地加重百姓的负担，《马关条约》有关在通商口岸开矿设厂的条款，对中国旧式工商业和新兴民族资本主义工业，也带来前所未有的冲击。民众直观地认为，

---

[1]　康广仁：《致易一书》，载《戊戌六君子遗集》，台北文海出版社 1966 年版，第 602 页。

这种民不聊生的状况都是列强来了以后造成的，驱逐洋人的愿望非常强烈。

山东地区所受的侵略和破坏较之其他地区更为严重。甲午战争中，山东饱受日本侵略之苦；战争结束后，威海卫军港被日本强占三年。此后，德国强迫清政府签订《胶澳租界条约》，强行租借胶州湾，并取得筑路权和采矿权。德国在修筑铁路和开设矿山时大肆侵占民房民田，给山东民众带来沉重负担与痛苦。英国也不甘落后，继日本之后强行租借威海卫，并强行圈占文登、荣城等县。随着铁路和沿海航运业的兴起，传统运河运输日薄西山，山东原来依靠大运河而繁荣的临清、济宁等城市衰落下去，从事运河运输的船夫、工人等纷纷失业，成为社会不稳定因素。山东地区天灾多发，连年遭遇黄河决口、旱灾等灾害，饿殍遍野，流民遍地。尽管人民的抗争被多次镇压，但随着矛盾的加深，迅速演化为大规模反抗。

义和团的起源十分复杂，众说纷纭。1899年，直隶吴桥县令劳乃宣《义和拳教门源流考》，认定义和拳是白莲教的一个重要分支。1898年，山东巡抚张汝梅则在奏折中认为，义和团起源于咸同年间直隶、山东创立的乡团。[①]义和团成员来源复杂，既非纯粹的白莲教，更非乡团，而是民间拳会和秘密教门相融合的产物。义和团运动发展初期，主要集中在山东、直隶交界地区及鲁西南地区，影响较大的是曹州、单县地区大刀会、冠县义和拳，以及茌平、高唐、平原一带神拳。

曹州、单县等地的大刀会兴起于甲午战争时期，首领为刘士端、曹得礼，以"保家卫国"为口号，实行反洋教斗争。大刀会成员多手持红缨枪，掐诀念咒，宣称其刀枪不入，因此又称"金钟罩""铁布衫"。当地社会秩序混乱，农民为求自保，纷纷加入大刀会。1898年10月，赵三多在冠县蒋家庄公开打出"扶清灭洋"的旗号，活动区域遍及直隶曲周和山东临清、邱县一带，后被直隶总督裕禄、山东巡抚张汝梅镇压，赵三多被迫北撤，在直隶继续进行小规模斗争。冠县义和拳起事虽然失败，却影响了附近茌平、高唐、平原一带的拳会及其他秘密组织的活动，并由此逐步形成以朱红灯为首的义和团。朱红灯自称明朝皇帝朱元璋后裔，略通医术，宣称其拳术得自神授，名声越来越大。他以茌平为根据地，发展组织，并积极与各地神拳联合，迅速发展

---

① 光绪二十四年五月十二日《山东巡抚张汝梅折》，载《义和团档案史料》上册，中华书局1979年版，第15页。

义和拳拳民

壮大。1899 年 9 月，朱红灯将原来互不统属的拳民改编为"义和拳"。

义和团的活动一般通过揭帖、坛谕、传言等方式，宣称义和团是顺应天意、拯救劫难、有神佛保佑的团体。每个村设立坛口，几个坛口组成一个团，以八卦中的某一卦为团名，实际上真正举事的，只有"乾字团""坎字团"两团。"乾字团"又称黄团，用黄巾帕首、黄带子、黄抹胸，缠足也用黄布；"坎字团"又称红团，巾带均为红色。一个团多则万余人，少则千百人。每个团设有坛宇，所奉的神灵千奇百怪，多出自《西游记》《封神演义》《水浒传》《三国演义》等小说。各团领袖称为大师兄，"凡有正式祈祷，则神必降集其身，跳舞升坐发号令。余众膜拜奉命，即赴汤蹈火，咸俯首惕息，无敢稍抗"。[①] 义和团在练习法术时，由大师兄拈香诵咒，然后昏然倒地，忽又起来，

---

① （清）吴永口述，刘治襄记：《庚子西狩丛谈》，广西师范大学出版社 2008 年版，第 8 页。

时任山东巡抚的袁世凯与德国官员合影

狂跳踊跃，如痴如醉，自称"神来附体"，号称刀枪不入，以此吸引那些不明真相的群众，于是迅速风靡起来。不过，义和团组织结构非常松散，基本上是以地域为单位，各自为战。

在义和团兴起的最初时期，清廷并未采取强硬措施进行镇压，而是在一定程度上纵容、默许。山东巡抚李秉衡原对大刀会持严厉镇压的态度，但当他详细调查民间秘密结社之后，在服从中央镇压命令的同时，期望民间秘密结社能够成为解决外交危机时一种可以利用的政治力量。他一方面镇压"匪首"，另一方面对一般"匪众"网开一面。曹州教案发生后，李秉衡对德国态度强硬，德国强迫清政府将其革职，由张汝梅继任。张汝梅继续执行李秉衡的政策，并向清政府建议把"拳勇改为民团"，将秘密结社纳入官方轨道。毓贤继任后，对拳民们更加同情，甚至否认拳会是反洋教斗争的发起者。他说："东省民风素强，民俗尤厚，当此时局艰难，外患纷沓之际，当以固民心为要图"[①]。在这种默许的政策下，义和团迅速崛起，规模越来越大。直

---

① 《筹笔偶存》，中国社会科学出版社1983年版，第45页。

到 1899 年 12 月袁世凯接替毓贤担任山东巡抚，才改变原来政策，对义和团展开剿抚兼施的政策，杀害许多义和团首领。山东义和团运动陷入低潮，团众纷纷转向直隶，直隶成为义和团活动的主要地区。

二、宣战

1900 年 2 月，义和团已经发展至天津城关厢外，固安、清苑、涿州等地也出现义和团。3 月，义和团已经在北京公开出现。义和团在卢沟桥至保定一线频繁活动，招募大量信徒。部分团众潜入北京，在教堂遍贴揭帖，如"消灭洋鬼子之日，便是风调雨顺时"等，宣扬攻击教堂和外国人。4 月底，北京出现第一个义和团坛口。此后，京城内外的义和团相互配合，北京、保定等地相继出现多起焚毁教堂、杀害教民的恶性事件。5 月 28 日，义和团焚毁北京至天津之间的丰台车站、机车房、外国人住房。6 月 1 日，高碑店以北的车站、电杆、铁路均被拆毁，涿州城被义和团占据。

义和团的一份揭帖写道："兹因天主教并耶稣堂，毁谤神圣，上欺中华君臣，下压中华黎民，神人共怒，人皆缄默。以致吾等俱联系义和神拳，保护中原，驱逐洋寇，截杀教民，以免生灵涂炭。"[①] 义和团在京津地区对外国人和侵略军进行多次打击。6 月 8 日，北京义和团杀死教民数人，焚毁房屋，迫使城门关闭半天；在通州，义和团杀害了一批美国传教士。6 月 12 日，天津义和团勇猛对抗西摩尔联军，尽管死伤惨重，却令联军无法继续前进。6 月 14 日晚，北京义和团在使馆区附近示威，并对使馆区进行几次试探性攻击。6 月 16 日，义和团将前门外大栅栏内的老德记西药房焚毁，且不许旁人救火，导致大火连烧三日，数千间房屋被毁，无数珠宝、玉器、古玩、字画付之一炬。

清政府对义和团纵容和默许，有利用义和团抵制列强干涉的意图。但是，此举必然会损害列强及其教会的利益，英、美、法、德四国公使不断向清政府施加压力，要求撤换镇压义和团不力的官员。迫不得已，清政府连续撤换李秉衡、张汝梅、毓贤三任山东巡抚，以迎合列强。

1899 年 12 月 30 日，英国传教士卜克斯不顾劝说进入乡村，被村民杀害。英国公使窦纳乐闻知此事后非常愤怒，联合各国驻华公使向清政府表示强烈

---

① 《告白》，载《中国近代史资料丛刊·义和团》第 4 册，上海人民出版社 1957 年版，第 149 页。

王文韶照

王文韶（1830—1908 年），浙江仁和（今杭州）人。咸丰二年进士，历任湖南巡抚、云贵总督、直隶总督兼北洋大臣，后以户部尚书协办大学士，官至政务大臣、武英殿大学士。

抗议，后经总理衙门大臣王文韶等专程解释道歉获得谅解。1 月 11 日，清廷发布上谕，要求地方官"办理此等案件，只问其为匪与否，肇衅与否，不论其会不会、教不教也"[①]。1 月 23 日，法国公使毕盛组织召开法、美、德、英四国公使会议，讨论对策。27 日，四国公使联合照会清政府，强烈要求清政府发布一道措辞严厉的上谕，下令对大刀会和义和拳进行全面镇压。3 月 2 日，英、美、德、意四国公使和法国代办会见总理衙门大臣，重复之前的要求，但遭到拒绝。

3 月 14 日，清政府任命毓贤为山西巡抚，而毓贤因在山东巡抚任上表现出的排外立场令列强深恶痛绝。清政府重新起用毓贤，被列强视为挑衅行为。3 月 23 日，英国公使窦纳乐致函外相索尔兹伯里，要求派遣两艘军舰开到大沽口待命。4 月 6 日，英、美、德、法四国公使再次联名照会，要求清政府在两个月内肃清义和团，否则将派军队进入山东和直隶代为剿灭。7 日，美国和意大利的军舰也抵达大沽口。12 日，外国军舰在大沽海面举行联合示威演练。

5 月 29 日，停泊在大沽口的各国舰队先后接到进入北京保护使馆的命令，海军陆战队抵达天津，准备向北京进发。至 6 月 8 日，进入北京的"使馆卫队"已达近千人。随着局势的恶化，清政府内部对义和团的态度发生分化。张之洞、刘坤一、李鸿章、袁世凯等主张坚决镇压，尽快平息义和团，以免引起列强更大规模的干涉。直隶总督裕禄虽坚持"剿抚并用"，但义和团的壮大使他充满担忧，"详查现在情形，匪徒日聚日众，断非语言文告所能劝解，

---

① 光绪二十五年十二月十一日《上谕》，载《义和团档案史料》上册，中华书局 1959 年，第 56 页。

若不厚集兵力稍加惩创，恐成燎原”[1]，态度发生变化。保守派官僚赵舒翘等人则主张对义和团停止镇压，利用义和团对抗外国军队。

慈禧太后的态度至关重要。她对义和团和列强均无好感，但戊戌变法时列强希望扶植光绪皇帝来抑制她的权力，令她难以容忍。戊戌政变后，慈禧企图废掉光绪帝，立端郡王载漪之子溥儁为大阿哥，史称"己亥建储"。列强对此强烈不满，向慈禧发出警告，拒绝入贺，立溥儁为皇帝的企图胎死腹中。列强派兵进入北京后，慈禧担心列强有可能插手中国内部事务，甚至推翻自己的统治。因此，她一方面表态严厉镇压义和团以博取列强宽容，另一方面又不希望真正打击义和团，主剿、主抚的两派势均力敌，导致发出的命令经常自相矛盾，"朝令夕改"。

6月10日，西摩尔率领联军抵达天津。他们威逼直隶总督裕禄下令修通铁路，并为联军准备去北京的火车。裕禄表示在未得到朝廷许可前无法同

---

① 　光绪二十六年五月初六日《直隶总督裕禄致总理各国事务衙门电报》，载《义和团档案史料》上册，中华书局1959年版，第113页。

意联军乘火车进入北京。联军执意进发,抢占机车。义和团便拆毁沿途铁路,迫使联军边修路边前进,严重影响行军速度。原奉命镇压义和团的聂士成紧急致电荣禄、裕禄,要求放弃镇压义和团,转而打击联军。6月17日,联军第一次在北京方向发现清军的旗帜,双方展开交火。由于清军和义和团的阻击,西摩尔军队难以前进,在给养断绝的情况下不得不狼狈逃回天津租界。

在西摩尔联军受阻的同时,各国海军试图攻占大沽炮台。6月15日,俄国太平洋舰队司令基利杰勃兰特主持各国海军将领会议,认为中国军队向大沽口增兵、布置水雷、破坏电线等行为具有敌对性质,必须夺取大沽炮台。17日,大沽炮台失守。大沽炮台的失陷使北京失去战略屏障,门户洞开,为联军提供了源源不断进入北京的条件。

自6月16日起,清方召开四次御前会议。6月21日,慈禧太后误信一份要求归政于光绪的外国"照会",遂发布"宣战"上谕,表示要对列强"大张挞伐,一决雌雄"[①]。但慈禧太后的宣战并不真心,6月29日,她要求各

---

①　《义和团档案史料》上册,中华书局1959年版,第163页。

董福祥照

董福祥（1840—1908年），清末著名将领，官至太子少保、甘肃提督、随扈大臣，赐号阿尔杭阿巴图鲁。随刘锦棠进兵新疆，以收复乌鲁木齐等地及平定南疆阿古柏骚乱有功，得左宗棠赏识。1900年，义和团运动迅速发展，董福祥部士兵纷纷加入义和团，杀死日本驻华使馆书记官杉山彬，并参与围攻东交民巷使馆。八国联军侵占北京时，董福祥率军护卫慈禧太后和光绪帝西逃。清政府与八国联军议和过程中，外国侵略者要求处死董福祥，清廷不允，旋被解职，禁锢家中。1908年病死于甘肃金积堡（今属宁夏吴忠）。

驻外公使向驻在国政府解释，对外宣战实出迫不得已，要求各国政府谅解，并表示会设法镇压义和团。宣战后，董福祥所率甘军及荣禄指挥的武卫中军联合义和团开始围困使馆区，一共围攻五十余天，但攻击强度时有变化。

6月30日，从大沽口登陆的八国联军已经达18000人，其中日、俄军队居多，成为进攻天津的主力。7月9日，联军在天津城南发动总攻。聂士成率众督战，受伤之后仍不撤退，最终壮烈殉国。14日，天津城陷落，联军进行野蛮的洗劫。八国联军侵占天津后，立即分区占领。30日，成立由俄、英、日三国各出一人组成的"天津临时政府"（即"天津都统衙门"），下设总秘书处、巡捕局、卫生局、库务司、军事部、司法部及公共粮食供应署等。[①]"天津都统衙门"存在的时间达两年之久，直到1902年8月15日才被正式撤销。这是帝国主义强加在天津人民头上的殖民主义政府。

与此同时，北京的清军和义和团仍在对外国使馆进行围攻。联军攻占天津后，救援北京使馆的任务提上日程。经过激烈斗争，最后由德国人瓦德西

---

① 刘海岩等编：《八国联军占领实录：天津临时政府会议纪要》，天津社会科学院出版社2004年版，第1页。

出任指挥。8月4日，约两万名联军沿运河两岸进逼北京。其中，日军约8000名，俄军4800名，英军3000名。清廷为提防列强进入北京，命令各地筹备战守事宜，加紧调集各地勤王之兵；外交上，请求各国公使暂避天津，乞求各国政府重归于好。在联军进逼时，北京地区的清军总兵力已达10万人。此外还有7万余名义和团团众，其中约2万名分布在京津交通沿线，5万名在京城之中。

8月5日，联军占领北仓。6日，联军占领杨村，直隶总督裕禄兵败自杀。7日，清廷任命李鸿章为议和大臣。11日，联军逼近张家湾，清军全线溃败，统帅李秉衡自杀身亡。慈禧太后"闻秉衡军败而哭，顾廷臣曰：'余母子无类矣！宁不能相救耶？'廷臣愕然，皆莫对"[①]。13日，联军占领通州。当晚日俄军队抵进北京城下。14日，英军攻破广渠门，进入内城，北京失陷。为防止一国独占或抢先占领皇宫造成混乱，联军并未立刻占领皇城，而是交由外交团决定。经过十天的斡旋，外交团决定应先占据清政府的象征紫禁城。

8月15日黎明，慈禧太后携光绪帝更换民服，在载漪、奕劻、载勋、载澜等宗室和刚毅、赵舒翘等大臣的陪同下，由马玉崑部护卫，仓皇出逃。他们出西华门奔德胜门，经过颐和园、居庸关向北奔去，史称"庚子西狩"。"西狩"途中，由于形势混乱，地方官自顾不暇，慈禧等人颠沛流离，食不果腹，狼狈不堪。直到抵达怀来后，因县令吴永提早做准备，安顿较为妥当，令慈禧等感动不已。慈禧太后想吃鸡蛋，吴永费尽力气找来五枚鸡蛋，慈禧太后连吃三枚，剩下两枚赏给光绪帝。[②]在怀来休息几天后，慈禧一行经宣化抵达大同，再到达太原，最后到达西安。在"西狩"途中，慈禧太后对义和团的态度大变，由原来的支持变为剿灭。对支持义和团的大臣刚毅、赵舒翘等也是十分愤恨，认为他们误国，死有余辜。刚毅在途中病逝于山西，赵舒翘被下令自尽。赵舒翘"体质素强，扼吭仰药，百计竟不得死。而岑（岑春煊）在客堂，不耐久候，再四逼促，词气极凌厉。家人不得已，乃以绵纸编糊七窍，

---

① 《中国近代史资料丛刊·义和团》第1册，上海人民出版社1957年版，第22页。
② （清）吴永口述，刘治襄记：《庚子西狩丛谈》，广西师范大学出版社2008年版，第71—72页。

灌以烧酒而闷煞之，屡绝屡苏，反复数次而后毙命"①。两宫"西狩"一年有余，直到 1902 年 1 月 8 日才返回北京。

8 月 28 日，联军进入大清门，俄军司令利涅维奇检阅部队。联军进入北京一个多月后，最高统帅瓦德西才姗姗来迟。9 月 25 日，瓦德西召集各国舰队司令官开会，认为有必要扩大战争范围。10 月 1 日，联军占领山海关炮台；2 日，法军和意军占领秦皇岛；12 日，德、意、法、英等国军队前往保定府和正定府。联军还不断试图入侵山西，威胁在流亡之中的清政府。11 月 12 日，德、意、奥三国联军进犯张家口，凡有义和团活动过的村庄均被焚毁。根据马士的统计："从一九〇〇年十二月十二日起，到一九〇一年四月底，一共派出了四十六支远征军；有三十五支是由德国部队组成，还有四支是由意大利部队组成，其他七支是由各国混合部队组成，不过其中有为了处理新乱事而派出的美国和英国的部队各一支。"② 瓦德西到任之后的行动，完全超出了必要的范畴。

俄军还在此期间出兵东北，制造了骇人听闻的"海兰泡惨案"，七千多中国百姓被驱入黑龙江中活活淹死。另有"江东六十四屯大屠杀"，三万多中国居民被烧杀。7 月 2 日俄国向中国绥定和库伦派兵；7 日，向接邻我国

岑春煊照

岑春煊（1861—1933 年），云贵总督岑毓英之子，以恩荫入仕。1898 年因力主变法维新而得光绪帝青睐，提拔为广东布政使，后调甘肃布政使。八国联军侵华后，岑春煊率军至北京"勤王"，并护送慈禧太后和光绪帝至西安，升陕西巡抚，后任山西巡抚，创办山西大学堂。后署理四川总督，旋署两广总督。任内积极推行新政，大举惩办贪官，有"官屠"之称。

---

① （清）吴永口述，刘治襄记：《庚子西狩丛谈》，广西师范大学出版社 2008 年版，第 145 页。

② ［美］马士：《中华帝国对外关系史》第 3 卷，张汇文等合译，商务印书馆 1960 年版，第 338—339 页。

西部和北部的土尔克斯坦和西伯利亚军区大规模调兵，并宣布这两个军区进入紧急状态；10日，尼古拉二世亲自批准成立四个军团，将其发往直隶和满洲。① 这充分说明了俄国趁火打劫的丑恶本质。

三、东南互保

清政府对外宣战，长江流域及东南各省督抚却拒绝执行，反而和列强实行"东南互保"。他们与各国驻上海的领事共同炮制《东南互保章程》，规定"上海租界归各国共同保护，长江及苏杭内地均归各督抚保护，两不相扰"②。

英国是老牌帝国主义国家，在中国特别是长江流域享有巨大的利益。当北方陷入义和团乱局时，英国非常担心波及南方，影响其在华的政治、经济利益。1900年6月14日，英国驻上海代总领事霍必澜致电外交大臣索尔兹伯里，认为长江流域若发生任何骚乱将给英国带来不可估量的损失。汇丰银行等商业机构也向英国政府强调上海等地商业利益的重要性。英国还害怕其他列强染指长江流域，因此认为保障东南地区的和平稳定就是保障自己的势力范围。

东南地区最具实权的人物是两江总督刘坤一和湖广总督张之洞。他们二人资历深、能力强，兴办洋务较有成效，具有较为开阔的国际视野。义和团运动期间，他们自始至终都是剿灭义和团、不要同联军开战的坚定支持者。6月14日，张之洞给刘坤一回复电报："拳匪事，五月初四日洞已电总署，进呈力请主剿，沥陈外兵必来代剿，大局将危，未蒙采纳。今尊示会奏请剿拳匪，鄙意相同，已电北洋，请挈衔驰奏。……拟添'从来邪术不能御敌，乱民不能保国，外兵深入横行，各省会匪四起，大局溃烂，悔不可追'六句。"18日，刘坤一回电："如再迟疑，不自速剿，各国兵队大至，越俎代谋，祸在眉睫。此实宗社安危所系，不敢不披沥上陈。"③ 列强对他们颇有好感，将其视为维持东南秩序的政治工具。6月16日，刘坤一在会见金陵税务司韩森

---

① 《1900—1901年俄国在华军事行动资料》第1册，董果良译，齐鲁书社1980年版，第91、112、126页。

② 《中国近代史资料丛刊·义和团》第3册，上海人民出版社1957年版，第338页。

③ 光绪二十六年五月十八日亥刻发《致江宁刘制台》、光绪二十六年五月二十二日寅刻到《刘制台来电》，载《张之洞全集》第10册，武汉出版社2008年版，第57页。

张之洞照

张之洞（1837—1909年），字孝达，号香涛，人称"香帅"。生于贵州兴义，祖籍直隶南皮。咸丰二年（1852年）十六岁中顺天府解元，同治二年（1863年）二十七岁中进士第三名探花，历任内阁学士、山西巡抚、两广总督、湖广总督、两江总督、军机大臣等，官至体仁阁大学士。张之洞早年是清流派首领，后成为洋务派的主要代表人物。

刘坤一照

刘坤一（1830—1902年），湖南新宁人，湘军将领。历任广西布政使、江西巡抚、两广总督兼南洋通商大臣、两江总督等职。有《刘坤一集》传世。1901年，刘坤一与张之洞连上三疏，请求变法，建议多为朝廷采纳。他还提出了兴学"应从师范学堂入手"的主张。

时表示，可以不顾慈禧太后的意图，决心与张之洞合作维护长江一带的和平。如果有其他国家侵犯长江一带，愿在英国"指挥下"采取统一行动。

6月17日，张之洞同英国驻汉口总领事法磊斯会谈，表示会维持好辖区的秩序，只是不希望长江流域驻有英国军舰。刘、张的举动可能得到中央隐晦的支持，英国最终接受这一建议。6月20日，联军各国舰队司令发出公告，宣布联军仅对义和团和那些反对派遣部队前往北京救援他们本国同胞的人进行战斗。如果中国不破坏或不从事战争，那么中国官员就无需害怕遭到联军的任何袭击。[①]这个公告对一部分中国官员起了分化瓦解作用。

慈禧太后发布宣战命令后，刘坤一、张之洞带头抗命不遵，并尽力保护

---

① 《中国近代史资料丛刊·义和团》第3册，上海人民出版社1957年版，第184页。

外国机构、教堂和人员。刘坤一致函鹿传霖、李秉衡，称："目前计惟力任保护，稳住各国，暂保长江，以期此事转机。若再鲁莽从事，各国军舰转舵南攻，危亡即在旦夕，现与各国领事密商，使其互相牵制，免遂冲裂。"①刘、张二人征求两广总督李鸿章的意见，李鸿章表示同意，认为和西方冲突"两广断不从命"。刘、张一面联衔复奏，要求太后立即解散义和团；又电邀铁路督办大臣盛宣怀和上海道余联沅，向驻上海各国领事转达互保之意。

6月26日，余联沅根据刘坤一的训令邀请各国驻上海领事举行会晤。经过周密谈判，双方讨论并制定《东南保护约款》。《东南保护约款》主要内容为：上海租界归各国共同保护，长江及苏杭内地均归各省督抚保护，两不相扰，以保全中外商民人命产业为主；"长江及苏、杭内地，各国商民、教士产业均归南洋大臣刘、两湖督宪张允认切实保护，并移知各省督抚及严饬各该文武官员一体认真保护，现已出示禁止谣言，严拿匪徒"②。除湖广、江南外，山东、两广等省份也加入东南互保。《东南保护约款》的内容没有出卖主权，反而对列强有一定限制。英、德、法、日、美等国均先后表示同意部分条款，但不肯明确签字。尽管如此，互保在事实上已经确立。

东南互保具有重要的历史影响。一方面，它避免义和团运动向南的发展，保障了南方的稳定和东南地区的经济发展。另一方面，它阻止列强入侵长江流域，在一定程度上维护了领土主权。这也是地方督抚第一次公开挑战中央权威，大大刺激了地方离心倾向，促使中央权威进一步瓦解。

四、《辛丑条约》

八国联军占领北京后，列强之间很快出现分歧。经过四个多月的协调，12月24日，各国公使向清政府提交一份"议和大纲"。奕劻、李鸿章将议和大纲的内容电告西安的慈禧太后。慈禧太后见列强并没有把自己作为"祸首"加以惩办，遂命奕劻和李鸿章"所有十二条大纲，应即照允"③。

具体细节的谈判仍很艰难。双方在惩办罪犯和赔款两方面分歧很大。惩办罪犯是议和谈判的一大焦点。1901年2月5日，各国公使要求清政府将包

---

① 《刘坤一遗集》第 4 册，中华书局 1959 年版，第 2561 页。

② 王铁崖编：《中外旧约章汇编》第 1 册，生活·读书·新知三联书店 1957 年版，第 968 页。

③ 《义和团档案史料》下册，中华书局 1959 年版，第 853 页。

《辛丑条约》签约现场
光绪二十七年（1901 年，辛丑年）七月二十五日（阳历 9 月 7 日），清政府与英国、俄国、德国、法国、美国、日本、意大利、西班牙、荷兰、比利时、奥地利 11 国签订中国近代史上赔款数目最庞大、主权丧失最严重的《辛丑条约》，清政府已经完全沦为列强统治中国的工具。《辛丑条约》原本现存于台北"国立"故宫博物院。

括载漪、载澜、载勋、毓贤、董福祥在内的 12 名大臣处以死刑。奕劻认为载漪等系皇族，如果斩首，会让皇室颜面难堪，希望各国体谅难处。他提出的办法是令载勋自尽，载漪流放新疆永远监禁。但列强仍有不同意见，英、德、奥、意四国坚决要求处死皇室成员。2 月 6 日，各国公使协商后通知清政府，依然要求清政府判处载漪和载澜死刑，但可以皇帝的名义赦免；董福祥的军权必须尽快剥夺，本人必须受到严惩；英年、赵舒翘、毓贤、启秀等必须处死；已经去世的李秉衡、刚毅、徐桐等要夺回原官，撤销恤典；因反战被处死的五大臣立山、徐用仪、许景澄、联元、袁昶须平反。清政府一一接受这些要求。此后，清政府又在列强威逼下处理了各级大小官员、士绅百余人，基本达到列强"惩凶"的要求。

列强对于此次赔款的目标不大相同。德国皇帝在瓦德西来华前，要他"谨记在心，要求中国赔款，务到最高限度，且必须贯彻其主张"，其目的是利用赔款来建设德国海军，以便和英国争夺海上霸权。沙俄企图利用赔款弥补国库亏空，并加速修建西伯利亚铁路，巩固其在远东和中国的利益。英国和美国主张赔款在一定的范围之内，避免过分削弱中国市场的购买力。

各国利益不同，态度不一，明争暗斗了相当长的时间。美国坚持门户开放政策，反对割占中国领土，英国、法国、日本也表示同意。但是，俄国对中国怀有强烈的领土野心，力图占据东北。为防止俄国的土地要求，英德两国于 1900 年 10 月 16 日发表了"不利用中国目前混乱情况，攫取中国领土方面的利益"声明，并知会法、美、意、日、俄、奥等国，迫使俄国不得不暂时收敛领土野心，而把索赔主要集中于金钱方面。后经过一系列复杂的讨价还价，1901 年 5 月 25 日，德、英、日正式同意以 4.5 亿两为限。5 月 30 日，中国接受赔款要求，以盐课、海关增收和常关税等作为抵押。

9 月 7 日，双方最终签署条约。由于该年（1901 年）为中国"辛丑年"，故称为《辛丑条约》。《辛丑条约》主要内容有：

向各国赔款 4.5 亿两，分 39 年还清，年息 4 厘。

划定东交民巷为使馆区，由使馆管理，中国人不准居住，各国有权常留军队保护使馆。

将大沽炮台及有碍京师至海通道之各炮台一律拆除，允许各国在北京至山海关铁路沿线 12 个战略要地驻兵。

永远禁止中国人民成立或者加入任何反帝组织，违者处死；各省官员必须保护外国人的安全，否则即行革职，永不叙用。

惩办"祸首"，将端郡王载漪、辅国公载澜拟定斩监候，如皇帝赦免即发配新疆，永不减免；庄亲王载勋、刑部尚书赵舒翘等赐令自尽；山西巡抚毓贤、礼部尚书启秀等即行正法；监禁、流放、处死各级官员一百余人。

改总理衙门为外务部，班列六部之前。

此外，还要为遇害德国公使克林德善后，派遣醇亲王载沣代表光绪帝赴德国致歉，并在遇害处建立纪念牌坊。①

《辛丑条约》是中国近代史上空前屈辱的不平等条约，是帝国主义强加给中国的又一把沉重枷锁，给中国带来了巨大的危害。首先，巨额的战争赔款严重摧残了中国的财政、经济，使清政府财政日益枯竭，几乎全部海关收入都被列强控制，加深中国人民的苦难。其次，列强对北京至山海关一线进行军事控制，禁止中国进口军火，严重损害中国的领土主权，大大削弱了国防能力，使列强更易于控制中国的政治中心。再次，惩办"祸首"、致歉等条款，极大地羞辱清政府和中国人民，是对整个中华民族自尊心的践踏。

---

① 光绪二十七年七月二十五日《全权大臣奕劻李鸿章电报》，载《义和团档案史料》下册，中华书局 1959 年版，第 1308—1314 页。

第六章　清末新政

清末新政大体可以分为两个阶段，第一个阶段为 1901—1905 年，主要是在官制、军事、经济、文教方面的改革；第二个阶段为 1906—1911 年，又称"预备立宪"时期，在其他方面继续改革的同时，侧重政治层面的改革，其深度和广度大大超越第一个阶段。

第一节　前期改革

早在 1900 年 8 月 22 日，逃难途中的慈禧太后迫于内外压力，即以光绪帝名义下诏求直言，"此次内讧，外侮仓猝交乘，频年所全力经营者毁诸一旦。是知祸患之伏于隐微，为朕所不及觉察者多矣。惩前毖后，能不寒心！自今以往，凡有奏事之责者，于朕躬之过误，政事之阙失，民生之休戚，务当随时献替，直陈毋隐"[①]。慈禧太后意识到，在八国联军入侵的情况下，再照旧制进行统治已经不可能，必须改弦更张，才能获得出路。与此同时，西方列强、督抚大员、地方士绅等多种势力也在促动变革。列强在议和期间，曾多次敦促清政府及早"革新"，速行"变法"。清廷也明确表示："敝国现议力行新政，正期图报各大国之惠于后日，望贵国始终至诚……借得稍苏喘息，整顿内政，将来中外必能益加修睦，与各大国永享无穷之利益。"[②]

一、《江楚会奏变法三折》

1901 年 1 月 29 日，慈禧太后以光绪帝名义发布新政改革上谕，指出变法的必要性："我中国之弱，在于习气太深，文法太密。庸俗之吏多，豪杰之士少。文法者庸人借为藏身之固，而胥吏倚为牟利之符。公事以文牍相往

[①]　《光绪宣统两朝上谕档》第 26 册，广西师范大学出版社 1996 年版，第 274 页。
[②]　朱寿朋编：《光绪朝东华录》，中华书局 1984 年版，第 4616 页。

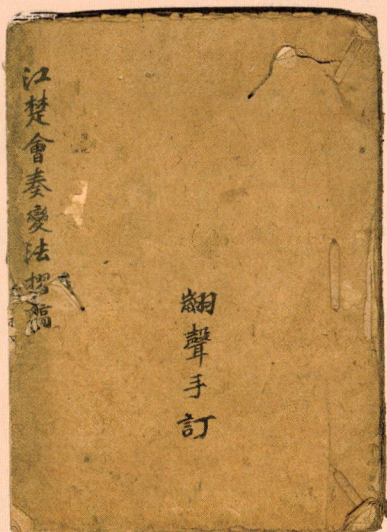

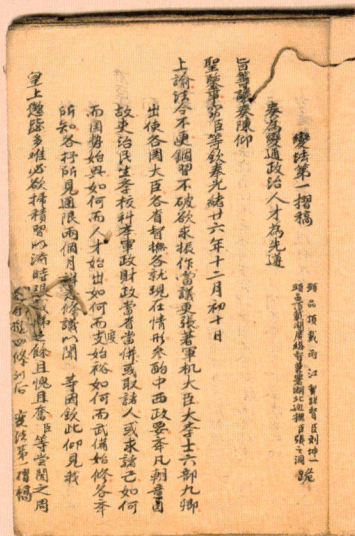

《江楚会奏变法折稿》

来，而毫无实际。人才以资格相限制，而日见消磨。误国家者在一私字，困天下者在一例字"。世有万古不易之常经，无一成不变之治法，"至近之学西法者，语言文字、制造器械而已。此西艺之皮毛，而非西政之本源也"，"总之，法令不更，锢习不破，欲求振作，当议更张"，要求军机大臣、六部九卿、地方督抚、各国使臣等各抒己见，"举凡朝章国故、吏治民生、学校科举、军政财政，当因当革，当省当并，或取诸人，或求诸己，如何而国势始兴，如何而人才始出？如何而度支始裕，如何而武备始修，各举所知，各抒所见，通限两个月，详悉条议以闻"①。这一道上谕有着重要意义，不仅标志着新政的开始，也为新政指明了方向。

由于戊戌变法的教训，上谕颁布后，各级官员反应冷淡，两个月时间内，地方督抚竟无一复奏。为表明改革决心，1901 年 4 月 21 日，清廷谕令成立"督办政务处"（后改称"会议政务处"），作为"博采群言"、议行并实施新政的中枢机构。督办政务处以庆亲王奕劻、大学士李鸿章（去世后由袁世凯补任）、荣禄、昆冈、王文韶、户部尚书鹿传霖为督办政务大臣。5 月，增派地方大员中最具影响力的刘坤一、张之洞为参预政务大臣。督办政务处

---

① 《清德宗实录》卷 476，中华书局 1987 年版，第 273—274 页。

的设立表明清廷改革的决心和诚意，有利于新政的顺利启动。

督办政务处成立后仅 4 天，山东巡抚袁世凯率先上《复奏条陈变法疏》，提出充实武备、改进财政、开启民智、增设实学等具体建议。此后，各督抚纷纷上奏。当时，地方督抚中声望最高的是两江总督刘坤一和湖广总督张之洞，又是督抚中仅有的两个督办政务处参预大臣。经过商讨，二人决定联衔上奏。奏折经过反复协商、修改，并吸取各方面意见，于 7 月 12 日、19 日和 20 日分别上奏，史称《江楚会奏变法三折》。《江楚会奏变法三折》由《变通政治人才为先遵旨筹议折》《遵旨筹议变法谨拟整顿中法十二条折》《遵旨筹议变法谨拟采用西法十一条折》及《请专筹巨款举行要政片》四部分构成，内容密切相关，构成一个较为系统的变法方案。

第一折以教育改革为核心，主要内容为：第一，建立近代学校教育体制。主张州县设立初等、高等两级小学，府设立中学校，省城设高等中学及农、工、商等专门学校，京师设文武大学校，突出自然科学知识的教育和实际技能的培养。第二，变革科举制度。文科方面，酌改文科，变革考试内容，逐步减少科举取士的名额；武科方面，停罢武科。第三，奖劝游学。由于增设学堂存在困难，尽快培养人才的唯一办法是鼓励赴外国游学，学成之后可按照条件给予相应的进士、举人等出身。

第二折以内政改革为核心，主要内容为吏治、军事、司法和八旗生计等方面，共分崇节俭、破常格、停捐纳、课官重禄、去书吏、去差役、恤刑狱、改选法、筹八旗生计、裁屯卫、裁绿营、简文法十二条，每条下面又有详细改革举措。

第三折以军事、经济改革为核心，强调向西方学习的重要性，共分广派游历、练外国操、广军实、修农政、劝工艺、定矿律路律商律和交涉刑律、用银元、行印花税、推广邮政、官收洋药、多译东西各国书十一条。附片认为新政必须以充足的财力作为基础，考虑到《辛丑条约》需要巨额赔款的现实，办理新政需要筹集巨款，不仅需要节流，更需要开源。

《江楚会奏变法三折》是清末新政前期的总纲领，对推动新政的实施起了重要作用。

二、官制改革

清政府的中央机构原来主要是军机处、内阁、理藩院，以及吏、户、礼、兵、刑、工六部。1861 年，清廷在列强要求下成立"总理衙门"，为清政府办理洋务和外交的中央机构。然而，总理衙门最初只是临时性质的机构，其官员均为兼职。清末新政开始后，清政府逐渐认识到这一问题，增设外务部、商部、练兵处、财政处、巡警部及学部等新机构，并裁撤一些旧机构。

1901年7月，清政府任命庆亲王奕劻为首任外务部总理大臣，王文韶为会办大臣，瞿鸿禨为会办大臣兼尚书，徐寿朋、联芳为侍郎。从此，外务部取代总理衙门，正式成为办理外交的专门机构。外务部的设立，改变了原来总理衙门仿效军机处的做法，转而模仿六部并有所改革。它重视职业外交官的培养，建立较为合理的使领馆体系，为中华民国时期的外交打下基础。

1903年9月，为振兴商务，设立商部，以载振为尚书，伍廷芳、陈璧为侍郎。商部主管商务、铁路、矿务等事项，还兼管工业、农业，是专门负责发展经济的中央机构。值得注意的是，清政府在1904年任命张謇为商部头等顾问，这对推进实业发展有重要促进作用。各省成立商务局，作为服务振兴实业关系的机构。

1903年10月，成立练兵处，作为全国编练新军的统筹机构。1903年11月，成立财政处，作为专门的财政管理机构。1905年10月，设立巡警部，以徐世昌为尚书，毓朗、赵秉钧为侍郎。巡警部是管理全国治安、警察的中央机构，京城内外工巡事务悉归其管。1905年12月，废除科举之后成立学部，管理

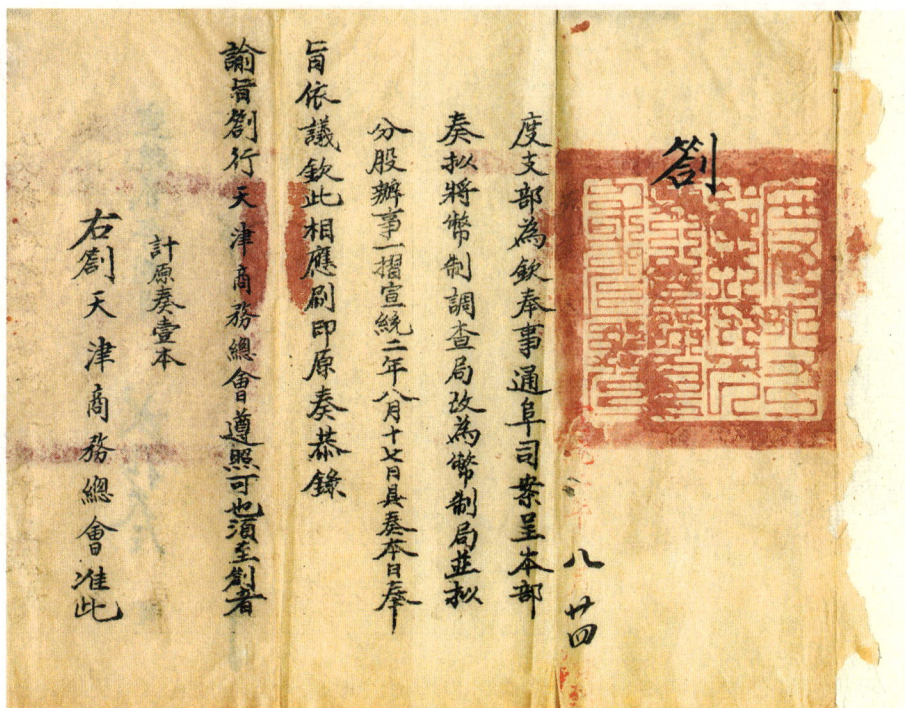

度支部札文

新式学堂教育，并将国子监纳入其中。学部成为专门管理全国学务的最高行政机构，推动了教育事业的发展。

在设立新机构的同时，清廷还裁撤了一些冗衙。1902 年 3 月起，先后下令裁撤东河河道总督、詹事府、通政司；1904 年 12 月，裁撤督抚同城的云南、湖北巡抚、江南织造衙门等；1905 年裁撤广东巡抚。

1901—1905 年的官制改革成就很大，但仍不能完全适应形势需要。随着"预备立宪"的推行，1906 年 11 月，清廷发布上谕，宣布厘定新官制：

内阁、军机处、外务、吏、礼、学部、宗人府、翰林院等仍旧。改巡警部为民政部，户部为度支部，兵部为陆军部，刑部为法部，工部并入商部为农工商部，理藩院为理藩部……改六科给事中为给事中，大理寺为大理院。增设邮传部、海军部、军谘府、资政院、审计院。以财政处归度支部，太常、光禄、鸿胪三寺归礼部。太仆寺、练兵处归陆军部。[1]

① 《清史稿》，中华书局 1976 年版，第 956 页。

在公布中央官制的同时，清廷命令筹议地方官制改革。由于触动地方利益，各省督抚多有所保留，持观望态度。地方官制改革方案，如"分设审判各厅以为司法独立之基础"、"增易佐治各员，以为地方自治之基础"等，除在东三省试办和直隶、江苏择地试办外，其余各省基本流于形式。

地方官制改革最具成效的是东三省。东三省是清朝龙兴之地，但随着半殖民地化程度加深，东北已经成为俄国和日本争夺的对象，危机日益严重。原有的以八旗为主、旗民共治行政体制已经不能适应统治需要。清廷决定将其与内地划一，改为行省制度。1907 年 4 月，改盛京将军为东三省总督，兼管三省将军事务，增设奉天、吉林、黑龙江三巡抚，但东三省总督职权较之内地总督更大。

清廷还采取一系列整顿吏治的措施，处理大量有劣迹的官员、书吏、差役，停止捐纳买官，裁撤陋规、酌定公费。官制改革是新政极其重要的组成部分，为"预备立宪"奠定一定基础，适应了近代化的潮流。吏治的整顿有利于惩治腐败，提高行政效率，改善行政作风。但清政府意图通过改革官制来加强中央集权，势必遭到地方督抚的抵制，中央与地方关系日趋紧张。

三、军制改革

晚清时期，八旗绿营衰落，此后，湘淮军队、练军兴起。甲午一役，北洋水师全军覆没，清廷开始编练新军，但规模一直有限。大规模编练新军是从新政时期开始的。1903 年，清政府设立练兵处，为新军的编练工作做统筹规划，使军制日趋统一。1904 年，练兵处颁布全国陆军编练营制饷章，使全国新军开始有了统一军事编制。1906 年，改兵部为陆军部，统一指挥全国陆军。1907 年，陆军部进一步对全国新军编练工作做统一规划，计划全国陆军编练36 镇，并将具体指标分配到各省。至 1911 年，全国共编练完成 26 镇。

在进行军制改革的同时，清政府还建立一套近代军事人才的培养体制。1901 年 8 月，废除早已不能适应时代需要的武举考试，规定此后军事人才交由近代化军事学堂培养。1904 年，练兵处制定全国陆军学堂体制，全国分为陆军小学堂、中学堂、兵官学堂和大学堂四等。此外，设立各种短期速成军事培训班。清政府还派遣留学生和出国考察人员，赴欧美和日本学习军事。这些人员学成回国后，多成为军事骨干。

军事改革以直隶总督袁世凯编练的北洋新军最有成效。1902 年，袁世凯获得清政府的新军开办经费，先后拟定《募练新军章程》和《奏定北洋练

旧式八旗军制

北洋新军（步兵）

北洋新军（炮兵）

北洋新军（军服装备）

北洋新军（训练）

袁世凯编练的新军

在编练新军的过程中，袁世凯非常重视对部将的培养和管理。他通过建立学堂并从学堂中提拔军官，导致大多数北洋军队中的军官，既是他的部下又是他的门生。军官彼此之间还是同学。袁世凯非常注重对士兵进行奴化教育。在北洋军队中，供奉着袁世凯的长生禄牌位，每天命令士兵磕头行礼，使军队逐渐养成只知有袁世凯、不知有大清朝的心理，很大程度上成为袁世凯的私人武装。北洋新军中风气闭塞，控制严密。

兵营制饷章》，计划先在保定创练常备军两镇。同年底，清政府挑选京师八旗3000人交由袁世凯训练，以此编为京旗常备军。1904年年初，因日俄战争威胁，袁世凯趁机在两镇常备军外再添一镇。1905年年初，又以原新建陆军改建的武卫右军和由山东勇营整编的武卫右军先锋队为基础，吸收调防来的江南自强军，编为北洋常备军第4、5镇。练兵处统一全国番号，将京旗常备军改为陆军第1镇，北洋常备军第1镇改为陆军第2镇，北洋常备军第2镇改为陆军第3镇，北洋常备军第3镇改为陆军第4镇，北洋常备军第4镇改为陆军第5镇，北洋常备军第5镇改为陆军第6镇。至此，北洋六镇正式编成。袁世凯还积极创办新式军事学堂，先后创立保定北洋行营将弁学堂、北洋陆军武备学堂、天津北洋陆军讲武堂等，并将优秀毕业生送往国外进一步深造。1907年底，北洋新军官兵达7万余人，实力为全国各省之冠。

新军的编练使中国至少在形式上拥有了一支正规的国家常备军，开始由传统的军事制度向近代化军事制度过渡。但是，新军编练工作进展十分不平衡，袁世凯编练的北洋新军成为当时中国最强大的武装力量，这为袁世凯和北洋军事集团的崛起奠定了基础。

四、经济与文教

甲午战争后，清廷面临着严峻的经济危机，财政近乎崩溃。统治者认识到发展工商业的重要性，将发展近代工商业作为新政时期经济改革的主要目标。为此，清政府推行了一系列举措。

1902—1910年间，工商业方面，政府制定有关商人地位和权利的《商人通例》，有关公司创办、组织、经营、破产方面的法规《公司律》《公司注册试办章程》《商标注册暂拟章程》《破产律》，有关农工商各业商会、社团的组织法规《商会简明章程》《农会简明章程》等，以及奖励民族资本主义发展的《奖励华商公司章程》和《华商办理农工商实业爵赏章程》。

在这些法规中，《公司律》为清末商律最重要的组成部分，它详细规定公司的创办组织形式、呈报注册方法、经营管理方式、股东权利义务和违章处罚条例等。矿业方面，先后颁布《筹办矿务章程》《矿务暂行章程》《钦定大清矿务章程》，一定程度上维护了国家的矿权。铁路方面，先后颁布《铁路简明章程》《路务议员办事章程》《铁路免价减价章程》《铁路雇佣洋员合同格式》等一系列法规，这对中国近代铁路建设有着重要意义。

晚清时期币制相当混乱，不仅各省有铸币权，成色、分量标准都不一致，

宣统年间度支部发行的货币

还出现银两、制钱、铜元与银元、纸钞混用的局面。列强为进一步控制中国的货币财政权，对中国的币制改革颇为热衷，这也迫使清政府不得不把币制改革提上日程。海关总税务司赫德和美国特派会议银价大臣精琪都主张中国实行金本位制，但遭到清政府拒绝。清政府决定实行银本位制，在经过相当长时间的争论后，1910 年颁布《币制则例》，规定以"圆"为单位实行银本位币制，一元为主币，重七钱二分，另以五角、二角五分、一角三种银币，五分镍币，二分、一分、五厘、一厘四种铜币为辅币。清政府意识到金融的重要性，颁布《试办银行章程》，开始筹办新式银行。1905 年，在北京试办户部银行。1908 年，户部银行更名为大清银行。

清理财政也是这一时期的重要举措。在镇压太平天国运动的过程中，中央政府逐渐失去对地方财权的控制，中央集权的财政体系开始崩溃。新政的实施又需要大量经费，客观上要求清政府集中财权，清理财政。新政后期的预备立宪，财政公开是必不可少之内容，而财政公开、编订预算决算的基础就是清理财政。1903 年，成立财政处作为专门的财政管理机构，后并入度支部。1909 年，清廷颁布《度支部清理财政章程》，要求在度支部设立清理财政处，地方设立清理财政局，调查岁出岁入、划分国家税和地方税、编订预算决算。清理财政是加强中央集权、解决财政危机的举措，此举加剧了中央与地方财权的矛盾，受到地方督抚的强烈抵制，并未取得成功。但是，清理财政系统地清查清朝财政体系的弊病，做了一些改革，为民国初年的财政政策、管理提供了经验和教训，标志着传统财政体制向现代财政体制转化。

新政时期经济方面的改革，在一程度上促进了民族工商业的发展。甲午战争后创办的民用工矿企业，资本额在 1 万元以上的共 762 家，占整个清季工矿企业总家数的 83.3%；创办资本总额共 161806 元，占整个清季投资总额的 81.7%。^①不过，由于传统政治观念、财政困难、中央与地方矛盾、列强干涉等，振兴工商的局限性也非常明显。

兴学堂和废科举是新政文教改革的两大核心。兴办新式学堂从洋务运动时期便已开始，但那时并未有近代学堂制度化、体系化的建设。新政时期，着重进行学制改革。1902 年，管学大臣张百熙制定《钦定学堂章程》，又称"壬寅学制"。该学制分为三阶段七级，第一阶段为初等教育，其中蒙学堂 4 年，寻常小学堂 3 年，高等小学堂 3 年；第二阶段为中等教育，不分段，4 年；第三阶段为高等教育，分高等学堂或大学预科 3 年，大学堂 4 年，大学院无定

张百熙照

张百熙（1847—1907 年），字埜秋，湖南长沙人。同治进士。1902 年 1 月以工部尚书受命为管学大臣，恢复因八国联军入侵而暂时停办的京师大学堂。1904 年 2 月离任。

期。儿童自 6 岁入学至大学毕业共计 20 年。壬寅学制保留旧有的科举痕迹，规定对高小、中学、师范、高等学堂和大学堂的毕业生，分别授予附生、贡生、举人、进士等出身。此外，还有与高等小学堂并行的简易实业学堂、师范馆和仕学堂（后改为法政学堂）。壬寅学制是中国近代史上正式公布的第一个学制，但并未施行。

1903 年，清廷命令张之洞会同张百熙、荣庆以《钦定学堂章程》为基础，制定更加完备的全国性新学制。1904 年，张之洞等将修订好的章程上奏，即《奏定学堂章程》，又称"癸卯学制"。《奏定学堂章程》对各类学校的办学宗旨、课程设置、入学条件、学习年限、教师选用、学生考试等一系列问题进行明确规定，要求全国学堂分为基础教育和专门职业教育两大类，基础教育又分初等教育（蒙养院 4 年，初等小学 5 年，高等小学 4 年）、中等教育（5

---

① 杜恂诚：《民族资本主义与旧中国政府（1840—1937）》，上海社会科学院出版社 1991 年版，第 29—33 页。

年）和高等教育（高等学堂或大学预科 3 年，大学堂 3—4 年，通儒院 5 年），专门职业教育又分师范教育、实业教育和特别教育。《奏定学堂章程》颁行全国，成为各省兴办学堂的依据，开启了中国教育体制的现代化进程。

癸卯学制颁布后，舆论认为学制太长。1909 年，江苏省教育总会奏请变通小学堂章程，提出缩短初等小学的年限并简化学习科目。1911 年，清政府规定小学实行义务教育，年限为 4 年。

1907 年，学部颁布《女子小学堂章程》和《女子师范学堂章程》，标志着女子教育开始取得合法地位。1911 年 4 月，清政府批准各省教育总会联合会通过的《请变更初等教育方法案》，规定：“初等小学儿童年龄在十岁以内，准男女同学。”这是中国教育史上首次规定男女可以同校。①

1910 年，清政府按德国教育模式，实行文、实分科，文科重经学，实科重工艺。据清朝学部的统计，1904 年全国学堂总数为 4222 所，学生 92169 人。1909 年，学堂总数猛增至 52346 所，学生达 156.027 万人。

在创办新式学堂的同时，国家还鼓励出国留学。清廷一方面公费选派学生出国，另一方面鼓励自费留学。1903 年 10 月，颁布《奖励游学毕业生章程》，规定学成回国的留学生通过考核后可给予一定的出身，并授予一定官职，从而促发了晚清出国留学的高潮，其中尤以赴日学习深造者多。然而，许多留学生并未如清政府所愿“效力国家”，而是走上反清革命的道路，对清末新政和辛亥革命产生了深远影响。

兴办新式学堂还有另一目的，即为逐步废除科举做准备。科举制度沿袭1300 多年，一直是传统士人的主要进身之途，此制虽然早已不能适应现代化的需要，但若突然废止又有极大阻力。新政采取“先立后破”的原则，通过新式学堂的兴办和新学制的制定，建立科举制的替代品，然后再对科举制进行废除。科举制的废除大体经过了科考改章、分科减额和立停科举三个阶段。1901 年，朝廷宣布废除八股文、改试策论，并永远停止武科。1904 年，张之洞会同张百熙、荣庆等，在修订新学制的同时上奏分科递减科举名额。1905 年，袁世凯会同张之洞、端方、赵尔巽等联衔上奏请立停科举，推广学校，他们指出“科举一日不停，士人皆有侥幸得第之心……学堂决无大兴之望”。

---

① 张连起：《清末新政史》，黑龙江人民出版社 1994 年版，第 208 页。

清廷于 1905 年 9 月宣布，从 1906 年开始，所有乡试、会试、各省岁科考试一律停止。至此，延续了千年之久的科举制度正式退出历史舞台。停罢科举制度，是中国教育制度的革命性变化，直接改变官僚体系的用人渠道，既对传统文化造成强烈冲击，也促进了新式教育的发展，使知识分子在思想和个人出路上获得了大解放，是中国走向现代化过程的一次进步，同时也破坏了维系传统社会阶层流动的纽带。

沈家本照

沈家本是著名学者、官员，中国近代法学的奠基人，中国引进西方法律体系的泰斗。

五、法制与社会

1902 年 3 月，清廷颁布谕旨："中国律例自汉唐以来，代有增改。我朝《大清律例》一书，折衷至当，备极精详。惟是为治之道，尤贵因时制宜，今昔情势不同，非参酌适中，不能推行尽善。况近来地利日兴，商务日广，如矿律、路律、商律等类，皆应妥议专条……总期切实平允，中外通行，用示通变宜民之至意。"[①] 随后，任命沈家本和伍廷芳为修订法律大臣。

经过近两年的筹备，1904 年 5 月，清廷成立修订法律馆，正式开始修律活动。第一是修改旧律。沈家本和伍廷芳熟知近代西方法理，参照西方法律对中国旧律进行修订。沈家本是中国近代法学的奠基者。伍廷芳早年自费留学英国，后成为中国近代历史上的第一个法学博士。他们本着中国传统的"仁义"精神和西方人道主义精神，删去《大清律例》中残酷、落后的刑罚，如凌迟、枭首、刺字等酷刑，并禁止刑讯逼供。第二是制定新律。沈家本和伍廷芳针对中国传统法律体系中刑法、民法、诉讼法不分的情况，引入西方法律原则，制定独立的刑法、民法和诉讼法，如《刑事民事诉讼法》《大清新刑律》《大清民事诉讼律草案》等。在此过程中，二人还翻译、引进大量西方法典和著作，这为法律现代化起到了重要的推动作用。

① 《光绪宣统两朝上谕档》第 28 册，广西师范大学出版社 1996 年版，第 36—37 页。

修律之外，司法机构改革和狱政改良也是新政的重要组成部分。司法机构改革的核心是司法独立。在中央，奕劻等人建议司法权从行政权中独立出来，法部为司法行政机构，大理院为司法审判机构，且法部有监督大理院的权力。在地方，改按察司为提法司，按察使为提法使，并分设各级审判厅。监狱的好坏是国家文明程度的重要指标，狱政改良重在完善监狱制度，感化罪犯。沈家本提议改建新式监狱、模范监狱，与国际接轨。

法律改革大大促进了中国法律现代化的进程。不过，由于传统势力过于强大，在这个过程中"礼法"冲突不断，司法独立问题又因会削弱中央和地方官员的权力而遭到抵制。因此，法律效果难免在实行中打折扣。

新政在社会生活领域的改革主要有三个方面：一是改革社会治安体系，建立警察制度；二是革除生活陋习，采取禁烟、禁缠足等措施；三是调和满汉矛盾，取消满人特权。

清朝原来没有警察制度，地方治安依靠绿营兵等维持，弊端百出。后来才注意到警察的重要性："警察行动如善，不特除奸禁暴，可以消患于未萌，抑且平日之良莠若何，行踪若何，莫不周知。"[①]《辛丑条约》签订后，帝国主义不允许中国在天津城20里之内驻军，袁世凯招募3000人以警察的名义进城，清政府越发明白警察的"优越性"。1902年，在袁世凯的建议下，清廷决定推广警察制度，并于1905年设立巡警部（后改为民政部）。1907年在各省设立巡警道，管理地方警政事务。1908年，筹备立宪清单中有办理警政的规划。警察的主要来源有驻防旗兵、保甲局团练、绿营等，不但就地消化一些八旗、绿营兵丁，瓦解腐朽落后的八旗、绿营兵制，还促进了近代社会治安体系的建立。

新政时期，清政府强力推行禁烟措施。1905年，唐绍仪出使印度，与英国就西藏问题进行谈判。其随员梁士诒在会议期间详细调查了印度的鸦片问题，并向唐绍仪建议禁烟。唐绍仪等回国后取得袁世凯支持。袁世凯认为应"先从外交上着手，予当与燕孙（梁士诒）商定，分函各朝贵，力促成之"[②]。随后，清廷发布禁烟上谕，具体交由政务处执行。1908年5月，民政部、度支部拟定《稽核禁烟章程》，各省迅速关闭大量烟馆，禁止数以万亩计鸦片的种植，

---

①　朱寿朋编：《光绪朝东华录》，中华书局1984年版，第5330页。

②　《三水梁燕孙先生年谱》（上），商务印书馆1946年版，第56页。

强制戒烟的人数达数十万人；另一方面，开展外交活动，向列强施压。唐绍仪与英国驻华公使进行多次交涉，最终使英国同意逐年减少由印度输往中国的鸦片数量。1909 年，在上海召开了"万国禁烟大会"，英美等列强对中国的禁烟表示支持。1911 年 5 月，中英《禁烟条件》签署，英国答应从 1917 年起停止向中国输送鸦片。

禁烟运动的模范是直隶地区，袁世凯特设直隶禁烟总局，制定直隶禁烟章程十条，禁烟不遗余力。其后继者杨士骧继续执行，并制定《官场戒烟章程》，严禁官吏吸食。至 1909 年，直隶共设立 200 多个戒烟分所，铲除烟馆 800 多个，查获秘密贩烟案 1300 余起。[①] 禁烟运动是新政的一大要政、善政，有利于中国社

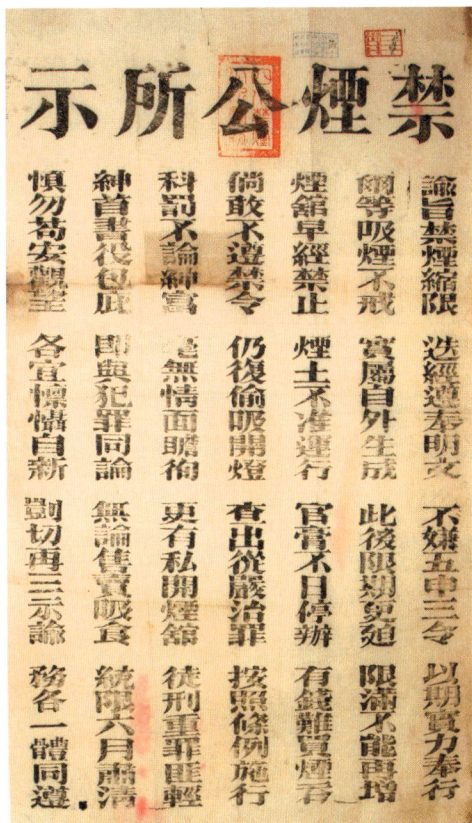

禁烟告示

会的进步。清政府还倡导劝诫缠足，使妇女不缠足逐渐成为社会风气，减少对女性的戕害。

晚清时期，满汉矛盾日益尖锐，"排满"成为资产阶级革命派的一大口号。这种强大的社会压力，迫使清政府削减满族的一些特权。1902 年发布废除满汉通婚禁令的上谕，1904 年一些以前仅为满缺的职位开始向汉人开放，1906 年中央官制改革中废除部院长官满汉双轨制，实行不分满汉的一长制。1907 年，清廷命令内阁商讨如何化除满汉畛域，各大臣的建议集中于满汉分缺宜行删除、旗人犯罪应与民人一体办理、京旗驻防宜占籍为民、满汉通婚

---

① 张华腾：《北洋集团崛起研究（1895—1911）》，中华书局 2009 年版，第 293—295 页。

宜切实推行等方面。① 化除满汉畛域是清朝统治者在政治理念上的巨大进步，其意义是空前的。然而，满族亲贵同时也在大力加强中央集权，"皇族内阁"的出现更是使得舆论哗然，在一定程度上抵消了清政府化除满汉畛域的效果，清末时期满汉矛盾更加尖锐。

第二节　后期改革

新政前期，清政府力图将改革控制在传统体制之内，并不触及政治体制。随着新政的开展，官制、军事、文教、经济等各项改革推行，政治体制改革也不得不提上日程。日俄战争中俄国战败，立宪国日本战胜专制国，也在一定程度上促使立宪运动的高涨。1906 年，清廷宣布实行"预备立宪"，立宪遂成为清末新政后期的核心内容。

一、五大臣出洋

"预备立宪"的启动，除新政自身发展要求外，还有很多因素。清政府的日益腐朽致使新兴资产阶级民主革命活动风起云涌。1894 年，孙中山成立近代中国第一个民主革命团体兴中会，发动多次反清起义。1903 年，章太炎（又名章炳麟）完成《驳康有为论革命书》，主张革命是除旧布新的良药，给予保皇派沉重打击。陈天华写作《猛回头》和《警世钟》两本书，揭露清政府的卖国主义本质。邹容完成《革命军》，宣扬排满革命。《苏报》先后刊登《革命军》及多篇评论文章，清政府恼羞成怒，勾结上海租界工部局，逮捕章太炎，查封《苏报》，酿成"《苏报》案"。邹容不愿章炳麟一人承当，自动投案。邹容被判监禁两年，后于 1905 年 4 月死于狱中，章炳麟被判监禁三年。他们在狱中也进行着不屈斗争，从而扩大了革命思潮的影响，"排满之一主义，遂深入于四万万国民之脑髓中"②。1905 年，孙中山组建中国同盟会，成为第一个全国性资产阶级政党。民主革命的兴起，极大震撼了清政府。促使其推进实施"预备立宪"，做出改革姿态，缓解革命风潮，巩固自身统治。

在国内革命日益高涨的同时，资产阶级改良派不断宣传"君主立宪"，

① 刘小萌：《清代北京旗人社会》，中国社会科学出版社 2008 年版，第 755—756 页。
② 《江苏》第 4 期，第 120 页。

代表人物有康有为、梁启超、杨度、张謇等人。他们认为世界上存在君主专制、君主立宪和民主立宪三种政体，除俄国为君主专制政体，美国、法国为民主立宪政体外，其余均为君主立宪政体，因此君主立宪是最为优良的政体。君主立宪的核心是用宪法限制君主权力。相比于革命派要求推翻清政府的主张，立宪派宪政改革的要求更能打动清政府。

清政府内部一些重要大臣对立宪的态度也发生转变。1904 年，驻法公使孙宝琦倡言立宪，成为清廷第一个明确提出立宪的官员。1904 年 6 月 21 日，清政府下诏开放党禁，除康、梁外的所有戊戌党人均获赦免。1905 年，驻日公使杨枢上奏提出仿照日本实行君主立宪。张之洞、岑春煊、袁世凯等重臣也纷纷奏请立宪。

日俄战争也给清廷以强烈刺激。1904 年 2 月，因势力范围重叠和分赃不均，日本对旅顺口的俄国舰队发动突然袭击，日俄战争爆发。这是一场为争夺中国领土而在中国领土上进行的帝国主义战争，历时一年。日、俄双方的海军和陆军进行多次厮杀。俄舰队在旅顺口受到重创，日本陆军攻占九连城、凤凰城，进逼辽阳，牵制在辽沈地区的俄军主力。1905 年 1 月，俄军在旅顺口投降。2—3 月间，双方投入 60 万兵力，展开为期两周的沈阳大会战，俄军败北，日军也因实力耗损巨大，无法继续进攻。沙俄从欧洲抽调军舰，结果在 5 月的对马海峡之战中全军覆没。随后，在美国的调停下，日、俄各派代表前往美国谈判，9 月 5 日签订《朴茨茅斯条约》，规定两国同时撤走在东三省的军队，俄国将旅顺口和大连湾的租借权和附属特权、长春至旅顺口的铁路及其他有关权益全部转让给日本。日本从此在东北获得压倒性优势。

日俄战争中日本最终获胜，这也是亚洲国家第一次战胜欧洲国家，黄种人第一次战胜白种人，君主立宪国家战胜君主专制国家。日本的胜利给予中国各界强烈刺激，他们意识到学习日本才是强国之路，日本完全可以为中国改革提供一个现成的蓝图。日本明治维新时期曾派遣岩仓使团访问欧美十二个国家，历时一年零十个月，考察欧美先进各国的制度、文化，为明治维新提供改革指导思想。清廷决心效仿日本，派遣官员考察欧美各国政治。

1905 年 7 月，清廷宣布派遣镇国公载泽、户部侍郎戴鸿慈、兵部侍郎徐世昌和湖南巡抚端方出洋考察政治，后又增补商部右丞绍英随同出访。9 月 24 日，五大臣从北京正阳门车站启程之时，遭到革命党人吴樾的炸弹袭击，载泽、绍英受轻伤。这场刺杀行动震惊了清政府，原定计划因此暂缓。此后，清廷派遣山东布政使尚其亨代替徐世昌、出使比利时使臣李盛铎代替绍英。五人之中，戴鸿慈、端方为一路，载泽、尚其亨、李盛铎为一路，于12月底分途出洋。

戴鸿慈、端方一行从上海出发，途经日本抵达美国，后取道英国、法国抵达德国，考察奥匈帝国、俄国和意大利，并游历丹麦、瑞典、挪威、荷兰、瑞士等国，于1906年7月返回上海，8月回京复命。他们一行考察的重点是美国、德国和俄国。戴鸿慈、端方在美国考察月余，在赞叹美国发达物质文明的同时，认为美国工商立国、自由民主的经济、政治制度不适合中国国情，不宜效仿。二人在德国停留月余，重点考察克虏伯兵工厂以及部分工矿、学校。他们认为，中国最羡慕日本的富强，但追根溯源，德国才是最值得学习的对象。二人考察俄国时，正值俄国在日俄战争中失败，境内爆发1905年革命，沙皇被迫实行宪政。他们对俄国的宪政筹备情况尚存疑虑，仍认为俄国虽经败乱，但不可轻视。

载泽、尚其亨、李盛铎一行也从上海出发，先抵达日本，再途经美国到达英国，后到达法国和比利时，李盛铎留任驻比利时公使，载泽和尚其亨回国，7月回京复命。他们一行考察的重点是日本、英国和法国。在日本，首

戴鸿慈（中右）、端方及出洋考察随员

相伊藤博文明确表示中国立宪应效法日本君主立宪政体。载泽认为日本立国之方为"公议共之臣民，政柄操之君上，民无不通之隐，君有独尊之权"①，完美解决了君权和民权的关系。在英国，他们考察行政机构、海陆军营、工厂、学校等，认为英国政治"立法操之议会，行政责之大臣，宪典掌之司法，君主裁成于上"②，君主只是虚君，不适合中国国情。在法国，载泽一行考察行政、商务和军备，结论为法国的民主共和政体不适合中国，但中央集权和帝国特色可以借鉴。

五大臣出洋考察，无论是在深度还是广度上，都远远超越了之前的考察。他们非常关注各国宪政的实施情形，收集了大量政治资料，为清廷的预备立宪提供决策依据。不仅如此，五大臣还带回许多有关西方政治的书籍，出使日记也很快刊行，这些资料对民主政治思想的传播起了重要影响。

五大臣回国以后，受到慈禧太后和光绪帝的重视，屡蒙召见。他们向慈禧太后和光绪帝强调立宪的三大好处：皇位永固、外患渐轻、内乱可弥。1906年9月1日，经过一番准备，清廷宣布实行预备立宪。清廷从镇压戊戌变法，到主动寻求政治体制变革，是历史性的巨大转变。

二、筹备立宪

1905年11月，清廷设立考察政治馆。预备立宪的上谕下达后，清廷实施一系列举措，考察政治馆成为宪政筹备机构。清廷的预备立宪首先从改革官制入手。考察政治馆厘定阁部官制草案，设内阁总理大臣1人，左、右副大臣各1人，以各部长官为内阁政务大臣。中央设11部，为外务、吏、民政、度支、礼、学、陆军、法、农工商、邮传、理藩部，每部设1尚书、2侍郎。同时设集贤院、资政院、审计院、行政裁判院、大理院和军谘府，以监督内阁。

1906年11月6日，清廷正式公布新的中央官制。新官制没有采取责任制内阁，而是保留旧内阁和军机处。改制后，军机大臣人数减少，权限削减。各部尚书任参预政务大臣，权限加重；各部尚书由原来的满汉各1人改为共1人。实际设立的中央机构也有变化，与阁部官制草案并不一致。新官制标

---

① 《出使各国考察政治大臣载泽等奏在日本考察大概情形暨赴英日期折》，载《清末筹备立宪档案史料》上册，中华书局1979年版，第6页。
② 《出使各国考察政治大臣载泽等奏在英考察大概情形暨赴法日期折》，载《清末筹备立宪档案史料》上册，中华书局1979年版，第11页。

榜不分满汉，所以13个院部15名大臣中，满族7人，汉族7人，蒙古族1人。但满族大臣多担任重要职务，满汉矛盾仍然比较尖锐。

地方官制改革涉及省、府、州、县各级机构，是对地方官制的全面改革。改革着重增改司道各员，改按察使为提法使，增设巡警、劝业两道；各省分设审判厅，作为独立于行政之外的专门司法机构；各省组织议事会和董事会，作为地方自治机构。改制后，陆军部直接委派督练公所军事参议官到各省，督抚的军权被逐渐削弱。清廷派遣财政监理官到各省，以推行清理财政、改良财政制度、建立预算制度，意在收回各省财政大权。清廷还内调当时权势最大的湖广总督张之洞和直隶总督兼北洋大臣袁世凯为军机大臣，将袁世凯掌控的北洋六镇中的四个镇收归陆军部直接管辖。

1907年8月，经奕劻等人奏请，将考察政治馆改为宪政编查馆。宪政编查馆推行军机大臣领导下的提调负责制，大臣由军机大臣兼任，共有奕劻、载沣、世续、张之洞、鹿传霖、袁世凯六人；提调为内阁学士宝熙和大理寺少卿刘若曾二人；以下设立编制、统计局和庶务、译书、图书处等机构。10月，又在各省设立调查局，各部院设立统计处，以配合宪政编查馆的工作。

根据《宪政编查馆办事章程》，宪政编查馆为"宪政之枢纽"，基本职责为：一是议复奉旨交议的有关宪政折件及承拟军机大臣交付调查各件；二是调查各国宪法，编订宪法草案；三是考核法律馆所订法典草案、各部院及各省所订各项单行法律及行政法规；四是调查各国统计事宜，颁定格式，汇成全国统计表及与各国比较统计表。宪政编查馆拟定和考核的各件，除法典及重大事项应由资政院议决外，其余各件呈由军机大臣阅定。

宪政编查馆设立后，开启一系列筹备工作，使预备立宪得以顺利开展。《钦定宪法大纲》的制定和颁布就是其主要工作内容之一。《钦定宪法大纲》是"宪政编查馆、资政院王大臣督同馆院谙习法政人员，甄采列邦之良规，折衷本国之成宪"[①]制定出来的，于1908年8月27日颁布。《钦定宪法大纲》由"君上大权"和"臣民权利义务"两部分构成，其中"君上大权"共14条，"臣民权利义务"共9条。《钦定宪法大纲》主要仿照日本宪法制定，但删去了日本宪法中限制君权的条款，因此该宪法具有浓厚的维护君主权力色彩，

---

① 《清德宗实录》卷593，中华书局1987年版，第842页。

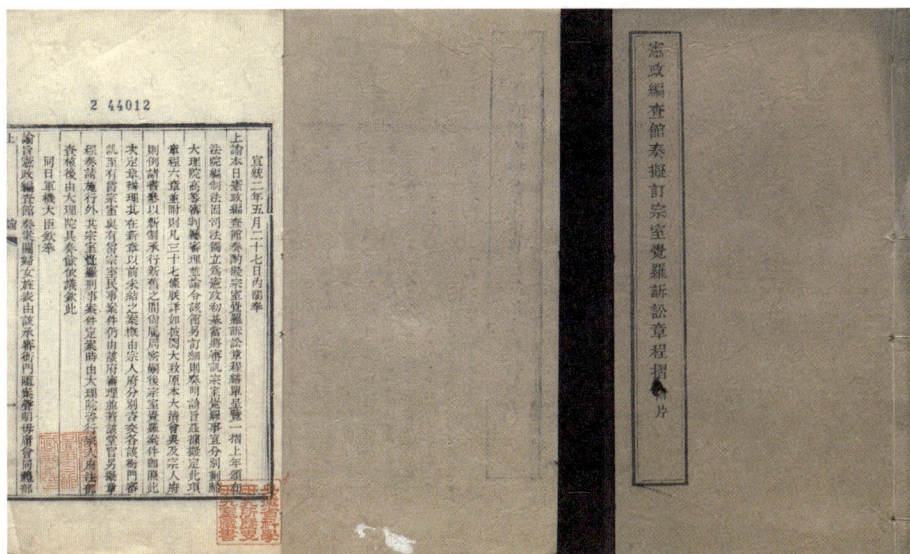

而臣民的权利并未得到应有重视和保障。但《钦定宪法大纲》毕竟是中国历史上第一部宪法性质的文件，从法律上确认了人民的一些基本权利，这是前所未有的。中国的宪政进程从《钦定宪法大纲》起步，尽管十分坎坷，但当时的前进趋势已经不可逆转。

清政府认为，之所以要预备立宪，主要是因为当时立宪时机尚不成熟，需要一个准备和过渡的时期。至于这个时期有多长，清廷内部的分歧很大，因此1906年宣布预备立宪之时，并未确定预备年限，这种模糊做法引起了各方不满。

立宪派认为，清廷的做法是拖延时间，缺乏诚意。立宪派领袖人物发动了全国性的请愿活动，要求速开国会，尽快立宪。1907—1908年，国会请愿运动的精神领袖梁启超、杨度等人策划多场请愿活动，国内的组织者则是江苏省咨议局局长张謇。这次国会请愿活动涉及18省，8个立宪团体，全国签名人数可考者达15万人。立宪派对宪政改革十分期待，大多主张从速。立宪派的活动还影响到部分清朝官僚。湖广总督陈夔龙、两江总督端方、河南巡抚林绍年、四川总督赵尔巽及驻外公使孙宝琦、胡惟德、李家驹等都请开国会。不仅湖南、广东、安徽、河南、江苏、北京、山西、浙江等省多人多次请愿，海外立宪团体也在菲律宾、新加坡、澳大利亚等国举行活动，要求

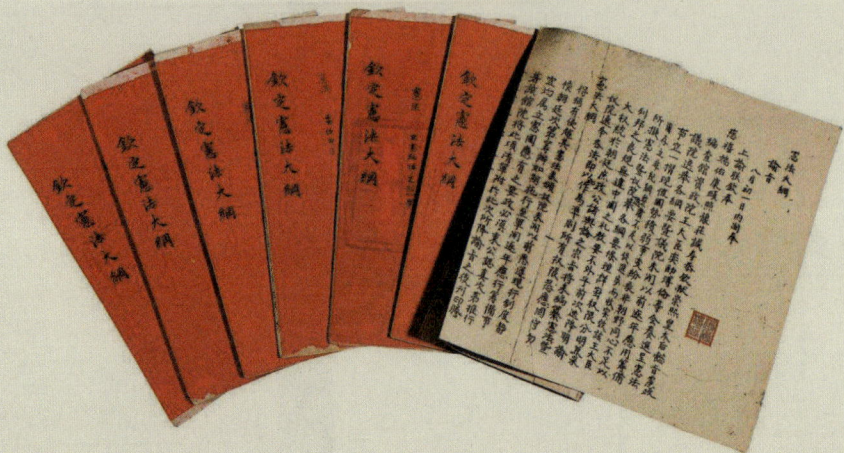

《钦定宪法大纲》书影

光绪三十四年八月初一日，清政府颁布了中国历史上第一部宪法性文件。共计23条，由"君上大权"和"臣民权利义务"两部分构成。是宪政编查馆参照1889年由日本明治天皇颁布的《大日本帝国宪法》制定，但删去了日本宪法中限制君权的有关条款，充分体现了"大权统于朝廷"的立法旨意。

速开国会，使清廷面临很大压力。

为此，宪政编查馆多次召开关于国会年限的会议。1908年8月，宪政编查馆会同奕劻、溥伦等人联衔会奏《议院法要领》《选举法要领》《议院未开以前逐年筹备事宜清单》。因仿照日本议会9年为期召开国会，《议院未开以前逐年筹备事宜清单》又称《九年筹备立宪清单》。《议院法要领》对议院权限、议政程序和议员资格等做了规定。《选举法要领》对议院选举的选举人与被选举人、选举程序和方法等做了基本规定。《九年筹备立宪清单》详细罗列1908—1916年这9年时间逐年应办理的各项事宜：1908年，筹办咨议局、颁布地方自治章程、修改编订刑律法典；1909年，举行咨议局选举、颁布资政院章程、筹办地方自治；1910年，召集资政院议员举行开院、颁布新刑律；1911年，实行文官考试、任用、官俸章程，颁布新定内外官制；1912年，限定城镇乡地方自治初具规模；1913年，试办全国预算、颁布新定民律、商律等法典；1914年，试办全国决算、厅州县地方自治一律成立；1915年，确定皇室经费、成立审计院、乡镇巡警一律完备；1916年，宣布宪法、宣布皇室大典、颁布议院法和上下议院议员选举法、新定内外官制一律施行。

《九年筹备立宪清单》是对筹备立宪的总体规划，明确立宪时间表，使宪政筹备真正进入具体实施阶段。该计划颁布之后不久，光绪帝和慈禧太后相继去世，但光绪在遗诏中说："尔京外文武臣工，其精白乃心，破除积习，恪遵前次谕旨，各按逐年筹备事宜，切实办理，庶几九年以后，颁布立宪，克终朕未竟之志，在天之灵，藉稍慰焉。"[①] 慈禧在遗诏中则说："前年宣布预备立宪诏书，本年颁示预备立宪年限，万几待理，心力俱殚。"[②] 随后，新任摄政王载沣以宣统帝名义连续颁布谕旨，表示遵守光绪和慈禧遗诏，继续筹备立宪，保证预备立宪的顺利进行。

张謇照

张謇（1853—1926 年），字季直，生于江苏省海门市，清末状元，中国近代实业家、政治家、教育家，主张"实业救国"。中国棉纺织领域早期的开拓者，南通大学、上海海洋大学创始人。

三、地方自治

地方自治的思想在戊戌变法以后广为传播。1904 年，清廷在东北三省开办东三省保卫公所，揭开东北地方自治的序幕。1905 年 9 月，上海成立上海城乡内外总工程局，是民间社会自发自治组织的典型。清廷宣布"预备仿行宪政"后，直隶、江苏、奉天、广东、湖北、江西等省区，建立了数十个自治团体。

直隶总督袁世凯对地方自治改革较为积极，率先在天津试点。1905 年 4 月，袁世凯派士绅到日本调查地方自治情况，拟定准许村正和村副参与地方政务，作为地方议会的基础。1906 年 8 月，袁世凯任命天津知府凌福彭等人筹办天津自治局，选派直隶举人高振、均金等人任宣讲员，到天津府属城乡宣讲自治的法理和意义。此外，还编印法政官话报、白话讲义每月各一册，分发各地研究学习。同时，在天津初级师范学堂内设立地方自治研究所，研究自治学理法则，要求天津府属 7 县选送士绅入所学习 4 个月，毕业后各回

---

① 《光绪宣统两朝上谕档》第 34 册，广西师范大学出版社 1996 年版，第 248 页。
② 《光绪宣统两朝上谕档》第 34 册，广西师范大学出版社 1996 年版，第 252 页。

宣统皇帝照

爱新觉罗·溥仪（1906—1967 年），清朝末代
皇帝，也是中国历史上最后一个皇帝。辛亥革
命爆发后，于 1912 年 2 月 12 日被迫退位。后
在日本人控制下做了伪满洲国的傀儡皇帝，年
号康德（1934—1945 年）。后被新中国特赦并
成为全国政协委员。著有自传《我的前半生》。
1967 年 10 月 17 日，溥仪因尿毒症在北京逝世，
享年 61 岁。先葬于八宝山，后迁于清西陵内崇
陵（光绪陵）附近的华龙皇家陵园。

隆裕太后照

隆裕（1868—1913 年），叶赫那拉氏，
满洲镶黄旗人，名静芬。慈禧太后之
弟副都统桂祥之女，光绪十四年（1888
年）被慈禧太后钦点成婚，次年立为
皇后。1913 年病逝，享年 46 岁。上
谥曰"孝定隆裕宽惠慎哲协天保圣景
皇后"，中华民国政府以国丧规格处
理丧事，与光绪帝合葬河北易县清西
陵之崇陵。

原籍筹设自治学社。在此基础上，袁世凯拟定《试办天津县地方自治公决草
案》。草案规定，天津地方自治组织由议事会和董事会两部分组成。议事会
由议员 30 人组成，选举议长、副议长各 1 人。董事会设会长，以本县知县兼任，
副会长、会员均由选举产生，任期四年，每两年改选半数，均可连选连任。

　　1907 年 6 月 16 日，天津地方自治选举正式开始。城内选举投票者为
1700 人，天津四乡投票者 7000 人，城乡合计投票率达 70%。7 月 24 日，复
选工作开始，共选出议员 30 名。8 月 18 日，天津议会选举度支部郎中李
士铭（天津籍）为议长，分省补用知县王劭廉为副议长，并由议长自行筹设
董事会。天津地方自治正式开始。

　　1907 年 9 月，编纂官制大臣通电各省督抚，要求各府州县均通过选举

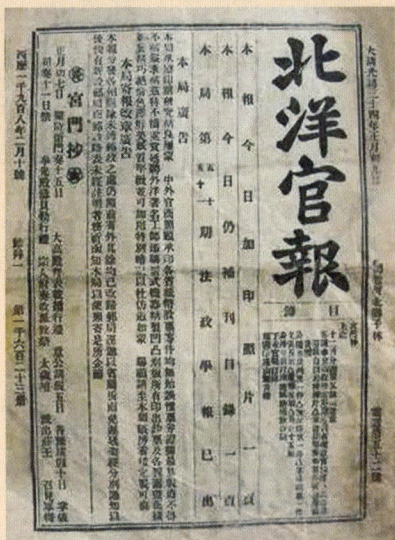

《北洋官报》系中国第一份官办报纸。1901年由直隶总督袁世凯创办，初为隔日发行，后改为每日发行。报纸刊登内容包含圣谕广训直解，上谕，本省政治、学务、兵事，近今时务，农学、工学、商学、兵学、教案、交涉、外省新闻、各国新闻等。辛亥革命后，清王朝被推翻，《北洋官报》遂改名为《直隶公报》，并沿用《北洋官报》的期数。

中国古代有类似的政府公报，称为"邸报""邸钞""朝报"等。晚清政府于1907年由宪政编查馆主编发行《政治官报》，1911年内阁成立后，改称《内阁官报》。《内阁官报》日出一册，专载谕旨、章奏和法令，由北京内阁印铸局发行，执行"官报到达之日，即作为奉旨日期"规定，各省各部均遵照执行。

设立议事会，在府州县议事会及董事局成立后，再推广设立城、镇、乡各议事会、董事会。1908年，清政府宪政编查馆明确规定地方自治时限，即于1909年筹办城镇乡地方自治，1913年城镇乡地方自治一律成立，1914年厅州县地方自治一律成立。城镇乡议事会议员以20名为限，人口每增加5000人增设议员1人，最多不能超过60人。议事会设议长1人，副议长1人，由议员无记名选举产生，任期2年，任满改选；议员任期2年，每年改选半数。议长和议员都是名誉职位，不领薪水。城镇董事会设总董1人，董事1—3人，名誉董事4—12人。总董由议事会选民中推选2人，报地方官选定1人。董事经议事会从选民中选举产生，报地方官核准，酌领薪水，任期2年，任满改选，可连选连任。

为保持政府对地方自治的有效控制，《城镇乡地方自治章程》规定，地方自治"以专办地方公益事宜，辅佐官治为主"。按照章程，由地方公选合格绅民，"受地方官监督"，"该管地方官应按照本章程，查其有无违背之处而纠正之，并令其报告办事成绩，征其预算、决算表册，随时亲往检查"。《府厅州县地方自治章程》则规定，府、厅、州、县长官对于议事会之决定，"有交令复议及撤销之权"，也有向督抚申请"解散城镇乡议事会、城镇董事会及撤销自治职员之权"。所以自治的目的仍然是作为官方行政系统的辅助。

1909—1911年，全国各省相继完成地方自治的调查和选举工作，依次成立自治公所。根据宪政编查馆和督抚奏报，全国成立的城市自治公所有1000多所，占当时府、厅、州、县数量的60%，各地镇和乡的自治公所也蓬勃发展。在此基础上，各省纷纷筹办府厅州县地方自治。至1911年10月，大多数省的府、厅、州、县已经成立自治公所。其中直隶省的数量最多，有137处。山东、山西、河南、广东、福建、陕西等省的省会和首县也完成自治公所建设。

清末举办的地方自治具有民主启蒙和社会动员意义，对于皇权大一统的格局也有所冲击。但清廷坚持以官治统率民治，以民治辅助官治方针，"故自治者，乃与官治并行不悖之事，绝非离官治而孤行不顾之词"，"使与官治相倚相成，自治与官治，乃有合则双美离则两伤之势矣。"① 地方自治的官办色彩极为浓厚。

四、开办咨议局和资政院

1907年9月，清廷决定在中央设立作为议院基础的资政院。10月，决定在地方各省设立具有地方议会性质的咨议局。根据《九年筹备立宪清单》规定，将资政院和咨议局作为筹备议院的过渡性措施。

首先筹办的是地方咨议局。1908年7月，宪政编查馆会同奕劻、溥伦等将《各省咨议局章程》和《咨议局议员选举章程》上奏，获得批准，要求各省一年以内一律办齐。《各省咨议局章程》规定，咨议局为"各省采取舆论之地，以指陈通省利弊，筹计地方治安为宗旨"，设立议长一人，副议长二人，常驻议员若干人。各省议员定额以该省学额总数的百分之五为准，用复选举法产生，议长、副议长和常驻议员又通过议员相互选举产生。

咨议局的权限有十二项，分为如下几类：第一，总括地方庶政，包括议

---

① 《清末筹备立宪档案史料》下册，中华书局1979年版，第725页。

顺直咨议局

决本省应兴应革事件；第二，监督财政，包括议决本省岁出入预算事件，议决本省岁出入决算事件，议决本省税法及公债事件和议决本省担任义务之增加事件；第三，参与立法，包括议决本省单行章程规则之增删修改事件和议决本省权利之存废事件；第四，预立议院之根基，包括选举资政院议员事件；第五，备京外之顾问，包括申复资政院咨询事件和申复督抚咨询事件；第六，平自治会之纷争，通人民之情愫，包括公断和解本省自治会之争议事件和收受本省自治会或人民陈请建议事件。[1]

　　各省督抚在接到宪政编查馆咨文后，纷纷成立咨议局筹办处，由筹办处筹办议员选举工作。直隶筹办工作较为突出，成为各省效仿的榜样。至 1909年 10 月 14 日，全国共有 21 个省成立咨议局，召开第一届咨议局会议。新疆虽然地处边陲，经济文化相对落后，咨议局筹备工作落后于其他省份，但仍于同一天宣布在迪化（乌鲁木齐）建立咨议局，设议长一人，副议长二人，

---

　　① 《宪政编查馆等奏拟订各省咨议局并议员选举章程折》《咨议局及议员选举章程均照所议办理着各督抚限一年内办齐谕》，载《清末筹备立宪档案史料》下册，中华书局 1979 年版，第 667—683 页。

常设议员四人，议员二十三人，共三十人，并随后制定"议事细则"二十五条，"办事细则"十八条，"旁听细则"十四条，比较详细地规定了咨议局的职权范围、活动办法、人选来源等。另外，在伊犁也挂出"宪政筹备处"的牌子，准备筹建咨议局。咨议局议员选举是中国历史上第一次民主选举，对传统政治体制冲击极大，标志着中国政治民主化的开端。

资政院的设立过程和咨议局大体相同。《资政院院章》规定，资政院以"取决公论，预立上下议院基础为宗旨"，职权为：议决国家岁出入预算事件、岁出入决算事件、税法及公债事件、新定法典及嗣后修改事件（宪法除外）和其余奉旨交议事件。资政院设总裁、副总裁各2人，钦选议员和民选议员各100人。钦选议员包括宗室王公世爵16人，满汉世爵12人，外藩王公世爵14人，宗室觉罗6人，各部院衙门官32人，硕学通儒10人，纳税额多者10人，共100人；民选议员由各省咨议局议员互选产生，共100人。钦选议员和民选议员按照1909年10月颁发的《资政院议员选举章程》产生。1909年9月23日，资政院第一次召集议员会议，正式宣告成立。10月3日，举行开院典礼，随即召开第一届常会，开展议政活动。

咨议局和资政院尽管还不是正式的国家议会和地方议会，但却具有议会特征，是开办议院之前的过渡性机构，已经体现了一定的民主政治精神，其设立加速了传统官僚体制的瓦解。咨议局和资政院设立后，成为立宪派参加政治活动的合法性机构，立宪派通过这个阵地广泛开展请愿活动，将立宪运动推向高潮。

清政府宣布预备立宪后，得到立宪派的广泛支持，他们对宪政改革充满信心，积极组织立宪团体，发动多次议政、请愿活动，成为一支强大的政治和社会力量。清政府本可以因势利导，将这一支重要力量拉拢过来为己所用。但是，清政府未能满足立宪派早日实现立宪的愿望，其拖延迟缓的态度令立宪派大为不满。

1909年10月，江苏咨议局局长张謇发表《请速开国会建设责任内阁以图补救意见书》，指出清政府如不能立即召开国会，将会众叛亲离，要求清政府必须缩短预备立宪的时间。1910—1911年，立宪派连续发动四次大规模国会请愿活动，前两次均以失败告终，第三次获得清政府部分让步，第四次又被清政府镇压。

清末新政与立宪运动也加剧了民众负担。兴办新政需要大量资金，以编

"皇族内阁"合影

练新军为例，编练 1 镇新军花费 100 余万两白银，常年经费 200 余万两。至辛亥革命前夕，已练成 26 镇，总计常年经费 5200 余万两。1911 年，仅新军、八旗、绿营、海军军饷及其他军事费用就达 13700 万两，其他费用尚不在内。尽管刘坤一、张之洞专门在《江楚会奏变法三折》中附带《请专筹巨款举行要政片》，陈明筹款的重要性，清廷也确实在开拓财源方面不遗余力，但由于财政负担过于沉重，相当大的新政支出被转嫁到民众身上，疆吏大员冒滥挥霍，交结朝贵宫监，阴树党援，兼以官贪吏黩，百姓负担加重，社会矛盾激化，反清浪潮不断高涨。

1911 年 5 月，清政府下令裁撤旧内阁、军机处和政务处等机构，公布新订立的内阁官制，责任内阁由一名总理大臣和两名副大臣，以及民政部、度支部、学部、陆军部、海军部、法部、农工商部、邮传部、理藩部和外务部各部大臣组成，成员 13 人；还任命庆亲王奕劻为内阁总理大臣，筹组责任内阁。5 月 8 日，清政府宣布成立第一届责任内阁，分别是内阁总理大臣奕劻、协理大臣那桐和徐世昌、外务大臣梁敦彦、民政大臣善耆、度支大臣载泽、学务大臣唐景崇、陆军大臣荫昌、海军大臣载洵、司法大臣绍昌、农工商大臣溥伦、邮传大臣盛宣怀、理藩大臣寿耆。13名大臣中满族占9人，其中皇族又占7人，故被讥讽为"皇族内阁"。这种与宪政精神背道而驰的做法，终于令立宪派失去信心，他们立即发表《咨议局联合会宣告全国书》和《通告各团体书》，明确指出此内阁"名为内阁，实则军机；名为立宪，实则专制"①。立宪派逐渐与革命派合流，走向清政府的反面，加速了清朝的灭亡。

新政尽管以失败告终，但仍有着不可否认的历史地位。清末新政是清政府进行的一场自上而下的资本主义性质的改革，它深刻地改变了中国社会。政治方面，大刀阔斧地改革官制机构，而且计划采用君主立宪代替君主专制，触及政治体制层面；军事方面，大力编练新军，使中国军队发生本质变化；经济方面，新政时期采取一系列奖励、保护资本主义的措施，促进民族资本主义的发展；文教方面，停罢科举，创办新式学堂，鼓励留学，给旧式教育制度带来前所未有的冲击；法制方面，废除落后的旧律，颁布更加进步、完善的新律，真正开始法律近代化；社会方面，革除吸食鸦片、缠足等陋习，净化社会风气。在短短十年时间，实行如此暴风骤雨式的改革，其力度、广度都是前所未有的。

①　《宣统政纪》卷55，中华书局1987年版，第12页。

第七章　清王朝覆亡

第一节　早期反清活动

一、抗税风潮、抵制美货与自立会

《辛丑条约》签订后，清廷每年须向列强偿还巨额赔款，各地方政权巧立名目，不断向百姓加捐加税，各级官员也借机中饱私囊，致使民怨沸腾。梁启超曾评论说："中国亡征万千，而其病已中于膏肓，且其祸已迫于眉睫者，则国民生计之困穷是已。盖就国家一方面论之，万事皆有可补救，而独至举国资本涸竭，驯至演成国家破产之惨剧，则无复可补救。所谓四海困穷，天禄永终，虽有善者，亦无如之何也。就个人一方面论之，万事皆可忍受，而独至饥寒迫于肌肤，死期在旦夕，则无复可忍受。所谓铤而走险，急何能择，虽有良善，未有不穷而思滥者也。呜呼，今日中国之现象当之矣。"①

晚清时期，越来越多的民众将利益诉求诉诸暴力，其中包括反洋教斗争，农民和手工业者的抗捐、抗税、抗租斗争，工人的罢工斗争，少数民族与会党的起事等。据不完全统计，1905年发生103次暴力反抗，1906年为199次，1907年为188次，1908年为112次，1909年为149次，1910年为266次。②

20世纪初，南方灾荒频仍，地主富农却趁机囤积居奇，勾结官府操纵米价，抢米事件层出不穷。1910年4月，湖南长沙发生抢米风潮，饥民将湖南巡抚衙门团团围住。4月13日，民众因反对巡抚岑春蓂纵米出境，遂抢米店数十家，并焚毁教堂。次日，数万人围攻巡抚衙门，清军枪杀民众数人，结果民情大愤，遂焚毁抚署、税关、巡警局、教堂、大清银行，外国人纷纷出逃，整个长沙陷入混乱。清廷被迫将岑春蓂革职，成立善后总局，赶办平粜，才平息事态。1910年，山东莱阳发生严重旱灾，知县仍借口新政强征捐税，民怨沸腾。7月，

---

① 沧江（梁启超）：《论中国国民生计之危机》，《国风报》1910年第11期。
② 李新主编：《中华民国史（第一编）》下册，中华书局1982年版，第1页。

清末难民

乡绅率领民众正式宣布起义，很快达到十几万人，最终被清军镇压。除此之外，罢市、罢工等形式的反抗斗争此起彼伏。广西、江苏、江西、湖北、河南等地发生抢米风潮。东北、蒙古、新疆、青海等地的少数民族也爆发多场抗捐、抗税斗争。

清末抵制列强的运动同期也积极展开。1900年，沙俄武装侵占我国东北三省，妄图吞并黑龙江以南的100多万平方公里土地。中国人民自发组织起来发动"拒俄"运动。运动分为三个阶段：1901年是反对沙俄强迫清廷签订条约，霸占奉天；1903年是反对沙俄拖延撤兵；1903—1905年是反对沙俄重占奉天，以及在东北进行的日俄战争。上海各界人士曾电告外务部，表示沙俄的无理要求"即使政府承允，我全国国民万不承认，倘从此民心激变，遍国之中，无论何地，再见仇洋之事，皆系俄国所致"[①]。北京、武汉等地学生集会抗议，罢课示威。留学生派代表回国，请求清廷出兵抗俄，学生军愿为先锋。但清廷担心学生军"名为拒俄，实则革命"，密谕"地方督抚于各学生回国者，遇有行踪诡秘、访闻有革命本心者，即可随时拿到，就地正法"[②]。拒俄运动最终被清政府镇压下去。

[①]　《记事·本省时评》，《江苏》第2期。
[②]　《密谕严拿留学生》，《苏报》癸卯五月初十日。

1903 年，广西巡抚王之春将全省的路矿权出卖给法国，引起留日学生和广西人民的"拒法""驱逐王之春"运动。清政府最终在舆论压力之下将王之春免职。1903 年，全国发生大规模的"收回利权"运动。1904 年，湖南、湖北和广东三省人民要求政府废除与美国签订的粤汉铁路借款合同，收回改归商办。1905 年，清政府在付出 675 万美元的赎款后，收回粤汉铁路权益。三省人民分别成立铁路公司，筹集资金，分段修筑铁路，粤汉铁路改为商办。1905—1906 年，苏浙两省人民要求收回沪杭甬铁路。经过不懈努力，1911 年邮传部尚书盛宣怀与英国银行公司达成协议，将沪杭甬铁路借款移作开封至徐州铁路借款，沪杭甬铁路修筑权益被收回。

1907 年，经过绅商各界人士努力，四川人民最终取得商办川汉铁路的胜利。1908 年，直隶、山东、江苏、安徽等省人民要求收回津浦铁路。同时，云南、陕西、山西等省亦纷纷发动收回路权斗争。从 1907—1911 年，许多矿产权益也被收回。

抵制美货是清末的重要社会运动。自鸦片战争起，美国就从中国诱骗大量华工，为美国的繁荣贡献了重要力量。同治、光绪年间，美国发生经济危机，遂开始煽动排华。1894 年，美国强迫清政府签订《限禁来美华工保护寓美华人条约》（又称《中美华工条约》），各州也发布各种排华法令，迫害华工、华侨事件层出不穷。1904 年，条约期满，中国百姓和海外华侨要求废除该条约，遭到美方无理拒绝。1905 年 5 月，上海商务总会决定以两个月为期，如美国强迫中国续约，则发起"全国誓不运销美货以为抵制"运动，并要求外务部和商务部坚决拒绝签订续约。抵制美货运动得到各大城市的响应，在学生、教员、工人等社会各界和海外华侨中轰轰烈烈地展开。商家不进、不卖美货，百姓不买、不用美货，码头工人不装、不卸美货。抵制美货使得美国在华销售受到沉重打击，美国要求清政府加以禁止。8 月 21 日，清政府下令不得再抵制美货，不过清廷亦没有和美国签订新约，抵制美货取得初步成效。1906 年，这场运动才渐渐平息。

Chinese Exclusion Law

California's Memorial

President and the Congress

OF THE

UNITED STATES

美国的排华法案文本

1911 年，由于民族危机加深，立宪派和革命派分头发起拒英、拒法和拒俄运动。运动由云南发起，迅速向全国各省蔓延，东北、福建、浙江、山东、江苏、广西、广东、湖北、直隶等地积极响应。在拒英、拒法和拒俄运动之后，四川保路运动爆发，清王朝随即灭亡。

唐才常照

唐才常（1867—1900 年），字伯平，号佛尘，湖南浏阳人，与谭嗣同为同门。

戊戌变法失败之后，维新派势力出现分化。以康有为、梁启超为代表的改良派，在海外华人支持下，于 1899 年在加拿大成立"保皇会"，又名"中国维新会"。保皇会成员遍布日本、南洋、美洲、澳洲，上海、宁波及香港、澳门也有众多成员和团体。20 世纪初，设于《知新报》馆的澳门保皇会是各处保皇会的总机关，以"组织军事，计划起义"为方针。1900 年 1 月 24 日，清廷发布上谕，宣布封端郡王之子溥儁为大阿哥，继承同治为子。国内外舆论认为这是清廷废除光绪皇帝的一大阴谋，由此引发"勤王运动"。

唐才常是勤王运动的主持者。1899 年，唐才常与孙中山在日本横滨会晤，商讨起义事宜。同年冬，唐才常在上海成立"正气会"。1900 年春，唐才常将正气会改为"自立会"。义和团运动爆发后，八国联军大举侵华。1900 年 7 月，唐才常加紧武装起义准备，与汪康年等人两次在上海愚园召开"中国议会"，又称"中国国会"。"中国议会"推举容闳、严复为正副会长，唐才常为总干事。其宗旨是：保全中国之领土与主权完整；力图革新，文明日进；和平外交。为达此目的，他们的政治纲领颇为复杂，既主张尊崇光绪皇帝，驱逐慈禧太后，力讲新政，又反对清廷顽固派而不排满。

自立会的活动得到保皇会支持，"运动各省会党及防军发难之责，才常任之。向海外华侨募集饷糈接济义师之责，康梁师徒任之"[①]。唐才常遂联络长江中下游地区会党，尤其是哥老会，成立"讨贼勤王"的"自立军"，人数多达数十万。自立军共分 7 个部分，以大通为前军，安庆为后军，常德

[①] 冯自由：《革命逸史》第 2 集，中华书局 1981 年版，第 68 页。

孙中山像

孙中山（1866—1925 年），名文，字载之，号日新，又号逸仙，1866 年出生在广东香山县翠亨村一个农民家庭。孙中山家境贫寒，十三岁时随母亲往檀香山投奔兄长孙眉。孙眉因经营畜牧业而致富，孙中山得到兄长的资助，先后在檀香山和香港读书，学习英文、自然科学等知识。康有为在广州设万草堂广收门徒时，孙中山就在万草堂旁边的圣教书堂挂牌行医。孙中山曾希望拜会康有为，因康有为的傲慢而未果。此后两人的思想分歧更大，孙中山在《敬告同乡书》中明确指出："革命、保皇二事，决分两途，如黑白之不能混淆，如东西之不能易位。"

为左军，新堤为右军，汉口为中军，另置总会亲军及先锋军。各军设统领，以秦力山、田邦璇、陈犹龙、沈荩、林圭担任，唐才常为诸军督办。自立军约定于 1900 年 8 月 9 日同时发动起义，并预拟了《自立军现在之布置及其将来兵事》《安民布告》《对外宣言》《军令》等文件，希望通过武装起义，达到还政光绪的目的。

因康、梁海外筹款受阻，自立军起义时间一改再改，受通信条件的限制，更改的计划未能及时到达各军。8 月 9 日，秦力山领导的自立军前军仍按原定计划在安徽大通发难，因未能得到其他各军响应而陷入绝境。8 月 21 日，湖广总督张之洞勾结英国驻汉口领事逮捕唐才常，并于次日将其处死。自立军陷入群龙无首的地步，武装勤王失败。

二、革命思想与革命团体

1892 年，孙中山在澳门和广州行医，他以"洪秀全第二"自居，结交反清人士。中法战争之后，他对清政府极为不满，"予自乙酉中法战败之年，始决倾覆清廷、创建民国之志。由是以学堂为鼓吹之地，借医术为入世之媒，十年如一日"[1]。他与陈少白等人联络会党，从事秘密活动，同改良主义者郑观应等人也交往密切。甲午战争前，孙中山上书李鸿章，劝说清廷走自上而下的改革之路，学习西方科学技术，推行立宪政体以代替专制政体。李鸿

---

[1] 《孙中山选集》，人民出版社 1981 年版，第 192 页。

邹容及其《革命军》
邹容(1885—1905年)，
四川巴县人(今重庆市)，
原名桂文，留学日本时改
名邹容。自费留学日本，
入同文书院。1905年4
月3日死于狱中。1912
年3月29日，经孙中山
批准，南京临时政府追赠
为大将军。遗著辑有《邹
容文集》。

章没有理会，孙中山十分失望，"知和平之法无可复施……积渐而知和平之手段不得不稍易以强迫"[1]，从此坚决走上革命道路。

1894年11月24日，在当地华侨的支持下，孙中山等人在檀香山成立兴中会，以"驱除鞑虏，恢复中国，创立合众政府"[2]为宗旨，是近代第一个资产阶级革命团体。不过，孙中山在檀香山组织革命活动并不顺利，参与人数寥寥，经费日绌。恰逢甲午战败，民怨沸腾，孙中山赶紧回到香港，寻找起义时机。1895年2月21日，他与陆皓东、陈少白等人在香港成立兴中会总部，并在台北、日本横滨、越南河内、美国旧金山等地成立分会。兴中会总部成立后，筹划武装起义也提上日程。他们原定于九月九日（10月26日）在广州发动起义，各路义军也纷纷赶到广州。九月八日，因消息泄露，海关搜获手枪600支，70余人被捕，陆皓东等6人牺牲。孙中山只好遣散队伍外逃。

孙中山逃往香港，遭到港督驱逐。11月，他与陈少白、郑士良来到日本横滨。在这里，孙中山印发《扬州十日记》一书，揭露清初屠杀丑闻，宣传革命思想。12月当听闻清廷要引渡其回国时，孙中山断发易服，离开日本，再返檀香山。1896年9月30日，孙中山抵达英国伦敦，10月11日，他被

---

① 《孙中山选集》，人民出版社1981年版，第19页。

② 冯自由主编：《革命逸史》第3集，中华书局1981年版，第28页。

清政府绑架至驻英使馆，准备将其遣返。后在英国政府的干预下，孙中山被释放。

维新运动失败后，康、梁流亡日本，孙中山曾希望与改良派合作，但终因彼此主张不同而分道扬镳。与改良派的合作破裂后，孙中山趁义和团运动发生之际，决定在广东惠州策划起义。1900 年 10 月 6 日，惠州起义爆发，很快被清政府镇压下去。惠州起义虽失败，但孙中山的革命领袖地位却逐渐确立起来，成为"实行革命者之北辰"。民众对革命党人的态度也发生巨大变化。以前革命党人被视为"乱臣贼子"，而现在人们却对他们多了一份同情。

20 世纪初，东京和上海是新型知识分子聚集地，这里的革命热情最为高涨。清末，去日本的留学生最多。他们在日本创办刊物，其中《开智录》《译书汇编》《国民报》《湖北学生界》《江苏》《游学译编》等较有影响，拥有大批留学生读者。通过发行刊物，留学生介绍、翻译西方社科书籍，宣传自由、民主思想，批判专制制度。

留学生在创办刊物的同时，还组建各种具有爱国性质的留学生团体。1900 年，第一个爱国团体"励志会"在东京成立。此后，又陆续成立"广东独立协会""浙江同乡会""江苏同乡会"等团体。与日本留学生运动遥相呼应的是国内学潮。1902 年 4 月，蔡元培在上海成立中国教育会，这是国内学界建立的第一个具有革命倾向的爱国团体。

1903 年前后，国内革命刊物如雨后春笋般出现，革命思想通过这些刊物，得到迅速传播。影响最大的要属邹容的《革命军》与陈天华的《猛回头》《警世钟》。

邹容，原名桂文，字蔚丹，四川巴县人，出身富商家庭。早年熟读经史，然不喜功名，菲薄周孔。1902 年，入日本东京同文书院。次年，因剪除留日学生监督姚文甫的辫子而被迫回国。回到上海后，结识章太炎、章士钊等人，并结为兄弟。拒俄运动期间，他"深悟清政府之不足恃，且伤内外志士之不脱奴隶根性，于是发愤草拟《革命军》一书"。初稿写成后，章太炎为之作序，于 1903 年由大同书局出版。在书中，邹容热情讴歌革命，称"革命者，天演之公例也。革命者世界之公理也……革命者，除奴隶而为主人者也"。同时，对清政府的黑暗统治、投降媚敌给予无情鞭挞，对广大人民的苦难表达深切关怀。他还提出要推翻清王朝和帝王专制，建立中华共和国。《革命军》一经出版，就行销海内外，前后共翻印 20 余次，总印数 100 万册。鲁迅先生曾言："倘说影响，则别的千言万语，大概都抵不过浅近直截的'革命军马前卒邹容'所做的《革命军》。"①

陈天华，字星台，别号思黄，湖南新化人。出身塾师家庭，1903 年留学日本。"拒俄"运动期间，曾加入军国民教育会，并以"运动员"身份归国。1905 年 12 月 8 日，因抗议日本政府取消清政府留学生资格而投海自尽，年仅 30 岁。他留有著作十余种，影响最大的是《猛回头》和《警世钟》，其本人也有"革命党之大文豪"的美誉。在书中，陈天华站在反帝爱国的立场上，无情揭露帝国主义瓜分中国的阴谋和清廷卖国投降的无耻行径，号召中国四万万同胞拧成一股绳，抗敌御侮，推翻清王朝统治，赶走帝国主义。他在《警世钟》里写道："这中国，哪一点，我还有份！这朝廷，原是个，名存实亡。替洋人，做一个，守土官长。""洋兵不来便罢，洋兵若来，奉劝各人把胆子放大，全不要怕他。"因为清廷已经变成"洋人的朝廷"，它不过是给洋人做统治中国人的"守土官长"而已。不过，陈天华虽反对西方强权，但反对盲目排外，认为要审视西方的长处和自身的短处。两本书也介绍了西方的一些民主思想，如天赋人权、人人平等等观念。两书以说唱弹词形式写成，在社会各阶层产生的影响不亚于邹容的《革命军》。"各兵士每每读《猛回头》《警世钟》诸书，即奉为至宝，秘藏不露……而文学堂之青年，亦时以偷看《猛回头》为乐。"

随着革命思想的传播、一批革命团体相继建立起来。其中影响较大的有湖南的华兴会、湖北的科学补习所和日知会以及江浙的光复会。

华兴会成立于 1904 年 2 月 15 日，领导人为黄兴，会员有陈天华、宋教仁、刘道一等人。该会成立后，开始谋划长沙起义，后遭人告密，计划泄露，黄兴等人逃往日本。科学补习所成立于 1903 年 7 月 3 日，领导人有吕大森、胡瑛、刘静庵。1905 年，清廷派户部侍郎铁良来东南各省考察财赋等事，该所王汉与胡瑛二人准备刺杀铁良。当时火车已离开汉口，二人追至河南彰德，王汉连开数枪，未能击中，后被捕，投井而死。胡瑛则于事后赴日。继科学补习所之后，刘静庵又成立日知会继续从事革命活动。光复会成立于 1904 年 11 月，"光复"二字从章太炎"改制同族，谓之革命；驱逐异族，谓之光复"所出。会长为蔡元培，成员有陶成章、徐锡麟、周树人、秋瑾等人。此外还有许多

---

① 《鲁迅全集》第 1 册，人民文学出版社 1998 年版，第 221 页。

黄兴照

黄兴（1874—1916年），原名轸，后改名兴，字克强，湖南长沙善化县人。 中国近代民主革命家，中华民国创建者之一，与孙中山常被时人以"孙黄"并称。1916年10月31日，黄兴病故于上海。

小团体，如1902年成立的公强会，1903年成立的旅沪福建学生会，1904年成立的共爱会、横滨三合会、易知社、岳王会等，1905年成立的强国会、汉族独立会等。

革命思想的传播、革命团体的建立，为同盟会的建立提供了人员、思想和组织上的准备。

三、成立同盟会

惠州起义失败后，孙中山继续在海外从事革命活动。1903年7月22日，他从越南回到日本横滨。8月，在东京青山创办革命军事学校。孙中山在学校开学宣誓仪式上，首次提出"驱除鞑虏，恢复中华，创立民国，平均地权"誓词。同年秋，孙中山前往檀香山，在那里成立中华革命军，发表演说与保皇派论战。因保皇派在当地影响很大，许多洪门会员加入其中，孙中山决定改造洪门。1904年1月，孙中山加入洪门，受封"洪棍"。在他的改造下，洪门成为具有革命倾向的帮会。

1905年7月19日，孙中山返回日本，在宫崎滔天的介绍下，结识黄兴等人。此后近一个月，孙中山先后会见各省的革命志士，与他们商讨成立同盟会的相关事宜。8月20日，同盟会成立，设总部于东京，支部于各地，以"驱除鞑虏"等十六字为同盟会宗旨。同盟会下设执行、评议、司法三部。孙中山被选为总理，黄兴被选为执行部庶务，辅助总理。同盟会成立，使分散的革命力量汇聚在一处，全国革命有了领导中枢，"革命大业可及身而成矣"。

11月26日，《民报》创刊，成为同盟会机关报。在发刊词中，孙中山首次提出民族、民权、民生，即"三民主义"。民族主义是指用革命的手段推翻满族贵族的统治，但并不是要杀尽所有满人。民权主义是指在推翻专制制度后，建立资产阶级民主共和国，让"四万万人一切平等，国民

之权利义务无有贵贱之差、贫富之别，轻重厚薄，无稍不均"。民生主义的基本内容是平均地权，如土地所有者报价过高，则税负随之增高；如报价很低，则政府可以按所报地价收买；如将来地价提高，则增值部分归国家所有，从而使增值利润为全民所共享。三民主义比较完整地提出解决民主、独立、政治、经济等问题的具体方案，是中国第一个资产阶级民主革命纲领。

同盟会成立后，革命党人以《民报》为舆论阵地，与改良派展开论战。双方围绕要不要推翻清王朝统治、要不要建立民主共和国、要不要实行社会革命等问题展开争论。关于要不要推翻清王朝，改良派认为满族是中华民族的一部分，清政府是四万万人之政府，没有推翻必要，只需监督改良即可。他们要求革命派"多从政治上立论，而少从种族上立论"。革命派针对改良派观点，以大量事实揭露清政府入关以来对汉族人民的残酷屠戮，以及为了维持统治投洋媚外的行径，认为只有推翻专制腐败的清政府，才能使中国强盛。

关于要不要建立民主共和政体，改良派认为中国国民素质太低，不能骤然实行共和，只能先依靠清政府，实行开明君主专制。共和政体的思想核心

《民报》创刊号

《民报》于 1905 年 11 月 26 日创刊于东京，前身为《二十世纪之支那》。同盟会成立后，将其改为《民报》作为会刊。孙中山为其撰写发刊词，提出了"三民主义"。该报的创办及其宣传壮大了革命派的声势。但后期该报大谈佛法，进步性锐减。该报最高发行量达到 1.7 万份。

是三权分立，改良派担心三权分立会使国家失去最高主权。改良派对选举制度也心存置疑，认为选举过程中会产生舞弊行为，多数人意见未必能代表国民利益。革命派认为自由、平等、博爱是人类共性，中国人民必能有"民权立宪之能力"。关于是否实行社会革命，改良派认为中国已无贵族阶层，无极贫极富之两阶存在，因此，不必行社会革命。革命派则认为贫富差距仍然存在，实行社会革命是防患于未然。

东京是革命派与改良派论战的主战场。在其他地方，双方也有论战。在新加坡，革命派的《中兴日报》同改良派的《南洋总汇报》展开论战；在美国檀香山，革命派的《民生日报》与改良派的《新中国报》展开论战；在香港，革命派的《中国日报》与改良派的《商报》展开论战。经过一段时间的笔战，改良派招架不住。1906 年，改良派在《新民丛报》发表文章，要求停止论战。革命派通过论战使革命思想得到广泛传播，赢得人心。

同盟会建立后，即准备策划起义。萍浏醴起义爆发于 1906 年 12 月，由同盟会会员刘道一、蔡绍南和洪江会首领龚春台领导。萍浏醴起义虽然失败，却如星星之火，点燃其他起义。随后，在同盟会领导下，各地先后爆发潮州黄岗起义、惠州七女湖起义、钦廉防城起义、镇南关起义、钦廉上思起义、云南河口起义、徐锡麟安庆起义、秋瑾金华起义等等。四川、东北地区，也都有革命党人发动起义。

以会党为主体的起义陆续失败后，革命党人逐渐在新军中物色革命分子。1910年2月12日，广州新军发动起义。革命党人倪映典被推为司令，后在与清军谈判出营时，被乱枪打死。余部或散或被俘，起义失败。1911年4月27下午5点半，黄兴在广州发动黄花岗起义。革命军臂缠白巾，直冲总督衙门。督署卫兵顽强抵抗，革命军则枪弹齐发，在螺号声中冲入内堂。两广总督张鸣岐闻讯逃往李准的水师提督衙门。

黄花岗七十二烈士纪念碑

黄兴等人放火后出署，路遇李准卫队，双方激战，黄兴被打断一节手指，仍坚持指挥。其后，黄兴兵分三路，分攻督练公所、小北门、大南门。三路军先后失败，黄兴在革命党人徐宗汉护送下，返回香港。事后，革命党人潘达微将72位烈士遗骨安葬于白云山红花岗，并将红花岗改为黄花岗，故这次起义又称"黄花岗起义"。孙中山称："是役也，集各省革命党之精英，与彼虏为最后之一搏。事虽不成，而黄花冈七十二烈士轰轰烈烈之概已震动全球，而国内革命之时势实以之造成矣。"[①]

---

① 《孙中山全集》第6卷，中华书局2011年版，第242页。

第二节　辛亥革命

清末新政不仅没能使清政府摆脱统治危机，反而连立宪派都为之失望，各地的民变预示着清政府统治摇摇欲坠。1911年，清政府宣布铁路国有，谕旨下发后，举国反对，轰轰烈烈的保路运动由此展开。

一、保路运动

1903年，新任四川总督锡良上疏清廷，请求自设川汉铁路公司。次年，公司成立，开始着手修筑川汉铁路。公司经营权一直掌握在官方手中，直到立宪派蒲殿俊当选四川谘议局局长后，通过在公司组建董事局的方式，逐步掌握公司领导权。

自19世纪末起，英、美两国就希望能取得川汉铁路的筑路权，清廷一直没有答应。筑路需要经费，虽然经多方筹集，仍然不敷。在此情况下，清廷于1908年7月任命张之洞为粤汉铁路督办大臣，12月28日，又命他兼督办川汉铁路，做借债修路的准备。1909年6月，张之洞与英、德、法三国银行议订合同草约，拟借款550万英镑。美国得知后，也要加入。1910年，四国银行达成协议，由英、美、法三国工程师修筑粤汉、川汉铁路。

《四川保路同志会报告》
1911年由四川保路同志会创办的会刊。宣统三年六月一日（1911年6月26日）在成都创刊。日出一张、四版，单面印刷，发行万份，最高达五六万份。免费散发，以"保路破约"为宗旨。

因借款筑路与商办铁路相违背，清政府指责商办铁路有诸多弊端，宣布将铁路收归国有："所有宣统三年以前各省分设公司集股商办之干路，延误已久，应即由国家收回，赶紧兴筑。"1911年5月18日，清廷命端方为督办粤汉、川汉铁路大臣，督办此事。5月20日，盛宣怀与四国银行代表在北京签订《湖北湖南两省境内粤汉铁路、湖北省境内川汉铁路借款合同》。合同规定，借款600万英镑，年利率5%，分40年还清。湖南、湖北境内的粤汉铁路由英国总工程师负责，湖北境内的川汉铁路由德、美两国总工程师负责。清廷铁路国有政策与借款修路举动，

赵尔丰照

赵尔丰(1845—1911年),晚清重臣赵尔巽之弟。初以捐纳任职,得到山西巡抚锡良赏识,锡良调任四川总督之后,随之赴四川任职。1905年5月,调任建昌道,负责平定地方土司的叛乱,处理川藏地区的事务。不久升任川滇边务大臣。锡良离开四川后,赵尔丰代理四川总督之职。1908年2月,改任驻藏大臣,其间平定西藏上层贵族策划的叛乱事件。1911年4月,其兄赵尔巽调任东三省总督,赵尔丰接任四川总督。保路运动兴起后导致湖北兵力空虚,爆发武昌起义。同年10月,赵尔丰暗中策划兵变,被大汉军政府都督尹昌衡抓住之后杀死,时年66岁。赐谥曰"襄平"。

迅速激起湘鄂川人民的反对。"自铁路归收国有,湘人率先反对。"此后,湖北、广东、四川人民也纷纷掀起斗争,其中尤以四川的保路运动声势最为浩大。

1911年5月16日,川汉铁路公司董事局致电邮传部,请求顺应民意,将铁路仍归商办。5月28日,川汉铁路公司董事局恳请署理四川总督王人文代为上奏,希望清廷能收回铁路国有的成命。王人文上奏后,遭到清廷斥责。6月13日,四川人民得知清政府向四国银行借款的实情,群情激奋。17日,成立以蒲殿俊为会长、罗纶为副会长的保路同志会,表示要反抗到底。保路会成立后,四天内会员就超过10万人。从6月17日至9月7日,各地成立保路同志会64个。

为镇压保路运动,清廷命赵尔丰为四川总督。8月中旬,盛宣怀和端方伙同李稷勋,将秭归至宜昌的铁路修筑权从商办转归官方手里。消息传开后,保路同志会在成都群众的要求下,决定罢市、罢课。成都罢市后,"风潮所播,势及全川"。赵尔丰一面劝说商人开市,一面上奏朝廷,请示处理意见。8月30日,清廷下旨赵尔丰,要求从严处置。9月5日,赵尔丰看到《川人自保商权书》,以川人谋求独立为借口镇压保路运动。两天后,保路运动领袖蒲殿俊、罗纶、张澜等人被赵尔丰逮捕,川路公司、保路同志会和各种保路报刊均被查封。群众闻讯纷纷赶到总督衙门请愿,要求释放蒲、罗等人。

赵尔丰下令枪杀群众，当场死亡者32人，伤者不计其数，史称"成都血案"。

成都血案发生后，同盟会会员龙鸣剑等在木板上书写"赵尔丰先捕蒲、罗，后剿四川，各地同志速起自救自保"等字样，投入江中，沿途报警，人称"水电报"。各地同志会闻讯，七八天之内，已在成都郊外聚集一二十万人。赵尔丰向清廷求救，清廷立即派滇、黔、湘等六省军队入川，同时起用开缺两广总督岑春煊，命他与赵尔丰办理剿抚事宜。不料，当端方从湖北抽调新军入川，武昌空虚，给革命党人发动起义提供了有利时机。随后，武昌起义爆发。

二、武昌起义与南北议和

湖北武昌之所以能成为首义之地，与革命党在此悉心经营密切相关。从1907年起，武汉地区陆续建立湖北军队同盟会、群治学社（后改为振武学社、"文学社"）、共进会等革命团体。其中群治学社、共进会对革命的贡献比较大。

1910年8月，群治学社改名为振武学社。9月18日，成立大会在武昌黄土坡召开。大会选举杨王鹏为社长，李六如为庶务兼秘书。振武学社发展很快，会员不久就突破千人。湖北新军混成协统黎元洪察觉振武学社的活动后，为避免事态扩大，仅将杨王鹏、李六如开除军职了事。此后，社务由蒋翊武主持。为便于革命活动，振武学社改名"文学社"，以"联合同志、研究文学"为宗旨，并于1911年1月召开成立大会。会上，蒋翊武被推为社长，詹大悲为文书部长。文学社共有3000多名社员，占新军人数的五分之一，成为一支不可忽视的革命力量。

共进会是湖北地区另一个革命组织，成立于1909年，是日本共进会的分会。领导人有孙武、黄申芗等。因有人误传孙武为孙中山之弟，因此入会者甚多。1911年2月，共进会在武昌胭脂巷24号设立机关。5月初，黄花岗起义失败的消息传到武汉，孙武等人召开会议，决定在武汉发动起义。共进会虽与文学社有摩擦，但会内领导人仍表示要联合文学社，避免两败俱伤。5月11日，双方达成合作协议。9月初，端方入川镇压保路运动。文学社与共进会于24日召开联席会议。大会确定中秋节起义，蒋翊武、孙武分别被选为临时总司令和参谋长。后因起义时间外泄，湖广总督瑞澂下令中秋戒严，士兵不得外出。起义总部于是决定将日期改为10月11日。

10月9日，孙武在汉口俄租界宝善里十四号装配炸弹，由于操作不慎意外爆炸。此事惊动俄国巡捕，经搜查，发现炸药、旗帜及革命党人名册，并将查抄物品交给清廷。严刑逼供下，瑞澂得知起义计划。他立即下令全

蒋翊武照

蒋翊武（1884—1913年），湖南澧州人，辛亥武昌首义的主要组织者和领导者。1909年秋，蒋翊武加入新军中的革命团体——群治学社，后相继改为振武学社、"文学社"，以"联合同志研究文学"为名掩护革命活动。1911年9月24日，文学社与共进会的领导人在武昌举行会议，决定发动起义，蒋翊武时在岳阳，但被推为革命军临时总指挥。10月9日，汉口机关部失事，党人名册、印信被查抄，起义计划暴露，蒋翊武毅然决定当晚起义。10日，武昌起义，全城光复。12日，蒋翊武赶回武昌，任湖北军政府军事顾问兼联络使，奔走于武昌、汉口之间。11月27日，汉阳失守，黄兴离汉，蒋翊武被推为战时总司令部监军，后接任护理总司令，负责指挥。1913年被袁世凯逮捕杀害。

城戒严，四处搜捕革命党人。不久，刘复基、彭楚藩、杨宏胜被捕。10月10日黎明，3人英勇就义。瑞澂以为祸乱就此弭平，急着向清廷表功。不料，当天晚上8点，武昌起义打响。在熊秉坤带领下，新兵工程营士兵占领楚望台军械库。战争一直持续到次日黎明。瑞澂、张彪先后逃跑，起义士兵攻占督署。11—12日，武昌、汉口相继光复。武昌光复后，军政府成立。因孙中山、宋教仁、黄兴等人均不在鄂，革命党人推黎元洪为都督。黎元洪并不赞成革命，武昌起义当晚还杀死两个起义士兵，他被推举为都督，实属无奈。

武昌起义爆发后，清廷深感事态严重，决定重新起用袁世凯。10月27日，清廷授袁世凯为钦差大臣，前往湖北孝感督战。在袁世凯的进攻下，汉口、汉阳相继失陷，革命一时受挫。然而，其他各省效法武昌起义，纷纷独立，一个半月内，内地18省中有14省宣告独立。

袁世凯虽受清廷之命南下进攻革命党，但为了以此要挟清廷，作为自己日后的政治资本，故主张谈判。在清军攻下汉口之前，袁世凯已通过刘承恩两次致函黎元洪，希望和平解决。11月1日，刘承恩第三次捎信给黎元洪，表示此事若得和平解决，黎元洪等人必得重用。黎元洪回信劝袁世凯倒戈，并称其若能来归，将来民国总统选举之时，可出任第一任大总统之位。11月11日，刘承恩携带袁世凯书信去武昌谈判，提出只要革命党人答应实行君主

黎元洪照

黎元洪（1864—1928年），字宋卿，湖北黄陂人。光绪九年（1883年）入天津北洋水师学堂学习，1906年擢升暂编陆二十一军统领。武昌起义后被革命党人强迫推举为湖北都督。中华民国临时政府在南京成立后，黎元洪被选为副总统兼领鄂督。 袁世凯复辟帝制，册封黎元洪为"武义亲王"，黎元洪坚辞不就。1916年袁世凯死后，黎元洪继任大总统，但无实权。1928年6月3日，黎元洪因脑溢血在天津去世，享年65岁。黎元洪曾做过自我评价："沉机默运，智勇深沉，洪不如袁项城（袁世凯）；明测事机，襟怀恬旷，洪不如孙中山；坚苦卓绝，一意孤行，洪不如黄善化（黄兴）。"

立宪就可以停战。这一主张遭到革命党人拒绝。

汉阳失陷后，袁世凯下令停止进兵。黎元洪通过英国驻汉口领事葛福提出停战15天，互派代表谈判等3点意见。经过近十余天斡旋，双方于12月9日达成停战15天的协议，葛福签押保证。在此之前，清廷已命袁世凯为全权大臣，派人赴南方谈判。12月9日，南方11省公推伍廷芳为军民代表。

12月18日，南北和谈正式在上海英租界市政厅开启。革命党人代表有伍廷芳、王正廷、温宗尧、王宠惠、汪兆铭、钮永建。袁世凯的代表有唐绍仪、许鼎霖、赵椿年、欧赓祥、冯懿同。和谈持续至月底，共召开了五次会议。在第二次会议之后，谈判即陷入停顿。隆裕太后与袁世凯商议后，同意唐绍仪的共和方案。12月29日，上海会谈恢复。30—31两日，大会议定国民大会组织法和优待皇室、满蒙回藏族人的条件。除在召集国民会议地点等问题上稍有分歧外，大都达成一致。不过，在孙中山抢先就任临时大总统后，袁世凯认为革命党人没有履行原来的承诺，即共和成功后，由他出任大总统。随后，南北关系又陷入僵局。

三、民国建立与清帝退位

1911年12月29日，各省代表在南京投票选举临时大总统。候选人有孙中山、黄兴、黎元洪。共有17省参与投票，每省1票，孙中山得16票，高票当选为临时大总统。孙中山当时在上海，得知自己当选临时大总统的消息

约翰·纽尔·朱尔典爵士，1852 年生于爱尔兰唐郡巴洛村的一个农民家庭，大学毕业获文学硕士学位。清光绪二年（1876 年），来到中国入职英国驻北京公使馆，1898 年出任英国驻韩国代办。其间，日本干涉朝鲜，驱逐清朝势力。袁世凯危殆之际，在朱尔典帮助下才得以安全回国。1906 年出任英国驻华全权公使，任职期间有"外国驻华使团首席公使"之称。他凭借与袁世凯在朝鲜建立的深厚"友谊"，成为清末民初影响中国内外政策、左右中国局势发展的关键人物。

后，立即致电南京各省代表，"刻日赴宁就职"。1912 年元旦，孙中山从上海前往南京就职。当晚十点，举行受任典礼。之后，孙中山宣读誓词，发布《中华民国临时大总统宣言书》和《告全国同胞书》等文件。孙中山宣誓就职后，下令定国号为中华民国，使用西历纪年。

1 月 3 日，各省代表选举黎元洪为副总统，并审议孙中山提交的国务院九人名单：陆军总长黄兴，海军总长黄钟瑛，外交总长王宠惠，内务总长宋教仁，财政总长陈锦涛，司法总长伍廷芳，交通总长汤寿潜，实业总长张謇，教育总长章太炎。部分代表对此名单有异议，经孙中山与黄兴商量，采取"部长取名，次长取实"原则，拟定新的名单。其中内务总长、教育总长分由程德全、蔡元培担任。次长则分别是：陆军次长蒋作宾，海军次长汤芗铭，外交次长魏宸组，内务次长居正，财政次长王鸿猷，司法次长吕志伊，教育次长景耀月，实业次长马君武，交通次长于右任。上述人员中除汤芗铭外，均为同盟会会员。可见，临时政府中央机构中虽有立宪派、旧官僚、革命派三种成分，但革命派居于主导地位。在各部之外，临时政府还设立法制局和秘书处，以宋教仁为局长，胡汉民为秘书长。中央行政机构组建后，临时政府开始筹建立法机构。1 月 28 日，临时参议院召开正式大会。次日，选举林森为正议长，陈陶怡为副议长。

民国建立后，颁布了一系列政策与法令。经济方面，1 月 28 日，内务部发布保护人民财产令五条。教育方面，教育部颁布《普通教育暂行办法》《普通教育暂行课程标准》等法令。高等教育虽未制定新的规章，但3月8日，教育部通令各地高等学校停止讲授《大清会典》《大清律例》《皇朝掌故》《国朝事实》及其他有碍民国精神的科目。新闻舆论方面，3月6日，内务部颁布《暂行报律》三条，要求对报刊进行管制，遭到上海新闻界的反对，孙中山只好于3月9日下令内务部取消。法制方面，民国政府发布禁止刑讯、体罚令。促进民族团结方面，孙中山颁布《布告国民消融意见蠲除畛域文》，要求汉、满、蒙、回、藏合为一家，共建民国。移风易俗方面，民国政府禁止人民吸食鸦片、赌博、买卖人口，废止"大人""老爷"等称谓。

除上述法令外，参议院制定的《中华民国临时约法》在3月11日由临时政府公布。《临时约法》分总纲、人民、参议院、临时大总统副总统、国务员、法院、附则七章共五十六条。它规定"中华民国之主权，属于国民全体"，而"以参议院、临时大总统、国务员、法院行使其统治权"。《临时约法》确立国民政府的共和政体，是中国近代第一部资产阶级法典。

孙中山就任临时大总统一事让袁世凯相当不满，因此暂停南北议和，加紧密谋，夺取最高统治权。袁世凯表面支持君主立宪，暗地里却指使亲信呼吁清政府授权他组建临时政府。在取得列强支持后，袁世凯提出在清帝退位18小时内，取消南京政府，由他在天津成立统一的临时政府。

孙中山为限制袁世凯，提出三点要求：一、清帝退位，其一切政权同时消灭，不得授予其私臣；二、袁须受国民推举，不得由清廷授权；三、临时政府要设在南京。如袁不能答应，致使战端再起，则"全唯袁世凯是咎"。但临时政府部分人士包括黄兴、宋教仁，都指责孙中山谋求个人私利，要求和袁世凯妥协。

清廷虽不欲共和，但国库空虚，无力再与临时政府开战。袁世凯为早日当上大总统，开始加紧逼宫。他调动内外各种力量，迫使清廷同意退位。1911年12月25日，陆征祥电请清帝退位。1912年1月15日，袁树勋与岑春煊等电请清廷早定共和政体。1月19日，清廷召开御前会议，讨论立宪与共和问题，各方莫衷一是。1月26日，段祺瑞、姜桂题等46人共同致电清廷"立定共和政体"。2月3日，清廷授予袁世凯全权，研究一切办法，商酌待遇问题，做退位打算。2月12日，隆裕太后替宣统颁布退位诏书，并接受优待条件。至此，清朝统治宣告结束。

第八章　社会生活的近代转型

第一节　社会结构

一、旧体制变化

晚清时期，在外国资本主义和国内农民起义双重打击下，地主土地所有制下的佃农、半自耕农经营及自耕农经营的小农经济结构发生重大变化，这些变化的出现，改变了晚清社会的经济结构，对近代社会的转型产生深远影响。

鸦片战争以后，外国资本主义入侵以及太平天国起义、捻军起义、义和团运动等农民斗争，打乱了中国农村的社会秩序。在太平天国和捻军与清军厮杀的地区，封建地主阶级遭到沉重打击，官僚、地主大量被杀害，其余也多流亡异地，许多封建宗族因此被摧垮。皖南一带，名门望族都受到强烈冲击，大量地主死于兵祸。在战争中，大量人口流亡，造成土地抛荒，在相当长一段时间内都无法恢复到战前水平。同治、光绪时期，之前十分富庶的江浙一带，在战火的摧残下房屋焚毁、田地荒芜，甚至绵亘百里荒无人烟。地主阶级对农民的束缚剥削相对减轻，农民人身依附关系一度得以改善。

在这种情况下，自耕农数量得到增加。由于大量无主荒地的存在，战后湘、鄂、皖、豫等地广泛招揽邻省地区百姓迁来垦种。许多本省人多地少地区的农民，也向荒地较多的地区流动。在太平军作战的主要地区，战后留存的大地主数量有限，而北方未受战乱波及的地区，大地主则比较普遍。在长江以南，十有八九的土地归耕种者自己所有。这些农民之前多为佃户，他们通过开垦无主荒地或购买的方式，在战后获得一些土地而成为自耕农，其中少数农民因各种原因，甚至成为地主。他们和当地原有的佃户相比，流动性大，大多没有家室，且没有编入本地户籍，有的甚至往返

晚清逃难的灾民

不定。

为尽快恢复生产，政府和地主放宽招佃条件，然而并未取得很好的效果。地主不得不减租或免租，佃农对地主的依附有所削弱。为转变招佃困难的局面，政府和地主便以永佃权来吸引佃户耕种。当时的佃租分垦荒与垦熟二种，凡垦荒者皆可获得永佃田地特权。永佃农对土地的使用比一般佃农更有保障，进一步削弱地主对佃农的控制。不仅如此，田地的使用权还可以自由租卖、转让。永佃制的发展，激发了佃农开垦耕种的积极性，也使得佃农人身依附关系得以减轻。

太平天国运动结束以后，农民阶级的生活虽然在短时期内得到改善，生产关系得到局部调整，但又很快出现了恶化的趋势，许多新的变化随之而来。

首先，地主土地占有出现新的变化。鸦片战争以后，由于外国资本主义入侵和镇压农民起义，地权变动频繁，土地集中成为趋势，官僚、地主、商人、高利贷者加紧了对土地的兼并。在镇压太平天国和捻军起义过程中成长起来的湘军、淮军将领，功成名就后便在家乡大肆兼并土地。其他各省军阀也大量占地。

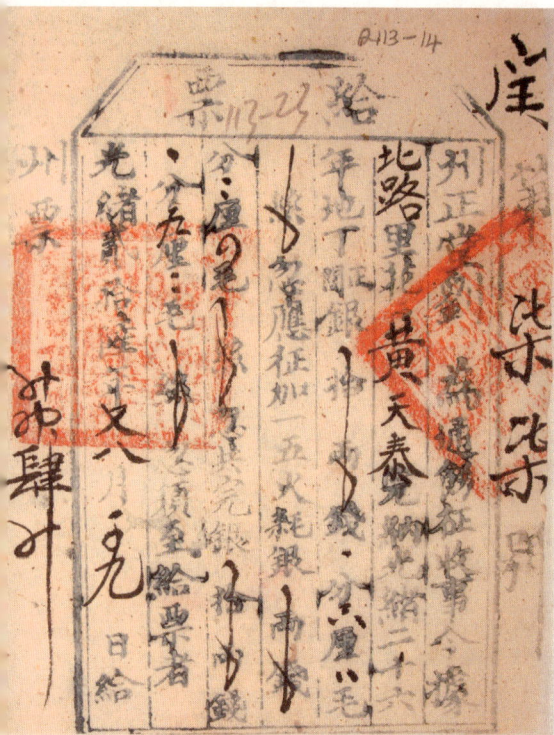

光绪二十六年完纳地丁银票据

其次，租佃关系中超经济的强制情况有所抬头。一是封建政府的强制作用，佃农如有欠租、抗租，就被送官治罪。二是地主对佃农的直接控制加强，地主对佃农保有纳租的强制权，在交租的过程中，逼租虐佃现象时有发生。

这一时期政府对百姓的剥削也在不断加重。鸦片战争以后，外国资本主义势力入侵，进行经济掠夺并攫取大量赔款，使得晚清政府的财政步履维艰。为解决财政困难，晚清政府通过附加税和银钱折纳形式加重对田赋的征收，还额外开征新税。赋税增加，使得农业生产力遭到巨大破坏，农村社会经济开始衰退。

随着经济基础和基层社会结构的变化，上层社会结构也随之发生改变，出现了许多新的社会阶层，这些新阶层的出现促进了上层建筑的更新换代，有利于中国社会的现代化，中国社会的现代化又反过来促进了这些新阶层的发展与壮大。

晚清统治集团分为中央和地方两部分。这两部分官僚集团对于现代化的态度大不相同。总体而言，地方官僚对于现代化的态度比中央官僚积极，推动的力度也比中央官僚大。在地方官僚集团中，省级官僚又是至关重要的社会阶层。

洋务运动对于晚清上层社会结构中中央官僚集团的变动，具有特别重要的意义。中央政府出现以奕䜣等人为首的洋务派，地方出现以曾国藩等人为首的洋务派。与此同时，随着西方列强侵略的深入，中国与外国接触的机会也日益增多，中央出现专门办理外事的机构——总理各国事务衙门。总理衙门又更名为外务部，班列六部之首，推进洋务运动的发展，也使得晚清中央统治集团内部逐渐分化，形成了致力于洋务事业的新的政治势力，他们同地方上的洋务派上下联系，成为晚清现代化运动的领导者。

二、新阶级出现

第一次鸦片战争后，国内社会发生巨大变化，中国被迫卷入世界经济一体化的进程之中。晚清时期，出现了"由绅至商"和"由商至绅"的阶层变化，并产生了新的亦绅亦商混合阶层。

伴随着洋务运动兴起，中国资本主义近代工业出现，逐渐形成了中国的资产阶级和无产阶级。由于近代工业分为官办和民办，中国资产阶级也分为官僚资产阶级和民族资产阶级两个部分。官僚资产阶级主要包括控制官办企业和官督商办企业的大官僚，以及实际负责经营这些企业的大买办。民族资产阶级主要包括投资于官督商办、官商合办企业及经营商办企业的一部分商人、地主和官僚，其中的上层主要从地主、官僚和一部分商人转化而来，中下层则是从普通工商业者上升而来。

中国无产阶级的产生要早于资产阶级。在最初的通商口岸，出现一批码头工人和在外国轮船上做工的海员。此后，随着外国资本主义在中国开设工厂，产业工人队伍日渐壮大。19世纪70年代，全国大约有1万人，80年代增加到45000人，到1894年共有9万人。其中，外资在华经营的近代企业中有34000人，中国近代军工企业中有9100—10810人，炼铁与纺织业中有5500—6000人，近代矿业中有16000—20000人，民族企业中有27250人。[①]此外，还有数千海员、数万码头运输工人，以及市政建设工人，无法精确计算。工人工资非常低，一

早期制造业工人

---

① 孙毓棠编：《中国近代工业史资料1840—1895》第1辑，科学出版社1957年版，第60页。

王槐山（1822—1874年），浙江余姚人。初在上海三余钱庄当跑街，因业务关系，与英商会德丰洋行大班麦克利相识。同治二年（1863年）麦克利为筹建上海汇丰银行回英国集资，行前向王槐山借贷，因到期未能归还，王槐山因挪用存款被开除。两年后，麦克利在英国筹得巨资来沪创建汇丰银行，得知王槐山遭遇，深感内疚，即请其回沪，委任为汇丰银行第一任买办。

个男工的日工资为一角五分至二角，只有国外的四分之一至五分之一，但劳动时间却很长，每日须工作12小时左右，有的竟长达14小时。女工、童工也很多。

清末时期，中国的产业工人已经达到了66.1万人，作为新生的阶级力量，他们大都由农民转化而来，并与大机器生产方式和先进的经济形式相联系。他们相对集中于少数通商口岸的城市和沿江沿海等大城市中，而且尤其集中于少数大型企业之中。

随着清末政府实行办学校、废科举、兴游学的政策，也逐步形成了一支以学生为主体的新型知识分子联合体。他们受过现代教育，摆脱了传统的官、绅、士传统，从事各项新型职业，如教师、律师、工程师、记者、作家、职员等等。晚清军人群体也迅速崛起，成为左右政局的重要力量。

买办是这一时期不可忽视的力量，他们区别于传统的士农工商"四民"，是一个新生的社会群体。在第一次鸦片战争之前，中外贸易交由十三行负责。中美《望厦条约》规定："凡合众国民人贸易船只进口……其雇觅跟随、买办及延请通事、书手……或添雇工匠、厮役、水手人等，均属事所必需，例所不禁，应各听其便。所有工价若干，由该商民等自行定议，或请各领事官酌办，中国地方官勿庸经理。"买办遂脱离清廷的控制，直接依附于外商。

随着外国人在华事业的深入，买办也进一步由通商口岸向沿海和内地拓展。"在许多洋行中买办就是合伙人，也有许多事例说明他实际也就是这次营业的主人。他供给资本，管理营业，利用外国人的名义得到保护以避免商界中许多弊端及损害。真正的买办是一个出纳员，办理一切收款及付款事宜。在许多洋行中，账单由营业处的代表用该行买办开出的本票支付。这种本票就如同银行支票或汇票一样的存入银行。所有的仆人都由洋行的买办雇用，对于这些仆人的行为，买办对洋行负责保证……他在远东贸易中是一个不可忽视的因素。"① 到 19 世纪末，买办总数多达 1 万人。徐润、唐廷枢等人是晚清时期的著名买办。

三、晚清城市

有清一代，城市的规模体系、分布格局、发展动力，以及功能作用等都发生了较大变化。中国的近代城市化始于 1840 年鸦片战争后，中国社会受到西方资本主义的冲击，传统的自给自足小农经济逐渐被瓦解。随着西方资本主义生产方式的进一步深入，中国社会发生翻天覆地的变化。以往建立在小农经济上的社会结构慢慢退出历史舞台。在晚清中国社会工业化的过程中，兴起了一批地理位置优越的城市，这些城市的兴起带动了城市的发展、推动了城市化的进程。

受口岸开放和洋务运动的影响，近代城市兴起的因素变得丰富多样，有因工而兴、因商而兴、因路而兴、因港而兴等。而旧的依靠运河运输功能而兴盛的城市，则从清中叶开始逐渐走向衰落。在近代化的过程中，逐步形成以上海、北京为主的城市网络和区域网络，以天津为中心的华北城市系统，以武汉为中心的华中城市网络，以广州为中心的华南城市网络，以重庆为中心的西南城市网络，以沈阳为中心的东北城市网络，以及以兰州为中心的西北城市网络。

近代中国的通商口岸有 80 多个，主要分布在沿海和沿江地区，其中尤以上海最发达。19 世纪后半期，英国人干德利在《中国的今昔》中写道："曾有一次，人们有力地指出，上海的工部局是在中国最好的宣教士。这意思是说，上海的外国租界是一个实例，阐明西方文明的优点。每年成千上万的中国人由帝国他处去过上海，他们可以看到美丽的建筑，整洁的街道，燃着电灯或瓦斯灯；他们可以看到机器、自来水、电报、电话、火轮船、公园。他们在这里所得到的印象，必然多少传到内地去。上海如此，香港也如此。"② 康有为早年游历香港，为西方的发达所震惊，后来到上海，见"上海之繁盛，

---

① 姚贤镐编：《中国近代对外贸易史资料 1840—1895》第 3 册，中华书局 1962 年版，第 1510—1511 页。

② 《中国近代史资料丛刊·洋务运动》第 8 册，上海人民出版社 1961 年版，第 437 页。

天津德国租界威廉街（今解放南路）
1895 年中德签订协定，允许德国在天津永久设立租界，范围北起开封道，东沿海河，南至琼州道，西至大沽路，占地 1034 亩。1902 年，德国借机扩张，将西面的大片土地划进来，总面积达 4200 亩。这张照片拍摄的是德租界威廉街，也是德租界最重要的街道，包括领事馆、工部局、洋行、报馆、俱乐部、电影院、医院等都集中在这里。

益知西人治术之有本，舟车行路，大购西书以归讲求焉"①，直接促进了他维新变法思想的形成。

1879 年 4 月，外商在上海发电成功。1882 年，英商在上海乍浦路创办上海电光公司，开始架设路灯照明。1893 年由公共租界工部局收回自办，三年后得到大规模推广。居住在外滩的中国绅商买办争相使用电灯照明，"戏园、酒馆、烟室、茗寮，更无不皎洁当空，清光璀璨"，时人还赋诗曰："申江今作不夜城，管弦达旦喧歌声。华堂琼筵照夜乐，不须烧烛红汝明。"②1888 年，电灯照明在广州得到推广。1890 年，北京皇宫的西苑开始使用电灯，次年颐和园也开始使用。1905 年，京师华商电灯公司成立，次年供应商店、官府和路灯照明之用。1902 年，天津法租界建立天津第一家发电厂。1906 年，比利时世昌洋行创办的电车电灯公司建立电厂，供天津全市用电。此后，全国各主要城市也相继创办电力事业。

自来水是近代城市文明的重要标志。1881 年，上海自来水公司创立，

---

① 《中国近代史资料丛刊·戊戌变法》第 4 册，上海人民出版社 1961 年版，第 116 页。
② 《中国近代史资料丛刊·洋务运动》第 8 册，上海人民出版社 1961 年版，第 346 页。

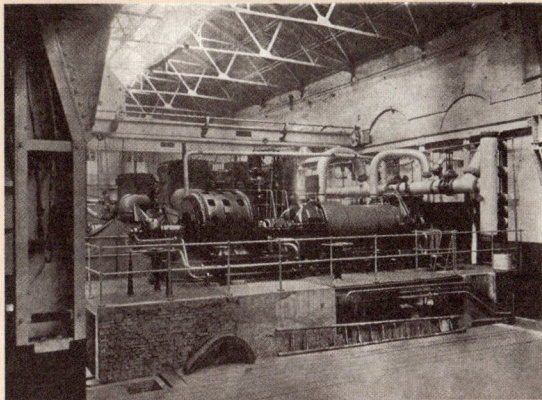

上海工部局电气处中央电站发电机组

工部局是外国人在上海设立的一个独立机构，是设置于上海公共租界内的最高行政机构。上海工部局创设于上海小刀会起义后的1854年，至1943年由汪精卫伪政府接收宣告结束。工部局由董事会领导，英国人始终占董事会的大多数席位。

天津自来水公司铺设管道

1897年，由英商仁记举行牵头，隆茂、泰和、新泰兴等数家英国洋行集资18.7万两白银，成立"天津自来水有限公司"。次年自来水厂建立，1899年开始售水，揭开了天津使用自来水的序幕。

在租界及附近地段建造自来水设施。1898年，天津英租界英商仁记洋行建立天津第一家自来水厂，1901年天津成立中外合资的济安自来水公司，并逐步在市区推广。1908年，北京开始筹办自来水公司，一年后供水。"自来水之有益于居民，知者甚多"[1]，近代文明借此得到传播。

晚清时期，电报、电话也传入中国。英商曾于1865年擅自在上海县架设电杆，受到当地官民的抵制。此后，英国人又强行在通商口岸地区架设电缆，在广州、上海等地海底敷设电缆。1887年，福建巡抚丁日昌在台湾架设40余公里的电报线。1879年，李鸿章在天津和大沽之间架设电报成功，次年在天津设立电报总局，架设天津至上海的电报线。1881年，津沪电报架设竣工，具有极大的经济价值和军事价值。此后，上海至广州的电报线架设成功，电报总局也由天津迁至上海。十余年时间，电报线覆盖全国绝大部分地区，"布满各省，瞬息万里，官商称便"[2]。

魏源在《海国图志》中将电话翻译为"德律风"（telephone）。1878年"招

---

① 《商务报》光绪二十三年四月十三日。

② 《中国近代史资料丛刊·洋务运动》第6册，上海人民出版社1961年版，第451页。

电报公司

电报费收据

商局已有设立，与各公事房及码头通话，为商场中用德律风之始"①。天津是第二个建立电话的口岸城市。1879年，招商局架设从天津大沽码头到紫竹林栈房的电话线，成为我国自主设立的第一条电话长线线路。1900年之前，天津官电局所经营的电话设备简陋，主要是为各衙门和官邸之间通话。八国联军占领天津期间，这套电话设施被破坏，丹麦人濮尔生趁机私自设立天津电话公司，以单式电话线架成天津与北京之间的长途电话。从1903年起，电政督办盛宣怀先后在广东、北京、天津三处设立电话局。袁世凯于1905年设立天津和北京之间的电话交换局。此后，太原、开封、武汉、厦门等地陆续开办。各地电话局增多，并有部办、省办和商办的差别。

1904年，法国人在秦皇岛等地设立无线电业。此后，广东督署与海防要塞和军舰进行联系，也采用无线电方式。1905年，袁世凯在天津开办无线电报学堂，并在南苑、天津、保定行营设立电报站。1906年，广东琼州与徐闻之间试用民用无线电通讯。1908年，江苏设局在崇明和吴淞使用无线电通报。此后，上海与海上船舶亦用无线电通报。

中国传统社会是靠驿站传递公文，靠民间私营民信局传递民间书信。1876年，赫德建议清政府设立"送信官局"，成为中国近代邮政的开端。

---

① 《中国近代史资料丛刊·洋务运动》第8册，上海人民出版社1961年版，第333页。

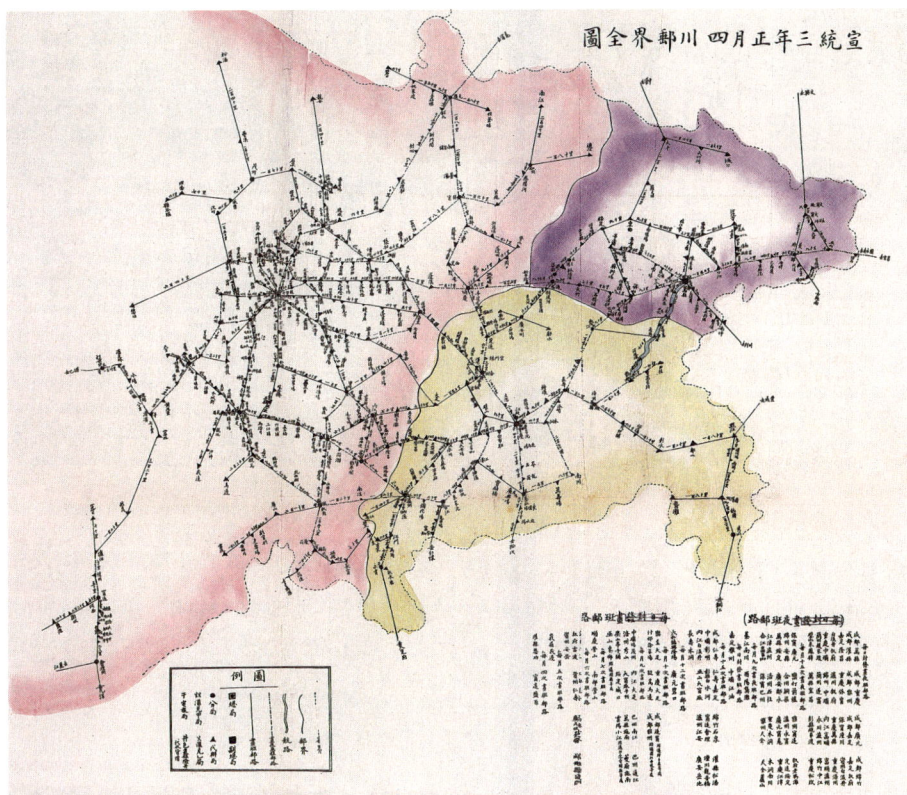

清代四川邮界全图

1878年，以天津为中心，在北京、烟台、牛庄、上海试办"华洋书信馆"，并由海关发行中国第一套大龙邮票，在天津公开收寄华洋公众信件。1879年，赫德委托德璀琳管理海关邮政司，建立"海关拔驷达局"（post），并将各地的"华洋书信馆"一律改为"拔驷达书信馆"。在李鸿章的支持下，建立起以天津为中心的轮船邮路，以及天津至各地的陆路邮班，天津一度成为中国近代邮政的总汇点。1896年，清政府正式开办"大清邮局"，聘请赫德为"总邮政司"。此后，邮政体系逐渐由通商口岸向内地和边疆推广。1911年5月，清政府成立邮传部，接管原由海关管理的邮政。当时，全国各地的邮政局多达6201处。电报、电话和邮政成为中国近代社会城市生活不可缺少的配套设施。

新式教育的传播也以城市为中心。洋务运动时期开办的大型近代化企业，大多附设专门学堂以培养技师和工徒。西方传教士在这里办学，中国官

《申报》

光绪三十三年发行的《申报》。晚清时期，报纸成为各厂家争做广告的重要媒介。《申报》原名《申江新报》，同治十一年三月二十三日（1872年4月30日）在上海创刊，1949年5月27日停刊，是中国近代发行时间最久、影响力最为广泛的报纸，历经晚清、北洋和民国政府三个时期，共出版27000余期，被称为是研究中国近代史的"百科全书"。

民随之跟进，外语学堂、军事学堂、技术学堂、师范学堂、普通中小学堂、大学堂以及各种专门学堂纷纷建立起来。上海成为中国近代培养科技与制造业方面人才的基地，天津则以天津水师学堂为中心，成为北方海军教育的基地。1896年，李端棻奏请在全国各省府州县设立学堂，实行府州县学、省学和京师大学三级教育体制，并设立藏书楼、仪器院、译书局，广立报馆，派人出国考察或留学。在此过程中，中国引进的西方教育体制趋于完备。1905年，清廷废除科举，正式建立全国统一的、崭新的教育体制。

20世纪初，直隶总督袁世凯先后在保定、天津和直隶各地大力兴办各类新式学堂，包括小学、中学、大学、专门学堂、技术学堂、师范学堂、医学堂、农学堂、政法学堂、巡警学堂和各种军事学堂，其数量居全国首位。此外，还开办许多半日学堂、夜校和培训班。私人兴办新式学堂也渐成风气。这些都加速了新式教育的发展。

19世纪70年代前后，外国传教士和商人在上海、天津、北京等地创办了几十种报纸和杂志。其中包括1862年英商创办的《上海新报》，1872年英商创办的《申报》，1883年英商创办的《沪报》，1886年天津税务司德璀琳等人集股创办的《中国时报》，1872 年北京京都施医院创办的《中西闻见录》，1878 年上海耶稣会创办出版的《益闻录》等，极大地传播了西方政治学说和自然科学知识。

上海江南制造总局的翻译馆和北京的同文馆，还翻译大量的西方科技书籍。据英国传教士傅兰雅撰写的《江南制造总局翻译西书事略》统计，仅江南制造总局自 1868 年至 1879 年就共销售书籍 31111 部，多为科技书籍，也有国史、公法等书。这些报刊和书籍启蒙了人民的思想，成为改良主义思想的重要来源。邵作舟在《邵氏危言》中说："傅兰雅、丁韪良之徒所译书益众，若律令、公法、史记、地舆、算术、器艺之学，大略有之，中国因以知其学问政事。又读报纸，而诸国政令教条，盛衰大势，小有举动，朝发夕至，非复前日蒙昧之象，可谓盛矣。"

第二节　日常生活

一、衣食住行

清前期，朝廷以严酷的法律手段来维护森严的等级制度。皇帝冠服分为礼服、吉服和常服，王公大臣和文武百官的服装也有严格的等级规定。两次鸦片战争后，西方的服饰及生活方式在各个通商口岸产生影响。

晚清时期，最早接受西式服装的是沿海地区和开放口岸的一些买办和商人，他们经常与洋人有生意上的往来，于是模仿洋人穿着打扮，改穿西装。当然，一直到 19 世纪 80 年代末，西洋服饰也只是在少数猎奇者和洋务买办之间流行，而这些人又被主流社会认为是大逆不道。到 19 世纪 90 年代中期，情况开始改变。西方民主思想日益深入人心，民众对西方生活方式的认同程度也在不断加深，国人剪辫易服的呼声越来越高，甚至有人认为穿西服就是支持进步、支持文明，反之则是阻碍进步，说明当时人们对西式服装已经有了一定程度的认可。

1872 年，中国留美幼童深感穿长袍马褂和瓜皮帽与西方社会格格不入，对长辫尤觉尴尬，于是通过和学监的斗争，改着西装，有的还毅然剪掉辫子，揭开"剪辫易服"运动的序幕。1903 年，《湖北学生界》发表《剪辫易服说》，指责"今之辫、服，牵掣行动，妨碍操作，游历他邦则都市腾笑，申申骂予，

1908年唐绍仪、伍廷芳在华盛顿与留学生合影

于时为不宜，于民为不便"①。清廷屡次阻止留学生剪辫易服，但每每遭到坚决抵制，最后被迫同意在留学期间，"不妨暂时易装，然回华即应复旧"，如有"无故改装之学生或诸色人等，照违制律从严治罪"。国内青年人也响应这一潮流，纷纷弃长衫，着西装。湖广总督张之洞曾惊呼："近来各省学堂冠服一端，率皆仿效西式短衣、皮靴，文武无别"，"剪发铰须诸弊层出，实为隐忧"。他特意制定湖北各级学堂的冠服章程，以阻挡剪辫易服风潮。1907年，清政府公布学堂冠服程式："将各等文学堂自大学以至中学之学生，定为三项服式：一礼服、一讲堂服、一体操服及整列出行服"②，学堂以外的常服只许着便帽、长衫，禁止短衣。但效果并不理想。

1910年，资政院鉴于社会舆论及实际国情，建议朝廷允许剪辫易服。不料北京的绸缎、布行各相关行业商会联名反对，清廷乘机宣布："国家制服，等秩分明，习用已久，从未轻易更张。除军服、警服因时制宜，业经各该衙门遵行外，所有政界、学界以及各色人等，均应恪遵定制，不得轻听浮

---

① 张枬、王忍之编：《辛亥革命前十年间时论选集》第1卷上册，生活·读书·新知·三联书店1960年版，第472页。

② 刘锦藻：《清朝续文献通考》，商务印书馆1936年版，第8620—8624页。

言，致滋误会。"然而，仅仅数月之后，清廷还是宣布"凡我臣民，准其自由剪发"①。载沣是清朝王公中最早剪发、穿西服的人，他的醇亲王府也是清朝第一个备汽车、装电话的王府。

20 世纪初，西式服装开始流行，不仅大城市的学生制服日渐洋化，就连一些穷乡僻壤也不能免俗。"不惟衣土布者渐稀，即织土布者亦买洋纱充用"②，纷纷穿洋布、洋袜子。

西方的城市管理方式对中国城市产生了重要影响。容闳在《西学东渐记》中记载了 19 世纪 80 年代北京的情况："北京地方辽阔，各达官所居，相去窎远。往来代步惟骡车，即重且笨。车中坐处，状类衣箱，其底即轮轴。轮与箱间无弹簧，故行时震动极烈，行亦甚缓。街衢

容闳照

容闳（1828—1912 年），中国近代著名的教育家、外交家和社会活动家，是第一个毕业于美国耶鲁大学的中国留学生，是中国留学生事业的先驱，被誉为"中国留学生之父"。

不平，车辙深至数寸。行路之难，可想而知。道中浊尘扑衣，秽气刺鼻。漫空涨天者，初非泥砂，乃骡马粪为车轮马蹄捣研而成细末，陈陈相因，变为黑色，似尘土也。飞入耳鼻毛孔中，一时不易擦净。行人皆戴眼纱，头及两手，亦有风帽手套等物，以为抵御。水含盐质，洗濯尤不易去秽。不图首善之区，而令人难堪如此。"这种中国传统城市的不洁景象，随着租界开辟而得到了极大改善。上海英租界大力修筑马路，改善卫生状况。郑观应在《修路》中这样写道："余见上海租界街道宽阔平整而洁净，一入中国地界则污秽不堪，非牛溲马勃即垃圾臭泥，甚至老幼随处可以便溺。"1900 年，八国联军拆除天津城墙，修筑环城马路。天津成为中国第一座有环城马路的城市。1906 年，黄、蓝、白等 6 路电车也开始在天津城区和租界之间行驶。

在晚清社会，妇女服装的西洋化比男士服装要更早。早在鸦片战争时期，

---

① 刘锦藻：《清朝续文献通考》，商务印书馆 1936 年版，第 9295—9296 页。
② 《中国近代史资料丛刊·洋务运动》第 7 册，上海人民出版社 1961 年版，第 501 页。

江南地区就流行着许多西洋的妇女衣饰，主要以花边、丝缕、流苏之类为主，妇女服饰的西化也由此开始。此后，越来越多的妇女喜爱西洋服饰，她们穿着欧式鞋，包着曼彻斯特式的头巾，行走于社会，受到广泛注目。起初，追赶新潮的女士主要以妓女为主，她们敢于标新立异，成为时代的弄潮儿。随即，民间普通妇女的效仿之风由北京、上海等大城市逐渐传播到各地。当时，不仅民间流行穿着欧式服装，甚至连等级森严的皇宫也有女性穿欧式服装。慈禧太后就曾在颐和园召见西式装束的清廷驻法公使裕庚的夫人及其两个女儿德龄与容龄。后来，裕庚的两个女儿成为慈禧的御前女官，凡遇外事活动，她们总是身着洋服，随侍在慈禧左右。

随着时间的推移，被国人接受的服饰已不仅仅局限于作为外套的西服，洋式的衬衫、绒衣、针织衫、西裤、纱袜、胶鞋、皮鞋等日常装束，逐渐在城市居民之间流行，服饰的西化程度不断提高。

西方生活方式同样影响着国人，就连饮食习惯也出现西洋化的倾向。中国饮食具有世界影响，孙中山曾言："我中国近代文明进化，事事皆落人之后，惟饮食一道之进步，至今尚为文明各国所不及。中国所发明之食物，固大盛于欧美；而中国烹调法之精良，又非欧美所可并驾。至于中国人饮食之习尚，

晚清家庭内的多样服装

则比之今日欧美最高明之医学卫生家所发明最新之学理，亦不过如是而已。"[1] 鸦片战争以后，外国侵略者根据不平等条约，在通商口岸建立租界，大批外国侨民随之涌入，西餐开始进入中国。最初，西餐馆在中国被称为番菜馆，番菜馆最早出现在广东地区，随后逐渐蔓延到上海、北京、天津等大城市。"华人厌故喜新，面粉舶来进口日多"[2]，面包和各种西式糕点也日益流行。

清末侨居中国的欧美人

番菜馆的主顾多是侨居中国的外国人。上海、北京等地的番菜馆集中在外国人聚居地，如上海的徐家汇、北京的东交民巷。许多番菜馆为保证饭菜口味，不惜重金聘请各个大使馆的厨师掌勺。由于中西方饮食习惯的差异，西餐最初在中国并未受到追捧。在当时的中国人心目中，吃西餐无异于茹毛饮血，只有少数人怀着好奇和敬畏心而尝试西餐。19 世纪七八十年代以后，中西交流更加频繁，中国人对西方的了解日益加深，对西餐有了一些新的认识，认为西餐有益身体健康，许多西餐馆也出现了中国人频繁光顾的景象。此后，吃西餐逐渐发展成为一种社会风尚，不少文人成为番菜馆中的常客。随着人们崇洋心理的强化，去番菜馆就餐开始成为中上阶层讲排场的方式。不仅官场中流行宴请西餐，许多下层百姓对西餐也颇有好感，一些外国人抓住中国人要面子的心理，开设了许多简易番菜馆，价格便宜，吸引了大量国人就餐。

随着西餐的普及，一些具有西方风味的食品走进了中国人的日常生活。

---

① 《孙中山选集》，人民出版社 1981 年版，第 119—120 页。
② 刘锦藻：《清朝续文献通考》，商务印书馆 1936 年版，第 11314 页。

张裕酿酒公司的酒窖和酒桶

北京、上海等地有许多工厂，专门生产冰激凌、汽水等西式食品，这些食品起初主要供应在中国的西方人，后来逐渐为大众所接受。中国人越来越喜爱味道可口、食用方便的西式食品，面包、糖果、咖啡、奶茶、香槟、饼干、蛋糕、罐头、葡萄酒等商品不断涌入中国，极大地丰富了中国人的饮食生活。20世纪初，中外商人还在上海、厦门、福州、温州、汕头、青岛、汉口、南京、天津等地建立罐头、奶粉等食品制造厂。

晚清时期，西式啤酒传入中国。1901年，俄、德两国商人在东北合办哈尔滨啤酒公司，饮啤之风逐渐盛行。1904年，英、德两国商人在青岛合办啤酒酿造股份公司。此后，天津、北京、上海也相继开办啤酒厂。1892年，南洋华侨张振勋聘请荷兰人雷德温为技师，到烟台试酿葡萄酒，次年试制成功，并招集股份，成立张裕酿酒公司，还到美国采办有根葡萄秧，购地栽种。1896年，聘请奥国人哇务为技师到烟台指导种植与酿造。此后，张裕葡萄酒在中外博览会屡获金奖，畅销国内外。当时西方报纸盛赞："中国二十余行省，其水土之便于种植葡萄者，随在皆有，风气日开，则酿酒一端，必有成

效可观矣。"①

晚清时期的建筑开始受到西方影响。著名买办徐润的花园，"园小而曲折，然楼阁几案皆有夷气"②，是典型的西洋风格建筑。在广州、上海等地，西式的民宅和花园也日渐流行，"晚清园亭，亦参以西式建筑，而通都大邑，几于触目皆是矣"③。

与服饰和饮食习惯一样，中国人的交通方式也出现了西洋化的趋势。在中国古代，城镇中向来无车，传统的代步工具是既无速度、花费又高的轿子。西方人来到中国以后，把他们习惯的交通工具——马车带到中国。随后，在香港、广州、天津等洋人聚居的地方流行起了西式马车。作为一种舒适便利的交通工具，马车很快就引起中国人的浓厚兴趣，大家纷纷仿其样式制造，城市中的马车数量逐渐增多。19 世纪 60 年代末 70 年代初，许多通商口岸还

---

① 《中国商务报》光绪二十三年三月廿九日。
② 《中国近代史资料丛刊·洋务运动》第 8 册，上海人民出版社 1961 年版，第 240 页。
③ 邓子琴：《中国风俗史》，巴蜀书社 1988 年版，第 332 页。

出现了马车制造业和出租业，市场需求旺盛。

对国人出行影响最大的另外一种交通工具是黄包车。黄包车又称东洋车，1874 年从日本引进。由于方便实用，受到人们的普遍欢迎，在北京、上海、天津等大城市，黄包车随处可见。各大城市也都充斥着黄包车行，以及依靠黄包车谋生的体力劳动者。黄包车成为城市中有身份、有地位官绅富豪出行的主要代步工具。自行车传入中国后，成为一种新的代步工具。然而，由于自行车操作复杂，以及道路情况等制约，自行车在晚清并没有十分普及。

铁路和轮船也在这一时期传入中国。铁路的修筑促进了商业和工业发展，"通货物，销矿产，利行旅，便工役，速邮递，利之所兴，难以枚举"[①]。轮船同样取得了很好的社会效益和经济效益。江南一带的农民，每每农忙之余，"相率南下，麇集各埠，力食致饱，麦熟乃返，勤朴者归有余资"[②]。手工业者也前往通商口岸学习新的技艺，"自海通以还，工人知墨守旧业，不足与人相竞争，于是舍旧谋新，渐趋欧化。若成衣、若土木、若铜铁、若机械、若绘图"[③]。

更具有现代化意义的交通工具是有轨电车。中国开通有轨电车最早的城市是香港。随后，北京开通电车。1906 年，天津开通 6 条电车线路。1908 年，上海电车公司成立，有轨电车开始运行全国。

中国最早的汽车出现在上海，最开始并未引起轰动，随着洋人使用汽车频率的增多，小汽车才在社会上风靡起来。在上海等马路宽阔的地方，小汽车已经成为有身份、有地位人物出门的代步工具。北京等地虽由于道路制约，汽车不能够广泛应用，但人们已经充分认识到汽车充当代步工具的优越性。

二、文化生活

随着晚清社会半殖民地程度的不断加深，越来越多的传教士涌入中国，在政治、经济等方面入侵中国的同时，也在文化方面加紧对中国的侵略。1844 年底，清政府取消了对天主教的禁令，教会学校的发展如火如荼。仅两次鸦片战争之间，上海一地就有圣若瑟学校、新闸学校、圣路易学校、徐汇

---

① 《中国近代史资料丛刊·洋务运动》第 6 册，上海人民出版社 1961 年版，第 230 页。
② 邱沅：《续纂山阳县志》卷 1，载《疆域》，成文出版社 1983 年版，第 8 页。
③ 张传保：《鄞县通志·文献志·工业》，民国二十四年刻本。

清末太原教会女子学校学生
照片的最后有两名身着中式服装的西方女传教士。当时教会女校的课程既设有传统教育中的"四书"和《女儿经》，也设有新式的算学、地理、历史和生物等，但所有学科都必须围绕《圣经》这个中心进行教学。

公学等许多中小学性质的教会学校，甚至在宁波还出现了女子学校，这在中国教会学校史上尚属首例。

这些教会学校的发展与各国侵略势力的分布相一致，除少数未被侵略的省份外，各省都遍布各式各样的教会学校，尤以南方沿海地区的数量为多。随着时间的推移，这些教会学校的教学内容与教学目的也慢慢发生变化。一开始，教会学校随着洋枪火炮进入中国，创立的目的不外乎是传播圣主福音，所以教学内容围绕《圣经》的基本教义展开。后来，随着各国列强对中国的瓜分掠夺愈演愈烈，在清政府中培养自己的代言人以达到以华治华的目的，成为各国列强支持建立教会学校的重要目的。在这样的办学宗旨下，许多教会学校适时调整教学内容，课程扩展到数学、化学、英语、几何、体操等诸多领域，种类繁多，内容丰富，受到中国学生的喜爱，大大提高了教会学校的知名度与教学质量，也提高了中国学生的文化水平。

同文馆旧址，位于北京东堂子胡同49号。

教会学校在中国的发展经历了几个阶段。19世纪40年代开始，首先兴起的是类似小学的初等教育学校，不仅学校数量少，学校规模小，招收的学生数量也很少，此后逐渐出现了类似中学的中级教育学校。随着晚清政府政策的调整以及各种因素的影响，又陆续出现了医学、法律、军事、师范等专门类别的院校。清朝末年，这些学校进一步发展成为综合性大学，为中国现代化培养了许多重要人才。

洋务运动除了发展大量的工业企业外，还围绕学习洋务开设新式学堂。经过与各国洋人的长期交往，熟悉洋务的恭亲王奕䜣于1861年奏请在原来俄罗斯文馆的基础上，选拔各省八旗子弟中年纪不大且天资聪慧者进京，学习英文、法文等西方文字，以培养外交、翻译人才。次年，同治皇帝批准在北京设立京师同文馆，这是中国第一所近代学校。同文馆的学生数量不超过24名，馆中学生需进行季考、岁试，馆中教习请英法各国的传教士担任。此后，同文馆又增设天文算学馆。

京师同文馆的建立为洋务运动进一步发展打下基础，地方上各派洋务领袖也纷纷效仿，建立许多地方学校，比较著名的有左宗棠建立的福建船政学堂和李鸿章创办的上海同文馆及广州同文馆。这些学校培养了大批洋务人才，如严复、邓世昌、汪凤藻等人，他们在传播先进文化、保卫国家、外交御侮等方面都发挥过巨大作用。

洋务运动持续30余年，在此过程中，洋务派所建立的学校也在不断地发展进步。最初建立的洋务学堂，并没有良好的制度及实施手段，在很大程度上沿袭了清朝官学的旧传统，不利于洋务知识的学习与发展。京师同文馆建立伊始，所聘请的教习知识水平有限，所学课程仅限于外文和天文算学等

1902 年京师大学堂教师在藏书楼前合影

科目。直到 19 世纪 70 年代，这些学校才慢慢步入正轨，不仅教习质量有提高，在课程设置、制度管理方面也有很大进步。到八九十年代，洋务派已在全国各地建立 30 余所新式学堂，大多颇具规模，大致分为外文类学堂、军事军工类学堂、专业性技术学堂等。这些学堂的课程更加贴近当时晚清政府的现代化需求，为洋务派的军工企业提供了强有力的人才支持。

清政府在甲午战争中落败，客观上宣告了洋务运动的破产，洋务学堂随之受到质疑。维新派关于中国传统教育的观点比洋务派更为激进，他们认为一定要对中国传统教育进行彻底的改造，这一举动被称为改良主义的教育活动。改良主义的教育活动主张改革科举制度，废除八股取士的方式，并且要打破封建礼教的束缚压迫，男女平等，广开女校，认为只有男女平等的社会才是进步的社会，才能实现国家的富强。维新派对政府的愚民政策提出批判，认为只有广开言路，增强民智，中国才能像欧美国家一样强盛。1898 年，京师大学堂成立。维新变法运动虽然失败了，但它的教育主张并未废止。

1901 年，晚清政府下诏实行"新政"，令各省、府、直隶州及各州、县将书院改设大、中、小学堂，仍以四书五经、纲常大义为主，以历代史鉴及中外政治、艺学为辅，学堂自此得到官方的肯定和提倡。1905年，晚清政府下令停罢科举制度，一方面体现了清政府维护统治的要求，另一方面也意味着在"西学东渐"格局影响下，清政府不得不进行改变。科举制度的废除是晚清社会历史变迁的必然选择，科举考试内容陈旧，以死板的八股文体为主，不适应近代中国社会的发展。它与近代社会变革中要求的追求自由民主思想格格不入。

科举时代，能送孩子入学堂的家庭并不多，随着科举制度的废止，学堂教育进入飞速发展的新时期。据统计，1904年学堂数只有4476所，1905年即达到8277所，1906年达到23862所，学生人数从1904年的9万多人升到1905年的25万人，1906年更是达到50万人，到1910年，学生数已达128万人，随后到来的辛亥革命，又掀起了入学新高潮，1912年，入学学生达到293万人。

清末新政以后，清廷鼓励民间办学，士绅自办学堂者不在少数。新政以前没有系统的学校教育，教育救国潮流掀起后，小学堂、中学堂的数量迅速增加，形成了从幼稚园到小学、中学、大学的一整套教育体系。清末最后十年，士绅对基础教育作出重要贡献。

1903年，湖北省立幼稚园在武昌成立，这是中国历史上第一所幼稚园。1904年，上海务本女塾附设幼稚舍。1905年，湖南公署设立蒙养院，并制定《湖南蒙养院教课说略》。严修在天津创办严氏家塾蒙养院。同时，许多外国人也在中国办有多所幼稚园。至此，我国的学堂教育已经初步形成幼稚园—小学—中学—大学的现代教育雏形。

起初，近代报刊是作为西方殖民者文化侵略的工具而出现的，后来逐渐成为维新派宣传改良运动和革命派宣传革命思想的重要手段，并随着维新运动和革命运动的兴起，在晚清社会迅速发展起来。鸦片战争之后的几十年里，西方人先后办了上百种报刊，中文报刊主要有《香港新闻》《六合丛谈》《万国公报》《圣心报》《上海新报》《申报》《顺天时报》《北京公报》《燕都报》等等，这些报刊是各个文化团体在列强使馆、洋商、洋行的支持下所办，内容多为宣传宗教思想和报道社会新闻，此后则以政治新闻传播为主。

维新变法期间，改良派为宣传维新思想，创办许多报刊，主要有《循环日报》《中外纪闻》《强学报》《时务报》《国闻报》《清议报》《新民丛报》等等。这些报纸大量发表康有为、梁启超、严复等维新领袖的文章，为维新变法的实施打下理论基础，对维新思想的传播起到了重要作用，变法思想更加深入人心。

除了上述政治性较强的刊物外，这一时期也兴办了许多儿童刊物。中国人自己创办较早的儿童刊物是1897年创刊的《蒙学报》。《蒙学报》作为上海蒙学公会的机关刊物，是包括国文、修身、数学、历史、舆地等以传播新的蒙学知识为主的综合性刊物。此后，彭翼仲在北京创办三种报刊：《启蒙画报》旨在开启童智，《京话日报》旨在开启民智，《中华报》旨在开启官智。这三种报刊在清末的北京有很大影响力。其中《启蒙画报》是北京第一份白话画报，图文并茂，白话通俗，涉及内容十分广泛，深受儿童喜爱。

1903年，具有革命性的上海爱国学社创办了儿童刊物——《童子世界》，该刊因对儿童寄予很高期望，所以选择日报的形式，文章短小，每天更新，深受欢迎。

1874年，美国长老会传教士嘉约翰在福州创办《小孩月报》，这是我国境内最早的儿童报刊。这份报刊的作者多为西方传教士，他们的西方儿童观念以及念念不忘的传教目的，使得它对中国孩子的态度有很多局限性。

此外，儿童刊物还有商务印书馆出版的《儿童教育画》、革命派创办的《香港少年报》等。这些刊物与时俱进，适时刊载许多先进思想和理念，有助于儿童从小培养科学的思维。

三、风俗娱乐

晚清时期，随着宗教、法制影响力的衰弱以及妇女解放呼声的高涨，妇女在婚姻中的地位略有提高，许多旧式婚俗得以改造。在新式学堂学习的学生当中，时有自由恋爱而后成婚的现象。

维新变法时期，维新派大力呼吁出台男女平等的婚姻制度。如果婚姻不幸，家族破裂，男可三出，女可五去，平等相待，"使被去者、自去者易于改适……适者娶者毫不蒙谮"[①]。1904年，《江苏》杂志发表《家庭革命说》："革命、革命，中国今日不可以不革命！中国今日家庭不可以不革命！""欲

---

① 宋恕：《伦始章第三十二》，《六斋卑议》。

清代官员妻妾

革政治之命者，必先革家族之命，以其家族之有专制也；而革家族之命者，尤必先革一身之命，以其一身之无自治也"[1]。可见，婚姻家庭变革是革命者的重要目标之一。

许多青年将中国基本国情与西方婚礼相结合，推陈出新，形成了一套文明婚礼的程序。文明婚礼改变了传统婚礼的许多陈规陋习，删繁就简，废除跪拜礼，崇尚节俭，不奢侈攀比，流行于许多开明绅士之家。文明婚礼的主要流程如下：首先由男方向父母提出娶妻意向，待父母首肯后请介绍人邀请女方父母商谈婚事，双方谈妥后，便算定下婚约。举办婚礼时，新郎新娘在鼓乐声中交换戒指，行结婚礼仪，相向鞠躬，然后由主婚人、证婚人和来宾代表献花致辞，新人鞠躬致谢。之后，举行双方全体亲属见面礼，最后宴请宾客。这种新旧掺杂、中西结合的方式，正是学习西方的结果。

文明婚礼的风尚只流行于经济较发达地区的少数开明家庭，在流传过程中也受到了旧势力的压迫和打击。在广大落后地区，还存在着童养媳、冥婚、三妻四妾等落后的封建婚姻制度。

---

① 张枬、王忍之编：《辛亥革命前十年间时论选集》第 1 卷下册，生活·读书·新知三联书店 1960 年版，第 837 页。

中国古代的丧葬是一件十分重要的活动。封建社会的丧葬规格有着严格的阶级性，封建统治者也严格依照规章制度执行。在民间，受地理环境和经济条件的影响，丧葬制度的变化弹性比较大。受到西方思想的影响，民间丧礼发生变化，最突出的表现是在丧礼中送花圈、开追悼会等。

慈禧太后十分喜欢戏曲，对西洋音乐也很感兴趣，随着慈禧太后与洋人接触次数增加，各国的音乐舞蹈都流传到宫廷内。慈禧太后拥有自己的留声机，并有许多外国唱片。慈禧太后十分喜欢舞蹈，曾在吃饭时请德龄姐妹在华尔兹舞曲的伴奏下翩翩起舞。1904 年，风靡一时的俄罗斯马戏团在北京举办演出，应慈禧之邀进宫表演，受到后宫的一致称赞。光绪皇帝从小就展示出对西洋文化的憧憬与渴望，对西洋玩具充满兴趣。光绪皇帝十分喜爱这些西洋玩具，经常拆开研究其原理。据当时供货给光绪皇帝的丹麦玩具商称，光绪皇帝玩过所有欧洲适合孩子玩的复杂而奇妙的玩具。光绪皇帝对西洋音乐也十分喜爱，他的寝宫内陈列着数架做工精致的钢琴。

晚清时期，民间最主要的节日有元旦、立春、上元、龙头、花朝、清明、浴佛、端午、七夕、中元、中秋、重阳、寒衣、冬至、腊八、祭灶等，传统节日并未有太大变化，主要是赋予这些节日以新的意义。清代以前，这些节日最重大的意义就是祭祀祈祷，祈盼天地祖先保佑。到了清代后期，祭祀祈祷的意义逐渐消退，这些节日被赋予更多娱乐意义，体现了民俗发展中逐渐贴近人性化的趋势。

晚清时期的崇洋风气也非常盛行。"凡物之极贵重者，皆谓之洋。重楼曰洋楼，彩轿曰洋轿。衣有洋绉，帽有洋筒，挂灯名曰洋灯，火锅名曰洋锅，细而至于酱油之佳者，亦名洋秋油，颜料之鲜明者曰洋红洋绿。大江南北，莫不以洋为尚。"[1] 西方的商品，从钟表玩具、呢行布衣，至日用百货，都颇受欢迎。光绪时期，"钟表玩具家皆有之，呢绒洋布之属遍及穷荒僻壤"[2]。江浙沿海一带的乡村市镇，好洋制，洋伞、洋灯、洋油、洋漆等都极为流行。甚至连使用的货币，洋钱也要更胜一筹，导致国人舍国币而贵洋钱，"洋钱、洋布遍于各省，而近年粗洋布一种，价廉工坚，服用尤便，愈销愈广，

---

① 萧一山：《清代通史》第 4 册，中华书局 1986 年版，第 2164 页。
② 《中国近代史资料丛刊·洋务运动》第 1 册，上海人民出版社 1961 年版，第 303 页。

清末新式剧场

漏卮之数几与洋药（鸦片）相埒"[①]。这种局面导致清廷被迫进行币制改革。1887年，张之洞在广州设立造币厂，大量铸造银圆与辅币，颇受欢迎。1910年，自铸银圆取代银两成为全国的本位货币。

此外，西方娱乐活动大量传入中国，如话剧、电影等艺术形式的传入，以及夜总会、赛马场、舞厅、剧院等娱乐场所的出现，丰富了百姓的生活。另一方面，跑马场的赌博、东洋娼寮的设立，也严重危害了中国的社会风气。

---

① 《中国近代史资料丛刊·洋务运动》第7册，上海人民出版社1961年版，第525页。

第九章　文化与科技

第一节　思想

一、经世与改良

鸦片战争以来，剧烈变化的近代中国社会，促使学术思想领域中的有识之士，重新审视儒学经世传统的内在价值。魏源用今文经学抨击汉学，以求经世致用，提倡"师夷长技以制夷"；曾国藩以复兴宋学来反对"汉学专制"，走上洋务经世之途；张之洞以治古文经学为主，成为又一洋务大员；康有为以揣摩孔子改制的"微言大义"而宣传变法维新。

宋学又称程朱理学，宋学以性理解经；汉学又称考据学，汉学以训诂名物训经。汉学曾在乾嘉时期兴盛一时并取得许多成果，其缺点在于空谈书本，不谈有关国计民生的实际问题。以魏源、包世臣为代表的嘉道经世思想家，写书、研究学问的目的是为更好地解决现实的问题。他们尤其强调学经要联系实际，思考和解决国计民生的重大问题。

魏源（1794—1857 年），字默深，湖南邵阳人。魏源认为宋学"上不足制国用，外不足靖疆圉，下不足苏民困"[①]，没有实际用处。对于汉学，魏源则认为其考证方法烦琐，"锢天下聪明知（智）慧，使尽出于无用之一途"[②]。他反对专依书本寻求知识的治学方法，强调身教重于言教，"披五岳之图，以为知山，不如樵夫之一足；谈沧溟之广，以为知海，不如估客之一瞥；疏八珍之谱，以为知味，不如庖丁之一啜"[③]。

中英《南京条约》签订之后，魏源以复仇雪耻为宗旨，根据所能收集到的资料，编写《海国图志》。这是一部系统介绍西方史地、科技知识的著作，

---

① 《魏源集》上册，中华书局 1976 年版，第 36 页。
② 《魏源集》上册，中华书局 1976 年版，第 359 页。
③ 《魏源集》上册，中华书局 1976 年版，第 7 页。

堪称中国人编著的介绍世界知识的"百科全书"。《海国图志》还对西方民主制度做初步介绍，比如书中谈到美国总统以"四年为一任，期满更代"，"总无世袭终身之事"；议会制决定"军国重事"，"设所见不同，则三占从二"①。魏源在书中明确地指出自己的写作目的："为以夷攻夷而作，为以夷款夷而作，为师夷之长技以制夷而作。"魏源认为自己所做的工作是"创榛辟莽，前驱先路"。在三元里人民抗英之后，他写道："三元里之战，以区区义兵，围夷酋，斩夷帅，歼夷兵，以款后开网纵之而逸。孰谓我兵陆战之不如夷者？"②他还对沙俄做深入研究，认为沙俄"去中国京师三万余里"，"其国本微弱，地亦狭"③，但随着沙俄的逐步逼近，必须予以足够的重视。

魏源像

《海国图志》由魏源编著，初刊于 1842 年，共 50 卷。1847—1848 年增补为 60 卷，1852 年又增补为 100 卷。

姚莹（1785—1853 年），字石甫，安徽桐城人。鸦片战争期间任台湾道，严禁鸦片输入，积极组织抗英斗争。1842 年，他根据所缴获的英国地图及英俘颠林口供，参考各种地志，撰成《英吉利地图说》（即《夷酋颠林绘图进呈说》）一卷，进呈朝廷。此书对英国和世界各国的地理位置及风土人情均有详细的记载。《南京条约》签订后，他被诬告"冒功贪赏"而贬官四川。他怀着悲愤的心情，寻求抵抗侵略办法。1845 年，他撰写了一部研究边疆问题的书——《康輶纪行》，对西藏的历史、地理、政治、宗教、风俗等做考察，并揭露英俄等国侵略中国的野心。姚莹认为中国地大物博，英国"地不及吾二十之一，人不及吾百之一……苟能知其虚实与其要领，何难筹制驭之方略乎？"④他还介绍英国议会的情况，"国

---

① 魏源撰：《海国图志》卷 65，岳麓书社 1998 年版，第 1652 页。
② 魏源撰：《海国图志》卷 1，岳麓书社 1998 年版，第 4 页。
③ 魏源撰：《海国图志》卷 56，岳麓书社 1998 年版，第 1532、1534 页。
④ 姚莹：《康輶纪行》卷 12，第 39 页。

包世臣像 现藏北京故宫博物院
包世臣（1775—1855年），字慎伯，安徽泾县人，清代中后期著名的学者、文学家和书法家。

中有大事，王及官民俱至巴厘满衙门（指议会）公议乃行。大事则三年始一会议，设有用兵和战之事，虽国王裁夺，亦必由巴厘满议允"①。

包世臣很早就认识到英国侵略者对鸦片贸易的依赖："三十年来造作鸦片以害中华，每岁取中华银不下四、五千万……此英夷之不得不以全力争此局者，固情势所必至。"②他盛赞三元里人民抗英斗争，是义民的"奇功"，"三元里义民示谕二通，愤发如云，义形于色。虽当事苦为逆酋乞命，不无扼腕"③。他甚至建议选用三元里义民出任水师弁兵，乘胜收复香港，把英国侵略者赶出中国。包世臣还对当时的社会问题进行揭露，提出自己的改革方案。针对漕运弊端，他提出漕粮海运，或在京畿地区设置官屯的建议，希望改变南粮北运的局面；盐政方面，他主张取消由官商垄断的纲法，采取自由运销的票法策略，并且使私枭合法化，以降低盐价；关于河工，他主张治河与水利兼顾，使沿途瘠土变为良田。

林则徐是这一时期"睁眼看世界"的重要人物。在广州禁烟期间，他即设馆编译西文书刊，采访西方情况，了解西方知识，"日日使人刺探西事，翻译西书，又购其新闻纸"④。他把英文的《中国丛报》译为中文，经过亲自整理加工，编成《澳门月报》。林则徐对西方知识的探究极为认真，外国人这样描述："当他在穿鼻港时，他指挥他的秘书、随员和许多聪明的人，收集英国的情报，将英方商业政策各部门的详情，特别是他所执行的政策可能的后果，如何赔偿鸦片所有者的损失，都一一记录。他们尤其关心英、俄是否正在作战。等到他们被告诉：英俄之间极和平时，他们好像深为诧异。

① 姚莹：《康輶纪行》卷12，第14页。
② 包世臣：《安吴四种》卷35，第8页。
③ 包世臣：《安吴四种》卷35，第11页。
④ 《魏源集》上册，中华书局1976年版，第174页。

这些情报，每日都先交钦差阅览。当他离去广州时，已收集了一厚帙了。"①通过这些翻译工作，林则徐了解到沙俄窥视中国西部边疆的野心。后来林则徐遣戍新疆，对俄罗斯的野心有了进一步的了解，直到临终前几个月，还在提醒国人，"终为中国患者，其俄罗斯乎！吾老矣，君等当见之"②。

1848 年，徐继畬撰成《瀛寰志略》一书。徐继畬历任两广盐运使、福建布政使、巡抚等职，热心于舆地研究，多次向传教士了解西方舆地知识。《瀛寰志略》共十卷，写作历经五年，数易其稿。本书以图为纲，依图立说，按世界五大洲分国叙述地理位置、面积、人口、历史、风土、人情、宗教、与中国的关系，以及政治制度、殖民情况、科学文化、经济水平等。他在描绘轮船时称："船之行也，轮激水如飞，瞬自不见，一昼夜约千余里……可谓精能之至"。他赞美美国的总统制度，说"华盛顿异人也，起事勇于胜广，割据雄于曹刘"。该书考证精详，体例严谨，是与《海国图志》齐名的著名舆地著作。

洋务运动时期，改良主义思潮兴起，希望通过变革的方式，对中国社会加以改造。早期改良主义的代表人物主要有冯桂芬、容闳等人。

冯桂芬的《校邠庐抗议》共 40 篇，"于经国大计，指陈剀切"，其内容包罗万象，涵盖行政、选举、赋税、财政等各个方面。冯桂芬主张从科举改革入手，设立特科；力戒忽战忽和，无一定准的外交方针，学会利用欧洲诸强国在中国的均势，采取坚定一贯的外交政策；培养专业的外交人才，以更好地应对

林则徐行书"董其昌文"轴
现藏北京故宫博物院

---

① 《中国近代史资料丛刊·鸦片战争》第 5 册，神州国光社 1954 年版，第 36 页。
② 《国朝先正事略》卷 25，载《林文忠公事略》。

国际事务；设立专门机构，博采西学，借鉴西方诸国经验，自效富强。

容闳是中国留学海外并拿到文凭的第一人。1855 年回国后，一度与太平军领袖洪仁玕合作，之后进入曾国藩幕府，全力帮助清政府经办幼童赴美事务。容闳深知美国制度文化之先进，故而提出"以西方之学术灌输于中国"的思想。他主张选聘外国人充任政府顾问，同时向国外派遣留学生学习先进文化技术，然而他的提议始终不被统治者所重视，这也最终使得容闳与清朝统治者分道扬镳。

王韬（1828—1897 年），字仲弢，江苏吴县人，代表著作《论变法》，分为上、中、下三篇（1883 年）。王韬一生都未出仕，认为中国唯一的出路就是变法。他强调中国应当在"取士之法""练兵之法""学校之虚文""律例之繁文"四个方面进行变革。维新变法时改科举、罢绿营、设学堂、裁冗司，正和王韬维新思想相呼应。1874 年，王韬还在香港创办中国第一份政论报纸《循环日报》。

严复（1854—1921 年），福建侯官人，近代著名翻译家、教育家。1894 年，先后发表《论世变之亟》《原强》《原强读篇》《辟韩》等文章，深受 19 世纪英国思想家斯宾塞、穆勒及赫胥黎等人的影响。他结合中国传统思想当中的"民本"思想和师法自然的思想，认为当时中国最为迫切的任务在于开启民智，效法西方改良政治制度，唯有如此方能实现自强。严复还发表《救亡决论》，痛批中国的科举制度。严复的一系列文章，以前所未有的锐利笔锋，痛斥清王朝在政治、军事、文化、教育诸方面存在的痼疾，其观点之深刻，文风之雄辩，在当时的中国算得上振聋发聩。

"中学为体，西学为用"是 19 世纪末 20 世纪初流行的口号。大致来讲，"中学"即为中国传统儒家思想，"西学"是指西方先进的科技文化，"中学为体，西学为用"即是指在不改变当前政治体制的基础上，运用西方的科学技术。

1898 年，张之洞撰《劝学篇》，对"中体西用"进行系统阐述，从而成为这一思想的集大成者。《劝学篇》分为内、外两篇，"内篇务本，以正人心；外篇务通，以开风气"。这里的"本"，是指有关世道人心的封建纲常名教，"通"是指工商、学校、报馆诸事。《劝学篇》得到最高统治者的高度赞赏，以上谕的形式颁行天下，要求各省督抚、学政人手一册，各地也竞相翻印。张之洞主张"中（旧）学为体，西（新）学为用"，意为中国传

陈锦涛"进士"匾

1905年，清政府废除科举制度后，实行科名奖励制度。具体的做法是对留学生进行考试，依据成绩给予进士、举人、拔贡等出身，名目包括工科进士、文科进士、格致科举人，甚至还有牙科举人。1905年清政府举行了第一次归国留学生考试，十四人考中，分别按考试成绩授予进士、举人等出身，分配了翰林院检讨、内阁中书、知县等官职。此后1905—1911年，学部先后举办七届归国留学毕业生奖励科名出身考试，共授予1399名进士、举人出身。陈锦涛，1906年归国参加学部考试，获第一名，授法政科进士。

统三纲五常的政治制度不能动,但须以西洋科技来辅佐,才能够强国御辱。"中体西用"思想直接影响到晚清教育。1887年,水陆师学堂主要课程,被称为"洋务五学",包括矿学、化学、电学、植物学和公法学。学生"每日清晨先读四书五经数刻,以端其本。每逢洋教习歇课之日,即令讲习书史,试以策论,俾其通知中国史事兵事,以适于用"[1]。

二、商战立国

改良主义思想者主张中国练兵,同外国进行兵战,谋求国家独立和平等,同时发展民族工商业,和外国进行商战,谋求人民富足和自由。郑观应甚至认为商战比兵战更为重要:"彼不患我之练兵讲武,特患我之夺其利权,凡致力于商务者,在所必争。可知欲制西人以自强,莫如振兴商务。"[2]王韬提出"恃商为国本"的主张,薛福成提出"商握四民之纲"的思想,马建忠的"富民"说,陈炽"富国"策,都反映这种思潮。

就经济制度而言,魏源在《海国图志》的"大西洋欧罗巴总叙"中,指

---

① 《张之洞全集》第1册,河北人民出版社1998年版,第576页。
② 郑观应:《盛世危言·商务》,辽宁人民出版社1994年版,第255页。

出"自意大里（即意大利）裂为数国，教虽存而富强不竞，于是佛郎机、英吉利代兴，而英吉利尤炽。不务行教而专行贾，且佐行贾以行兵，兵贾相资，遂雄岛夷"。徐继畬直接把商业作为欧罗巴的一个特征："欧罗巴诸国，皆善权子母，以商贾为本计，关有税而田无赋。航海贸迁，不辞险远，四海之内，遍设埠头，固由其善于操舟，亦因国计全在于此，不得不尽心力而为之也。"① 这些认识虽然有很大的局限性，但其意义不可低估。

针对传统的士农工商观念，王韬提出"恃商为国本"的"商本论"，并对旧有的"重本抑末"观念进行尖锐驳斥。他指出："迂拘之士动谓朝廷宜闭言利之门，而不尚理财之说。中国自古以来重农而轻商，贵谷而贱金，农为本富而商为末富。如行泰西之法，是舍本而务末也。"② 他认为世界已经到"越乎境外"的时代，西欧北美都是"恃商为国本"，中国也必须这样做，才能自握利权。

郑观应照

薛福成把商人视为"握四民之纲"的人。他说："盖有商则士可行其所学而学益精，农可通其所植而植益盛，工可售其所作而作益勤。是握四民之纲者，商也。"③ 总揽四民，可见商人的重要。

郑观应是一位从事近代实业开拓、经营、管理的前驱。中法战争之后，郑观应提出了"商战"观念，"初学商战于外人，继则与外人商战"。郑观应指出："商务者国家之元气也，通商者疏畅其血脉也。" 又说："士无商则格致之学不宏，农无商则种植之类不广，工无商则制造之物不能销。是商贾具生财之大道，而握四民之纲

---

① （清）徐继畬：《瀛环志略》卷4《欧罗巴》。
② 王韬：《弢园文录外编》卷2《兴利》，辽宁人民出版社1994年版，第65页。
③ 薛福成：《庸庵海外文编》卷3《英吉利用商务辟荒地说》，载《清代诗文集汇编》第738册，上海古籍出版社2010年版。

第十一章　會報　第五十七條
第十章　辦公　第五十六條
第九章　責任　自第五十一條至第五十五條
第八章　議事　自第三十九條至第五十條
第七章　經費　自第二十九條至第三十八條
第六章　出會　自第二十七條至第二十八條
第五章　入會　自第十八條至第二十六條
第四章　選舉　自第九條至第十七條
第三章　名位　自第五條至第八條
第二章　宗旨　自第二條至第四條
第一章　定名　第一條
上海商務總會暫行試辦詳細章程目錄

上海商務總會暫行試辦詳細章程

《上海商务总会暂行试办详细章程》

领也。"[1] 他把外国资本主义的侵略归纳为军事侵略和经济侵略两种方式。其中，经济侵略更为严重、更加危险。针对侵略的两种方式，中国也必须用两种方式进行抵抗，即以"兵战"来抵抗外国的军事侵略，以"商战"来抵抗外国的经济侵略，并且要把"商战"放在首要位置。他主张关税自主，发展新式教育，号召中国人摒弃"天朝上国"的传统观念，同西方国家进行平等外交。

1903 年 4 月，清政府在上谕中提出，"自积习相沿，视工商为末务，国计民生日益贫弱，未始不因乎此"，于是决定"扫除故习，联络一气，不得有丝毫隔阂，致启弊端，保护维持尤应不遗余力"[2]。成立商务部后，清廷发布上谕，令各省将军督抚，"通饬所属文武各官及局员委员，一律认真恤商持平，力除留难延宕各项情弊，以顺商情而维时政，倘有不肖官吏，仍前需索刁难，随时严查参办，勿稍徇纵"[3]。为确保工商业者的合法权益，清政府允许商人自己组织商会，同时制定保护侨商的政策。清末新政推行，说明商人阶层的社会价值得到了政府和社会上大多数人的认同。

---

[1]　郑观应：《盛世危言·商务》，辽宁人民出版社 1994 年版，第 246、249 页。
[2]　沈桐生：《光绪政要》卷 29《命议商律》。
[3]　沈桐生：《光绪政要》卷 29《商部奏请力行保商之政》。

第二节　文化

一、传统学术

鸦片战争时期的著名学者张穆（1805—1849 年），对西北舆地和蒙古历史的研究非常精深。他的代表作《蒙古游牧记》，用史志体考证论述蒙古古今舆地、山川城镇沿革及蒙古诸部历史发展情况，对古代蒙古向近代蒙古演变的考察尤为详尽，是公认的蒙古史地权威著作。

在当代史著作中，魏源的《圣武记》最为有名。该书完成于《南京条约》签订之际，共 14 卷，沿用传统的纪事本末体，前十卷讲述清代前期，包括清初建国、平定三藩、收复台湾、平定新疆西藏、外交活动、镇压苗民起义与白莲教起义，与鸦片战争中的清军节节失败形成鲜明对照。该书意在练兵、筹饷和攻守之策等现实问题，以史为鉴。光绪四年重订后增入《道光洋艘征抚记》，记载鸦片战争始末及清廷的无能，"其书记载虽间有失实处，固不失为一杰作"[1]。

张穆像　现藏国家博物馆

李元度《国朝先正事略》是晚清时期人物传记的代表作。全书 60 卷，分名臣、名儒、经学、文苑、遗逸、循良、孝义七门，为清开国至咸丰朝 500 名人立传，附见者 608 人。为撰该书，作者曾遍阅诸家文集及郡邑志乘，还参考史馆列传。梁启超称该书"涉全部，自具别裁，而俭陋在所不免"[2]。

光绪年间，王闿运著《湘军志》16 卷，记载曾国藩创建湘军，镇压太平军、捻军始末。该书系应曾国荃之请而写，历经 7 年而成。除亲身经历及走访调查外，王闿运还借阅大量军机处档案。在书中除褒扬湘军的功勋战绩外，对太平军前期的勇猛、湘军初期的竭蹶之状，以及曾国荃攻破江宁后纵军掳掠之

---

[1]　梁启超：《中国近三百年学术史》，中国书店 1985 年版，第 275—276 页。
[2]　梁启超：《中国近三百年学术史》，中国书店 1985 年版，第 276 页。

事，并不加以掩饰。此书一经刻印就遭到部分湘军将领的攻击，认为它是"谤书"。曾国荃刻意请幕僚王定安另撰《湘军记》，以作抗辩。《湘军记》虽然记事详尽，可补《湘军志》的缺略和偏颇，但它对曾氏兄弟一味奉承，故意回避或弥缝各方矛盾，无论是真实性还是叙事的简洁都逊于《湘军志》。

晚清时期，编年体史书以《东华录》《东华续录》为代表。王先谦在《蒋氏东华录》基础上，辑《东华录》624卷，记载自努尔哈赤天命时期至雍正时期，五帝六朝共107年间的事件，又以乾隆、嘉庆和道光三朝实录为依据，编成《东华续录》，与他的《东华录》合称《九朝东华录》。此后，王先谦又陆续编成咸丰、同治《东华续录》，故又有《十一朝东华录》之称。《东华录》编纂依据清国史馆原始材料，文献价值较高，其中有些原始资料可补《清实录》之缺，是研究清史的第一手材料。此外，还有朱寿朋编《光绪朝东华录》，以邸钞、京报等资料辑成，计220卷，成书于《清德宗实录》之前，内容丰富，价值在其他《东华录》之上。

《清季外交史料》由王彦威、王亮父子编辑，计258卷。王彦威从军机处所藏档案抄辑光绪元年至三十年四月中有关中外交涉的上谕、奏折、函电、照会、条约等文件，汇编成光绪朝《筹办洋务始末记》，未及付梓即病逝。其子王亮于民国年间补辑光绪三十年五月至三十四年间的事件，续成全书并易名为《清季外交史料》。这是研究晚清外交的重要史料。

明史研究在晚清时期取得重要进展。南明史研究一直是清朝前期学术研究的禁区，鸦片战争后，相继出现徐鼒的《小腆纪年附考》《小腆纪传》和夏燮的《明通鉴》等代表性著作。《小腆纪年附考》20卷，1861年成书，记载自1644年福王朱由崧在南京建号称帝，至1863年台湾郑氏集团降清的历史。书中对传闻互异、记载有出入的史料多有考证。《小腆纪传》是前书的姊妹篇，计65卷，为这一时期的重要历史人物立传。书以小腆为名，表示南明各政权均为偏安一隅的政权，纪年方法也是先书清朝年号，再附注南明政权年号。《明通鉴》，计100卷，1873年刊行。此书是一部编年体的明代通史，其中6卷为南明史事。该书首尾完备，广征博引，并有《考异》附于正文之下。其鉴别与考证史料的功夫颇深，是传统史学中的佳作。

19世纪末殷商甲骨文和敦煌莫高窟古经卷的发现，使得中国古代史研究取得突破性进展。1899年发现殷墟的书契后，王懿荣等人成为最早的甲骨文发现者与研究者。孙诒让的《契文举例》是考释甲骨文最早的著作。敦煌

孙诒让照
孙诒让（1848—1908 年）一生著述无数，主要有《白虎通校补》《六历甄微》《温州经籍志》《温州古甓记》《古籀拾遗》《周礼正义》《札迻》《墨子间诂》《周礼三家佚注》《周礼政要》《古籀余论》《契文举例》《名原》《尚书骈枝》等。

经卷在 1899 年被发现，为宋朝僧人封存在莫高窟的经卷和书籍等古代文物，是研究古代史、文学史和宗教史的珍贵资料，可惜被英、法、日、美等国大量盗走。

道光年间，汉学已经进入到总结阶段，这一时期的文人学者多总结前人研究得失，著书立说，成果颇丰。其中，影响比较大的有刘文淇、刘宝楠、陈澧、孙诒让、章炳麟等。

刘文淇（1789—1854 年），字孟瞻，江苏仪征人，与刘宝楠齐名，有"扬州二刘"之称，自小聪慧过人，舅父凌曙爱其聪颖，亲自教导他，主修《春秋左氏传》。为整理校对汉代学者贾逵、服虔、郑玄等人的注解，先后耗时四十余年，成书《春秋左氏传旧注疏证》，又著《左传旧疏考正》考证孔颖达《正义》旧注，这两本书为汉学的《左氏春秋》做了良好总结。此外，刘文淇著有《读书随笔》二十卷，《青溪旧屋集》十二卷传世。

刘宝楠（1791—1855 年），字楚桢，号念楼，江苏宝应人，"扬州学派"的杰出代表。刘宝楠 5 岁丧父，由母亲乔氏抚养教育，受业于叔父刘台拱，与刘文淇、梅植之、汪喜孙等人交往甚密。刘宝楠与刘文淇交情匪浅，曾相约各注一经。刘宝楠著作颇丰，有《论语正义》《释谷》《汉石例》《念楼集》《愈愚录》《胜朝殉扬录》《宝应图经》等。其中《论语正义》不仅弥补了宋人邢昺解《论语》的疏漏不足之处，且多所阐发，成为研究《论语》的指南。

陈澧（1810—1882 年），字兰甫，学者称东塾先生，广东番禺人。少好为诗，及长弃去，泛览群籍，凡天文、地理、乐律、算术、古文、骈文、填词，无不研究，晚年将平生研究经学心得编为一书，即《东塾读书记》，对乾嘉汉学做较为全面的评论。陈澧在学术上主汉宋兼采，力主新式学风，著作颇丰，还有《摹印述》《忆江南馆词》《汉儒通议》等传世。

孙诒让（1848—1908 年），幼名效洙，又名德涵，字仲容，浙江瑞安人。

孙诒让治学由父亲启蒙，在经学、诸子学、文字学、考据学、校勘学以及地方文献的整理等方面都有卓越的成就。同时，他又是近代新式教育的开创者之一，在理论和实践上成就卓著，是清末著名的教育家。

二、文学

晚清是传统文学向现代文学转型的过渡时期，这一时期的诗文在传统文化影响和新文化冲击下，产生许多新的变化与发展。近代启蒙思想、改良思想、革命思想都对文学的发展产生了很大影响，许多学者开始探索新体诗、新体文，一时间涌现出许多才华横溢、思想先进的诗文作者。

张维屏像　现藏国家博物馆

龚自珍开创了晚清文坛的新风。他的诗文一改清代以来只谈山水心性，莫谈现实国事的状况，在揭露清政府统治腐朽、帝国主义爪牙无恶不作的同时，也表达对百姓流离失所、无以为生的同情。他崇尚李白、杜甫，善于运用比兴的修辞手法，用浪漫主义色彩演绎文字，在晚清文坛引起很大的反响。龚自珍精通文字学、历史地理学、经学，是当时的巨儒学者。他不仅是优秀的诗人，更是杰出的思想家、散文家，留下了许多传世之作。

张维屏（1780—1859年），字子树，号南山，广东番禺人，清末著名爱国诗人，与黄培芳、谭敬昭号称"粤东三子"，与林伯桐、黄乔松、谭敬昭、梁佩兰、黄培芳、孔继勋筑云泉山馆于白云山，人称"七子诗坛"。张维屏少时就有诗才，闻名乡里。鸦片战争前，他受到诗坛耆宿翁方纲的赏识，又与宣南诗社中许多成员多有往来，此时他诗篇内容大多是山水、闲情叙事诗。鸦片战争期间，是他诗情最激昂的时期，他目睹侵略者的暴行，写下《三元里》《三将军歌》《江海》《书愤》《孤坐》《海门》《雨前》等一系列爱国诗篇，表彰中国人民的英勇抗战，怒骂投降分子。

曾国藩在晚清政坛上占有举足轻重的地位。他继承桐城派方苞、姚鼐，与其弟子一同创立晚清古文的"湘乡派"。曾国藩的文章不局限于内容，不

何绍基像　现藏国家博物馆

局限于手法，为桐城派打破百年来僵局，开拓了古文发展的新方向。清末民初，严复、林纾，以至谭嗣同、梁启超等人均受其文风影响。曾国藩一生著述颇多，均收录于《曾文正公全集》中。

"宋诗运动"是晚清正统诗坛上的一大潮流运动。早期著名代表人物有程恩泽、祁寯藻、何绍基等。到同治、光绪年间，"宋诗运动"发展出"同光体"，代表人物有陈三立、陈衍、郑孝胥、莫友芝等。所谓"宋诗运动"并不是以专门模仿宋诗为标志，而是模仿杜、韩、苏、黄从事创作，即模仿汉魏六朝盛唐诗派的反对者。

何绍基（1799—1873年），字子贞，号东洲，别号东洲居士，晚号蝯叟，湖南道州人，清代著名诗人、学者、书法家。他出身于书香门第，其父何凌汉曾任户部尚书，是知名的藏书家。何绍基兄弟四人均习文善书，人称"何氏四杰"。他主张"人与文一""先学为人"，而后直抒性情，"说自家的话"，作诗"宗李、杜、韩、苏诸大家"，不名一体，随境触发，是"宋诗派"的重要倡导者。他的诗歌内容广博，有对现实社会的反映，也有对自然景色的描绘，且精于描绘山川，有许多描写山峰的佳作。

陈衍（1856—1937年），字叔伊，号石遗老人，福建侯官人，晚清诗人，提倡维新。通经史训诂之学，特长于诗，与郑孝胥同为闽派诗的领袖人物，标榜"同光体"。他提倡"三元"之说，即"诗莫盛于三元，上元开元，中元元和，下元元祐"。他作诗着重学习王安石、杨万里的曲折用笔，骨力清健，对近代旧诗坛产生过巨大影响。著有《石遗室丛书》《石遗室文集》《石遗室诗集》《石遗室诗集补遗》《石遗室诗话》《辽诗纪事》《金诗纪事》《元诗纪事》等。

清代后期词坛也呈现出复兴趋势，成为中国词坛发展的重要阶段。道光、咸丰年间，最为著名的词人是项廷纪、蒋春霖；同治、光绪年间，常州词派后继有人，发展势头迅猛，著名词人有谭献、王鹏运、朱孝臧、况周颐等。

晚清时期，古典小说的发展进入瓶颈期，呈衰落之势，不能顺应时代的变化。这一时期的代表作品有《品花宝鉴》《花月痕》《海上花列传》《九尾龟》《青楼梦》等。侠义题材与公案题材的小说一直是古典小说中颇受人们喜爱的类型，到晚清时期，这两种小说题材逐渐融合在一起，产生侠义公案题材小说，涌现出一大批优秀的作品。著名作品有《三侠五义》《小五义》《施公案》《彭公案》等。

晚清时期政府腐败、社会黑暗，许多小说家以现实社会为题材，写作谴责小说，尤其是八国联军侵华之后，谴责小说创作进入高峰期。此类小说约占晚清流行小说的百分之九十，其中最著名的是被誉为"晚清四大谴责小说"的《官场现形记》《二十年目睹之怪现状》《老残游记》以及《孽海花》。

同治时期即有外国小说进入中国。19世纪末，晚清文坛兴起翻译外国小说的热潮，涌现出一大批优秀的小说翻译家，著名的有林纾、包天笑、曾朴、周桂笙等。

19世纪末，有感于欧美文字的简便，国人开始从事汉语拼音的探索研究，希望有助于文化的宣传和普及，先后提出十余种汉语拼音方案。1892年，福建人卢戆章出版《一目了然初阶》，提出了中国人创制的第一个拼音方案。此后，不断有人拟订各自的拼音方案。王照采用双拼制，继承传统音韵的反切法，编订《官话合声字母》方案。晚清时期对于拼音的摸索和探究取得初步成绩，对民国时期的拼音方案制订产生重要影响。

随着中外交流的频繁，有人开始大力主张使用白话文，以便更好地普及汉字。白话文普及的先行者是黄遵宪，他主张语言与文字统一，创造出一种

林纾照

黄遵宪像 现藏国家博物馆

简单直白、通俗易懂的新文体。他提出"我手写吾口"的创作理念支持白话文运动，并用白话文写了大量诗歌、散文。光绪二十四年（1898年），裘廷梁创建白话学会，并创办我国历史上第一份白话报纸《无锡白话报》。此后，各种白话报刊如雨后春笋般出现，如《杭州白话报》《苏州白话报》《安徽俗话报》等，遍及全国。这些报刊的创办一方面普及了白话文，另一方面也因其采用白话文，大大扩展受众范围，促进报纸自身的发展。至清朝灭亡，全国各地大大小小的白话文报刊已超过百种，成为宣传时事、普及民智的重要工具。晚清时期的白话文运动取得良好效果，为日后五四时期的全民白话文运动打下坚实的基础。

三、艺术

戏曲是晚清的重要艺术形式。这一时期比较有代表性的戏曲作家包括黄燮清、李文瀚、杨恩寿等，他们创作的许多作品虽没有跳出原有体例的窠臼，但情辞婉转，颇有艺术造诣。甲午战争后，随着改良思想的发展和革命思想的扩散，国内兴起了改良戏曲之风。

最早公开提出戏曲改良运动的是梁启超。1902年，梁启超在《新民丛报》

戴熙《忆松图》　现藏北京故宫博物院

上发表《劫灰梦》传奇，掀开了戏曲改良运动的帷幕。此后，他又陆续发表《新罗马》《侠情记》等传奇，鼓舞中国人民反抗外国侵略者的压迫，宣传革命思想，号召国人自强。蒋观云和陈独秀也分别发表《中国之演剧界》和《论戏曲》等文章，宣传戏曲改良思想。中国第一个专门的戏剧刊物——《二十世纪大舞台》，创刊主旨即为改良戏曲。

随着改良思潮的兴起，在《新小说》《新民丛刊》《二十世纪大舞台》《小说月报》等刊物上，出现了大量新作品。这些作品结合时事，以反对民族压迫和宣传革命思想为主，歌颂民族英雄、革命先驱，如筱波山人所著歌颂文天祥抗元就义的《爱国魂》，华伟生所著歌颂徐锡麟的《开国奇冤》以及湘灵子所著歌颂秋瑾的《轩亭冤》。还与时俱进地产生了许多描写西方世界的故事，如《断头台》《血海花》等。随着民主观念的深入，许多歌颂女权、提倡妇女解放的作品，如《侠女魂》《松林新女儿》《女中华》《同情梦》等等，赞扬歌颂女性的高贵品质和不屈性格，促进了清末的妇女解放运动。

晚清时期，传统民族乐器在这一时期呈衰落趋势，只有古琴、琵琶等少数乐器有一定程度的发展，出现了几部有价值的琴谱和专业著述，如张鹤所编《琴学入门》、杨宗稷所编《琴学丛书》等。随着西方侵略的深入，西方音乐也进入中国人民的生活。最早进入人们视野的是教会唱咏诗歌，而后受到西洋音乐影响的中国知识分子开始着手学习，并创作新的作品，提出新的音乐理论。

晚清时期的许多著名书法家同时也是著名画家，如汤贻汾、赵之谦、任熊、吴昌硕等。何绍基、张裕钊、翁同龢被誉为咸同以后书法造诣最高的书法家。

这一时期的传统绘画以花鸟画发展最为突出，代表性画家主要有戴熙、汤贻汾、赵之谦、虚谷、任颐、吴昌硕等。戴熙代表作有《云岚烟翠图》《忆松图》《满门风华》。汤贻汾著有《画筌析览》等。赵之谦著名作品有《为元卿花果图册十二开》《为英叔花卉图册十四开》《异鱼图》《瓯中物产卷》《瓯中草木图四屏》。虚谷，俗姓朱，名怀仁，清代著名和尚诗人、画家，被誉为"晚清画苑第一家"。任颐，字伯年，代表作品有《陈字斗梅图》《五十六岁仲英写像》《雀屏图》《牡丹双鸡图》《渔归图》《宣和芭蕉图》《人物册》《壮心不已图》《墨笔人物山水册》等，均是艺术珍品。吴昌硕作画用"草篆书"以书法入画，对于近世花鸟画有很大的影响。

张贴年画是我国民间的传统习俗，清中期时发展达到顶峰，蔓延全国，山东、山西、河南、河北、四川、福建等地都有年画生产中心。其中最出名的是苏州的桃花坞、天津的杨柳青与潍坊的杨家埠，三地木板年画刻制技术精湛，成为清代著名的木板年画生产中心，且各地年画内容都与各自地域相关，形成各具特色的年画风格。

石版画最早流入我国是道光二十三年（1843年），英国传教士麦杜思在上海开办墨海书馆，采用石板印刷术印刷书籍，而后，美国商人美查在上海开办

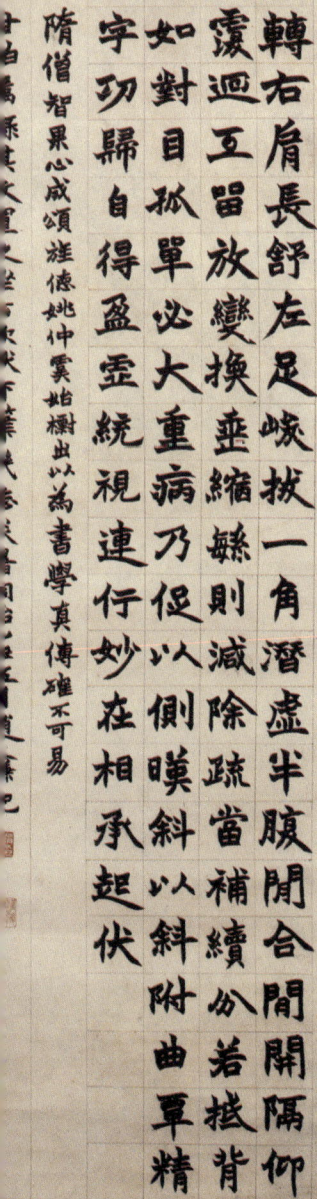

赵之谦《智果心成颂》轴 现藏北京故宫博物院

年画《唱堂会》

点石斋印局，印制《点石斋画报》，在社会上引起比较大反响。随后，北京、天津等地也纷纷效仿，陆续创办了许多石印画报，如《图画时报》《白话画报》《当日画报》《醒俗画报》等。这些画报普遍采用石板印刷，所绘线条明晰清楚，内容反映时事，受到大众欢迎，也产生了大批优秀的石版画画家。

1895年，世界上第一部电影在法国巴黎诞生。次年，上海徐园开始放映电影。从此，这一新兴的娱乐艺术形式迅速在北京、上海等地流行开来，引起了人们的广泛关注，当时所放电影多为英法等国所拍。

1905年是著名京剧老生谭鑫培的60寿诞，任庆泰用法国制造的木壳手摇摄影机拍摄了谭鑫培的名作《定军山》，受到广泛喜爱。此后他又拍摄《青石山》《艳阳楼》

翁同龢照

翁同龢（1830—1904年），字叔平，号松禅，别号瓶笙，江苏常熟人，大学士翁心存之子，同治帝和光绪帝的老师。他的书法以楷书和行书最为擅长，在清代书坛占有重要地位，评价甚高。翁同龢传世书迹较多，著名的有《节临华山碑扇面》。

《纺棉花》等著名戏曲唱段，使得电影事业在北京取得巨大成功，他所建的"大观楼电影院"是北京第一家带有专业性质的电影院。任庆泰被称为中国电影之父、中国电影第一人、中国电影创始人。

中国最早的电影都是在茶楼播出，因为放映需要特殊环境，茶楼均需为其独设单间。随着电影需求的不断增强，逐渐出现活动影戏院。西班牙商人雷玛斯看准时机，在上海建立"虹口活动影戏院"，使得该影戏院迅速走红。1909年，中国第一家正式的电影公司在上海成立，创始人是美籍俄裔商人本杰明，公司名为"亚细亚影戏公司"。

第三节　科技

一、自然科学

晚清时期，中国数学尽管在某些方面也有独到成绩，但已经失去世界领先的地位。在洋务运动的推动下，西学引入我国，许多数学家注意吸收西方数学的先进理念，由此奠定了中国数学近代化的基础。这一时期著名的数学家有顾观光、戴煦、李善兰、华蘅芳等，其中以李善兰成就最为突出。

李善兰在数学研究方面的成就，主要有尖锥术、垛积术和素数论三项。尖锥术理论主要见于《方圆阐幽》《弧矢启秘》《对数探源》三种著作。李善兰创立的"尖锥"概念，是一种处理代数问题的几何模型，他对"尖锥曲线"的描述实质上相当于给出了直线、抛物线、立方抛物线等方程。他创造的"尖锥求积术"，相当于幂函数的定积分公式和逐项积分法则。他用"分离元数法"独立地得出二项平方根的幂级数展开式，结合"尖锥求积术"得到 π 的无穷级数表达式，各种三角函数和反三角函数的展开式，以及对数函数的展开式。他还研究出了驰名中外的"李善兰恒等式"。李善兰的著作颇丰，除《则古昔斋算学》外，尚有《考数根法》《粟布演草》《测圆海镜解》《九容图表》等。

这一时期的数学家普遍认识到学习西方数学理念的重要性，开始致力于翻译西方数学著作。咸丰初年，李善兰与伟烈亚力合作，完成了明末徐光启、利玛窦未竟之业，成功翻译出《几何原本》的后九卷。此后，他又与伟烈亚力、艾约瑟等合译《代微积拾级》《重学》《谈天》《圆锥曲线说》《植物学》等多种西方数学及自然科学书籍，将解析几何、微积分、哥白尼日心说、牛顿力学、近代植物学等知识介绍到中国。李善兰的翻译工作是有独创性的，他创译了许多科学名词，如"代数""函数""方程式""微分""积分""级数""植物""细胞"等，匠心独运，贴切恰当，不仅在中国流传，而且东渡日本，沿用至今。

傅兰雅、玛高温、金楷理、伟烈亚力、林乐知等英美传教士，在这一时期为西方科技文化书籍的翻译与出版作出了巨大贡献。傅兰雅是位学识渊博、通晓多门自然科学知识的学者，工作勤奋。他一人就译编了图书98种，占译书馆译书总数的一半多。金楷理翻译二十余种军工技术类书籍。玛高温则多翻译地质学、电学、农学类书籍。

李善兰照

伟烈亚力专注于天文、算学的翻译。他们译书种类繁多，"自象纬、舆图、格致、器艺、兵法、医术，罔不搜罗毕备，诚为集西学之大观"[①]。

鸦片战争之后，西方先进的天文学知识大量涌入中国，中国传统的天文学理念遭到抛弃。法国耶稣会在上海徐家汇建立了中国最早的近代天文台。当时，该天文台采用的望远镜等仪器是世界上最为先进的设备，为航海等活动提供服务。随后，德国在青岛建立气象天测所，收集我国华北沿海一带的气象资料，为德国军舰服务。

李善兰与伟烈亚力合译了英国著名天文学家约翰·侯失勒的名著，取名为《谈天》。《谈天》阐述了哥白尼的日心说、开普勒行星运动定律，以及牛顿万有引力定律基础上的天文学理论，首次向国人展示西方近代天文学的面貌。该书不仅对太阳系的结构和运动有比较详细的叙述，而且介绍了有关恒星系统的内容，出版后就受到社会的广泛重视和欢迎，使得近代天文学逐渐深入人心。

此后，又有许多西方天文学译著出现，如《格致启蒙·天文学》《天文略论》《天学图书》《天文图说》等，都是十分优秀的天文学入门教材。还有《六合丛谈》《益智新录》《格致汇编》等杂志出现，固定刊载天文学知识，

---

① 《江南制造总局翻译西书事略》，载《格致汇编》第3集卷6。

向国人介绍西方天文学。

我国古代的制陶术，青铜、铁器的冶炼，火药的发明，炼丹术的应用，都蕴含着朴素的化学原理，但均未发展成型。鸦片战争之后，西方近代化学传入我国，引起知识分子的重视，但碍于社会条件的限制，发展十分缓慢。晚清时期，在近代化学方面比较突出的有丁守存和徐寿、徐建寅父子。

丁守存（1812—1883年），字心斋，号竹溪，晚年更号竹石山人，山东日照人，近代科技专家。他学识渊博，除精通史籍外，兼通天文、历数、工艺制造，尤精于火器制造。鸦片战争爆发后，研制船炮以御敌。1843年，他根据其化学实验，写成《西洋自来火铳制法》一书，主要内容是研究雷管作为火器起爆装置。他用的起爆药是硝酸银，虽比欧洲晚了十余年，但属于独立研究成果，是中国起爆进程发展史上的重要里程碑，从此改变了传统的纸药引信或火绳、火石引燃铳炮的方法。此后，他又从事手捧雷、地雷等新式火器的研制。他一生取得的研究成果在当时被广泛应用，成为中国近代化学研究、火器及轮船制造的先驱者之一。

徐寿（1818—1884年），字若汀，江苏无锡人。放弃科举后开始涉猎天文、历法、算学等书籍，学习科学技术为国效力。徐寿在上海时，读到墨海书馆刚出版的《博物新编》中译本，介绍了诸如氧气、氮气和其他一些化学物质的近代化学知识，还介绍了一些化学实验。徐寿通过刻苦自学，掌握了近代科学知识。他研制了中国第一艘蒸汽动力船——黄鹄号。

徐建寅（1845—1901年），字仲虎，徐寿之子。中国近代化学工业的开端，从军事工业方面说，是从制镪水和制造新式火药开始的。在清政府创办机器局初期，制造枪炮弹所需用的火药，包括黑火药，大都购自外国，或聘请洋师、洋匠来华主持制造。此时西方已发明无烟火药，但其制造方法秘不示人。制造火药的主要原材料硫酸、硝酸等，也都是从外国高价购进，且因

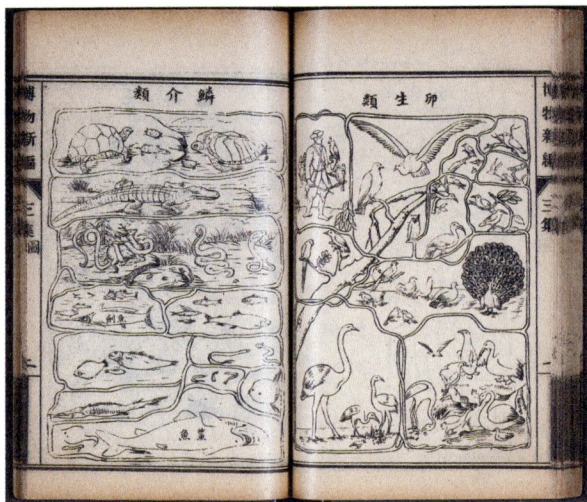

《博物新编》书影　现藏国家图书馆

长途转运，延误生产之事时有发生。对此，徐寿、徐建寅父子研制出镪水药棉及汞爆药等，为中国制造火药的技术开创了新局面。徐建寅也是中国第一个被派出国进行考察的工程技术人员，他采用西法制成新式后膛抬枪。后在钢药厂与员工一同试制无烟药时，失事殉职。著译有《造船全书》《兵学新书》《化学分原》《水雷录要》《欧游杂录》等 40 多种。

物理学在我国起源很早，明清之后发展逐渐趋缓。这一时期，传统物理学家主要有郑复光和邹伯奇，他们在光学研究方面都取得了一定的成绩。

二、农学与医药

中国是以农业为基础的国家，农业发展历来受到统治者的高度重视。晚清时期产生了许多农书，如《农言著实》《农事幼闻》《植物名实图考》等，亦有许多外国植物学译著传入我国，对我国农业的发展起到促进作用。

《农事幼闻》，作者许旦复，浙江归安人，咸丰年间为《南浔镇志》编纂农桑卷时，写作《农事幼闻》，记载浙江西部地区的水稻耕作技术，详细记录了对水稻栽培的各种手法。

《植物名实图考》，作者吴其濬（1789—1847 年），河南固始人。自幼喜爱植物，著有《植物名实图考》《植物名实图考长编》《滇南矿厂图略》《滇行纪程集》等书，有很高的学术价值。《植物名实图考》38 卷，收载植物 1714 种，插图 1865 幅，主要是考订植物的名实，兼及实用。

《植物名实图考》书影

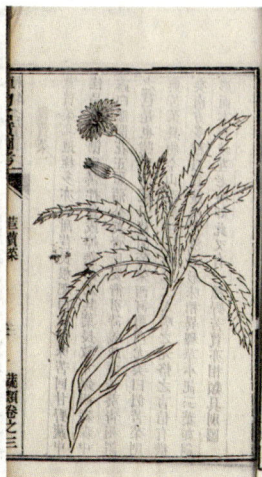

1896年，罗振玉等人成立农学会，创办《农学报》。该报刊载欧美、日本等国农学著作，宣传西方的农业思想与种植技术。《农学报》开刊十年停刊，向国内宣传了大量西方农业知识，停刊后所载内容集结成《农学丛书》，使得西方大量农学著作得以流通国内。

晚清时期，中医、中药学缓慢而稳健地发展，在临床、诊治、方剂等方面都取得了进步，也产生了一大批优秀的医生和医药学著作，有代表性的包括费伯雄、陆以湉、潘霨等。

费伯雄（1800—1879年），字晋卿，江苏武进县人，生长在世医家庭，先儒后医，悬壶执业不久，即以擅长治疗虚劳驰誉江南。道光年间，曾两度应召入宫廷治病。先后治疗皇太后肺痈和道光皇帝失音症，均取得显著疗效，医名大振。他论医戒偏戒杂，因此用药总以"协调阴阳，顾护正气"为前提。

陆以湉（1802—1865年），字敬安，号定圃，浙江桐乡人，清代著名医生。其弟、其子因病误治身亡后，专心钻研医道，医术精湛，编著有《冷庐杂识》《冷庐医话》《冷庐诗话》《再续名医类案》《甦庐偶笔》《吴下汇谈》等。《冷庐医话》载医范、医鉴、慎疾、保生等内容，以病名为纲，叙述杂症之治疗及亲身所见所闻，多有医史文献资料，颇具历史价值。

潘霨（1826—1894年），字伟如，江苏吴县人，历任福建按察使、布政使、湖北布政使、江西巡抚、贵州巡抚，工书法，善医学，颇得慈禧太后赏识，著有《内功图说》。《内功图说》原名《卫生要术》，是气功养生著作，内收十二段锦，分行内外功、易筋经、祛病延年法等功法，载有姿势图35帧，并配以简单的文字说明，图文并茂，易于模仿学习。该书对养生、导引、内功等皆有介绍，对养生学的发展作出贡献。

早在明朝时期，西医就已经传入中国。鸦片战争以后，西方列强争先恐后在我国开办医院。最早的教会医院开办在广州，由美国传教医生伯驾建立，影响较大的医院则是广州博济医院。广州博济医院雇佣很多中国人做助手，向华人传授西医的理念与方式，主要治疗手段为外科手术。最早出国学习医学的是黄宽（1829—1878年），在美国、英国留学多年，获博士学位，回国后在广州、香港等地开设医院并在医院

陆以湉编著《冷庐杂识》书影

任教，培养医学人才。金韵梅（1864—1934年）是我国第一位女留学生，在美国学成后回国行医，开创了我国早期护士学校，培养护理人才。

除了大量的留学生出国学习外，还有许多西方医学著作被翻译成汉语，在国内刊印发行。最早翻译医书的是英国人合信，他翻译了《全体新论》《西医略论》《内科新说》《妇婴新说》《博物新编》五部医书，后来合编为《合信氏医书五种》。此外还有嘉约翰、德贞、傅兰雅等，翻译了大量医药学著作，有利于西医的普及。

随着西医理论的普及和西医效果的彰显，中医们也开始反思中国传统医学的弊端，将中西医思想相结合，代表医生有唐宗海、朱沛文等。

唐宗海（1846—1897年），字容川，四川彭县人，著名医生。他博采众长，中西汇通，参以己见，认为中西医原理相通，可以互相印证，并试图以西医理论来解释我国的古典医学，这种探索的精神是十分可贵的。不过，由于历史条件和科学水平的限制，这种简单印证有颇多穿凿附会之处。

朱沛文（生卒年不详），字少廉，又字绍溪。朱氏出生于岭南的医学世家，深受西医理论和方法的影响。他对中西医都有一定的认识，见解颇为中肯。朱氏认为，中西医各有是非，不能偏主，主张汇通中西，以临床验证为标准求同存异。朱氏对中西医都持科学态度，对一些西医未能解释，而中医却经无数临床验证的理论，一一保留下来，通过临床例子说明其正确性。朱氏不守门户偏见，既不墨守中说，也不附会西说。主要著作有《华洋脏象约纂》《华洋证治约纂》。

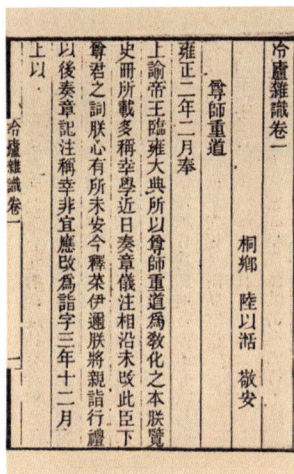

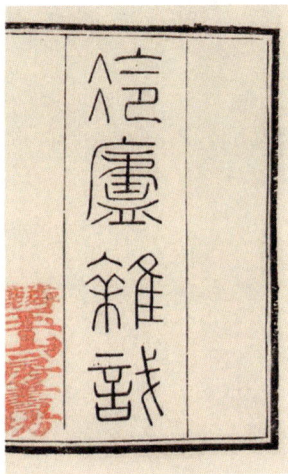

清末北京紫禁城武门前广场

参考书目

陈恭禄：《中国近代史资料概述》，中华书局1982年版。

陈旭麓：《近代中国社会的新陈代谢》，上海人民出版社1992年版。

戴鞍钢：《晚清史》，上海百家出版社2009年版。

戴逸主编：《简明清史》，中国人民大学出版社2006年版。

丁伟志、陈崧：《中国近代文化思潮——晚清文化思潮述论》，社会科学文献出版社2011年版。

［美］费正清、刘广京编：《剑桥中国晚清史（1800—1911年）》，中国社会科学出版社1985年版。

冯尔康：《清史史料学》，故宫出版社2013年版。

冯贤亮：《清史》，上海人民出版社2015年版。

侯宜杰：《20世纪初中国政治改革风潮——清末立宪运动史》，人民出版社1993年版。

胡绳：《从鸦片战争到五四运动》，人民出版社1981年版。

黄爱平主编：《清史书目（1911—2011）》，中国人民大学出版社2014年版。

黄彰健：《戊戌变法史研究》，上海书店出版社2007年版。

蒋廷黻：《中国近代史》，民主与建设出版社2016年版。

柯文：《历史三调：作为事件、经历和神话的义和团》，江苏人民出版社2000年版。

［美］孔飞力：《中华帝国晚期的叛乱及其敌人》，中国社会科学出版社2002年版。

李孝悌：《清末的下层社会启蒙运动：1901—1911》，河北教育出版社2001年版。

罗尔纲：《太平天国史》，中华书局1991年版。

［美］马士：《中华帝国对外关系史》，张汇文等合译，生活·读书·新知三联书店1957年版。

茅海建：《天朝的崩溃——鸦片战争再研究》，生活·读书·新知三联书店2005年版。

茅海建：《戊戌变法史事考》，生活·读书·新知三联书店2005年版。

戚其章：《甲午战争史》，上海人民出版社2014年版。

汤志钧：《戊戌变法史》，人民出版社1984年版。

王建朗、黄克武主编：《两岸新编中国近代史（晚清卷）》，社会科学文献出版社2016年版。

王戎笙主编：《清代全史》，方志出版社2007年版。

夏春涛：《天国的陨落——太平天国宗教再研究》，中国人民大学出版社2006年版。

夏东元：《洋务运动史》，华东师范大学出版社1992年版。

熊月之：《西学东渐与晚清社会》，上海人民出版社1994年版。

严昌洪：《中国近代社会风俗史》，浙江人民出版社1992年版。

张国辉：《洋务运动与中国近代企业》，中国社会科学出版社1979年版。

张玉法：《清季的立宪团体》，台北"中央研究院"近代史研究所1971年版。

章开沅、林增平主编：《辛亥革命史》，人民出版社1980年版。

章开沅、罗福惠主编：《比较中的审视：中国早期现代化研究》，浙江人民出版社1993年版。

郑师渠主编：《中国近代史》，北京师范大学出版社1994年版。

中国社会科学院近代史研究所编：《中国近代通史》，南京人民出版社2013年版。

周锡瑞：《义和团运动的起源》，江苏人民出版社1995年版。

朱诚如主编：《清朝通史》，紫禁城出版社2003年版。

大事记

1839 年，林则徐虎门销烟。

1840 年，英国国会决议对华开战，第一次鸦片战争爆发。

1841 年，清廷对英国宣战。

1842 年，《中英南京条约》签订，第一次鸦片战争结束。

1844 年，《中美望厦条约》《中法黄埔条约》签订。

1851 年，太平天国金田起义。

1853 年，太平天国定都天京；《天朝田亩制度》颁布；清廷创立厘金制度。

1854 年，曾国藩创办湘军。

1856 年，太平天国领导集团内部互相残杀。

1856—1860 年，第二次鸦片战争。

1858 年，清政府分别与英、法、美、俄签订《天津条约》。

1859 年，洪仁玕向洪秀全进呈《资政新篇》。

1860 年，清政府分别与英、法、俄签订《北京条约》。

1861 年，琪祥政变；总理衙门成立；赫德出任海关总税务司。

1862 年，京师同文馆成立。

1864 年，天京陷落，太平天国运动失败。

1866 年，江南制造总局、福州船政局创办。

1868 年，西捻军被镇压。

1871 年，阿古柏占领新疆。

1872 年，杜文秀自杀，云南回民反清斗争失败；轮船招商局创办。

1873 年，西北回民反清斗争失败。

1874 年，日本入侵台湾。

1875 年，左宗棠督办新疆军务。

1876 年，中英签订《烟台条约》。

1878 年，清军收复新疆。

1881 年，中俄签订《伊犁条约》。

大事记

1884 年，新疆建省；中法马尾海战。

1885 年，镇南关大捷；海军衙门成立。

1894 年，中日甲午战争爆发。

1895 年，中日《马关条约》签订；公车上书。

1896 年，中俄《秘密协定》签订。

1898 年，戊戌变法；张之洞提出"中体西用"。

1900 年，义和团运动高潮；东南互保；八国联军侵华；自立军起义失败。

1901 年，签订《辛丑条约》；《江楚会奏变法三折》上奏。

1905 年，中国同盟会成立；抵制美国运动；停罢科举制度。

1906 年，清廷宣布"预备立宪"。

1910 年，长沙抢米风潮。

1911 年，黄花岗起义；保路运动；武昌起义。

1912 年，中华民国成立；清帝退位。

虞蟾《丹枫绝壁图》现藏南京博物馆

虞蟾（约 1785—1864 年），扬州人，1853年至天京，成为太平天国画师，其山水师承石涛，尤擅大型壁画，是晚清扬州画坛的佼佼者。太平天国各大王府壁画大都出自其手。天京陷落后，返回受近代化冲击盐业漕运俱衰的扬州，晚年凄凉，"年八十以潦倒终"。